从心理学讲解引导用户成交技巧

成交心理学

Psychology
of Deal Making

詹曦 著

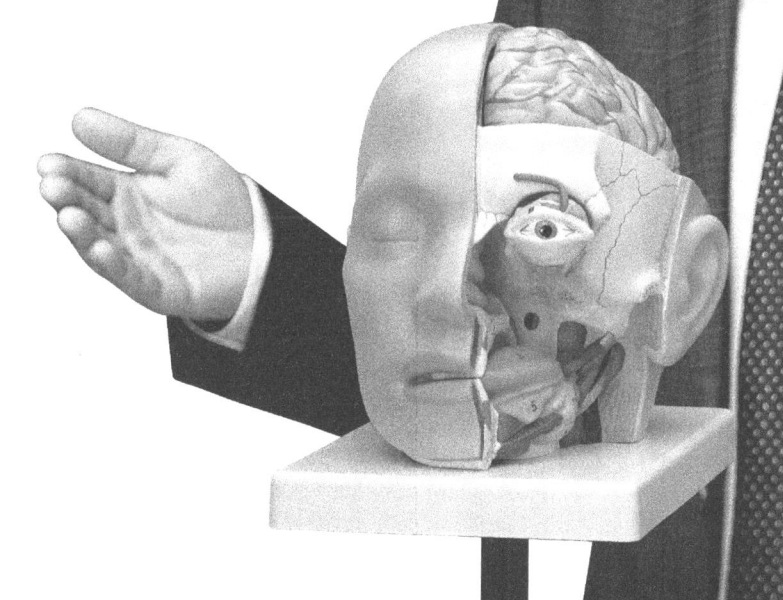

知识产权出版社
全国百佳图书出版单位
—北京—

图书在版编目（CIP）数据

成交心理学 / 詹曦著 . — 北京：知识产权出版社，2024.1
ISBN 978-7-5130-8924-1

Ⅰ. ①成… Ⅱ. ①詹… Ⅲ. ①销售—商业心理学 Ⅳ. ① F713.55

中国国家版本馆 CIP 数据核字（2023）第 184553 号

内容提要

当今用户多样化、多元化的消费行为，导致很多企业陷入一线销售成交差、营销活动效果差的增长困境中。本书利用心理学原理，结合企业经营实战场景，深入解构用户消费时的心理和行为之间的逻辑关系，有针对地解决企业销售增长和用户增长瓶颈问题，并提供一整套引导用户消费的心理学技巧，帮助企业实现低成本高增长。

本书适合销售从业者及企业高管阅读。

责任编辑：李石华　　　　　　　　　责任印制：孙婷婷

成交心理学
CHENGJIAO XINLIXUE

詹　曦　著

出版发行：	知识产权出版社有限责任公司	网　　址：	http://www.ipph.cn
电　　话：	010-82004826		http://www.laichushu.com
社　　址：	北京市海淀区气象路50号院	邮　　编：	100081
责编电话：	010-82000860转8072	责编邮箱：	lishihua@cnipr.com
发行电话：	010-82000860转8101	发行传真：	010-82000893
印　　刷：	北京中献拓方科技发展有限公司	经　　销：	新华书店、各大网上书店及相关专业书店
开　　本：	720mm×1000mm　1/16	印　　张：	25
版　　次：	2024年1月第1版	印　　次：	2024年1月第1次印刷
字　　数：	400千字	定　　价：	98.00元

ISBN 978-7-5130-8924-1

出版权专有　侵权必究
如有印装质量问题，本社负责调换。

前　言

传统经济学认为消费者都是理性的。但在席卷全球的美国金融危机背景下，美联储前主席艾伦·格林斯潘 2008 年 10 月在国会接受质询时承认，他犯了一个错误，他感到震惊，市场居然没有如预期那样自我纠正。

这样一位传统经济学的拥趸竟然公开承认，他所坚守的市场包括消费者一定是理性的信念是错误的，这从侧面证明行为经济学观点——大部分消费行为都是非理性的。由此，行为经济学正式在经济学界崭露头角。《纽约时报》专栏作家戴威·布鲁克斯如是评论。

本书利用心理学原理，结合企业经营实战场景，深入解构用户消费时的心理和行为之间的逻辑关系，有针对地解决企业销售增长和用户增长瓶颈问题。

从 2019 年到 2023 年，书稿经历了 5 次大改版和无数次细节调整，才最终出版，其间经历了近百家企业内训与策划案的实战检验。感谢对本书内容提出宝贵意见的各位企业家朋友。

所有的消费行为都有迹可循！马上阅读，你将成为一个预判和引导用户消费行为的高手！

目录
CONTENTS

第1章　需求产生原因和消费行为动机　1

1.1　与客户沟通的三个误区　2
1.2　以自我为中心的心理内因"投射想象"　4
1.3　调动用户情绪是调动用户行为的关键　5
1.4　心理学增长体系和产品工具型增长方法区别　5
1.5　解构人脑结构和功能　6
1.6　有效刺激客户消费行为的四种情绪　12
1.7　行为一致原则在沟通成交中的实战应用　18
1.8　需求产生与思考逻辑线　20
1.9　情绪能从生理上阻断新脑理性控制人的行为　24

第2章　嗅觉心理学与实战应用　25

2.1　被忽视的嗅觉营销　26
2.2　气味能增加记忆、唤起情绪　27
2.3　人的体味能影响他人的情绪　29
2.4　味觉的本质是嗅觉　30
2.5　气味营销商业运用现状　31

第3章　掌握用户消费行为做零成本增长　33

- 3.1　解构企业陷入增长瓶颈八大原因 …………………………… 34
- 3.2　流量的五种主要类型 …………………………………………… 42
- 3.3　电商渠道权重已降低，能用但不能依赖 ……………………… 43
- 3.4　保证企业增长五个关键指标 …………………………………… 47
- 3.5　"消费行为决策路径"与零成本增长 ………………………… 52
- 3.6　成交不是运营终点而是起点 …………………………………… 59
- 3.7　企业增长路线图工具 …………………………………………… 61

第4章　锁定用户心智空位找准企业战略　67

- 4.1　用心理学洞察分析做精准心智定位 …………………………… 68
- 4.2　找准心智空位让商品成为用户首选 …………………………… 72
- 4.3　品牌战略，品类聚焦 …………………………………………… 75
- 4.4　企业战略就是"善战者，求之于势" ………………………… 80
- 4.5　企业发展和品类生命周期机会点 ……………………………… 82
- 4.6　在战略上打造与众不同，构筑企业护城河 …………………… 85
- 4.7　不做心智定位导致贴牌酒项目失败 …………………………… 85

第5章　用户心智空位规划实战　87

- 5.1　创造心智空位的四个方面 ……………………………………… 88
- 5.2　基于场景和痛点做创新设计标语 ……………………………… 89
- 5.3　品牌心智构建心理逻辑 ………………………………………… 92
- 5.4　关注细节，打造极致体验 ……………………………………… 95
- 5.5　替换竞品心智成为用户首选 …………………………………… 96
- 5.6　心智定位对品牌建立和传播的重要性 ………………………… 98
- 5.7　信息爆炸时代用户品牌忠诚度将越来越高 …………………… 100

5.8	利用原始优质心智资源做到先胜	101
5.9	从经济变迁洞察发展新机会	103
5.10	导致 4P、传统定位对企业增长乏力的五个因素	106

第 6 章　从心理学讲品牌效应　111

6.1	引导期待能增强用户体验	112
6.2	品牌建设五个关键步骤	120
6.3	对应企业不同发展阶段做品牌建设	124
6.4	制定"战略发展规划路线图"定期考核发展	126

第 7 章　销售必须掌握的心理学与实战技巧　129

7.1	销售促单是一种精心设计的心理技巧	130
7.2	打造好感	131
7.3	建立信任	136
7.4	利用互惠和让步技巧推动成交	139
7.5	利用赠送技巧推动成交	143
7.6	利用行为范式推动成交	145
7.7	导购销售成交实战技巧	146

第 8 章　引导用户消费行为　167

8.1	人性三大怪癖	168
8.2	让努力透明化，提高价值感和成交率	170
8.3	用内容和形式塑造价值感	171
8.4	用户对商品价格判断的心理逻辑	173
8.5	免费为什么有效	178
8.6	利用对比原理促成搭售提高销售业绩	179

8.7	认知流畅性原理在价格设计中运用 ·· 183
8.8	阅读顺序和锚定原理对价格高低的影响 ··· 184
8.9	掌握正确展示顺序诱导用户关注点 ·· 185
8.10	降低用户支付痛感提高成交率 ·· 185
8.11	利用预期效应诱导消费行为 ·· 197

第9章 用户行为心理学 199

9.1	决策幻象 ··· 200
9.2	人只看到自己想看的信息 ··· 201
9.3	用户情绪会被外界影响 ··· 202
9.4	从动物的下意识到人类的下意识 ·· 205
9.5	用户归属感和社会认同实战应用 ·· 207
9.6	营造商品稀缺感提高成交率 ·· 211
9.7	利用权威效应提高成交率 ··· 216
9.8	塑造用户内心"人物角色"控制消费行为 ·· 218

第10章 细分用户建模 227

10.1	找对精准用户，生意不再难 ·· 228
10.2	细分用户建模是心智定位体系的重要组成部分 ································ 229
10.3	用细分用户建模，锁定精准用户 ·· 230
10.4	细分用户建模两种方法 ··· 236
10.5	成熟型企业细分用户群体建模实战 ·· 241
10.6	调查问卷设计和投放 ·· 259

第11章 社群形成在企业发展中的作用 263

| 11.1 | 20世纪90年代信息传播特点和大众行为习惯 ···································· 264 |

11.2	1998年互联网进入大众生活	265
11.3	技术推动媒体和用户行为习惯不断进化	270
11.4	互联网2.0后时代的消费行为	274
11.5	详解降维打击	280
11.6	社群情绪营销法	284

第12章 新媒体渠道规划和推广工作重点 291

12.1	渠道定位从用户建模开始	292
12.2	从战略层面做内容规划提高工作效率	295
12.3	公众号运营关键节点	299

第13章 推广文案的策划与撰写 307

13.1	软文对企业推广的重要作用	308
13.2	选题策划	309
13.3	文案标题创作要点	313
13.4	转化型文案撰写方法	319
13.5	软文推广和投放策略	322
13.6	利用心理学创作电商直播话术	326

第14章 私域增长 333

14.1	利用社群打造用户归属感	334
14.2	社群活动策划	337
14.3	用心理学构建高价值社群	338
14.4	打造社群信任关系	341
14.5	私域流量和用户池	345
14.6	国产美妆品牌，电商购物节打法分析	349

第15章　掌握数据分析精准做增长　359

- 15.1 数据采集与分析是精准增长的基础……………………360
- 15.2 用户数据分析应用场景……………………362
- 15.3 数据分析指标体系……………………365
- 15.4 数据分析核心八大模型……………………366

附　录　385

第1章
需求产生原因和消费行为动机

1.1 与客户沟通的三个误区

无论你是销售员还是公司业务高管，在和客户沟通过程中，有没有这样的习惯：和客户前面聊得挺好，结尾时候经常会说"张总，那你要不要考虑下"；或者刚拿到一个优质客户资源，可能是公司给你的，也可能是朋友介绍的，马上就开始和人联系，推销你的产品。

以上是与客户沟通的两个误区。

第一种情况，当你说出"你觉得怎么样，要不要考虑下"，其实已经败了，因为你抛出了一个是非题。即便用户觉得不错，也只能回答"好啊，我考虑下"。然后就没有然后了。在同质化激烈竞争的今天，可能你前脚走，竞争对手后脚就已经进到客户办公室撬你的单了。

销售引导客户成交正确的沟通方法，应该是一路肯定加促单。

话术可以这样说："张总，咱们聊到现在，我看你认可我们产品能很好解决你的问题，并且你也认为自己的需求痛点早晚都要解决。既然早晚都要解决，那晚解决真不如早解决，你说是不是？今天咱们就把单给签了吧，马上开始解决你的问题。"

这就是一路肯定加促单，这段话用到两个心理学技巧。

技巧一：行为一致原则。

技巧二：强调关键词。

第二种情况，很多业务员、销售员急于求成。刚认识一个新客户，就着急开始和人联系，推销自己的产品让用户购买。我想你可能觉得，现在用户获取越来越难，成本越来越高，生怕他跑掉。但你却忽略了在大额消费里，用户绝不会和一个自己还不熟悉的人有金钱来往和交易行为。因此在没有和用户建立好感和信任关系前，不要着急推销催促他购买你的商品。

这里笔者问读者一个问题："人有视、听、味、嗅、触五感，哪种感觉能刺激用户下单消费？"

其实这里面没有一种能做到。这个问话的技巧叫限定用户思考范围，就相当于你说"你要不要考虑一下"。这个技巧用得好能促单，用得不好会跑单。

能促进用户下单的感觉叫"好感"。他是你通过视、听、味、嗅、触五感，整体传递给用户的一种直觉。用户相信你、认可你，愿意在你这里消费。

因此好感是销售一切的基础。

企业销售人员包括高管，在和客户沟通中常犯的第三个错误是以自我为中心介绍商品，忽视客户的感受。

销售本质是什么？

这里笔者给大家总结一句话："销售的本质是企业医生。"

你要清楚用户根本不关心你的产品是什么，他们只关心你怎么精准解决他的痛点。

因此企业销售人员包括高管和用户沟通的本质不是卖商品，而是帮助用户梳理需求痛点并提供解决方案。所以你提供的解决方案越精准，用户认可度越高，成交的概率就越大。

你可以回忆下自己失败的谈判案例，几乎都犯了以自我为中心的错误。在和用户沟通中忽视他的感受，闷头只顾介绍自己的产品是什么，完全不顾用户的反应，听没听懂，感不感兴趣，只是简单机械地背产品简介。这种沟通被称为"复读机沟通"，没任何技术含量。

这样的沟通，成交率一定非常低。

从此刻开始要重新认识销售类的工作。企业销售人员包括高管一定要清楚，销售的本质是企业医生，是帮助用户诊断梳理需求痛点并提供方案的问题解决专家，而你销售的产品只是一揽子解决方案的组成部分。

以"用户为中心"在老板嘴里可能是句口号，但在销售员、业务员这里，就是实实在在的技巧能力！

还要看到一点：业务员开发新客户时必须是真客户，避免伪客户。

真客户就像病人，需求痛点是真的，对自己的需求痛点有切身感受，只要你给他精准的解决方案就能成交。而伪客户的需求痛点是假的，自然对你的解决方案和产品不感兴趣，更谈不上成交。

所以企业的销售员、业务员，一定是问题解决专家，而不是需求培养专家。你花10倍、20倍时间精力，也不见得能培养出伪客户的需求。而我们在真客户身上用用心，帮助他梳理需求痛点，给他精准的解决方案，就一定能成交。

因此从现在开始就要转变自己的沟通方式，从以自我为中心的内部思维，转化到以用户为中心。将关注点从自身的产品是什么，转移到用户的需求痛点是什么及怎么解决。**对用户需求痛点把握的精准程度，以及你给出的解决方案精准程度，决定了最终成交效果。**

1.2 以自我为中心的心理内因"投射想象"

如何在工作中避免陷入"以自我为中心"的内部思维，这里笔者讲个小故事。

1964年刚从海军学院毕业的吉米·卡特，遇到了海军上将里·科弗。当将军让他谈谈自己事情的时候，卡特为了获得上级的好感，自豪地提起自己在海军学院的成绩，他说自己在全校820名毕业生中名列第58名。

卡特以为将军听到这个成绩后，一定会对他刮目相看。但没想到科弗将军没有任何反应地问道："你尽力了吗？为什么不是第一名？"这句话让卡特瞬间尴尬，不知该做何回答。

两人这次对话验证了在日常生活中，大家都会犯"以自我为中心"的错误，心理学称为投射现象。

心理学研究发现，在生活中人们总会不自觉地把自己心里所想，如"感觉""想法""好恶""观念""情绪"等，安插在他人身上。认为自己这样想，他人也应该有同样的想法，因此在交流中也自以为是按照自己的设想去讲话，试图去引导他人与你保持同样的看法甚至行为。

就像卡特想要通过820名中第58名，引导科弗将军对他刮目相看，认可他很优秀。但结果往往事与愿违，不仅达不到目的，有时事情可能会向相反的方向发展。

因此投射现象，就是以自我为中心，想当然以为别人也会和你一样，有相同的看法和感觉。所以沟通第一步是忘我，是怀有同理心，是准确判断对方的真实需求痛点和想法。

1.3　调动用户情绪是调动用户行为的关键

人的需求分为：基本生存需求，吃喝拉撒；舒服生存需求，轻松的生活和娱乐；高级需求，自我价值实现；顶级需求，对权力的追求。从心理学角度讲"需求欲望"和"心理弱点"可以画等号。

人的需求欲望和情绪有直接的关系，而心理控制术的关键点在于控制情绪，能否成功调动用户情绪决定了你能否成功调动用户行为，也包括消费行为。因为心理学研究表明，超过90%的消费行为是感性和情绪冲动的行为。心理学家丹尼尔·卡尼曼在其著作《思考，快与慢》有详细论述。

特别是在互联网时代，互联网堪称"心理控制术"的倍增器。

在传统商业时代学心理学，学心理控制术技巧，也只能通过你的销售导购业务员，影响一小撮客户。今天互联网深度融合客户生活的方方面面，企业可以将各种心理学技巧设计到商业模式中、渠道推广策略中，运用到社群建设中，通过互联网刺激全国用户群体的消费行为。

而对于一线销售人员或市场开发业务员，也可以将心理控制术等心理学技巧应用在和客户的沟通中，一定会大大提高成交转化率。

所以只要认真学习本书内容，并应用到实战中，将会极大提高企业销售成交率。

1.4　心理学增长体系和产品工具型增长方法区别

读者朋友，回想一下互联网刚刚兴起的时候，为了企业发展，你是不是去学什么百度推广、关键词优化、竞价排名。而后微信兴起的时候为了企业发展，又去学微信营销、朋友圈推广。现在短视频、自媒体火了，一窝蜂又去学快手、抖音推广。这些统称为产品工具型增长方法。包括私域用户增长，也是利用微信公众号、小程序等平台工具去做的。

这些年跟着潮流一圈学下来，钱没少花，但有哪个互联网产品工具从根本上彻底解决了企业用户获取和销售增长问题？笔者这些年在给企业做内训咨询案的时候也调研过，没有一家企业能靠某个互联网产品或工具平台解决自身增长发展问题。

为什么很多企业学习了百度、微信、抖音、私域增长等几乎所有热门的产品工具型增长方法，并没有达到预期增长效果？根本原因是抓错了重点，你总想着学个什么时髦的爆款方法，一劳永逸解决企业、团队增长问题。而你恰恰忽视了真正的增长机会只存在于用户内心中，而不是在表面的产品工具上。搞懂用户到底想要什么、想怎么要，这才是增长的重点。

这也是本书心理学增长体系的重点。

通过消费行为和心理学的讲解，带你彻底搞懂用户想要什么、想怎么要，以及你该怎么给他。而百度、微信、抖音等互联网产品，只是辅助去完成用户需求刺激、引导用户消费和分享裂变等行为的平台工具。

这就是心理学增长体系和产品工具型增长方法之间的关系，一个负责从内挖掘出需求，一个辅助从外引导行为。

所以百度、微信、抖音、私域增长，包括直通车等，再好也仅仅是工具。只有真正掌握用户到底想要什么、想怎么要及你应该怎么给他，那你在利用这些互联网产品工具辅助增长时，才能起到事半功倍的效果。

1.5　解构人脑结构和功能

消费心理学指出，90%以上的消费是感性的情绪冲动行为。因此想让客户做出消费行为，就要先掌握调动客户情绪的方法。

先从解剖人脑结构开始，一步步深入讲解用户需求产生的心理原因及消费行为动机。通过消费动因的学习，掌握为什么人的消费行为大部分是感性的情绪冲动行为，理解这个知识点，你就真正掌握了增长的密码。

图1-1所示是心理学所讲的人脑结构图。这里强调下心理学所讲的人脑结构和医学解剖人脑结构是两个概念。

第1章 需求产生原因和消费行为动机

中脑也称情绪脑（边缘系统）
中脑也称为情绪脑，大约5000万年前进化完成，人的感情、情绪及深度记忆都源自这个部分。中脑产生的情绪信号会先于"新脑"理性逻辑思维，控制人的行为

人的购物行为超过90%以上，是原始脑产生应激刺激和中脑产生的情绪刺激下的感性行为。只有购物商品价值超出个人体承受范围，新脑理性逻辑思维才会介入，进行理性思考，这件商品到底需不需要购买

原始脑
原始脑也称为爬虫脑，1亿年前就已进化完成，负责动物吃、喝、拉、撒、睡、繁衍等最原始的诉求。新脑产生的应激信号会先于"新脑"理性逻辑思维，控制人的行为

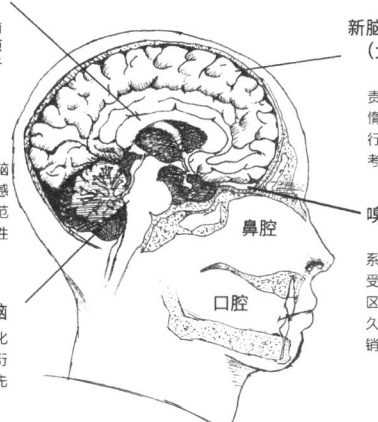

新脑也称理性脑（大脑皮层）
新脑大约200万年前最后进化出来，负责人的理性逻辑思维。新脑大多数时间是懒惰的。人类日常的行为是一种经验直觉快速行为。心理学家丹尼尔·卡尼曼的著作《思考，快与慢》中，称为快思维模式

嗅球
嗅球是人体五感中，唯一与大脑"边缘系统"直接相连的外部感觉器官。由于嗅觉受体的神经信号直接传导进大脑负责记忆的区域，因此嗅球发出的信号能够唤醒沉睡已久的记忆，并触发强烈的情绪。因此气味营销能更高效地调动用户情绪，增加用户记忆

图 1-1 人脑和需求思维逻辑

由图 1-1 所示可知，人脑由三个部分组成。

第一部分，表面褶皱部分即大脑皮层称为新脑。负责人理性逻辑思维。

第二部分，左上方所示即中脑，也称情绪脑。负责人的感情——喜、怒、哀、乐。边缘系统也包含其中，与嗅球直接相连，共同承担情绪和记忆。

人痛哭、大笑等行为也都由中脑产生的情绪所控制。中脑产生的信号会先于新脑控制你的行为。所以人才会由于外界突发事件刺激不由自主痛哭或大笑，之后马上意识到自己的行为很突兀，情绪宣泄场合并不恰当，进而强忍控制自己的情绪不再宣泄。这种从感性到理性的行为，真实地反映出感情脑会先于负责理性和逻辑思维的新脑控制你的行为。

第三部分，左下方所示即原始脑，也称爬虫脑。负责人最原始的吃、喝、拉、撒、繁衍等行为。

原始脑产生的信号，会先于"新脑"控制人的行为。例如，男人看女人第一眼就是打量，这个女人长得漂不漂亮，有没有机会进一步深入交流等，这不受个人意识控制，是一种无意识的应激反应。再如，当你开车时，突然钻出来一个人，你不用考虑，瞬间就会踩下刹车，你不会慢慢思考，是应该刹车呢，还是向右拐或者向左拐避让他，这就是原始脑先于新脑控制你行为的具体表现。

所以原始脑最关注的是你自己，随时帮你观察哪些环境会威胁你的生存、哪些机会可以让你繁衍。因为所有动物最原始的行为就是生存和繁衍，所以它

叫原始脑。

因此"你"这个字，在心理学上称为触发词。当沟通对象看到"你"或者听到"你"这个字，会不由自主地集中注意力。

这里需要强调一点：**说服客户购买商品的第一步，就是让客户注意力集中起来去和你交流沟通。**如果你在销售促单场景中，遇到客户一边玩手机一边和你说话，成交的概率多半不大，所以要多用"你"这个触发词，引起客户的注意力。

以上就是人脑组成的三个部分及不同的功能。

1.5.1 客户注意力越集中成交率越高

美国心理学家戴维·迈尔斯在其著作《社会心理学》中指出，客户能仔细听你讲话，是有效沟通并达成交易的起点。该书还提出了有效沟通中心途径理论，笔者将其进行了实战化，如图1-2所示。

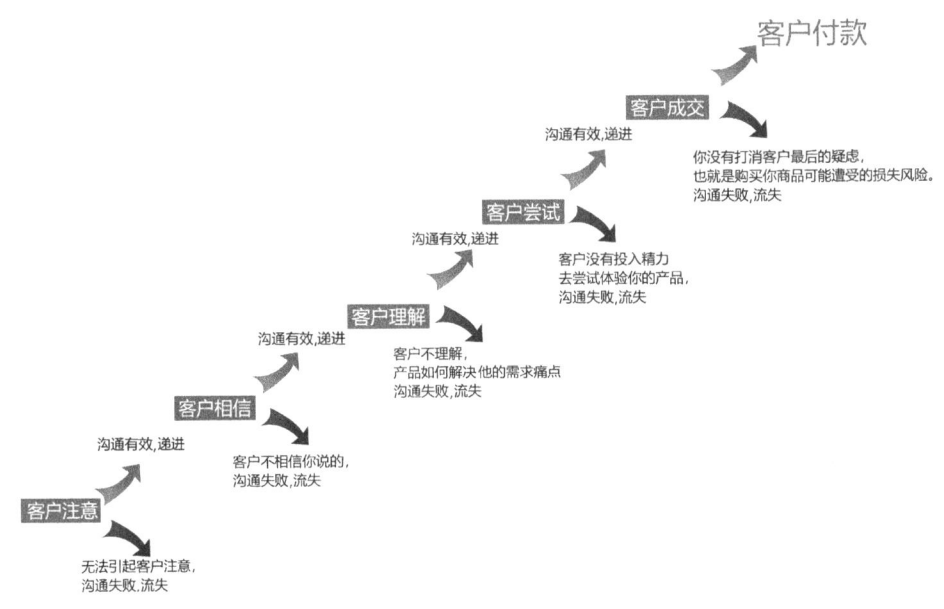

图1-2 有效沟通成交五步法

第一步，引起客户注意。在拜访客户过程中，经常会遇到客户一边看手机或者干别的事情一边听你说的情况。这个时候客户可能还会说，"没事，你说吧，我听着呢"。

这种情况你是硬着头皮接着说，还是让客户放下手中的手机，先听你说？

心理学研究数据显示，与心不在焉、完全不在意你说什么的客户沟通，叫无效沟通，成交率几乎是零。你知道这样的结果，如果还要硬着头皮去说，就会损失一个客户。因为客户听完，除了不会成交，还会给你打一个标签，即你的产品解决不了他的需求痛点，他不会怪自己三心二意没认真听。

因此这种情况，你应该想方设法让他放下手中的手机及琐碎的事情，专注于你的产品。

人有很多无意识的应激反应，提问和回答就是一种，包括"贵的就是好的""清华大学毕业的学习能力一定强"等，这叫无意识的应激关联反应。

因此你只要提问，他内心就有一股力量控制他，要回答你的问题，不然他会很别扭。话术可以这样说："张总，你现在用的产品没出什么问题吗？"用提问和暗示可能的损失，引起他的注意。

此时他大概率会说："没有啊，怎么了。"

你就有机会介绍自己的产品了。这个话术技巧在于，心理暗示客户可能遭受的损失引起注意。

还可以通过正向案例，刺激客户可能获得的巨大收益引起他的注意力。

话术可以这样说："张总，只要一次活动，就可以给公司带来上万的用户和几十万元的销售利润。我们最近刚给你的同行某某公司做过类似的策划，效果很棒！你想不想深入了解这个活动的内幕细节？我可以给你稍微透露一下。"

这句话中有三个关键元素。首先用同行刺激客户的从众心理，并且也是一种信任状的展示。其次用巨大收益刺激客户。最后刺激客户窥探同行打法的稀缺感。

遇到心不在焉的客户，首先要善于提问，因为提问和回答是人一种应激关联反应。其次问题中要隐藏心理暗示，通过暗示用户可能遭受的损失或带来的巨大收益引起惊讶，进而引起他们注意力。

如果你这些方法使用完，他还是一如既往心不在焉，那就表明两点：一是他可能真的很忙或者对你的商品根本不感兴趣；二是仅仅因为朋友介绍等原因，抹不开面勉为其难和你见面。

遇到第二种情况，你更没有必要在他身上浪费时间，因为硬着头皮讲也不会成交。大家回忆一下开篇讲的，要找真客户、避免伪客户。

当你提了问题，依然没有引起他的注意力，可以这样说："张总，我看你今天是真的挺忙，打扰了，咱们再约个时间吧，因为我讲的东西，关乎咱们企业后半年发展，你看哪天有空我再过来。"

如果他说"好啊，你后天再来吧"，说明他真的很忙。

如果他说"咱们再约，现在不好说"，说明他对你的产品不感兴趣。

你必须清楚，真正有需求痛点的客户，他一定会仔细听你讲。因为这关系到他的收益损失。

小结一下，遇到三心二意客户的关键点：话术中多用你，同时用提问技巧，以及心理暗示可能的损失或巨大收益制造"惊"，刺激客户注意力集中起来。

第二步，快速让客户相信。当成功引起用户注意后，还要让他快速相信你说的话，关键点是信任状的展示。笔者在全国各地给企业内训讲课时，会把《产品经理全项目全工作详解》和《产品经理全项目实操详解》拿来介绍一下，这就是一种信任状的展示。

因此，第二步实操技巧就是要把你最有价值的信任状，展示出来让客户快速产生信任。

这里讲个引起客户注意让客户快速相信的经典案例。

美国康宁玻璃公司的销售员戴威·乔连续多年成为公司最佳销售员，公司在年会上邀请他分享自己的成功经历。他说我的方法很简单，让工厂将玻璃切成6英寸大小带上，然后我再带把锤子，见到客户第一句就问他："你想不想看不会碎的玻璃？"在说话的同时我已经掏出了玻璃放在桌上，并拿出了锤子。

几乎所有的客户都会说："不可能，我不信！"

然后我就用锤子使劲地砸，我的客户无一例外都会跳起来，用双手护住眼睛。当他们看到玻璃没有碎时，表现得很惊喜，然后签单销售的事情就很简单了。

这个方法不仅成功地引起了客户注意力，夸张的现场测试也快速让客户相信商品的质量。

第三步，快速让客户理解。让客户理解的关键点就是销售要怀有同理心，以客户的需求痛点去讲故事，才能唤起用户感同身受和理解。

这里讲一个乞讨者的故事。

乞讨者 A 常年在马路边乞讨，身边总是放着一块写着"我是盲人，请帮帮我"的纸牌子。

但效果很差，同情者寥寥无几。这就是以自我为中心介绍自己，想当然地以为告诉大家我是盲人，就能引起大家的同情，其实很难打动别人，大众的同情心早已经被各种乞讨消耗掉。

而后有一天，一名心理学专业女士从旁边路过，看到没多少人帮助他，怪可怜的，于是将他纸板上的内容改为"今天天气很美，而我却看不到"，结果施舍者大幅增加。

这就是从观众的角度介绍自己，这就是同理心。

想让客户快速理解你讲的内容，就要从客户的角度描述你讲的事情，才能引起听众的共情，才能更有效激发听众的行为。

因此，"改变你的言语，你将改变自己的世界！"从今天开始，与人交往中，要避免以自我为中心，要怀有同理心，必将为你的事业打开一扇新的充满希望之门。

第四步，引导客户尝试。客户有了理解，还需要引导他们去尝试、去深入体验和感受。想想砸玻璃案例，再想想我们身边卖防蓝光的眼镜店，几乎都会准备一个蓝光测试盒，检测镜片阻挡蓝光的效果。这就是引导客户尝试体验。只有真正去体验，才能强化他的需求痛点，才能让他们切身感受你的商品是解决他需求痛点的最优选择。

第五步，促使客户成交。客户成交的关键点在于，当他们体验感受最深刻的时候，趁热打铁进一步告诉客户你公司完善的服务体系。将阻止客户成交的最大的一个阻碍点，也就是他所担心可能存在的风险损失，通过你完善的服务体系化解掉，让他没有后顾之忧。

以上就是有效沟通成交五步法。实战中这五个步骤每一个环节，都要基于企业产品做深入研究，去设计销售话术和策略方法。在你所从事的行业中，怎么快速引起客户的注意力。信任状怎么设计、话术怎么说，客户才能快速地相信。怎么引导客户体验，以及如何化解、消除客户担心可能存在的损失风险。这些都需要读者基于自己项目做针对性优化设计。

1.5.2　三个脑如何联动控制你的行为

中脑和原始脑及新脑各司其职，又是如何联动在一起，控制人的行为呢？这里用一个日常中大家可能遇到的场景"那是蛇吗"解释下。

当你在树林草丛游玩时，突然看到好像一条蛇在你面前，你会瞬间停止脚步甚至马上弹开，同时你心跳会加速，浑身紧绷，感到害怕。这种反应就是原始脑在作用，刺激肾上腺素分泌，让你心跳加速、肌肉紧张。在心理学上叫"应激战斗状态"，让你紧张起来去应对威胁。

而你感到害怕的情绪，就是中脑"边缘系统"中与恐惧和焦虑情绪有关的"杏仁核"结构在起作用，让你产生害怕的情绪。

所以原始脑和中脑会先于新脑审视周围环境并控制你的行为。例如，你摔倒了，在原始脑刺激下，你的瞬间反应是用手撑住地，而不是慢慢用新脑理性逻辑思维思考，地面脏不脏、有没有玻璃碴子，用手撑地的时候，选一块干净的地方，免得把手划伤。

因此当你看到好像一条蛇在你面前，你会瞬间弹开。只有脱离危险后，你才会定下心来，仔细去观察和思考。哦，原来只是一条像蛇一样的绳子。这个思考过程才是新脑理性逻辑思维介入，去仔细观察分辨和思考到底是不是危险，同时做出下一步行为的决定，是前进还是后退。

这三个案例：①开车中规避风险的突然刹车；②外界突发事件刺激下的情绪失控与主动抑制宣泄；③那是蛇吗？都指向一个结论：所有人的行为是先受到原始脑和中脑产生的应激反应和感性情绪所控制，而后才是理智逻辑思维的介入和控制。生活中类似的行为有很多，大家可以多观察。

因此记住这个结论："人是一种先感性，后理性的动物。"

当你知道这个结论就要明白，只要掌握刺激和控制拜访的客户、店里的顾客、平台的用户情绪技巧，就能成功控制他们的消费行为。

1.6　有效刺激客户消费行为的四种情绪

第一种，欲求不得的焦虑情绪。网络游戏刺激的就是这种情绪。用户为了装备、技能升级，觉也不睡，通宵达旦地练级。最后实在过不了关，心里想我必须得到这个装备，那怎么办呢？花钱买吧，这就是欲求不得的焦虑情绪。

第二种，害怕失去的焦虑情绪。限时折扣刺激的就是害怕失去的焦虑情绪。电商掀起的"双十一""618"购物节，网民跟疯了似的抢购，根本原因是他们害怕错过购物节这几天时间，失去购买折扣商品的机会。

4S店试驾车都是最高配，刺激的就是顾客害怕失去的心理。你在试驾的时候，真皮座椅、按摩通风加热、手势控制、抬头显示、燕飞利仕的音响、氛围灯全给你体验一遍。特别是宝马4S店有个硬性规定，必须保证用户体验时间半个小时以上，诱导出用户的虚拟拥有感。这个虚拟拥有感会提醒用户尽量不要失去已经体验到的功能配置，因为到具体谈购买哪款配置的时候，你取舍起来就会很纠结。

大家还要记住人性的一个弱点，心理学研究指出"相对于得到什么，人更害怕失去的感觉"，特别是已经到手的东西，这种失去的感觉更强烈。例如，你丢失100元和捡到100元的感觉完全不同，丢失100元的痛苦高于捡到100元的愉悦感。

你在和销售谈判配置做取舍纠结的时候，销售还会说"张先生，你这个60万元的车都买了，就不要省这点钱了"。这句话能刺激出用户"对比心理"，用60万元和几千元做对比，让用户觉得这个配置很便宜。同时销售还会说，当时没要这个配置和你一样的客户，大部分后面都回店里改装了，这就刺激了用户的"从众心理"。

同时销售还会说，你这辆车后面改装，就变成拆装车，卖二手价格完全不一样，最少会损失几万元。因为没有人的车会开一辈子，你开五六年总要卖二手车，这里刺激用户"基于最小损失原则"心理原理。

因为人在思考决定做任何事情前，首先会想自己这样做会有什么损失，其次以最小损失原则去决定自己的行为。

所以销售的话术一直在刺激用户的某种焦虑情绪。

第三种，愉悦快乐的情绪。神经心理学教授希尔科·普拉斯曼做过一系列关于消费者如何花钱的心理学实验，实验中志愿者躺在功能性磁共振成像机中购物，这样志愿者购物期间的脑部活动就可以被成像，实时记录下来。

实验发现，当志愿者购买到一件自己喜欢的商品时，他们大脑中"腹内侧前额叶皮层"与"眶额叶皮层"两个区域会明显活跃起来，如图 1-3 所示。

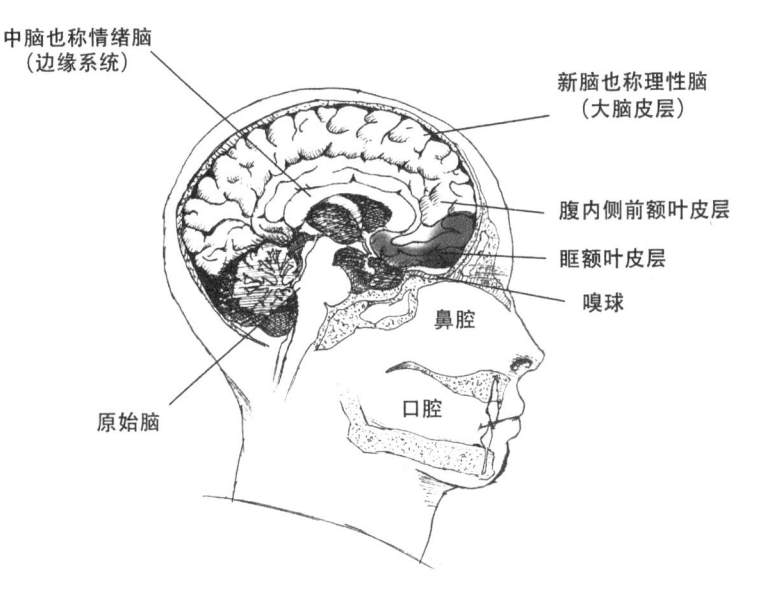

图 1-3　购物刺激的愉悦情绪脑反应区域

并且志愿者越是喜欢自己所买到的商品，或者对购物体验越满意，这两块区域的活跃程度也越高，愉悦快乐情绪越激烈。

后来通过深入研究发现，包括日常中人们品尝到自己喜欢的美味，或者听到自己喜欢的旋律刺激时，这两个脑区便会立刻活跃起来，喜欢程度越深，活跃度越高。

因此这两个区域的作用，是将外部刺激触发物转换成人所能感受到的愉悦体验。

这里你可以将这两个区域理解为大脑的"购买按钮"。由腹内侧前额叶皮层与眶额叶皮层组成的复杂网络，它会刺激人的愉悦情绪，并引发需求，进而诱导原始脑产生欲望，并最终促使用户产生购买行为。

看一下图 1-4 所展示的逻辑。

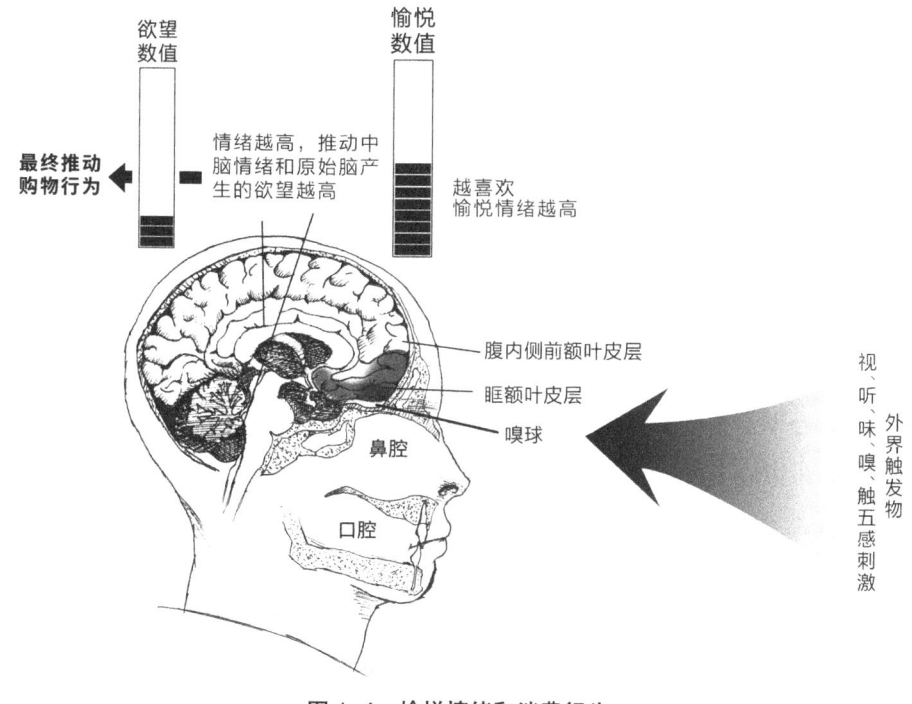

图 1-4 愉悦情绪和消费行为

这就是为什么愉悦情绪越高，越能刺激用户的消费行为的心理原因。

购物刺激下分泌的"血清素"又被称为快乐因子，是主要的情绪调节剂。由于身体个体差异原因，有些人在购物商品的刺激下，激素水平高于常人，产生的愉悦情绪也高于常人，甚至到上瘾的地步，结果就会形成病态的购物成瘾性。

因此用户对产品本身的喜爱程度，决定了愉悦快乐情绪的强度。读者可以想象自己买车的经历，你刚买车的一段时间是不是每天很快乐，恨不得睡在车里。

这就是商品本身给人带来的愉悦快乐情绪。

这里要记住一点：在沟通场景中，要基于用户购买商品的使用场景，去刺激用户拥有商品的愉悦快乐的情绪和期望值，情绪越足成交率越高，期望值越高获得商品后的体验值越高。

商品本身给用户带来的愉悦快乐情绪，心理学称为"五感刺激初级愉悦情绪"，它是指视、听、味、嗅、触五感体验给人带来的原始愉悦情绪。

人的愉悦情绪除了"五感刺激初级愉悦情绪",还有"品牌刺激高级逻辑愉悦情绪",并且品牌刺激下的高级逻辑愉悦快乐情绪,对于推动用户消费行为诱导力最强。

第四种,负债感情绪。某净水器免费试用15天广告,不满意一分钱不要拆走,这是一种赠送策略,它能刺激客户虚拟拥有感和负债感情绪。社会心理学研究结果显示,绝大多数人难以对帮助过自己的人说不,因为这不符合人知恩图报这一社会公认的行为和价值观准则。

人类群居互相帮助的生存习惯,在长时间进化中,演化成人与人相处的一种关系,心理学称为"心理契约",也就是我今天帮助了你,我心里有个声音告诉自己:相信未来在我生存受到威胁的时候,你也会帮助我,这就叫"心理契约"。它已经成为今天大众公认的社交行为准则。

那心理契约在人与人交往中是如何产生作用的,看图1-5心理契约交互逻辑。

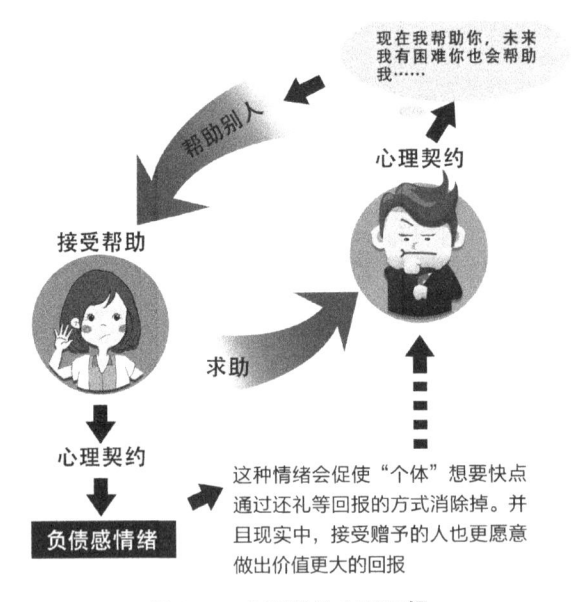

图 1-5 心理契约交互逻辑

图1-5所示,当身边人有困难求助你的时候,这种心理契约会促使你提供帮助。因为你在帮助别人的时候,其实在内心告诉自己,有一天你需要帮助的时候,他也会回报你。而对于接受你帮助的人,这种心理契约会让他产生负债感情绪,并且这种负债感会一直萦绕在心中很长时间,甚至一辈子。这种负债

感情绪会让他想快点通过回报或还礼的方式消除掉它。

因此"心理契约"推动了整个社会、人与人之间的良性互动和发展。

读到这里你就要清楚，在销售商品前，如果能刺激出用户这种负债感情绪，会大大提高成交率。

笔者就遭遇过一次负债感情绪营销。

2019年冬，我陪父母去家具城看书柜。当我们一行人走进一家店时，老板热情地把我父母让进了店里茶桌上，并倒上了茶水，这是开始第一次利用心理学了。我给你倒好了茶水，这是一种无法拒绝的赠送，你再拒绝马上走，会显得很不礼貌、不好意思，这就是负债感产生的亏欠情绪。

然后在我父母面前夸奖我："你的孩子真孝顺，陪着父母逛街……"对我夸奖，在我父母看来是一种无法拒绝的赠予，并且对我的夸奖也是一种恭维。小小的技巧马上让我父母包括我对老板萌生了好感，这是第二次利用心理学。

第三次利用心理学，老板开始描述自己的人生，说自己之前也是大厂工人。他开始用相同的生活经历，让我的父母更进一步由好感升级成信任。我们对陌生人产生好感的因素有很多，相似性就是其中一个重要因素。在相似性中，包括了长相、衣着、职业、生活经历、地位、地域、性格、爱好等，都能让陌生人快速产生好感。

然后这个老板接着说："这个店是孩子们的也不挣钱，孩子们又都出去干别的事情，结果把我们老两口拴在了这里。"这就是进一步从父母角度，用相似性原理让我父母产生感同身受的感受。

第四次利用心理学，一个锯开一半的展示样品，说"你看我这个是上好的纯实木"。

……

通过笔者购买书柜的过程你会发现，我们从小被教育拒绝好意实在是尴尬和不礼貌的行为。因此在实操场景中，企业要设计一些客户无法拒绝的赠予去刺激客户这种负债感情绪。情绪越足成交率越高。

17

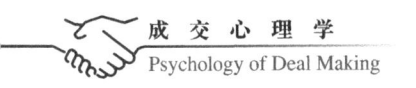

1.7 行为一致原则在沟通成交中的实战应用

本节会讲到社群属性两个心理学知识点，即行为一致原则和弗里德曼门槛。

社交行为准则包括承诺守信、知恩图报等。而它的对立面是善变不讲信用和自私自利，这是社交红线，绝对不要踩，如踩了就会被社会群体所排斥和孤立。

所以人为了融入社会群体，不被排斥和孤立，几乎所有人的行为都表现为"承诺守信"这一社会公认的社交行为准则，心理学称为"行为一致原则"。你几乎在社会上遇不到上一秒和你笑，下一秒和你翻脸，或刚才还答应好的事情，扭头就反悔的人。

因为我们每个人都不希望自己在别人眼中是善变不讲信用的人，即便你是这样的人，也会隐藏起自己这样的行为。

心理学家针对人为什么会主动修正或隐藏自己与社会公认的社交行为准则相违背的行为做了研究，发现人一旦做出与大众公认的社交行为和价值观准则相违背的行为，如善变不讲信用，会刺激"皮质醇"激素分泌。这种激素会让人产生一种很强的内疚感和孤独感情绪，也会刺激边缘系统中杏仁核，让人产生内疚感情绪。这种内疚感情绪会促使个体尽量不要做出反悔的决策，促使个体保持行为的前后一致性，以保护自己不被社群排斥和孤立。

例如现实生活中，你上午刚答应朋友一件事，但由于某些原因，无法完成承诺，你再给朋友解释无法完成承诺说反悔话的时候，自己心里就很别扭和内疚，这就是皮质醇激素包括边缘系统杏仁核让你产生的一种内疚情绪。这种内疚感推动你尽可能地完成自己的承诺，如果实在有困难，退而求其次也会促使你做出弥补的行为。

它应用到实践中，就是开篇讲的一路肯定加促单沟通技巧。

你先要引导客户说出认可你对他需求痛点的分析，进而再引导客户说出认可你的产品能精准解决他的问题，这样你在后续促单的时候压力就会很小。因为客户前面已经表达了认可甚至某种承诺，那么他如果再说出或做出违背之前行为或态度的话，皮质醇激素包括边缘系统杏仁核会被刺激，让他产生内疚感，这种感觉会让他很不舒服，并促使他尽量不要做出违背之前态度的行为和决定。

在现实中只有一种情况会让客户违背承诺，就是他觉得上当受骗了，才会做出180°的态度大转变。

在实践中想要提高客户承诺的效力和行为执行力有三个条件。

条件一，客户所做承诺，必须是在没有压力或者轻微压力下做出，压力越小约束力越大，越能促使客户后期做出行为。

条件二，客户所做承诺，最好能公开，公开范围越大约束力越大。

条件三，客户所做承诺，还需要投入一些努力，投入精力越多约束力越大。

因此基于这三个基本条件，在实践中引出了四个细节。

1. 引导客户自己说出来，甚至写出来，最后还要说"你确定吗？""你不再改变吗？"去强化客户对承诺的记忆。

2. 确定细节，包括时间细节、事件细节、地点细节等。

3. 引发责任感。

4. 唤起客户社交行为和价值观准则。

行为一致原则，在心理学上又称为弗里德曼门槛效应：当人们做出一个小的承诺后，在同一件事情上，他后续也更愿意做出一个更大的承诺，以保持自己行为的前后一致性。

这是美国心理学家弗里德曼对行为一致原则更深一步的实战化研究。

他的实验过程是这样的：在同一个社区，先找其中一半居民，对他们做一个关于社区交通安全的调研问卷并引导其签署请愿书，让他们表达出自己是愿意维护和宣传社区交通安全的人。然后隔一段时间，调查员再去这个社区，分别拜访签了请愿书和没有参与调研的居民，这个比例是一半一半，问他们是否愿意在自己家门前草坪上放置一块广告牌，提醒社区居民交通安全。结果弗里德曼发现，之前在请愿书上签名的社区居民同意在自己家草坪上放置广告牌的比例高达90%以上，而没有参与调研的人，愿意在自家门口草坪放置广告牌的比例不到20%。

这就是弗里德曼门槛。你想让客户做出更大的消费行为，要先设计一些小的登门槛商品，让他没有很大压力做出消费行为，那后续再让他做出更大的消费行为就更容易了。

弗里德曼门槛效应，在商业实践中很普遍。例如，单反相机几乎所有品牌，其价格都是数十倍的跨度，从入门型三四千元到旗舰型七八万元。再如，汽车从 19.9 万元入门型到 29.9 万元的旗舰型。这些无一不是弗里德曼门槛的实战应用。

1.8 需求产生与思考逻辑线

现在你已经知道人脑组成及各自负责的不同功能。那么需求主要产生在哪个部分？需求产生后，人脑具体思考的逻辑线又是怎样的呢，图 1-6 展示了需求产生与思考逻辑线。

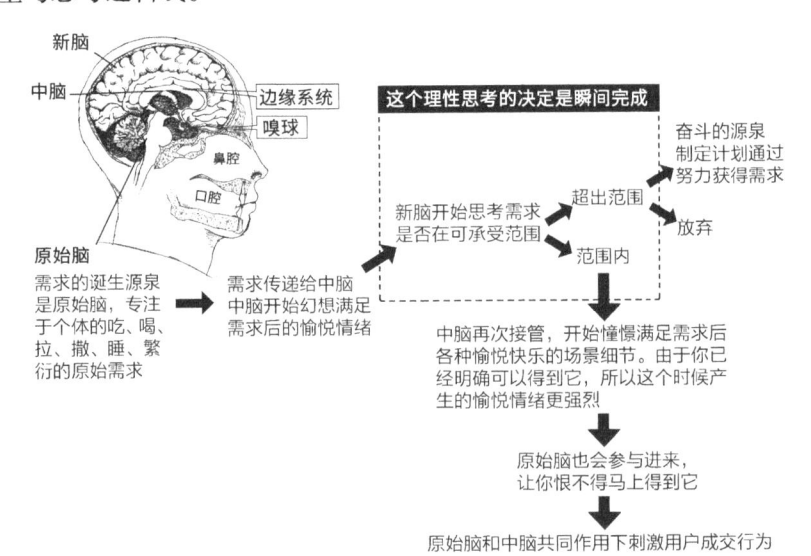

图 1-6 需求产生与思考逻辑线

通过图 1-6 所示的逻辑，可以清楚需求的诞生源泉是原始脑。

特别是吃、穿、住、行，关乎人基本生存的需求，更是直接诞生于原始脑。有些高级的需求如被尊重、自我价值实现等，是由原始脑、中脑和新脑共同作用产生的需求。但是即便这些高级需求满足后，也是为了获得一种愉悦的情绪。因此追本溯源，又回到中脑和原始脑。

原始脑产生需求后，将需求传递给中脑。中脑开始幻想满足需求后的愉悦情绪，这是第二步。同时新脑开始思考，需求是否在可承受范围，这个思考的过程是瞬间决定的。

这时新脑会产生两条逻辑线。

第一条逻辑线，如果需求超出个体承受范围，新脑会继续思考评估做出判断，是制订奋斗计划，通过努力最终满足需求，还是直接放弃。所以需求欲望不仅仅是企业增长的原动力，更是人类社会进步的原动力。

第二条逻辑线，如果需求在可承受范围内，新脑会马上终止理性的逻辑思维，中脑再次接管。由于你已经明确可以得到它，因此开始更深入憧憬需求满足后的愉悦情绪和各种场景细节，这个阶段产生的愉悦情绪更加深刻，心理学定义这个阶段为深度憧憬阶段。

同时原始脑也会介入，让人产生恨不得现在就要得到的冲动。最终在中脑和原始脑共同作用产生的各种情绪刺激下，让人产生购买行为。

因此只有购物商品超出个体承受范围，新脑才会介入进来做理性思考，这件商品到底需不需要。

通过剖析需求产生后在人脑中思考的逻辑线，就知道当客户无论是在线上还是线下浏览自己中意商品的这个阶段，处在需求逻辑线"深度憧憬"这个位置。因此无论是看服装、化妆品，甚至看车、看房，现在他心里所想的都是在憧憬拥有这件商品后，更多美好的细节及更加愉悦的情绪。

当你清楚了客户此时心里所想，就要顺着客户这种心理，用话术去深入刺激他这种愉悦的情绪。

假如你是4S店汽车销售人员，当你面对一个年轻未婚的小伙子来看车，你就要告诉他，这车外表很帅，内饰很豪华，还有氛围灯，很适合带着你喜欢的女孩去兜风，特别是晚上氛围灯一开，感觉会很棒，这叫基于使用场景的情绪刺激法。

以上场景其实是人为制造一个竞争场景。

稀缺感本身就能刺激人害怕失去的焦虑情绪，从而提高成交率。如果客户是在竞争场景下，那稀缺感更强，刺激出害怕失去的焦虑情绪更足，更能促使客户成交。

这里要牢记机会越少，价值越高，行动力越强！

在销售场景中有策略、有方法地刺激客户拥有商品的愉悦情绪和害怕失去的焦虑情绪，可以获得不错的成交效果。销售场景不仅仅指面对面的交流，还包括你的店里、你的渠道展示的各类宣传物料及刚才讲的"竞争场景"的设计。因此它是通过视、听、味、嗅、触五感，整体打造一个促销场景氛围，再加上销售话术的引导，在内外共同作用下，促使客户下单消费。

很多行业的客户，特别是大额消费类的客户，都有先咨询后下单消费的行为。这就是客户白白送给你一个刺激他们情绪，达成交易的机会。

这些策略包括大额消费类的降低门槛策略。

例如，在利益上打折、打白条、贷款、分期等形式，降低客户获得商品的门槛。

再如，4S店常用的，在交流中利用外表靓丽女导购分散你的注意力，让你的原始脑始终处在兴奋的阶段，阻断你新脑理性逻辑思维介入交易思考的过程，提高交易率。还利用谈判中示弱技巧，勉为其难给你一个巨大的折扣。刺激客户觉得自己占据议价主动权，这种心理不仅让客户对商品价格更加认可，也让客户更想快速达成交易，以免商家反悔自己"好不容易"谈下来的折扣。还有的商品甚至采用先使用后付费、免费试用等策略，就像某净水器，免费试用15天，不满意一分钱不要我拆走。

因此即便商品价格远远超出客户承受范围，只要你能给客户一个足以令他信服的、没有生活压力的、降低获得商品门槛的理由，就能阻止客户新脑理性逻辑思维去思考，这件商品到底需不需要。

因此对于大额消费的客户行为，消费心理学定义为理性思考和感性消费。

思考的时候是理性的，但是消费下单的行为却会因为导购专业的话术、靓丽的外表，或者不错的折扣，甚至仅仅因为导购和你是同一个地方的老乡，而刺激你下单。

因此提高客户购买率有两个核心。

第一，要刺激出客户中脑和原始脑的焦虑和愉悦两种情绪。

第二，销售话术中要绝对避免引起客户新脑理性逻辑思维介入交易谈判的过程。

因为新脑理性介入后，人就会陷入理性逻辑思维。例如，"是不是别人家的更便宜，我要不要等一等购买，多对比下"。客户一旦陷入理性逻辑思维，成交率就会直线下降。

销售话术中有三个重点。

第一，避免说出能激活客户新脑介入的话，如"我们家真的很便宜，不信你去别家看看"。这一类的话都能刺激出客户的逻辑思维介入消费谈判决策中，降低成交率。那客户就会顺着你的话去想，你说得也对，我好像是应该多对比几家。

第二，要刺激客户害怕失去的焦虑情绪和拥有后的美好情绪。例如，"双十一""618"为什么大家趋之若鹜，就是因为害怕错失购买打折商品的机会，这是一种焦虑情绪。再如，我们经常利用的软文讲故事"种草"，就是刺激用户想象憧憬获得商品后愉悦的情绪。

第三，话术中的关键词强调技巧。话术中必须有"你""马上""想象"等关键词。"你"这个关键词心理学称为触发词，可以直接刺激原始脑集中起注意力。同时关键词"马上"也能有效刺激原始脑，让人情绪兴奋起来。而"想象"能起到心理暗示的作用，将导购告诉你需要变成客户觉得自己需要。

下面通过心理学实验"现在获得和过后获得的区别"去理解"马上"这个关键词的实战效果。

实验过程是这样的：志愿者带上能监控人脑活动的仪器，然后在显示器随机展示"马上获得5美元"和"三个月后获得50美元"去观察志愿者大脑反应。

最终结果，无论展示次序如何变换，所有志愿者大脑反应对于马上获得5美元，他们的原始脑反应最亢奋，也就是说马上获得能让客户更激动，更容易刺激客户做决定。

同时这个实验的第二组志愿者被明确告知，仅仅是实验你不会得到5美元或者50美元，但是实验结果和第一组相同。当志愿者看到马上得到5美元，原始脑就异常兴奋起来。

实验告诉我们三点结果。

第一，原始脑让人兴奋，是一种不受个体控制的无意识应激反应。

第二，原始脑分不清虚拟和现实的区别。因为第二组志愿者被明确告知你不会得到5美元或者50美元，但当志愿者看到屏幕上显示出"马上获得5美元"，大脑依然很亢奋，就说明原始脑分不清虚拟和现实的区别。

第三，原始脑兴奋程度越强，从生理上阻断逻辑思维新脑介入就越成功。

为什么人自控能力普遍很差？

核心原因是大脑基于最小损失原则去判断个体取舍行为。当眼前放着马上就能得到的东西，它远比未来才能得到的东西真实。因为大脑对未来判断更多基于联想，而拿在手里的东西能直接通过视、听、味、嗅、触五感刺激大脑最原始的兴奋情绪，这种情绪更多来源于中脑和原始脑，对引导用户消费行为作用更强。

因此拿在手里的触发物，时时刻刻在刺激大脑，但是未来却不会。

我们做一个小实验，回答这个问题："下个月想吃水果，还是热量很高的巧克力奶油蛋糕，哪个对你更健康？"可能大部分人会选择健康的水果。因为未来不涉及当下的情绪，个体在做选择的时候，会更加理性。但是如果问题变成"现在有水果和巧克力奶油蛋糕，只能选一个，你会选吃掉哪个？"可能更多人会选择巧克力奶油蛋糕。

因为当下做选择的时候，巧克力奶油蛋糕刺激大脑原始区域更多，个体在选择的时候就掺杂进需求、情感、欲望、快感等各种因素。

因此真实的现在远比抽象的未来更能激活个体的情绪。

1.9　情绪能从生理上阻断新脑理性控制人的行为

人在大部分过激行为过后都会后悔。但是为什么新脑理性逻辑思维不在冲动的时候就阻止他，而非要等到实施过激行为后，新脑理性逻辑思维才介入进来，让他产生后悔的情绪并做出痛哭道歉的理性行为？

因为人的中脑、原始脑兴奋感达到一定程度后，就会从生理上阻断新脑理性逻辑思维介入控制人的行为。

同时情绪在商业实战中还有另一个作用，就是提高客户对企业和商品的记忆力。

商业案例中，很多广告图片放着漂亮的女性照片，或者汽车激烈追逐的激烈场景，就是刺激你原始脑兴奋起来产生某种情绪，增加对商品的记忆强度。大家开车平时有个小剐蹭，根本不会在意，过不了多久就忘记了。但如果事故比较大，投入的精力和情绪越深，那记忆的强度和细节就越多。

读到这里你就应该彻底理解，为什么消费者90%以上的购物行为是感性的情绪冲动行为。

第 2 章
嗅觉心理学与实战应用

2.1 被忽视的嗅觉营销

为什么榴莲的味道，有些人闻起来唯恐避之不及，有些人闻起来马上产生购买的欲望？

气味中其实蕴含着巨大的商业秘密，对特定人群能刺激特定的消费行为，产生不同的商业机会。

目前大多数企业营销方法聚焦在对用户视觉、听觉的刺激上，但视觉、听觉包括味觉、触觉这些感官，用户可以根据自己喜好去做主动屏蔽。

唯有嗅觉可以做到偷袭，你仔细想想是不是这个道理。

四周无孔不入的气味分子时时刻刻都在刺激着你的鼻腔。气味分子能够直接通过嗅球影响大脑边缘系统，而这个边缘系统正是大脑控制情绪和记忆的区域，如图2-1所示。

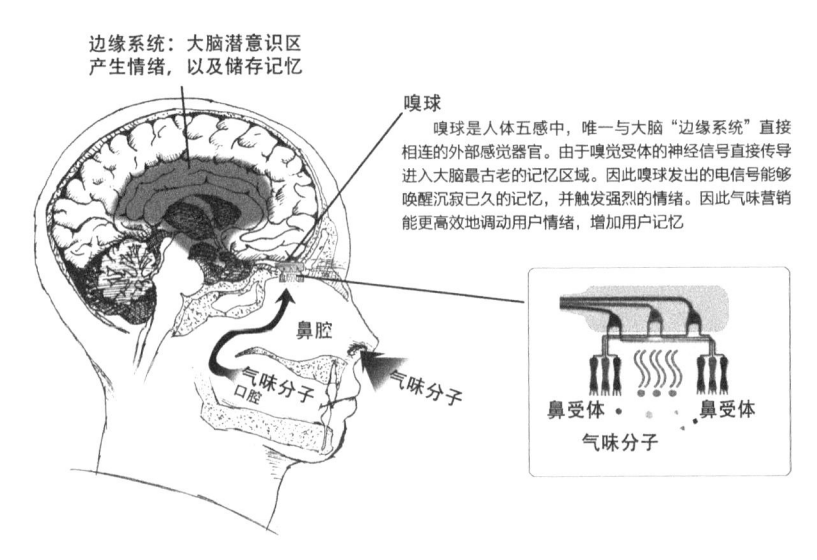

图 2-1　嗅球和边缘系统

嗅觉与其他感觉系统，如视觉或听觉不同的是，参与嗅觉功能的"嗅球"与"边缘系统"的大脑潜意识区直接相连，这个区域负责控制情绪和储存记忆。嗅球发出的电信号能够唤醒沉寂已久的记忆，并触发强烈的情绪。气味虽然不会马上改变一个人，但是会潜移默化影响人的行为，而这个过程中只有一小部分能被意识感知。

嗅觉受体的神经信号直接传导进入大脑最古老的记忆区域。

嗅觉的重要意义就在于此，它与人类的记忆存在直接联系。很多人都有着跟气味相关的记忆，那些气味就像一把钥匙，可以打开记忆的大门。失去嗅觉就像丢失了这把钥匙，那些记忆也会消失，因为钥匙不见了，他们没办法再度唤醒那些记忆。

在嗅觉产生的各种影响中，最主要的就是情绪变化。

商业实战中，已经开始基于研究结果也包括经验，尝试给各种气味打上信任、信誉、亲密等标签。已经证实的气味效果包括"希蒂莹"能影响人的激素水平，可以激活人体内信息素受体 ER 信息素，是人类相互交换情绪感受的化学载体，能增强人的吸引力，是成功的气味。而对"龙涎酮"的科学研究表明，它能增强人的同理心及令人变得更加慷慨。这些气味有着很大的需求量，应用范围非常广泛。

第一章讲了那么多内容，都是围绕刺激用户情绪、提高销售成交率。

到本章你发现，原来嗅觉才是最直接、最有效能刺激人情绪的物理载体和方式。因为嗅觉是人视、听、味、嗅、触五感中，唯一与大脑中负责人情绪和记忆部分的边缘系统直接相连的感官。

如此重要的感官，在商业中并没有发挥什么作用。大部分企业在制定营销策略时，忽略了气味的神奇力量。企业通常认为用户是靠眼睛、耳朵和经验来获取场景信息并做出某种判断，对于嗅觉的依赖没那么重。

2.2 气味能增加记忆、唤起情绪

德国哥廷根大学的几位研究人员设计了一项实验，测试嗅觉是否能影响人们对陌生人的感觉。

他们要求第一组志愿者观看一系列照片，并对照片中陌生人讨人喜欢的程度进行评分。接下来第二组志愿者，在进行相同的评分实验前，研究人员事先在实验场所添加了一种"母乳气味因子"，但是志愿者对此一无所知，他们根本不知道实验场所发生了变化。因为味道很淡，几乎无法闻出来。

实验结果最终显示，跟第一组志愿者的评分结果相比，身处这种母乳气味环境中的志愿者，给照片中陌生人的评分明显更高。

实验证实，人类不仅早在孩童时期就通过母乳熟悉了香味，并且这种气味会让人产生愉悦的情绪，这种情绪也促使志愿者对照片中的陌生人做出更积极的评价。

由于气味分子通过嗅球直接到达负责情绪和记忆的大脑边缘系统，所以气味能直接刺激出人类的愉悦情绪，同时也能直接激发出记忆和经历。也就是当再次闻到某种让自己愉悦的熟悉气味，就会马上唤起过去那些经历和愉悦的情绪。

人类嗅觉受体相关的基因约有400个，占人类基因图谱的比例超过1%，人可以依靠这些基因识别出数以亿计的不同气味。不同气味物质所释放的气味分子可能会隐含着某种密码，或让人快乐，或让人紧张。例如，妈妈做的饭菜味道让人快乐和放松，而医院消毒水气味则让人紧张。

人类儿童时期记忆中的经历和情绪，总是与当时的气味紧密相关。哪怕过了几十年，只要闻到这种气味，我们依然能重新回想起这些童年时的经历和情绪，因此气味不仅能增加记忆强度，还能快速唤起记忆。

当你知道了散发的气味分子具有承载独特情绪密码的功能，并且你也知道人可以通过嗅闻方式直接破解气味承载的信息，并产生相应的情绪和行为，你也就掌握了气味营销的方法。

简单讲就是研究你的商品蕴含的意义，并给它赋予一种味道，然后将企业商品信息与情绪、需求、行为，做一个逻辑关联的创作，并将这个味道承载的内容在营销活动中传递给用户群体。反复不断的刺激，就可以做到通过气味唤起用户的记忆，引起用户的情绪和消费行为。

2.3 人的体味能影响他人的情绪

加拿大麦吉尔大学疼痛遗传学实验室用小白鼠进行疼痛实验时发现：只要男性实验员在场，其身上的体味就能抑制小白鼠的疼痛反应。

通过进一步研究发现，不仅男性气味会对小白鼠产生抑制疼痛的反应，包括雄性的狗、猫、豚鼠、大白鼠等的气味，都能刺激小白鼠紧张，从而降低对疼痛的反应。随着实验深入，证明人类也一样会受雄性体味影响产生紧张，从而降低对疼痛的敏感度。

这种现象再次表明，人类与动物的差别并没有我们想象得那么大。

人类总是在不经意间解读各种气味，这是理性思维无法控制的应激反应。心理学家贝蒂娜·宝泽的主攻课题是"化学气味感知交流"，她做了关于恐惧的气味信号对他人影响的研究。实验过程是这样的：第一组志愿者单纯地看屏幕里展示的一些人受伤害的图片，并根据自己感受给图片恐惧级别评分；第二组志愿者在闻着研究员收集自己看恐怖片时分泌的汗液，然后边闻边看屏幕展示的一些人受到伤害时候的图片，同样根据自己感受给图片恐惧级别评分。

为提高实验结果精准性，第一组志愿者也佩戴了插入鼻子中的气味管，只是这根管子仅仅是单纯吹气，不会释放任何气味。

结果第二组闻着恐惧汗味的志愿者所评判的恐惧级别，高出没有闻气味的很多倍。

研究结果证实，当人产生恐惧时会诱发身体产生应激激素，并通过汗腺挥发到体外，这种激素的气味我们暂时称为紧张恐惧的味道，会影响他人也产生恐惧感。随着实验深入，研究人员还发现，人在不同情绪时产生的体味蕴含相对应情绪的信息素，这些信息因子会通过空气传播出去，并让闻到的人也产生相应的情绪。

现在几乎可以肯定的是，人能靠嗅觉感知别人的各种情绪，并且由于鼻子嗅球和大脑边缘系统直接连接的解剖结构，使嗅觉引起的反应比其他感觉器官都要迅速直接。

情绪会产生气味，这相当于一种社交警示系统，它可以帮助人类迅速获得潜藏的威胁信号。

这不是人类后天习得的交流能力，而是人类的本能。人类的体味就像一种无意间传递出的私密话语，会在人意识感知不到的情况下，不停地交换信息。气味能为人类提供各种社交信息，如年龄、是否脾气相投、是否情绪紧张或者好斗、是否健康等。

因此通过气味对周围场景做出判断的第六感，准确度要高于通过视觉和听觉。

因为人类即使不开心也可以笑容满面，即使无动于衷也可以伪装悲伤，并且人在生活中，总是无时无刻不在伪装自己的情绪。但世界上没有任何人可以伪装身体散发的化学物质，这些都是潜意识的身体反应。

心理学家研究，人类只有21%的交流是关于理性的，其余的全部是情感交流。大多数人以为，人喜欢用视觉来判断好恶，不管对象是人类还是物品。其实鼻子能识别和领会的信息要远远超过眼睛。

所以，人类在感知世界时，如果鼻子没有发挥作用，将会错失很多东西。

2.4 味觉的本质是嗅觉

人们通常认为舌头是味觉器官，事实上舌头只能粗略感知我们吃进去的是哪些东西。

心理学家托马斯·胡梅尔的研究揭示，舌头只能对人吃进嘴里的食物进行粗略判断，并仅仅感受到几种基本味道的强度，如酸、甜、苦、辣。

咀嚼食物的过程中，更多味道的感觉是通过嗅觉来综合判断。这里所说的味道，其实来源于咀嚼过程中释放出的气味分子。通过口腔内部软腭——它是一个可以闭合的结构，在咀嚼的时候软腭闭合，让口腔中的气味分子进入鼻腔，从而被闻到。

所以口味的本质是嗅觉，而不是味觉。

我们常说妈妈的味道会让你回忆沉浸在家的快乐情绪中，本质是你在吃妈妈做的饭时，在咀嚼过程中，气味分子从软腭通道进入鼻腔后闻到的味道。

气味的神秘力量已经引起科学家、商人、企业的广泛兴趣和关注。

例如，斯巴达银行会向香水商人提出明确的要求：香水要调制出能表达欢迎的香气，要有人情味，可以增强人与人之间的亲密感，这种香气还要能体现品牌价值观。

大型商场希望提高客人的舒适度及商场的销售率，他们通过中央空调系统释放特定的气味。这是一种有意识的主动刺激，因为顾客不能选择要不要闻这个气味，这对商家来说是有利的，商场内的人无法拒绝。

研究还表明，特定气味的使用可以令乘客相信本次的消费物超所值。这是德国慕尼黑大学市场营销学者历时数年研究取得的成果。研究发现，当人们因为一些事感到气恼，如火车晚点的时候，在有香气车厢里的乘客，比在没有香气车厢里的乘客，态度更积极，容忍度更高，批评意见也更少。

通过气味影响人们的情绪从而引发同理心，促进企业发展，早已悄悄被一些企业运用。

2.5　气味营销商业运用现状

借由消费者的感官体验来刺激购买的欲望，是当下很多甜品店的营销手段。

例如，用扩香机把优选出来的香味，而不是真实烤面包散发的香味，扩散到店面大堂，借由香味刺激客户产生对商品美味可口的愉悦情绪，并产生购买行为。韩国某咖啡企业曾在公交车上安装能伴随广告扩散咖啡香味的机器，设在公交站旁的店面，顾客量因此增长了16%，销量增长了29%。

美国香氛供应商研究结果显示，在拥有迷人气味的购物空间内，顾客的逗留时间延长了44%，购买意向也有明显提升。

瑞典卡尔玛大学零售研究所副教授贝蒂尔·霍特在《感官营销》一书中指出："气味营销，比起其他营销手段的大排场、大动作，更能对消费者产生潜移默化的影响。"顾客进入购物场所，可能会忽略海报或播放的广告，但气味肯定不会忽略，并且气味能直达中脑边缘系统让人产生情绪。

香氛营销一直到2012年还集中在五星级酒店领域，2014年前后开始，国内其他行业领域企业才有意识地开始将其列入营销规划中。

但无论哪种类型的营销方法，本质都是要和商品品质、品牌价值关联起来，以达到强化用户记忆、唤起情绪和需求、促成交易的目的。

第3章
掌握用户消费行为做零成本增长

3.1 解构企业陷入增长瓶颈八大原因

原因一：商业模式快速迭代及用户消费心理和行为多样化，使企业内部设计的转化用户逻辑与用户消费行为脱节。同时用户消费行为和心理多样化，也导致外部一线销售员在沟通中难以快速切中用户痛点。促单成交效果越来越差，跑单率越来越高。

传统商业模式把相似需求分档次，格局分为高、中、低，规模分为大、中、小。

而互联网 2.0 后时代的商业模式，把相似的购买力分场景，场景形成社群圈层，社群圈层必然形成一类价值认同。

档次划分是基于商品价值的纵向划分，是以金钱和基本需求为思考维度，而场景划分是基于用户购买行为后使用场景的横向划分。以使用场景、社群认同为思考维度，两者有本质区别。

今天商品价值由本身劳动力时间、使用场景、社群认同共同组成。例如，包类几十元的仅仅满足装东西的功能价值，细分出登山、徒步后附加了使用场景属性，也就附加了社群属性，其本身价值就不仅仅由单一劳动力时间成本决定，还包括社群认同的价值。

这里通过"汽车导航升级改装"案例，对使用场景做深入讲解。

某日系合资品牌城市 SUV，次顶配车型 29.98 万元，竟然只配备了 6 英寸的小屏幕，还没导航，成为大家吐槽的焦点。但要想有导航，就要多花 2 万元价格提高一个档次。这让很多用户觉得手机也可以导航，并且可以去汽配城自己升级，一两千元就可以搞定，而原车导航每次升级还要两千元"数据费"，太不值得，所以大部分用户购买了小屏幕不带导航的次顶配车型。

大约半年后，在某汽车类垂直论坛中，讨论该款车型改装大屏导航的贴子，以及在汽配城询问这款车改装大屏幕导航的人多了起来。

这就是用户需求挖掘，需求就从细分用户群体聚集的平台中，从他们讨论的网络舆情中来。

有天，笔者"消费心理学"学习沙龙中，一名经营一家该款车导航改装店的学员求助笔者，说进了一批导航，但问的多买的少，让笔者帮忙调研找找原因、想想办法。

接手后设定了两个调研目标：第一搞清楚需求产生的场景；第二搞清楚阻止用户进一步下单的原因。由于笔者也是该款车车主又在车友群里，因此很容易接触到最核心用户，很快就通过洞察分析把问题调研清楚，核心原因是使用场景作祟。

刺激用户需求产生的场景，总被亲戚、朋友吐槽。2015年，全部下来快40万元的车，绝对属于不错的车，竟然还是这么小的屏幕且没有导航，配置连很多国产车也不如。而阻止用户改装大屏导航的核心原因，是第一批改装了副厂大屏幕导航的车主，开始在论坛吐槽会导致音质下滑，使得观望的车主纠结。

通过调研洞察分析，知道用户改装需求背后的真实使用场景：只要能在亲朋面前，展示一下这款车有导航。

基于调研结果给他的优化方案是，先快速低价甩掉手里现货，然后进一批导航升级模块。这个硬件模块只要用排线连接在原车机上，就可以升级出导航功能，如图3-1所示。

精准地洞察分析，搞清楚用户群体需求背后的真实痛点，很快他的导航升级模块成为2016年汽配城最抢手的商品，一直到某主机厂推出黄金版音质大屏导航上市。

该案例说明**企业做产品规划，绝不是简单盯着外部市场缺什么，企业马上进什么商品，而是应该先基于一个需求点做映射分析，梳理出各种变量因素。做到真正理解需求背后的真实使用场景痛点，然后再做相应的商品规划。**

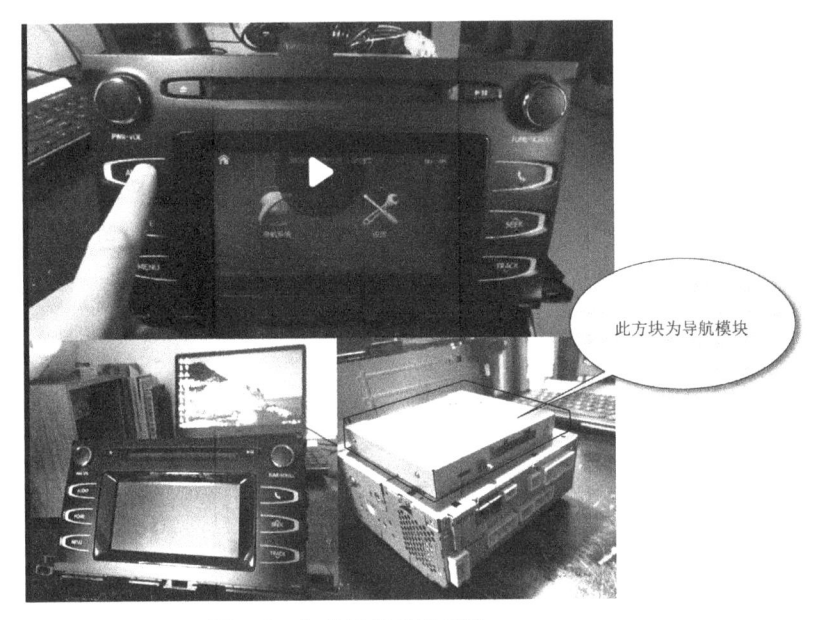

图 3-1 加装导航升级模块

每一种需求产生的背后都和使用场景息息相关。

例如，餐饮业在 20 世纪 70—80 年代，仅仅满足大众填饱肚子的需求，但在当下大众讲究吃的健康、吃的品位、吃的文化、吃的档次，甚至吃的速度。这每一种需求的背后，都对应了一个精准的使用场景。

为什么要吃的品位，因为他要宴请客户。

为什么要吃的健康，因为他"三高"。

为什么要吃的文化，可能是外地客户，通过吃体验本地文化。

为什么要吃的速度，因为食客是公司白领，午餐时间有限。

因此假如你做餐饮行业一定要明白，吃不再是吃本身这么简单，用户掏钱买单的核心因素不是由肚子决定，而是由使用场景决定。

原因二：营销推广层面，渠道太多、锁定困难，导致用户获取越来越难，同时用户流失却越来越快，使得企业营销推广费用高、效果差。

当今互联网新用户增量乏力，大家陷入存量竞争中。同时各类自媒体平台如雨后春笋，将用户群体又稀释在不同端，即便抖音一个端，用户也稀释在不同 IP 下形成不同的社群圈层，导致企业精准定位渠道难度进一步加大。并且随着企业进驻网络渠道做推广的数量逐年增多，推广流量成本直线攀升。这些因素叠加在一起，导致企业定位精准渠道做用户获取工作难度大大增加。

要想精准定位渠道，就必须掌握细分用户建模的业务知识，否则企业的推广工作就是胡打乱撞。

原因三：技术壁垒越来越小，价格越来越透明，以及产品迭代滞后于用户需求变化速度，导致推向市场的产品，难以切中用户痛点。

首先，技术壁垒越来越小，产品差异化越来越难做，导致企业间产品同质化竞争愈演愈烈。

其次，价格层面，由于厂家或总代理以直销方式切入销售终端，以及网络渠道销售场景的多样化，导致商品价格越来越透明，利润不断缩小。同时各销售终端激烈竞争，在折扣、活动、服务方面使出了浑身解数吸引用户。这些因素导致用户越来越挑剔，企业留住用户越来越难。

2000年之前用户流失主要因素可能是产品质量和价格，而现在又相继加入了视觉、服务体系、使用体验、社群属性标签等因素。例如，服装在20世纪60年代仅仅满足大众穿着和标识社会职业属性的功能，到了20世纪80年代大街上的服装颜色开始鲜艳起来，说明人们对于服装有了视觉上的要求，再往后20世纪90年代各地百货大楼纷纷打出"顾客是上帝"的口号，说明大众对服务也有了要求。发展到现在动漫、汉服等不同群体的出现说明大众又给服装添加了社群属性标签，人们开始利用服装去展示自己所属的社会群体。

外部因素还包括竞品打压、渠道间的竞争，以及宏观层面社会、经济、政治、文化、技术的发展推动商业模式和用户消费行为快速变化。

这些因素是一种相乘的关系，如果企业无法针对每一种变量用相应的业务方法做有效应对，就会导致企业更加难以抑制用户的流失，导致企业陷入增长瓶颈。

原因四：社群对用户消费行为和品牌价值的巨大影响力。

社群聚集最直接的影响就是，社群圈层内的使用体验已经成为新用户决定下单的关键因素。

同时社群对产品功能意见也成为<u>企业迭代的重要依据</u>。现在越来越多企业将用户群体纳入产品规划开发阶段，社群意见成为企业产品优化的重要参考。例如，某彩妆品牌及某国产硬派越野车企的"用户体验官"计划，这些看似传统行业的商品，其经营理念已经超过很多互联网公司。

由社群聚集演化出"社群建设"全新的运营方法。

在没互联网之前,思想文化的传播特点既单向又效率低下,不但需要有专业媒介去做传播,甚至还需要有人做深度的巡回宣讲。传播技术的滞后让秉持相同文化和价值观点的人,只能在一个相对于局限的物理范围形成意见场。这个意见场在更大范围内几乎没有影响力,对更大范围的民众吸引力也很弱。因此在互联网做全域无疆覆盖之前,社群意见还不能形成一股左右企业发展的力量。

当互联网发展到 2.0 后时代,去中心化、去中介化成为趋势,在一个全域无疆的范围内,大众顺着信息流所承载的内容和价值观进行沉淀聚集,形成一个个相对独立的群体。在这个群体内大家具有相同或类似的目标、行为、社交货币、喜好、价值观点和思维方式,并在圈层内的交流过程中,群体的文化价值观点呈现不断进化的特点。同时群体内个体成员,也通过多元的媒体社交平台将圈层内文化思想不断向外扩散传播,去吸引圈层外感兴趣的人。这个圈层内的人员基数和地域广度,决定着社群圈层内交流所形成的意见场影响力大小。

社群产生的影响力对企业经营有巨大推动作用,利用好了企业可以获得长久持续的发展,利用不好可能会导致企业陷入困境。

因此由于社群巨大的影响力,以社群建设为目标的全新运营方法应运而生,图 3-2 展示了社群建设和运营逻辑。

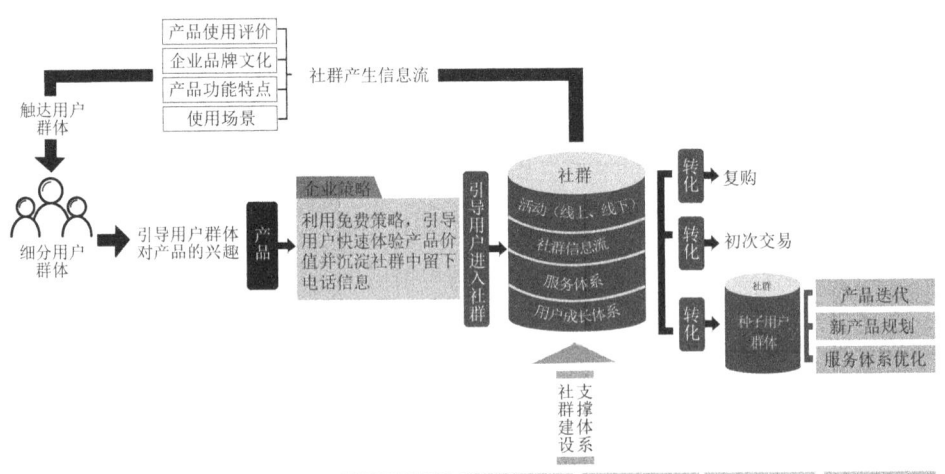

图 3-2 社群建设和运营逻辑

原因五：信息资讯爆炸时代用户注意力越来越难以聚焦。

美国心理学家苏珊·魏因申克在其2000年年初出版的著作《网页设计心理学》中提出，神经学家观点认为，人五种感官每秒钟接受信息量大概在1100万比特（1比特=0.125字节），但只有40比特被有意识处理，其他的绝大部分信息都被无意识屏蔽掉，这是人脑的一种自我保护方式。

相对于2000年年初，当下个体五种感官接受信息的量呈指数级上升。神经学家和行为学家通过试验发现，人体机能在信息爆炸时代，为了自保反而会更加无意识主动屏蔽掉不感兴趣的信息，对于非必要有用信息采取缩短关注时间的策略。

换言之，当下用户只对自己感兴趣的内容产生关注和传播。

人体这种对外界信息自适应策略，是为了个体可以将更多精力聚焦在关乎自己生存的核心信息处理上。这使得企业宣传信息流如果不能切中核心用户群体的要点，很快会被用户忽略掉，导致宣传拉新效果大打折扣，直接推高企业宣传推广成本，这个层面也是企业越来越难做的一个原因。

原因六：北、上、广企业大兵团作战方式阻碍地方企业模仿。

互联网推动信息资讯做到全域无疆瞬间传播。全国各地用户的认知、思维、消费行为越来越趋同，即便是偏远三、四线小城市的用户群体所展现出来的消费行为和北京、上海也几乎没有区别。企业家认知也是一样，当你和二、三线企业家聊天，你会发现他们嘴里会时不时地说出社群运营、私域增长、大数据分析等时下经营企业各种新名词。

但是执行却远远落后于认知，大部分人依然沿用传统的方法经营企业。

明明有更好更先进的方法，他们也知道为什么不用呢？核心原因是财力和人力的限制。

北、上、广、深的企业属于"全编满员大兵团作战"。大概列举一下一线城市企业组织架构岗位组成，有产品、客户运营、市场扩展、活动策划、新媒体运营、摄影摄像、视频采编、文案、算法工程师、数据分析工程师、前中后端技术开发、用户体验设计等。因此北、上、广、深的企业运作状况就是"一套完整的岗位和人员，执行一套完整的流程方案"。

因此，虽然很多二、三、四线城市企业家游走于北、上、广、深各地的企培机构，学习各类私域增长、社群运营、数据分析精准运营等增长方法，但能执行并落到实践中的寥寥无几。

核心原因是你在北、上、广、深学习的"大兵团作战"方法，对"游击队"水土不服。

且不说全编满员直接推高企业经营成本，最重要的是人才都集中在北、上、广、深。即便扩充岗位甚至高薪聘请高级员工，也不一定真能为企业带来增长，这才是核心原因。不是你不愿改变，而是条件所限不敢改变。

结果是北、上、广、深的企业，用最先进的方法、最棒的人才享受着利润红利，而广大二、三、四线城市中小企业，依然沿用传统方法在竞争中艰难维持。

这也是笔者从2015年开始创立心智定位增长体系的初衷。将北、上、广、深这套体系做适应中小微企业的深度改造，让先进的理念和方法能真正在中小微企业中落地。

原因七：互联网转型后效果并不明显，导致更多企业既想在互联网潮流中分一杯羹，又不知道如何去做。

我们以汽车后市场为例，通过对传统商业的弊端进行梳理，搞清楚互联网化升级能给企业带来哪些优势。传统商业模式和互联网商业模式对比，如表3-1所示。

表3-1 传统商业模式和互联网商业模式对比

传统商业模式车行	互联网商业模式车行
客户消费结束出门离开关系中断	客户消费结束沉淀进客户池持续挖掘需求
客户获取守株待兔	沉淀客户
口碑传播几乎没有	采集数据分析客户行为
营利只有一次	社群建设挖掘更多需求
需求无法多次挖掘	打造口碑传播品牌建设
客户无法留存	跟踪客户需求调整产品规划

通过对比可知，传统企业互联网转型要达到三个目标：①能沉淀客户；②能采集数据和分析做精准运营；③能为用户提供一个突破时间和空间界限可交流、可交易、可裂变拉新的全场景贯通的平台。

看一组数据：2019年1月小程序上线数量230万个加上589万个App，涵盖吃、穿、住、行、娱、购等各个方面。2020年6月手机网民规模9.32亿，使用手机比例99.2%。这些数据表明中国已经做到全民覆盖、全行业覆盖、全移动网络覆盖。

这三个特点推动着更多传统企业不得不重视互联网，不得不思考自己企业如何转型升级。

继续看数据：2020年6月App数量IOS和安卓359万个，相比于2019年1月顶峰452万个减少了93万个。苹果应用商店App数量达到200万个，小程序是2017年1月上线，达到200万个数量只用了两年时间。

这一降一升说明小程序有低成本、轻量化、快开发和全场景连接的优点，包括：①微信从社交到电商的生态圈构建完成；②支撑交易的前中后台功能日益完善；③背靠成熟的微信社交架构便于分享拉新和月活11.33亿的用户基数。

这些优点俘获中国广大二线及以下城市企业主芳心，成为企业转型升级的首选。

但小程序月活500万的只有180个，100万的只有883个。这些数据说明一边是小程序的飞速增长，一边是绝大部分欠佳的运营效果。说明那些已经进行了互联网转型升级的企业，大部分并没有从升级中获得好处。

业务能力缺乏导致绝大部分小程序没有真正运营起来，为企业带来增长和利润。这一现象让还没有入圈的企业主，虽然已经切身感受到互联网的重要性，也在思考如何转型升级。但是看到周围已经上线的小程序，其糟糕的运营现状，又阻碍了他们进一步行动的脚步。这就是当下二、三、四线城市企业家普遍纠结的心态。

究其原因就是这些地方缺乏掌握新运营业务能力的专业人才，亟待北、上、广、深专业机构将新理念、新方法输入中国广大的二线以下城市，这是一个巨大的市场！

最后我们看网民周平均上网时间和用户使用网络的时间段两个数据（数据来源中国电信2020年6月报告）。

数据显示人均每日上网时间4个小时。如果抛去非消费主力客户群体，仅仅核算20～50岁消费型人群日平均上网时间，在6～8小时。

这是什么概念，就是客户群体白天大部分时间会聚集在某个网络平台上。

现在的大众从早晨 8 点开始刷新闻，中午点外卖，下午开始网络购物，晚上聊天看短视频，凌晨单身旺旺族开始看美女直播，基本上大众把一天时间按需分配在网络不同平台上。

这些数据说明，你不做新媒体推广，相当于大部分时间在流失用户。因为你不做，你的竞争对手却不会闲着。当竞争对手已经在网络渠道端塑造品牌影响力、宣传产品价值的时候，你只能在传统区域接触一些漏网的用户。

原因八：战略层面。以上七点原因使得很多企业难以锁定发展方向，导致企业内团队高管没有共识，难以形成凝聚力，难以聚焦资源去打最可能成功的点，结果企业内产品众多，但没有规划、没有重点、没有卖点。

3.2　流量的五种主要类型

上节解构八个问题，很多企业可能或多或少都会遭遇那么一两个。因为当今外部商业竞争环境太复杂，新概念、新模式层出不穷，你还没搞懂降维打击，又来了区块链、元宇宙。因此虽然你很想带领自己的企业或团队，突破瓶颈快速发展，但是五花八门的概念及快速变化的外部环境，让你时常陷入千头万绪中找不到发力重点。

这节从决定生意能否成功的关键因素用户流量讲起。

想要搞清楚用户流量，先要清楚当今用户流量都有哪些不同类型。每个时代由于社会、经济、文化、技术等原因，用户流量会呈现不同形态。例如，为什么之前没有私域流量这个概念，而今天私域流量却这么火。

今天流量可以细分出公域付费、公域免费、私域流量、社群心智流量、自然流量，至少这五种类型。要解决用户流量问题，必须明白这五种类型用户流量的来龙去脉。

第一类：公域付费。搜索引擎的关键词竞价排名，电商平台的直通车，短视频平台的抖加、上热门，都属于这一类。公域付费流量未来会越来越贵，可以用但不能依赖。

第二类：公域免费。各类资讯网站及微博、抖音等自媒体平台，通过添加关键词，被机器算法自然推广你的视频被可能感兴趣的人看到，或者通过关键词优化，被搜索引擎蜘蛛爬到后展示出来的流量，以及参加的各种群，获取的流量都叫公域免费流量。这个流量的特点是效果一般，精准性不高。

第三类：私域流量。指企业自己建的群、官网、公众号沉淀的流量，你可以完全控制，随意免费使用。这里为什么没有把抖音、微博等自媒体平台的粉丝算进来呢？因为一旦你被封号，你所有的粉丝一夜之间就没了。所以私域流量更多是指企业自建的平台控制的流量，这个流量的特点是精准度高，转化效果好。

第四类：社群心智流量。当企业品牌建立成功，用户会指名购买你的商品，这个叫社群心智流量，也是企业发展终极目标，就是打造自己的品牌。只要企业品牌打造成功，即便用户不在你的用户池，只要他有需求自然会首选你的商品。例如，很多奢侈品牌根本不做什么社群建设私域流量，因为它的品牌影响力已经足够，根本不需要。

第五类：自然流量。更多指传统商业，每天路过你们店门口的人流量，你到街上发传单被客户看到的流量，都称为自然流量。

3.3 电商渠道权重已降低，能用但不能依赖

想一下为什么西单、王府井寸土寸金，就是因为它们吸引了巨大的用户流量。有用户流量就不愁卖货。电商平台也是一个道理，因为聚集着大量的用户流量，吸引着商家入驻。即便不是电商的短视频平台，因为拥有上亿的用户流量，也开始和电商正面对抗。

所以企业要想成功，首要任务是必须搞定用户流量的问题。

传统商业用户流量问题好解决一些。假如你做街边店，挣的就是周围3千米固定小区中路过你店门口居民的钱。假如你代理品牌在商场开店，挣的就是城市里逛商场客户的钱。因此传统商业选址很重要，只要地点好、人流足，挣钱就不是问题。

最难的生意是在网上。无论在网上卖虚拟服务还是卖实体商品，如果你不告诉用户网络地址，就算你告诉用户具体的商品信息，他们也几乎搜索不到你。它不像传统店，你在门口立个牌子，总会有人路过看到。但在网上不告诉用户精准地址信息，在网上挂一辈子，几乎也没有人会知道你。因为你没给搜索引擎钱，

所以即便用户搜索精准商品信息，展示出来的也是竞争对手。那些给了搜索引擎钱的企业信息排在靠前，你的信息一定是排在靠后。在今天绝大多数用户只会浏览搜索信息头几页的情况下，企业的信息能被看到的概率很小。

你也许会想如果自建网站做生意这么难，那直接入驻传统电商平台不就可以了吗，因为这里也聚集着大量准备消费的用户，客流量及精准度都不错。结果你会发现不给电商平台钱，用户也无法看到店铺信息。

因此网上做生意更难，不花钱做推广，根本没人知道你。

但当你准备花钱做推广，结果发现各行各业都在水深火热的激烈竞争中，用户获取成本高得惊人。比如医疗美容行业，一个中等规模医美机构，仅仅一个月百度竞价推广费就达到几十上百万元。2018年数据，转化率平均只有0.05%，核算进其他广告费，一个客户的获客成本将近3000~5000元。

传统电商自己也缺流量。大企业凭借实力和品牌优势轻轻松松就获得优质流量，结果你成为每次购物节陪玩的那个。

下面通过回顾传统电商发展历史，明白电商平台可以用但不能依赖。

2003年国内第一家传统电商上线，该平台发展初期大部分入驻平台的除了个人，就是中小微企业，很多自己不生产商品，找各种工厂代工，例如小家电类，它们会在广东佛山顺德——中国小家电生产聚集地找厂子做贴牌。从2003年开始做电商，中小企业还是有钱挣，你只要给平台推广费，它就给你优质流量，有了用户流量，卖货就不是问题，因此诞生了一批营业额在5~10亿元的关键客户。

但是在发展了十几年后，特别在2016年后，平台大部分小微企业遭遇断崖式的下跌。很多干了5亿元、10亿元的关键客户，纷纷遭遇瓶颈甚至濒临倒闭，而体量更小的直接就破产关店了。为什么会有这么大的震动呢？

我们从它的发展历史找找原因。

诞生于2003年的传统电商，当时中国商业处在渠道为王时代。

中国经济到现在经历了四个时代。

第一个时代，改革开放前，物资紧缺时代。特点是凭票供应，如粮票、布票、电视机票等。

第二个时代，改革开放后的20世纪80—90年代，物资紧俏时代。这个时代无论生产什么，大家都抢着购买。这个时代想要挣钱靠的是勇气，因为刚改革开放，百姓对商人有成见，当时只有没有工厂要的人，实在没办法就业才去做生意。所以那个时代只要有勇气，抛弃铁饭碗，抵挡住亲戚朋友的非议，出来创业就一定能挣钱。

第三个时代，20世纪90年代末至2010年左右，渠道为王时代。

第四个时代，2010年后到今天，社群心智为王时代。

在20世纪90年代末到2010年左右的渠道为王时代，传统大企业、大品牌纷纷在全国建立了自己的营销渠道网络。因此诞生于2003年渠道为王时代的电商平台，大企业、大品牌对它没有任何兴趣，因为它们有自己的销售渠道，货不愁卖。

但中小微企业发现，传统电商平台是一个可以抗衡大企业传统渠道，做差异化竞争的全新平台和机会。因此在大企业的藐视下和中小微企业的重视中，传统电商平台在当时对中小微企业异常重视。只要你给它推广费，平台就会扶持你，给你优质流量。有优质流量，卖货就不是问题。

因此传统电商平台的本质，就是一个流量分发工厂。

但平台分发给你的流量，真的就变成你的，握在你手上了吗？

绝对不是。传统电商平台根据它的利益，它想给就给，它不给你也拿它一点辙没有。

传统电商平台在发展初期因为大企业的藐视，所以它才重视中小微企业，给你优质流量。

但当中国经济发展到2010年之后，大企业突然发现时代变了。互联网电商已经是一个重要的渠道，从转化效率到覆盖面都超过传统渠道。更重要的是，大众也已经养成在电商购物的消费行为。于是纷纷转向开始关注电商平台，2015年后更是全面拥抱电商，格力、美的、苏泊尔等大品牌全面涌进电商平台。

在这种情况下，电商平台作为流量分发工厂，并且它的流量也是花钱买来的。

2019年某传统电商财务报表显示，获取一个客户的成本已经高达878元，今天肯定破千元。所以它花上千元买来的每一个流量，一定要让它价值最大化才能保证自己的利润。

因此只有将流量给大品牌，每一个流量的转化率、留存率、复购率、裂变率才会高，利润才能最大化，这就是传统电商的营利逻辑。

所以格力、美的、苏泊尔涌进来后，一大批卖热水壶、养生壶、净水器这类小家电的中小微企业，一点办法都没有。例如，一个40岁的人点开养生壶，和一个十几岁的人点开养生壶，那么它会在40岁这个流量上打个优质标签，然后将这个优质流量分发给大品牌，而将十几岁的流量分发给中小微企业。

所以在内外压力下，一大批采用传统电商经营方式的中小微企业，面临倒闭就是必然的结果。

包括现在的"某熊"网红电器，今天它算是转型成功已经上市，市值差不多百亿元，当年差点也被大品牌打垮。该网红小家电最初之所以能成功，因为占据了天时、地利、人和。

天时：格力、美的等大品牌，正在和日本的松下、索尼等国外品牌对抗。

地利：经济发展，各类小家电需求开始增大。

人和：赶上传统电商初期优质流量红利。

因此该网红小家电在一个极其垂直的个人小家电品类里迅速发展壮大，可以说开创了家电行业全新品类个人小家电，并一度占到市场份额的70%左右。结果引起行业老大的注意，大品牌一看这小东西也能这么挣钱，于是自己不生产，就找代工厂做贴牌。

大企业有实力做到更低的成本和更低的价格。试想一下同样产品，同样的功能、更低的价格摆在一起，请问你是买大品牌，还是买小品牌。结果不言而喻，大家肯定选大品牌。

因此当时这家网红小家电差一点就被打压掉，但它的战略反击速度非常快，马上分析了各自的优势和劣势。

大品牌虽有品牌优势，但其主业依然是大家电，所以不会将主要精力放在个人小家电这个品类。这就决定大品牌市场反应和迭代速度，绝对赶不上只做小家电的自己。自己可以做到客户反馈不好，马上投入设计、研发、生产、上市。而大品牌虽然在技术上能，但在企业战略发展方向上限制了不能。因为大品牌的主攻方向和主利润在大家电，如果过于专注这个小家电，就是舍本逐末、不分轻重了。

因此这家网红小家电，将个人小家电升级为时尚创意小家电。

这个战略的巧妙之处在于，以快速迭代的方式，弥补品牌和实力的弱点，以速度换取机会时间，最终抗住了大品牌的打压并成功上市。

所以，企业做品牌一定要线上线下结合，将客户牢牢控制在自己手里，做自己真正的品牌。

你不要以为仅靠电商就能建立品牌，它永远达不到战略的高度，只能作为销售渠道使用。

3.4 保证企业增长五个关键指标

看一个案例：2019 年"双十一"过后，惠州秋长某乐器厂老板在圈里吐槽，当年在推广上已经投入了近百万元，结果只有区区十几万元销售额，投入与销售额严重倒挂。

这几年传统电商平台将优质流量越来越多地向大品牌倾斜已经是不争的事实，中小电商花钱买来的流量越来越不精准，二跳率已经低于 8%，跳出率高达 66%。这是 2019 年的数据，以后只会更惨。

现在是用户存量竞争时代。抖音、快手及各类垂直平台如小红书、B 站等，将大量的用户吸引走，因此传统电商平台现在也缺流量。

同时短视频平台的直播带货及微信的微店，已经和传统电商平台形成正面竞争的激烈局面。所以传统电商平台，它自己花 878 元买来的每一个流量，为了保证每个流量价值最大化的四个指标，首先，必须提高转化率，这个流量给你企业，你要能让客户都买东西；其次，高留存率，客户买完东西，没事也能在你们店里溜达溜达看看新产品信息；再次，高复购率，客户能不断在你们店面买东西；最后，高裂变率，客户周围朋友有相似需求，能把你店铺信息分享出去。

要做到这四个指标你想想，平台会将这个流量给大企业、大品牌，还是给中小微企业？结果不言而喻，一定是大企业、大品牌这四个指标更加容易达到。

所以传统电商平台，为了流量价值最大化，必然会更加往大企业、大品牌倾斜。所以未来中小微企业，在传统电商平台花钱买来的用户流量质量，不见得会有改善，甚至可能会越来越差。

从这些案例中可以看到，当今各行各业都面临用户获取成本高、用户留存难、流失快的严峻生存问题。今天经营企业，如果还是仅仅依靠花钱推广获取新用户的方式来维持企业的增长，肯定坚持不了多久。

那么，企业如何在用户成本高昂的今天，维持健康增长呢？

3.4.1 深入讲解五个指标

指标一，高精准度。首先，提高推广渠道的精准度，尽量将垃圾渠道屏蔽掉。其次，把握用户群体的精准度，尽量将不精准的人群屏蔽掉。最后，内容的精准度，提高推广的转化效率。三个精准度结合，来降低推广成本，降低获客成本，这三个精准度同等重要。

这里深度解构一下用户群体精准度。要搞清楚你的细分用户群体是谁，现实中在哪里，网络中在哪里，关心什么样的内容信息？心智定位增长体系里"细分用户建模工具"就是解决用户精准度问题的。

通过细分用户建模，帮助企业聚焦发展方向，从而精准锁定人群、渠道和内容。

如果企业没有通过心智定位增长体系中的细分用户建模工具洞察分析清楚用户群体需求痛点的来龙去脉和使用场景，就去制定企业发展方向，也就失去了精准度。

没有精准度，首先，一定会导致企业在产品规划取舍阶段就没有重点，这个生产一些，那个也生产一些，结果推向市场的产品看似挺多，实则没有重点、没有卖点，更不会有爆款。其次，企业产品多，失去精准度，那么模棱两可的产品在同质化激烈竞争的今天，用户基本不会买单，即便卖出去一个，用户也根本不会复购，更谈不上帮你做口碑传播。

另外，没有精准度，导致用户群体不精准，也直接导致渠道模糊。

过去渠道单一的时候，卖药的、卖保健品的可以走药店，卖烟的、卖酒的可以走烟酒店，卖快消品的走超市，卖服装的走商场。

但今天电商是一个重要渠道，短视频平台直播带货也是一个重要渠道。各城市地方论坛及垂直类论坛，如汽车之家，还有小红书、微博、B站、知乎，也是一个重要渠道。还有公众号、小程序也是一个重要渠道。所以今天用户群体都分散聚集在五花八门的各种渠道平台上。

企业发展方向没有精准度，必然导致产品不精准，产品不精准必然导致用户群体不精准，用户群体不精准必然导致无法锁定精准的渠道做推广，必然导致企业的推广费用极高，效果极差。

指标二，高成交转化率。花钱买来的新用户，千万不要让他们在店里溜达一圈什么都没有买就流失掉，这样的流失我们称为永久流失。只有新用户在店里消费了，他才不会流失掉。否则花钱买来的流量，在店溜达一圈走了，他会在心里给你打一个标签，也就是店的商品解决不了他的需求，因此这种流失往往是永久流失。

所以花钱买来的新用户，无论如何要让他们消费，最差也要让他们体验试用装产品。没有购买，甚至连体验一下的行为都没有，就谈不上后面的留存和复购了。

因此搞清楚用户需求痛点及成交诱因，即哪些因素最能刺激他们下单成交，这是提高成交转化率的关键。

每个行业所面对的细分用户群体成交动机和诱因都不一样。例如，汽车改装的用户他们更看重现场安装和售后保证，职业培训类的更看重就业率，企业培训类的更看重效果，企业高管培训类更看重社交和资源。

所以企业面对的用户群体，他们的成交动机和诱因是什么？心智定位增长体系中的用户消费行为心理学就是用来精准解决、洞察分析、定位用户群体成交动机和诱因的，从而提高企业的成交转化率。

搞清楚用户群体成交动机和诱因，对内主要应用在商业模式规划、服务流程的优化设计，提高用户的成交率也包括对沉淀在用户池中的用户群体进行精准的需求刺激以提高复购率。对外主要培训销售人员沟通技巧，提高一线销售人员的销售转化率。

指标三，高留存率。无论客户消不消费，都要想方设法让他们没事也愿意到店里转一转，看看新产品信息。切记只有高留存率，企业才有机会通过内容刺激用户产生新的需求，才有机会刺激他们持续购买。

这项工作包括怎么建设私域用户池，怎么把公域流量转化进自己的私域流量池中，将用户牢牢控制在自己手里。例如，百度关键词用户点击一次几十上百元。所以想象一下你用100元成本吸引用户点击"关键词"进企业平台并消费,然后就让用户流失掉吗?未来他有需求,你再花100元吸引他点击"关键词"进来消费吗,那会损失多少钱?所以当你花100元吸引用户点击关键词进来并消费后,一定将他们沉淀进自己的私域用户池。这样就可以做到这个流量无限次免费使用,随时随地做需求刺激和引导消费。

指标四,高复购率。即用户认可你的品牌和商品,有需求直接找你购买。

指标五,高裂变率。怎么在用户池中做社群建设,提高用户的口碑传播,达到企业以内驱裂变增长为主的发展目标。以及通过社群建设,快速建立品牌心智认知,将流量最终转化为指名购买的心智流量。这样即便用户由于某种原因离开用户池,但他认可品牌就可以了。只要有需求,他依然会选择你。

在用户成本高昂的今天,只有以上五个核心点达标,企业才能维持健康增长。

3.4.2 心智定位增长体系指导企业做到五个指标

心智定位增长体系可以指导企业精准高效运作以保证这五个指标达标,从而实现中小微企业所追求的低成本高增长运营目标。本书内容就是一套完整的心智定位增长体系。

图3-3所展示的模型解释了心智定位增长体系为什么能指导企业精准解决这五个问题。

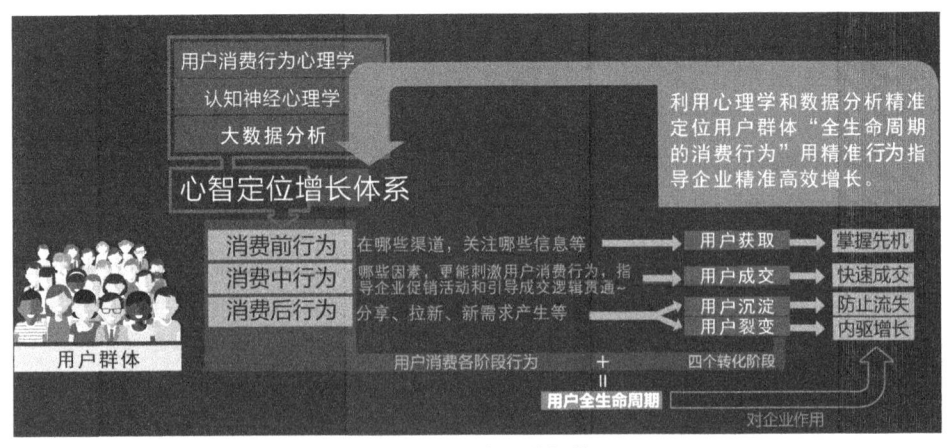

图3-3 心智定位增长体系

心智定位增长体系中的心智定位,是指通过消费行为心理学、认知神经心理学、大数据分析整合在一起的一套洞察分析用户消费前、消费中、消费后行为的心智定位体系。

定位用户消费前行为。

包括在哪些精准渠道能触达用户，哪些信息能吸引用户关注你，甚至产生需求。对应到企业转化用户的第一个阶段"用户获取"，保证企业在众多竞争者中掌握先机。

为什么有的企业推广能做到高效，而有的企业钱花了却没有效果？就是因为要么渠道不精准，都是非目标用户；要么内容不精准，用户看了不感兴趣。因此企业想要发展，首要搞清楚用户到底在哪里，他们到底关心哪些内容信息。

定位用户消费中行为。

包括哪些刺激因素更能刺激用户下单消费，心理学称为成交诱因。对应到企业转化用户第二个阶段"用户成交"，保证企业能快速成交用户。

这里着重讲一下成交诱因，搞清楚最终促使用户掏钱的原因，将能成倍地提高销售业绩。

作为商品的重要组成部分，商品质量要不要强调、什么时候强调，依然要参考用户的使用场景。例如，你是卖硬派越野车的，在和客户沟通中你知道他喜欢豁车、玩穿越。那这个时候，你就要强调这辆车的质量有多么可靠，绝不会抛锚在无人区，让你身陷绝境。

因此用户购买商品的使用场景，指出了用户的需求痛点，决定了成交诱因。

当企业发展到一定阶段用户大量上来后，就一定要做细分用户建模的工作。通过心理学和大数据分析，梳理出产品所面对的细分用户群体的使用场景和需求痛点，从而定位出用户精准的成交诱因。并依据成交诱因去设计销售话术，对销售团队进行专业的培训，提高整个销售团队的业务能力。同时细分用户建模，也会定位出用户精准的消费行为决策路径，并依据消费行为决策路径，去设计服务交互流程，只有这样才能从根本上提高企业的商品销量。

消费行为决策路径这个概念，会在下面零成本增长小节详细讲解。

当企业发展到一定规模，却没有做细分用户建模工作，那么企业只能依靠一线销售员现场沟通技巧，去揣摩用户的使用场景痛点和成交诱因，这种情况会损失很多销售商品的机会。因为能否精准地揣摩用户购买商品的使用场景，抓住需求痛点，定位成交诱因，完全看现场销售人员本身的业务能力。

行业内有个"二八原则"，也就是一个团队充其量只有不到20%顶尖的精英。所以那80%业务人员是需要培训的，这就是企业利润损失的一个大缺口。

所以企业销售增长是依靠专业的培训，去构建业务员、销售员标准业务技能体系。切记公司是培养业务员、销售员成长的沃土，而不是依靠某一小部分精英销售员去决定公司成长的命脉。

定位用户消费后行为。

例如，哪些因素能刺激成交后的用户沉淀在微信群等企业自建的流量池中，而不是流失掉。哪些因素能让用户分享你发的内容，以及应该怎么做，才能让用户愿意将有需求的朋友推荐给你。

对应到企业转化用户的第三个阶段和第四个阶段"用户沉淀""用户裂变"，保证企业未来的生意，更多是基于用户群体的口碑裂变转介绍，而不是花钱买新用户。

用户消费的前、中、后三个行为，加上企业转化用户四个阶段，就组成一个新的增长概念：用户全生命周期。

因此心智定位增长体系，一句话介绍就是利用心理学和数据分析，精准定位细分用户群体的"全生命周期消费行为"，利用用户精准的行为，指导企业在转化用户的每个阶段做到精准高效，从而保证企业低成本地做到用户和销售双增长。

因此本书所讲的消费心理学与传统消费心理学完全不一样，本书所讲的消费心理学是基于实战的一套全新增长体系，它包括用户和销售双增长。

到这里你就要清楚，**精准度、转化率、留存率、复购率、裂变率**这五个核心关键点，其实都是围绕"用户流量"这个中心点开展的不同工作。

3.5 "消费行为决策路径"与零成本增长

消费行为决策路径是指用户从需求产生到下单消费及消费后的行为全过程。他都经历了些什么，需求产生的场景怎样，需求产生后在哪里咨询讨论、在哪里对比、在哪里决定下单成交，成交成为真正的客户后又在哪里交流等的行为。

看一个案例，买车客户从需求产生到下单购买的"消费行为决策路径"，如图 3-4 所示。

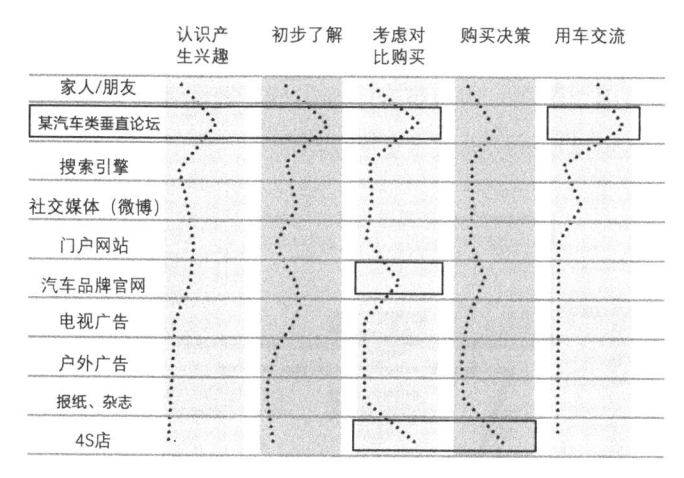

	认识产生兴趣	初步了解	考虑对比购买	购买决策	用车交流
家人/朋友					
某汽车类垂直论坛					
搜索引擎					
社交媒体（微博）					
门户网站					
汽车品牌官网					
电视广告					
户外广告					
报纸、杂志					
4S店					

图 3-4　买车用户消费行为决策路径

从图 3-4 可以看到，从用户产生兴趣，到初步了解，主要集中在某汽车类垂直论坛。当你知道了用户群体这个行为，在做前期推广的时候，渠道锁定就可以更精准。

而到对比购买的时候，这个消费行为路径又涵盖了汽车品牌官网和 4S 店。当你也掌握这个行为后，在促单的时候也会更加精准。前面讲了用户走到这一步，处在深度憧憬心理阶段。最后购买是 4S 店，而买车后的交流又回到了汽车类垂直论坛。

这个消费行为决策路径自始至终，传统媒体特别是户外广告和报纸杂志的权重几乎是零，而微博、微信、门户网站也不是最重要的。

如果你是汽车主机厂，不掌握这个消费行为决策路径，很可能会在户外广告、传统媒体浪费很多的时间、金钱及人力成本。

因此延展开来，医美、保险、健身、出境游等，每个行业所面对的用户群体其消费行为路径都不一样。如果不掌握它，有多少运营、推广费用，是浪费在无关紧要的渠道中，会流失多少本该沉淀进私域用户池中。

所以消费行为决策路径对企业引导成交和引导用户沉淀进私域用户池的流程逻辑设计，起到了至关重要的作用。它能解决企业用精准逻辑对接用户消费

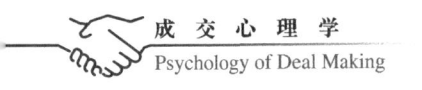

的各种行为，从而保证企业高效的用户沉淀和留存。

通过心理学洞察分析定位用户群体消费行为决策路径，是决定企业增长的重要工作。

消费行为决策路径对应了企业转化用户的四个阶段，它们分别是用户获取、用户成交、用户沉淀、用户裂变。为了读者更深入的理解，现将这四个转化阶段用更清晰的模型展示出来（见图3-5）。

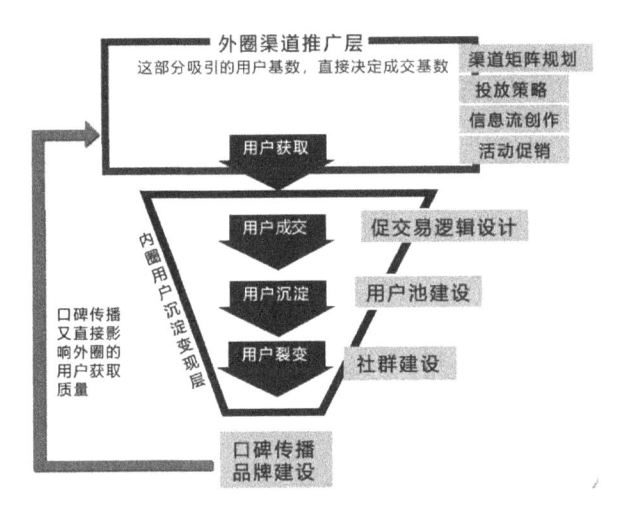

图3-5 企业转化用户四个阶段

企业引导用户转化逻辑，包括外部渠道推广用户获取圈层和内部用户成交、沉淀、裂变拉新圈层组成。

从吸引用户注意到引导用户成交，再到沉淀用户，将用户放在用户池中并通过社群建设去深入挖掘需求，不仅要达到复购目标，还要将在社群建设产生的优质商品使用评价内容，再往上传递到外圈渠道矩阵中，吸引更多的新用户。在这个大的转化逻辑中，每个小环节的优劣都决定了企业整体的商品销量和用户沉淀的数量。

企业如果在整体流程逻辑设计上，没有从用户"消费行为决策路径"角度去设计流程逻辑，或根本不懂用户消费行为心理学和数据分析，一定会陷入增长瓶颈。

2019年笔者在给北京一家电商平台做用户增长项目时，其中一个页面就暴露了三个增长阻碍点，如图3-6所示。

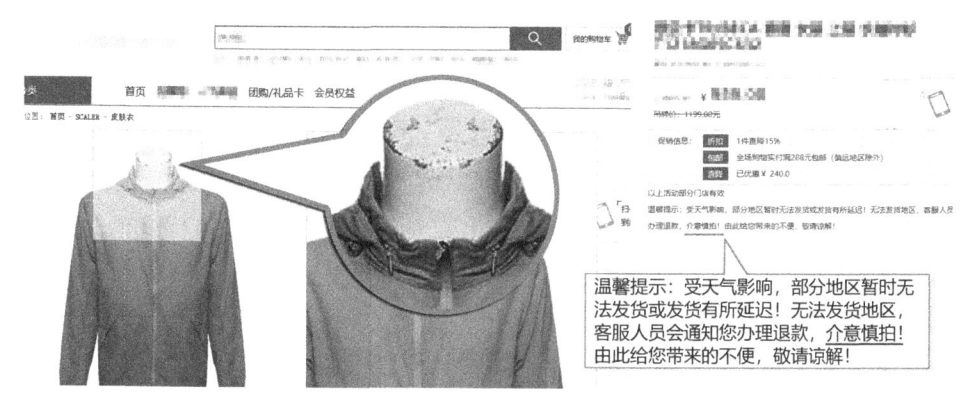

图 3-6　一个页面三个阻碍点

阻碍点1：用户点开商品详情页后，跳出率高达70%以上，但大部分没有往下操作加入购物车的动作。基于这个问题，我们梳理了它的电商平台。

图3-6首先展示新衣服的模特架子太破了，衬托得衣服也显得旧了，没那么好，那用户看到后怎么可能会有购买欲望？

阻碍点2：商品详情页没有"销售数量"和"客户评价"这些能刺激从众心理的元素。当今"从众心理"是刺激用户下单的重要因素，这个从众心理就包括"销售数量"和"客户评价"两个元素。

这里重点讲解一下为什么"从众心理"是刺激客户下单重要的一个因素。

开篇讲了一个数据，人每秒钟通过视、听、味、嗅、触五感，会接收大概1100万比特信息，只有约不到1%被新脑理性逻辑思维有意识处理，剩下的全部被忽略掉。

人的行为由三套体系控制。

第一套是无意识的应激反应。例如，开车过程中马路上突然钻出来一个人，你会不假思索地踩下刹车，绝对不会仔细想想是向左拐或者向右拐避让开他。

第二套是基于经验的快思维模式。例如，看到贵的就觉得东西肯定不错；听到对方是北大毕业的马上判断此人学习能力一定强；在地铁中看到穿警服的人查看身份证，会不假思索老老实实拿出身份证让他检查。

从众心理就是基于经验的快思维行为模式的典型表现。

别人都买，那这个东西一定也不错。所以当你没有时间慢慢判断好坏的时候，最便捷的方式就是跟随大众，大家都选的商品一定没错。并且随着信息爆炸、生存压力等不断恶化的外部因素，人将会越来越依赖这种从众心理的快思维模式去解决日常生活中不那么重要的问题，从而可以将更多精力用于关乎生存的重要事情上，去深入思考缓慢决定，即"慢思维模式"。

当你知道人行为有三种模式"无意识应激反应行为""快思维模式从众行为""慢思维模式理性行为"，就明白没有"销售数量"和"客户评价"，也就意味着缺少利用从众心理刺激用户购买的机会，也就意味着会损失很多销售商品的机会。

阻碍点3：这个温馨提示过于强硬很不友好。什么叫"介意慎拍"？感觉是此处禁止停车，违者后果自负。好感是销售一切的基础，客户看到这个强硬提示，哪有心情购买。同时通知中还有"天气导致部分地区无法发货等"。

那这个部分地区到底指哪部分？用户怎么知道我这里能不能发货？难道用户买件二三百元的衣服，还要大费周章地查一查天气和物流信息吗？并且这些信息查找起来很费劲甚至根本查不到，所以这样声明只能让用户打消念头。

正确的操作应该是先让用户买，这样既能为平台刷单，也让其他用户觉得商品销售很火。如果真发不了，就给用户发个小礼品，迅速办理退款。让用户因为优秀的服务，不仅不会埋怨甚至获得良好的口碑，反而更加依赖平台。

基于以上研判分析，后期我们将从这个页面跳出的用户资料调取出来，做了一个更深入的洞察分析，结果也证明前期研判的准确性。这些问题只要提炼出数据，拉一个漏斗模型出来一看便知。

大家思考一下，你在企业中犯过多少这种流程逻辑上的错误。

传统商业模式也会有流程逻辑和消费行为决策路径的问题。例如，汽车保养店、医美或者服装店等。从店面的门头设计着力打造吸引力开始，到用户进店看产品的陈列，到销售人员的话术引导成交，到成交后将客户引导进用户池沉淀起来，做需求的深入挖掘和裂变拉新。这就是一套完整的转化链条，每一个环节的优劣都关系企业的商品销量和客户沉淀的数量。

因此只要是商业，都会涉及从接触获取用户到成交用户，到沉淀用户，再到裂变用户的整个流程。

下面给大家讲一讲笔者更换轮胎的经历，读者可以体验一下传统商业，如果不懂用户消费行为决策路径，忽略流程逻辑设计工作，那企业会损失多少成交和沉淀用户的机会。

笔者有了更换轮胎的需求，马上咨询了身边和笔者是同一款车的朋友后，就开车到家门口，准备找一家店换了，以下是对话内容。

笔者问："×××轮胎有最近生产的吗？"

修理工："都是2021年，最近的不敢给你保证。"

笔者问："大概几月份的？"

修理工："说不好……"

此时另一个修理工打断，并说"只能保证2021年生产，不敢保证几月份"。

笔者问："大概几月生产的，给不了吗？"

修理工："对！"（口气很生硬）

……

看到以上对话，读者有没有关注的点？

这里要关注一个重点叫"社交话题"。作为企业要明白用户来咨询，他不会闲聊，用户问的所有问题，都是受到需求和社群的影响。

就像笔者问轮胎生产日期这个问题，就是从社群中来的。因为社群中的朋友提醒笔者，要关注生产日期。也许笔者还会问，米其林是不是静音效果最好，这个话题是从产品的宣传中和笔者的需求中提炼出来。

如果这家老板知道了"社交话题"这个概念，并能依据用户群体提炼出话题，做成一个话题库，设计销售话术，培训其工作人员，一定会大大提高销售转化。

当时笔者的诉求很简单，尽量拿一个最近生产的，笔者心里也是有一个大概范围，只要是半年内生产的都能接受，但是店门口这个人直接生硬地给回绝了。那笔者是不是没必要在这里更换，隔着马路就有别的店，并且周围有五六家。

所以读者朋友，要记住用户消费的起点是从咨询开始，是从好感开始。如果接待咨询都做不好，企业怎么可能会有很高的增长。

1. 如果这家快修店老板懂得消费行为决策路径。

2. 如果他知道咨询和好感是一切消费行为的起点。

3.如果他能将用户咨询的话题预先提炼出来,设计成销售话术培训员工。

4.如果他能将转化关键环节纳入员工的绩效考核。

他的增长一定会成倍提高。

特别是很多传统商业,做的是街边店,要的是熟客,要的是复购。更多利润是在高频低消费的各类业务上。现在很多传统洗车保养店、面包店、美容美体、健身房等,几乎都是在3千米内争夺周围固定小区的居民,竞争是相当激烈的。

当你在天天吐槽生意难做的时候,更应该好好查漏补缺梳理下企业的服务流程中,每一个环节是不是都做到位了,每一个环节设计是不是都精准地对应了"用户消费行为决策路径"。先把内功做好,企业就能省下很多推广费用。

特别是第一次咨询的用户,尽量不要流失掉。这种流失我们称为永久流失,他基本不会再回来。

读者朋友在看这本书之前,有没有将转化流程逻辑从用户消费行为的角度好好梳理设计下,有没有将用户可能咨询的话题做成话题库,并设计销售话术培训员工,有没有将流程中的关键转化环节纳入绩效考核。

如果对消费行为决策路径这些当下最前沿的经营概念都很模糊,企业怎么能在激烈的同质化竞争中做到持续增长呢?在用户获取成本越来越高的今天,必须意识到,企业单独依靠花钱做广告达到增长的目的,效果越来越差,成本越来越高。

今天,企业经营已经演化成一场在社群中、在环节流程中的精细化战争。所以防止用户流失,就是最好的增长!

因此企业发展终极目标是提高用户的口碑传播,达到企业以内驱裂变增长为主的发展目标,将用户流量最终转化为指名购买的心智流量。

心智流量成功其实就等于品牌建设成功。

这里思考一个问题。如果今天你去买烟,你会直接说出经常抽的品牌,还是会说,老板我要买盒烟,你们家60元的烟都有哪些给我介绍介绍?是不是99%都会直接说出品牌?

这样的例子还有很多。当你想买个空调,会先想到哪个品牌?当你想买个大吸力的抽油烟机,马上会想到哪个品牌?我想你心里一定有了自己的答案。

企业经营的终极目标就是在用户有需求的时候马上想到你的品牌，只有在用户心中建立品牌心智认知，才能保证用户有需求第一个想到你。

品牌建设的重点工作是社群建设，要利用心理学洞察分析出竞品在用户心中心智构建的逻辑过程，也就是为什么用户有需求第一个想到竞品。把这个为什么搞清楚之后，再通过社群建设中各种活动、交流，将商品的更优秀价值点灌输进用户群体内心中去替换掉竞品，成为用户需求产生后的首选。

同时这个交流包括要引导用户和用户间的交流，以及企业和用户间的交流。

还要在交流中形成品牌话题，要让每个用户参与对品牌性格的塑造，让每个用户参与到产品升级迭代的讨论。企业要保证每次产品迭代升级，有一部分是从用户的社群讨论中提炼出来的。要让用户真实地感受到，自己的建议被倾听、被回馈、被实现。这样才能保证将用户与产品绑定在一起共同成长。

要明白"产品就是你和用户的孩子，是你和用户关系最紧密的纽带"。

因此"消费行为决策路径"和用户转化"外圈和内圈模型"两个组合在一起就是"用户全生命周期的概念"。

打个比方假如你是卖吉他的，一个用户产生兴趣到店里买了一把吉他，后续隔三差五又买了吉他的配件，又买了教学课程，一直到他失去兴趣不再玩吉他。这叫一个用户全生命周期，对应了企业转化客户的四个阶段。

到这里"心智定位增长体系"和"用户全生命周期"的关系，以及为什么能帮助大家实现低成本的用户和销售双增长，读者应该彻底清楚了。

3.6 成交不是运营终点而是起点

企业转化用户的四个阶段包括用户获取、用户成交、用户沉淀、用户裂变，它们是承上启下的漏斗逻辑关系，图3-7是用户转化四阶段漏斗模型。

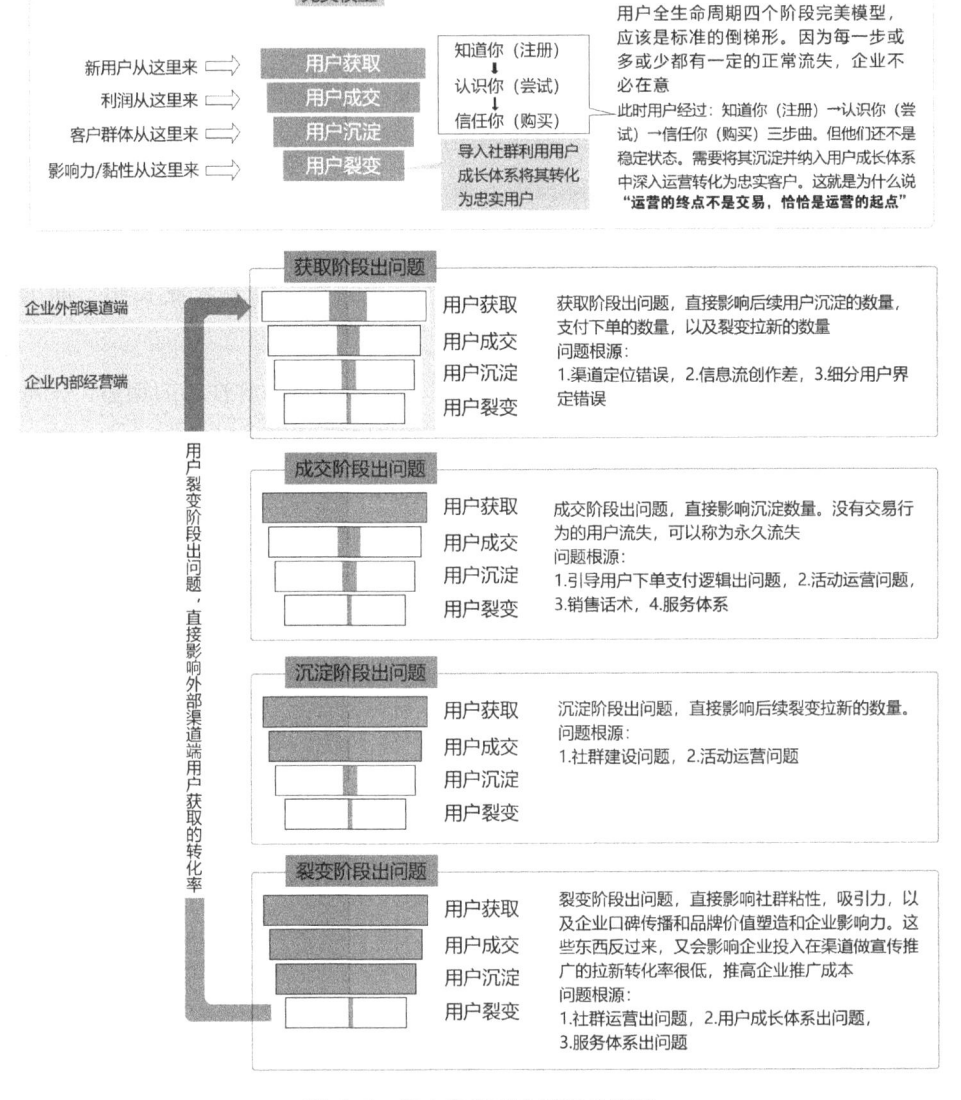

完美模型

新用户从这里来 ⇨	用户获取
利润从这里来 ⇨	用户成交
客户群体从这里来 ⇨	用户沉淀
影响力/黏性从这里来 ⇨	用户裂变

知道你（注册）
↓
认识你（尝试）
↓
信任你（购买）

导入社群利用用户成长体系将其转化为忠实用户

用户全生命周期四个阶段完美模型，应该是标准的倒梯形。因为每一步或多或少都有一定的正常流失，企业不必在意

此时用户经过：知道你（注册）→认识你（尝试）→信任你（购买）三步曲，但他们还不是稳定状态。需要将其沉淀并纳入用户成长体系中深入运营转化为忠实客户。这就是为什么说 **"运营的终点不是交易，恰恰是运营的起点"**

获取阶段出问题

获取阶段出问题，直接影响后续用户沉淀的数量，支付下单的数量，以及裂变拉新的数量
问题根源：
1.渠道定位错误，2.信息流创作差，3.细分用户界定错误

成交阶段出问题

成交阶段出问题，直接影响沉淀数量。没有交易行为的用户流失，可以称为永久流失
问题根源：
1.引导用户下单支付逻辑出问题，2.活动运营问题，3.销售话术，4.服务体系

沉淀阶段出问题

沉淀阶段出问题，直接影响后续裂变拉新的数量。
问题根源：
1.社群建设问题，2.活动运营问题

裂变阶段出问题

裂变阶段出问题，直接影响社群粘性，吸引力，以及企业口碑传播和品牌价值塑造和企业影响力。这些东西反过来，又会影响企业投入在渠道做宣传推广的拉新转化率很低，推高企业推广成本
问题根源：
1.社群运营出问题，2.用户成长体系出问题，3.服务体系出问题

（左侧标注：企业外部渠道端 / 企业内部经营端；用户裂变阶段出问题，直接影响外部渠道端用户获取的转化率）

图 3-7　用户转化四阶段漏斗模型

由图 3-7 可以知道用户全生命周期涵盖在企业转化用户的四个阶段中，并且是一个相互影响的闭环模型，企业必须对每一个阶段做针对性增长工作。

先说出一个结论：企业要明白运营的终点不是用户支付买单，这恰恰是运营的起点。

因为此时用户经过了"知道你（浏览/注册）→认识你（尝试）→信任你

（购买）"三部曲，但他们还不是稳定状态，需要将他们纳入社群中，利用用户成长体系做深入运营转化为忠实客户。

所以"运营的终点不是交易，恰恰是运营的起点"。

并且社群运营应该侧重在第四个阶段，因为第一、第二、第三阶段有相对应的业务模块和关键转化标签做精准工作，而第四阶段则是一个重要的打基础阶段。

第四个阶段的工作重点，应该着力培养用户使用习惯。交互层面着力培养用户点赞、分享参与度。在信息流创作方面着力培养用户善于表达对产品的使用感受。通过三个层面打造企业品牌影响力和产品对新用户的吸引力。

首先，企业持续增长发展绝不是单一靠新用户交易拉动，而是依靠社群运营让用户群体产生强大的黏性、扩张力和创造力。在这个过程中沉淀的客户基数越大，对企业影响力和品牌塑造及社群黏性、活跃度、下单转化率的推动越大。其次，社群建设可以让企业紧密跟踪用户使用体验和需求变化，保证产品迭代走在正确的道路上。最后，企业通过产品不断迭代去持续满足用户不断升级的消费需求，做到用户价值持续深入挖掘的同时让企业获得持续性增长。

3.7 企业增长路线图工具

企业增长路线图工具如图3-8所示。它的目的是将用户全生命周期消费行为和企业转化用户四个阶段整合在一起，指导企业全盘规划增长工作。既保证企业为达到健康持续增长五个指标而进行的工作能逻辑关联在一起，始终在正确的轨道有序展开，又保证企业可以将有限资源做到合理搭配、高效利用，实现低成本甚至零成本增长。

该工具是笔者在给企业做增长咨询案的多年中，结合了不同类型企业和商业模式后，归纳设计的一个工具模型。

图 3-8 企业增长路线图工具

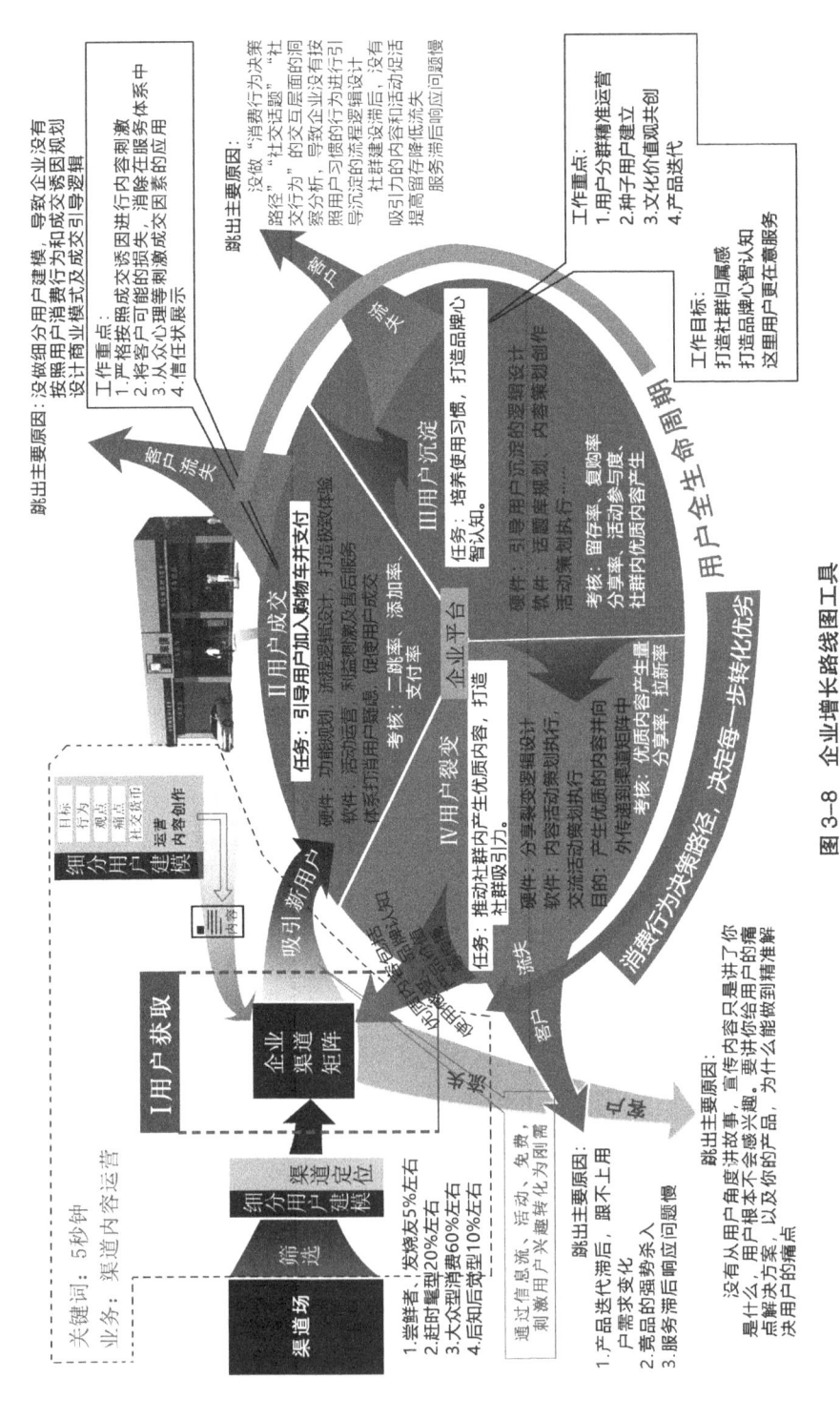

增长工具左上角展示区域。

在用户层面对应的是"消费前行为"，对应企业的工作为外圈渠道推广圈层"用户获取"阶段。

针对第一方面精准度。通过心智定位增长体系中的细分用户建模工具，指出了企业在这个环节应该关注的用户重点，即关心哪些信息，在哪些渠道，去指导企业渠道矩阵规划和宣传内容规划创作等工作重点。

图左上角有一个"渠道场"代表所有的渠道平台，但是这个渠道场里面各种平台不一定有细分用户群体在里面，这就需要通过"细分用户建模"时梳理出可以触达用户的平台做渠道矩阵的规划。同时这里企业还要注意的关键点，用精准的内容吸引和转化用户，企业要明白用户只给你5秒钟的机会时间。

有两个钳形箭头从上和下指向"Ⅰ用户获取"。上面的箭头代表企业要创作的信息流，然后基于某种策略投放到渠道中。由渠道矩阵规划、信息流创作、投放策略组成了一个大的业务模块"渠道内容运营"。创作和投放都要依据细分用户建模中梳理定位出来的社交货币、消费行为、价值观点等信息为选题创作和投放策略的指导依据。而下面从用户裂变指出来的箭头，代表是由社群自身产生的包括信息流和口碑在内的社群内容。

在渠道矩阵中内容对游客的吸引力，主要通过这两个部分建设共同作用下，将新用户吸引进企业用户池中进行成交和沉淀。

增长工具正上方展示区域。

在用户层面，对应的是"消费中行为"，对应企业的工作属于内圈"用户成交"阶段。

针对第二方面成交率和第四方面复购率。通过"心智定位增长"体系中的"消费行为心理学"洞察分析锁定用户的成交动机和诱因，以此指导企业在这个环节商业模式设计和引导转化成交逻辑设计，以及宣传内容的规划设计和创作等重点工作，提高成交率和复购率。

在用户成交变现这个阶段，主要任务为引导用户加入购物车和交易支付。

这个引导包括硬件层面的功能规划、视觉设计和交易流程设计，也包括利益刺激层面的活动运营。传统企业一样有服务流程设计。例如，艺术培训类的从用户进大堂咨询课程到导购介绍，再到引导用户试听免费课及最后的购买课程，就是一个完整的服务流程链。每一个环节展示的信息、交流的话术都需要企业仔细设计。需要运营岗位负责的工作，就是针对性去设计可以刺激用户下单的活动和折扣券，提高用户下单购买率。

增长工具右下角展示区域。

在用户层面对应"消费后行为中的沉淀"，对应企业的工作属于内圈的"用户沉淀"阶段。

针对第三个方面留存率。通过心智定位增长体系中的用户建模，搞清楚"消费行为决策路径"中的沉淀行为，并结合用户建模中关于行业价值观、社交话题等维度数据，指导企业在这个环节的工作重点。包括用户分群精准运营、种子用户建立、品牌建设文化价值观共创、产品迭代，以及用户沉淀逻辑的设计，提高留存率，降低流失率。

同时还包括研究用户对行业的价值观点、社交货币品牌认知的心理构建脉络等精准数据，基于这个数据指导企业去做品牌塑造。

同时用户沉淀依据行业不同，逻辑会有前后交换。汽车后市场是先沉淀种草再成交，而快消品如美妆类商品的用户，他们的逻辑是先成交然后沉淀。

在用户沉淀阶段的主要任务是通过各种刺激将客户的兴趣转化成刚需，这个刺激包括信息流、活动和免费试用三个部分组成。

内容包括了企业创作和真实客户的使用体验和评价两部分。评价越丰富，图片或者视频元素越完善，对其他客户的需求刺激就越有效，这部分需要用户成长体系辅助去刺激和培养用户分享行为。活动层面需要运营团队基于用户行为分析，设计符合能让用户群体乐于参与的活动，引导客户使用体验产品的价值，免费试用是活动的一个组成部分。

增长工具左下角展示区域。

在用户层面对应"消费后行为中的分享和裂变"，对应企业的工作是内圈的"用户裂变"阶段。

针对第五方面裂变率。通过心智定位增长体系中的心理学，洞察分析用户社群行为，指导企业在这个环节的工作重点。包括活动策划执行，以及内容信息流的刺激，哪些内容能刺激用户参与讨论、形成品牌认同，哪些商品信息能引起转发裂变。指导企业将社群内产生的包括商品使用内容在内的优质内容，向外传递到渠道矩阵中吸引更多新用户。

用户裂变阶段，第一步要做的是将客户分群做精准运营，还要培养用户群体使用产品的行为习惯，同时做各种线上线下活动，促进社群交流和圈层内文化价值观形成。企业要明白基于喜好做黏合剂有时间局限性，只有真正基于文化和价值观将客户吸引在企业周围才是最牢固的方式。例如，某国产硬派越野车，就经常通过塑造国货自强这条线去打造社群的价值认同。我们可以看到在平台上某款国产硬派越野车和国外各类越野车拔河的视频，这就是企业通过网络打造用户群体的文化价值认同。

如果企业社群建设很成功，会大大提高客户裂变拉新的动力，也极大地减少了企业在渠道宣传的成本，并且留存和客户黏性都会获得不错的效果。同时这个阶段也是企业跟踪用户使用感受，进行产品迭代的重要阶段。

这个阶段最考验的就是"社群运营"的业务能力。考核内容是用户参与互动的比例，包括点赞、分享、晒评价等，以及考核用户成长体系的合理性。

因此"企业增长路线图工具"用一句话总结：**将用户全生命周期消费行为和企业转化用户四个阶段关联在一起，指导企业构建一套有逻辑顺序的工作，精准高效解决企业健康持续增长五个指标，保证企业实现低成本的用户和销售双增长目标。**

通过做用户全生命周期维护，保证企业在所有阶段都可进行精准高效的工作。

1. 要做到每个阶段最小的流失和最大的留存。
2. 要做到持续地跟踪用户变化，先于一步推出新产品。
3. 要做到社群归属和价值认同与共创。

大家只要依据增长路线图工具去指导企业开展精准高效的工作，就可以保证持续的增长。

第4章
锁定用户心智空位找准企业战略

4.1 用心理学洞察分析做精准心智定位

传统定位起源于20世纪60年代，当时在美国通用电气营销部门工作的艾·李斯，在长时间解决通用增长发展问题实践中总结的一套理论，最初叫"坚实"。后来他成立了李斯公司，特劳特加入了进来。两个人一起把坚实理论做了系统性的创造和升级，20世纪80年代形成了最终的定位理论。

目前国内培训机构讲的定位都是这个版本。

2000年年底国内某饮料企业开始运用传统定位体系进行战略重构，最终锁定企业的方向，聚焦在凉茶饮料赛道，并打出了大众耳熟能详的广告"怕上火喝×××"

由于用户痛点抓得准，很快获得市场认可，占领了用户心智，成为用户需求产生后的首选。企业发展进入快车道，迅速地冲出了广东。2004年销量就突破10亿元，2010年销量突破180亿元，2019年销量达到了260亿元，超过了国外某著名罐装饮料，成为中国罐装饮料的第一名。

该饮料集团也是中国企业利用西方发达国家20世纪60年代诞生的一套管理体系，包括艾·里斯和特劳特的定位、麦卡锡的4P及泰勒的科学管理，获得成功的一个经典案例。

4.1.1 传统定位的技术缺憾

20世纪80年代传统定位理论推出之后，被IBM运用去解决发展过程中遇到的芯片不如Inter、软件不如微软、硬件集成不如戴尔的增长瓶颈问题。它在困境下IBM运用定位理论，把自己定义成集成电脑服务商，强调了服务。

在竞争对手都在强调实体产品的时候，IBM独辟蹊径强调服务，就让自己找准了可以突破增长的新赛道。如果IBM当时"一对一"去拿自己的弱点和对手强点单打独斗，最终结局可能就是全军覆没。但是它做了差异化定位强调了服务，就避免了与对手优势做正面对抗。

在中国餐饮业，当商家都在口味、地方特色，在历史文化传承等传统维度激烈竞争的时候，某火锅品牌将"极致服务"作为企业战略，打造与众不同的品牌心智认知，给客户选择火锅店一个全新的理由，就避开了与同行对手在传统维度的激烈对抗，给自己找了一条突破增长瓶颈的新赛道。

虽然服务好是增长的基本保证，但作为企业战略没有必要。因为人家已经抢先在食客心中占领了极致服务的这个心智认知，再去学，食客只会认为你是在模仿抄袭。

就像某毛肚火锅，前期也是全盘模仿学习极致服务。有一次该毛肚火锅老板问他的顾客感觉怎么样。顾客说："你们不就是模仿'某某捞'吗？"一下让他惊醒。模仿得再细致全面，也不可能超越。然后这个顾客说，来你们家主要是因为毛肚好吃。这个老板反应很快，马上调整了战略，做了新的定位。

他们家现在的口号是："服务不是某某的特色，毛肚和菌汤才是！"告诉食客明确的选择理由。

大家都是做火锅生意争夺顾客，有人选择"某某捞"火锅是因为极致服务，有人选择"某奴"火锅是因为毛肚和菌汤。这时就要思考，顾客选择你们家商品的精准理由是什么？

因此传统定位理论对企业发展最核心的推动力，来自它的立论"抢占用户心智，成为用户需求产生的首选"。就像用户会指名购买香烟；想去长城旅游，虽然全国很多地方都有长城，但第一个想到的却是北京八达岭；提到空调马上想到格力；寄紧急快递，马上想到顺丰等。

但是心智这个词属于心理学范畴，碍于笔者的业务局限性，以及当时人脑研究技术的落后，这套体系虽然以心理学立论，但传统定位这套理论体系都是在讲营销方法，没有一丁点儿的内容涉及心理学。

如果搞不清楚心智到底是什么，根本谈不上抢占。心智会不会改变，改变的诱因是什么？不懂这个，如何与你的对手竞争？

所以心理学范畴中这个心智到底是什么？需要彻底讲清楚六个问题。

1. 什么是心智？

2. 心智为什么会影响和引导用户的消费行为？
3. 心智产生的心理原理是什么？
4. 企业怎么做才能抢占用户心智？
5. 用户心智会不会改变？如果会，诱因是什么？
6. 用户心智改变，不再钟情于你的品牌而流失掉，该怎么去应对？

这六个问题不把它们彻底弄懂，那无论是学习传统定位，还是学习别的增长方法，只能听个皮毛、学个表面方法，永远不明白如何构建品牌心智认知，做到让用户指名购买。

4.1.2 心智定位的实战应用

心智六个问题只有现代消费行为心理学才能解释清楚。因为现代消费行为心理学融合了1996年随着人脑研究技术进步而诞生的认知神经心理学，成为当下研究用户消费行为最严谨的学科，它研究的方向包括以下两项。

1. 人脑对外界不同刺激的不同反应。
2. 外界刺激对用户消费行为的影响，以及品牌心智认知构建心理过程。

这就彻底从技术层面解释清楚六个心智问题。所以1996年才发展起来的这门新学科，彻底从心理学角度不仅讲解清楚什么是用户心智，还给出了一套精准的方法，指导企业怎么去占领用户心智，做到让用户指明购买产品。

2010年后，随着商业全面互联网化及网络沉淀的大数据和数据分析技术的成熟，推动了以消费行为心理学为基础并结合数据分析组合而成的新学科《消费行为心理学与智能营销》。

目前国内的香港大学及美国的哈佛等大学，在研究生阶段都开设这门专业课程。笔者就是在香港大学完成了《消费行为心理学与智能营销》的研究生课程。

本书心智定位增长体系及消费行为洞察分析的部分内容，就是香港大学《消费行为心理学与智能营销》这门课程的实战化讲解。

下面我们以一个买房用户案例（见图4-1），去解释心智定位增长体系怎么应用于实践中。

心智定位用户增长体系

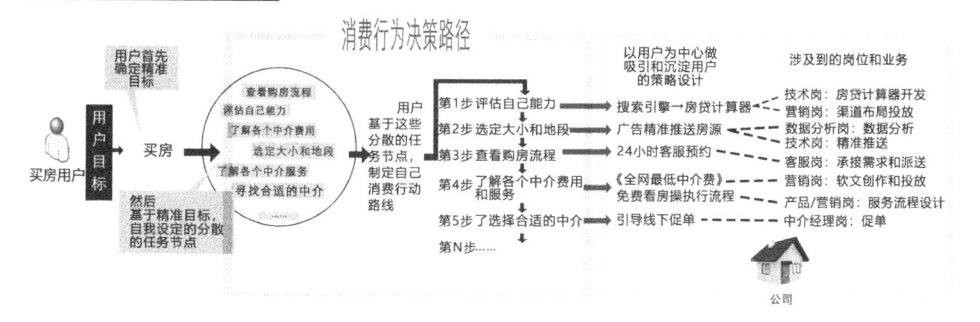

图 4-1 目标清晰、细分用户明确的互联网产品设计思路

用户因为要结婚等场景刺激，产生准备买房的精准目标，这是第一步。

第二步会基于精准目标，自行设定出分散的任务节点，如了解买房的流程、了解中介费用和口碑、评估购买能力、了解贷款最大金额、确定大概房屋大小和地段等。

消费心理学研究得出结论，所有人在消费行为上都会先有一个精准目标，然后再思考达成目标需要做哪些分解动作，就像案例所讲准备买房用户，有了需求后会思考达成目标需要做哪些动作。

第三步将这些分散的任务节点，自行排列顺序形成指导自己的行动路线图，为达到目标先干什么后干什么。

例如，案例中用户肯定知道自己有多少存款，下面他就要搞清楚自己能贷多少钱。所以上网搜索房贷计算器，这是用户行为的第一步。通过房贷计算器，知道了自己的购买能力，用户就开始盘算是买三环的房子还是五环的房子，这是用户行为的第二步。

因此用户这些行为都是利用消费行为心理学做洞察分析定位出来的，称为"消费行为决策路径"。用户的消费行为定位出来后，就指向右边的房产中介公司，需要一一对应用户的行为做经营策略的设计。

例如，用户第一步会用贷款计算器计算能贷多少款。那房产中介企业的产品人员就要设计房产贷款计算器的原型及使用逻辑，技术人员就要开发这种计算器，营销推广人员就要思考将它投放在哪些搜索引擎上。

再如，第二步基于实力选定大概地段和面积大小。那企业的技术人员就要抓取用户的贷款计算结果，将相对应的精准房源推送给用户。目的是用相对精

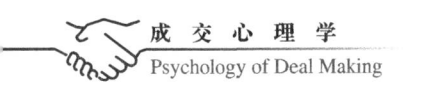

准的房源，引导用户跨平台跳转到自己的房产 App 上。

到这里你就明白，这套心智定位增长体系，就是将消费行为心理学与项目实战做了优化整合。以消费行为心理学为底层框架，做用户全生命周期消费行为的洞察分析，并将结果展现给企业，让企业做到所见即所得。而后以项目实战为主轴，保证企业精准高效地开展营销推广、用户运营等工作。

用户成千上万，需要每一个都做洞察分析吗？也是笔者在给企业做内训时经常被问到的问题。

答案是不需要。消费行为心理学研究结果表明，具有相同需求目标的用户群体也具有相似的消费行为和消费心理，心理学称为"消费行为趋同性"。因此，只要基于商业项目，做一个细分用户模型，就可以涵盖这一类用户群体的消费心理和行为。

4.2 找准心智空位让商品成为用户首选

本小节将解释消费行为心理学两个名词，心智和心智空位。

心智的定义是指个体为解决生存中各种需求的学习过程和结果，可以简单地理解为结果就是经验、就是心智。

心理学定义：心智是个体为解决生存中各种需求的学习过程和结果。因此某饮料厂在遭遇增长瓶颈后，重新将产品锁定在凉茶赛道，就相当于为用户解决预防上火需求提供了一个全新的方法。

因为在没有凉茶饮料的年代，大众要通过泡苦丁茶、菊花茶预防上火，这就是用户为解决预防上火需求的一个生活经验心智。但是有谁没事天天包里带着苦丁茶、菊花茶，是不是很麻烦？所以这个凉茶饮料的定位就等于给用户解决预防上火需求一个全新的选择，也相当于在用户心中建立了一个心智空位出来。

那心智空位又是什么意思呢？

心智空位是指用户在解决自己需求时一直利用的经验方法。由于技术迭代出更高效的产品或解决方案，老的方法遭到了淘汰，这就在用户心中制造了一个空位出来。

例如，图 4-2 所展示的，大家拍照最初都用胶卷相机。用户认可的牌子就是柯达相机、柯达胶卷。数码相机研发出来后，就给用户解决拍照需求一个全新的选择。但数码相机刚上市的时候，用户心中并没有任何认可的品牌，这个时候用户心智认知就出现了一个空位。所以富士、尼康、佳能、索尼等，在市场上大家都站在同一条起跑线，各品牌都有可能被用户选择。

图 4-2　技术迭代形成心智空位

4.2.1　用心理学解构凉茶成功实战内因

随着用户生活习惯的改变，吃得越来越油腻、休息越来越不规律，这些因素导致人越来越容易上火，这叫用户需求趋势已经形成。

当大众因生活水平提高等外部环境导致容易上火，当大家还是利用喝菊花茶、苦丁茶去解决预防上火的需求，该饮料企业看准了这个趋势，给自己产品一个凉茶的定位。因此在市场上几乎没有竞品时候，一经推出马上就大获成功。

到这里你就应该明白凉茶饮料成功的核心原因在于，当用户的需求趋势已

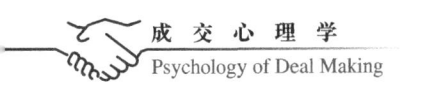

经形成，当用户还在使用传统解决方案的时候，凉茶饮料的定位给用户解决预防上火需求一个全新的选择，在用户心中制造了一个心智空位出来，并用自己的产品快速填补这个空位，占领用户心智，成为用户需求产生后的首选。

因此心智定位体系一个重要实践目标是洞察分析用户心智建立的心理过程和原理，结合企业自身优势和竞品劣势去规划设计能制造一个心智空位的解决方案，并以此指导企业战略方向、产品规划、营销推广一整套打法，做到推向市场产品成为用户需求产生后的新首选。

应用在实践中，如研究为什么顺丰速递，快的定位可以占领用户心智、获得用户认可。而像什么"某通"速递等快递公司的名字虽然也都打着快或者速，但却占领不了用户心智，得不到用户认可。用户寄快递只要着急，首选还是顺丰。

所以你不掌握用户消费行为心理学心智定位体系，就解释不了。你也不可能做出精准的心智定位，去占领用户群体的内心，让企业产品成为需求产生后的首选。让用户通过一次购买产品之后，就和企业绑定在一起，然后通过成体系的运营刺激，让他们不断产生需求，不断消费，不断做口碑传播。

4.2.2 先用心智定位锁定战略方向再谈发展

回到凉茶案例，该饮料企业通过凉茶定位不但解决增长瓶颈问题，甚至让其品牌超越国外著名罐装饮料，成为中国罐装饮料第一名。一提到凉茶，绝大部分读者应该马上想到它那句经典的"怕上火喝×××"的广告语。

这里问读者一个问题，你觉得该企业凉茶饮料的成功，是靠这句经典广告语吗？

广告语属于品牌传播这个层面的工作，还包括品牌名、品类名、营销策划与促销、市场推广及产品包装设计。

如果你刚才的答案觉得这句广告语最重要，没有它就不行，是因为它最先被用户看到，最能刺激用户掏钱，所以你觉得它最重要。凉茶饮料的成功，这句广告语占比很少，可以说只有百分之几，它仅仅是细枝末节的具体工作。

但是今天中国太多企业家为了解决增长问题，把所有目光都聚焦在具体工作上。天天想着打广告、打价格战，拼命地改包装、改颜值。天天盯着战术层面的问题,天天追着运营部门要客单价的数据、留存的数据,天天追着营销部门要推广的数据、用户拉新的数据。可是大部分企业家关注的重点,却是基层员工才应该专注的细枝末节工作,本末倒置就导致解决企业发展的根本问题被忽略了。

只有企业的战略方向和赛道精准,才能将核心技术和优势发挥出来,才能将资源集中在最可能成功的机会点上。只有这样设计出来的广告语才对细分用户群体的胃口,否则企业广告就会像"某某冰泉"一样。

该冰泉创造了一个营销界的奇迹。从2014年到2016年,广告语修改了九次。

"天天饮用健康长寿"到"健康美丽""长白山天然矿泉水""我们搬运的不是地表水""做饭、泡茶,我只爱你""一处水源供全球""出口28国""爸爸妈妈我想喝"让人眼花缭乱。而它的品牌代言人,从知名足球教练到国内外一线代言费天价的众多影星。

当然从最直接的感官而言,某冰泉的渠道铺货是没有问题的。它已经做到只要卖水的地方就有它,不该卖水的地方也有它。该企业高管有一次随意走进街边的一家小店做调研,问店主为什么我们广告做得这么火,销量却不好。这个店主告诉他两个字太贵,而后补充道,你容量不及别人一半,价格又高出别人一半,销量怎么可能好。这个高管回应道,我们这是高端水啊,你不要给我谈价格要谈价值。这个小店主一脸不屑地说道,我们这里只有普通人,没有高端人。

该品牌一面要高端,一面又想"通吃",这就是典型的没有心智定位和企业战略方向,结果产品方向模糊导致用户群体模糊。

4.3 品牌战略,品类聚焦

现在太多企业把战术当企业战略来执行,把发展目标当企业战略来执行,甚至把老板个人的梦想当企业战略来执行,包括很多出名的互联网公司也常犯这个错误。

"某某过河"是一个曾经和新东方比肩的英语教培企业,最辉煌的时候年营收过亿元，客单价行业内最高达到5万元，著名资本追着投钱。但是错误地将用户规模这个发展目标当作企业战略去执行，导致企业从2013年最辉煌的顶峰到2017年倒闭，短短不过几年时间。

本节复盘一下发生了什么。

2013年最辉煌的时候"某某过河"进行了企业战略调整，将客户规模这个发展目标当作企业战略来执行。错误的战略导致企业抛弃注重教学质量的小班教学，转而开始将资金投放在线上教育，力图借助互联网快速扩大用户规模。为达到这个目标，员工急速扩充到近千名，其中仅网络技术开发人员竟然超过200人。并在一年左右时间，开发出100多个互联网线上产品。

笔者是从互联网行业走出来的，深知做一款线上产品，从调研到规划到设计到开发内测到上线，最少也要三个月。所以不敢想象短时间上线的这100多个几元到几十元低价无利润导流产品，该有多么粗制滥造。因此肯定也不会被用户认可，也无法将流量转化成核心利润产品订单。

追求客户规模的错误战略，让公司所有人都盯着用户数量这个指标，结果就忽视了产品质量、用户体验及品牌口碑。大量低价、低质的课程，带来的是用户口碑迅速下降，短时间就毁掉了该企业十年建立起来的良好口碑。核心利润课程更加卖不出去，老师收入减少，优质教师开始流失。最终导致资金链断裂，陷入倒闭的危机之中。

在错误的战略下，该企业痛失了仅有的两次自救机会。

第一次机会是2015年6月，该企业第一创始人策划了"某某托福"产品，以线下精准练习题辅导的形式，帮助客户短时间快速提高成绩。6月上线销售到9月，4个月时间卖了2900万元，解决了资金燃眉之急。但就在此时，该企业第二合伙人以卖得太贵难以形成规模为由停掉该产品，转而推出了一大批定价9.9元、99元的线上练习题服务。

尽管客户基数增加，但线上培训效果差，没能转化为高收费的课程客户。这相当于砍掉一条挣钱的手臂，给自己安了一条漂亮但没有什么用的假肢。

第二次机会是2016年6月，该企业第一创始人又策划了一款"某某陪读"产品，同样是 6 月份上线销售到 9 月，4 个月卖了 3000 万元。但随后又被同一个人以同样的理由——客单价高，难以形成规模——停掉产品，转而推出一款名为"某某陪练"，仅仅一字之差 4 周只卖 6900 元的价格，而"某某陪读"的价格是 4 周 5 万元。价格优势使得客户大增，但线上教学导致学习效果不好，同时购买 5 万元"某某陪读"的客户觉得自己被骗纷纷要求退款。公司马上就陷入资金和口碑全面崩盘的绝境。

这就是错误的企业战略导致企业倒闭的典型案例。

如果不是将用户规模这个发展目标错当成企业战略去执行，绝对不会只盯着表面的用户数规模，而忽视了产品质量、客户体验及品牌口碑这些更为重要的指标。

除了互联网公司，传统企业中也有很多这样的老板。

河南一个做贴牌酒企业的老板问笔者："詹老师指导一下，用什么方法能把我们这个酒快速推向全国？"

笔者说回答你问题之前，先回答笔者一个问题，你的心智定位企业战略是什么？

他想了想跟笔者说，我们的企业战略是两年内销售破亿元，三到五年上市。

这叫企业战略吗？这是不是和上面的案例一样？这不是企业战略，这叫企业奋斗目标。

笔者说："再想想，你企业的心智定位企业战略是什么？"

他想了想说："嗯，我们的目标是未来能让我们的酒代表河南酒。"

各位读者你们觉得这个回答是不是呢？肯定也不是，这仅仅是老板自己的梦想。

现实中太多这样的老板，无论是叱咤风云的某共享单车，还是名不见经传的地方小公司，都把自己的梦想、目标错当成战略去执行，最终结果就是导致企业在经营中跑偏甚至误入绝境。

企业战略到底是什么？读者可能在各种商学院听过各种老师讲授的战略课程，企业战略讲什么企业使命、企业价值观、企业愿景等。

本书从心理学角度对企业战略做一次全新的解读。

上节讲了凉茶饮料的成功在于，它心智定位聚焦点打在预防上火的饮料上，为大众解决预防上火需求提供了一个全新的选择，制造了一个心智空位出来。因此它的广告语要设计成"怕上火喝×××"，以精准的功能属性来塑造凉茶饮料品牌。因此广告语属于品牌传播层面，是用来传达心智定位。

很多人问笔者："詹老师，我们家广告你觉得怎么样啊？"

对于这样的问题笔者都会先反问他："请问你们家做心智定位或找准心智空位没有？"

也有很多人问笔者："詹老师，我们家广告语修改很多次，为什么没有效果？"

但凡没有效果你都要先问一下自己，当你猛劲儿打广告的时候，有没有考虑过你们家到底有没有心智定位，找没找准心智空位？

没有心智定位或不清楚空位在哪里，那你设计的广告语到底在讲什么？到底想要告诉用户什么？

读者朋友有没有想过一个问题，当今市面凉茶品牌不少，他们卖的到底是凉茶还是饮料？

假如你无法确定这些凉茶品牌卖的到底是凉茶还是饮料，或者你觉得无所谓凉茶还是饮料，能喝就行，搞清楚到底是什么并不重要。那笔者就要问你几个问题。凉茶和饮料销售渠道一样吗？凉茶和饮料的需求痛点一样吗？凉茶和饮料的使用场景一样吗？凉茶和饮料的消费人群一样吗？甚至包装、价格一样吗？

透过这些问题你会发现，没有一种是一样的。所以作为企业第一步要搞清楚你卖的到底是凉茶还是饮料。当今大多数企业没有搞清楚自己到底卖的是什么，这才是品牌战略、品类聚焦。

因此通过广告语设计这个话题，作为企业家就要清楚，广告语到底怎么设计不是拍脑袋决定，而是由企业的品牌战略、品类聚焦决定。换句话说，品牌战略、品类聚焦对于企业成功至关重要。

当年在中国食品饮料峰会上，该饮料厂高层在接受采访的时候说，最初做这款凉茶，自己也搞不清楚到底是凉茶还是饮料。说没想过，因为20世纪90年代末物资紧俏的年代，生意很好做，闷头生产就有好多客户会主动找你。

可是如果今天你再不知道自己在卖什么，是有问题的。

很多人说我这个产品只要给钱都是客户。话虽然没错，但问题是客户会主动找你吗？你是不是先要找着客户？那你怎么才能找着客户？是不是必须搞清楚你到底在卖什么、该去哪里卖、该怎么卖。

另外，凉茶 2019 年全国销售额大概 20 亿元，盘子就这么大。可是定位于饮料后，当年该厂这款单品就突破 260 亿元，这个叫品类。首先，但凡品类搞不清楚，你不知道卖给谁，怎么营销、怎么做搞不清楚，都是乱打仗。其次，选择了品类就选择了赛道，选择了企业的天花板，决定未来能走多远，这比什么都重要。

品牌战略、品类聚焦可以说占到企业成功 40% 多，和刚才不到 10% 的品牌传播合在一起占到企业成功 50%，还有 50% 在心智定位这里。

所以心智定位的核心是让企业通过消费行为心理学梳理明确发力方向，在机会点上做聚焦，这叫取舍。做企业如果取舍想不明白，这个也想要那个也想要，最终什么也得不到。

我们看几个取舍做得好的品牌。

例如，提到大吸力抽油烟机，你马上会想到"某板"，那他们家除了抽油烟机别的厨房电器不做吗，肯定不是。再如，提到大件快递，你马上会想到"某邦"，那么他家除了大件，小件不寄吗，肯定也不是。又如，提到抗压纸箱，圈里人马上会想到"某象"，那么他家别的普通纸箱不做吗，肯定也不是。

所以像纸箱抗压特性，只要是纸箱厂都能做出来。像抽油烟机大吸力特性，是个抽油烟机厂商也都能做。像大件快递，是个快递公司都能给你寄。

但这些年这几个品牌通过一个精准的点，在客户心中建立与众不同的品牌认知，打造一款爆品，而后以点带面推动企业整个产品体系的销售，发展成为行业的佼佼者。这就是取舍。

今天经营企业很少去认真思考拿什么全新的解决方案在用户心中制造一个空位出来。就是有什么我先做，随大流没有认真思考。所以经营企业要有战略思维和正确的奋斗逻辑。可现实情况，大部分的企业前两步都没搞清楚，直接在战术层面厮杀。

大家常说商场如战场，现在的商场甚至比战场还要夸张。

说到战场，《孙子兵法》有一篇叫《势》。其中有这么几句话："激水之疾，至于漂石者，势也；鸷鸟之疾，至于毁折者，节也。故善战者，其势险，其节短。故善战者，求之于势，不责于人……"

这段话的解释是：湍急的水之所以能漂动大石，是因为它有巨大冲击力的势能；猛禽搏击雀鸟，一击可置对手于死地，是因为它掌握了最有冲击力的位置，节奏迅猛。所以善战者，善于在战争中为自己谋划一个有利的态势，进攻的节奏又能短促有力，不给对手喘息的机会。所以善战者，善于为自己谋划创造"势"能，而不是一味地苛求士兵不怕死，冲锋陷阵。

今天在以用户和社群为主的心智为王时代，你要做的是先胜，要做的是造势。

学会在商战中给自己创造一个有利的、能聚集巨大势能的攻击位置。对于商战而言，这个有利的位置就是通过精准的心智定位，在用户群体中构建与众不同的品牌认知，获得他们的心智认可、心智势能。

4.4 企业战略就是"善战者，求之于势"

在大家选择传统美食还盯着口味、地域、特色的时候，"某子柒"能给用户一个什么样全新的选择？在用户心中制造一个什么样的心智空位出来？

该中华传统美食博主独辟蹊径通过讲美食文化、讲制作工艺，让用户通过短视频了解美食、选择美食，给用户一个全新的选择方式。所以她找准了这个心智空位后，企业战略就清晰了，就是聚焦于塑造自己是中国传统美食文化的传播者，打造个人 IP。

回顾一下该 IP 发展历史，她并没有一上来就销售商品，而是先谋划心智定位找空位去打造个人品牌，在用户心中建立与众不同的品牌心智认知，积蓄自己在用户群体心中的心智势能。

当她从 2015 年开始运作，到 2016 年崭露头角，到 2017 年以专业团队的形式深耕自己的品牌，三年时间"某子柒"这个品牌在国外短视频平台有 1110 万粉丝，在中国更是网红第一名，在微博有 2590 万粉丝，B 站有 622 万粉丝，积蓄了巨大的用户心智势能。

因此，2018年在某传统电商开店后，用户马上就挤爆了店面，仅仅一款螺蛳粉月销量就超过了150万单，她在电商销量长时间保持上亿元的月销售额。

这就叫善战者，求之于势。

因此《孙子兵法》讲的"求"在企业战略中指的是谋划，说得具体一点就是，基于你所面对的用户群体消费心理和行为，去洞察分析定位出心智空位，并以此去做企业战略发展规划。而《孙子兵法》讲的"势"应用在商战中，指的是在用户群体内心形成的心智势能。

再如美妆品类里，百年美妆品牌"某某雅"在全国有1982家实体店，知道它的人绝对比成立仅有三年、线下仅有100家实体店的国产美妆品牌"某某日记"人多。但是"某某日记"在传统电商2019年"双十一"购物节单品唇釉360万件的销量碾压"某某雅"7万件单品销量，就足以说明认识你的人再多，但不懂经营人心都是白瞎。虽然人少，但用户认知强、人心齐，照样能形成巨大的心智势能。

因此，《孙子兵法》讲的"善战者，求之于势，不责于人"就是要求企业家在经营企业的时候，不要天天盯着营销部门每次促销活动搞得成不成功，卖了几件商品挣了几个小钱。企业家要有大局观，能在宏观社会、经济、大众的变化中，利用消费行为心理学并结合自身优势和竞品劣势去谋划如何在用户心中制造一个心智空位出来，并用产品迅速占领它，以及还要谋划如何打造舆论口碑，形成巨大的用户群体心智势能。

无论时代怎么变迁，经营企业要想成功，企业家要"善战"，要"求之于势"的核心思想是不会变的，这就是企业战略。

企业战略即求之于势，是指在技术、经济文化、用户需求变化中，利用自身优势和竞品劣势及心智定位体系中心理学去谋划能在用户群体心中制造一个心智空位的解决方案，并以此指导企业从发展方向聚焦到品牌战略，到产品规划设计，到具体打法策略等一系列工作。

因此企业战略对应到具体工作分为战略层面和战术层面。战略层面指发展方向聚焦和品牌心智认知建设，战术层面指市场营销推广和品牌传播。

从当下企业现状看，太多企业家把所有目光聚焦在战术层面的细节工作上，去打广告、打价格战、天天改包装、改颜值。其实品牌战略、品类聚焦才是需要更加关注的事情。

4.5　企业发展和品类生命周期机会点

品类分为抽象品类如电视，具体品类如液晶电视，伪品类如厨电，以及新品类如儿童手表。

新品类是由技术发展而演化分裂出的全新品类，可以理解为新品类就像细胞分裂，既继承了原来母细胞的DNA，同时又变异出全新的特性。例如，儿童手表DNA是手表，同时由于智能芯片和5G网络的技术发展，变异出新的特性，能锁定儿童位置、通过音视频一键报警，给儿童更多的安全保障。

因此像儿童手表、按摩沙发、App智能插座这些新品类，让用户听到后没有陌生感，可以马上分辨出是什么、能解决什么痛点。

伪品类是指消费者心智中没有，市场上也没有。

大家一定要清楚你的商品卖给谁，并基于用户需求产生的场景，去取相应的品类名称。

品类是对接顾客具体需求的钥匙，而伪品类仅仅是范围概念。例如，某企业前些年打出"厨电专家"的口号。这个厨电用户听到后很陌生，似乎知道它是什么，又不能精准指出能解决自己什么问题，所以它不是新品类而是伪品类，充其量只是一个新概念而已。

品类选择要通过细分用户建模分析，而不是内部几个人拍脑袋决定能干就干了，这样很容易就干黄了。几乎所有老板都会说自家产品很好，这是典型的内部思维。

举个咨询艺术培训课程的例子。

你会发现大部分人会这样说："我一个小时300元。"这就是典型的内部思维。用户其实更想了解的是，我孩子能学到什么水平，就算是培养兴趣也要有个标准吧。更好的说法应该是"初级班能弹一首曲子，学时5小时，每小时收费300元。"你要知道，用户不关心你是什么，用户关心怎么精准解决他的需求痛点。

消费者以品类来思考，以品牌来表达。品类用来对接顾客的具体需求，如果品类不准，品牌就没有办法和品类对接，更无法和用户需求对接。例如，用户炒菜被油烟呛到，产生购买更大吸力抽油烟机的需求，那这个大吸力抽油烟机就是品类，这个定位精准了，用户想买吸力强劲的抽油烟机，就会第一个想到你们家。所以"某板"定位自己大吸力，就相当于将品牌绑定了大吸力这个品类，用户需求产生后能快速从品牌联想到产品。

品类除了抽象品类、具体品类、伪品类，还可以分为产品品类、渠道品类、导购品类三种类型。

产品品类包括服务类如展会，实物类，虚拟类如游戏币、装备三个类型。产品品类打造的是产品品牌，产品品牌解决用户买什么的问题，如"某板"解决用户买大吸力抽油烟机的问题，顺丰解决寄快递要求速度的问题。

渠道品类，但凡做贸易的都属于渠道品类。渠道品类打造渠道品牌，包括国美、苏宁都是渠道品类里面打造的渠道品牌。渠道品类解决用户去哪里买的问题，企业思考的核心要素是，用户为什么要去你的渠道买，这个问题要搞不清楚渠道肯定失败。

导购品类解决的是用户怎么选的问题。例如，最早的企业黄页，平台类的小红书、豆瓣、大众点评、美团及头部意见领袖、网红达人都是这一类。这一类企业思考的重点是公信力的建立。

因此不同的品类，打造品牌的方式是不一样的。

品类因其用户的消费升级而表现出生命周期的特点，如图4-3所示。

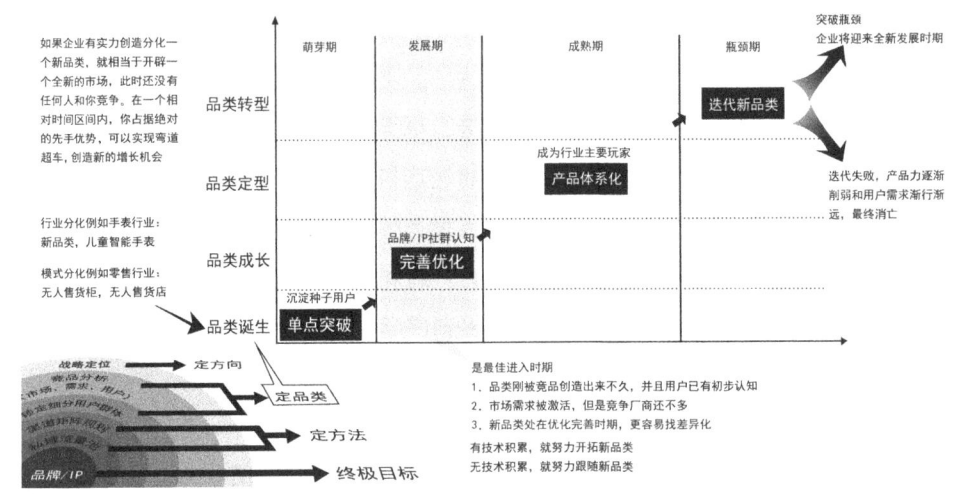

图 4-3　品类生命周期

当品类无法通过自己的迭代满足用户群体不断升级的消费需求，说明企业发展的生命力陷入衰退。所以企业初期依据单一品类快速占领市场后，下一阶段就要快速迭代，将单一品类向体系化方向发展。同时也要建立私域用户池，将用户沉淀起来做关系构建，让用户在交流中形成势能，才能在渠道矩阵中形成口碑。同时企业的社群建设又是新品类正确迭代的保证，创造出企业新的增长机会。

从图 4-3 可以看到，如果企业有实力创造分化一个新品类，就相当于开辟一个全新的市场，此时还没有任何人和你竞争。在一个相对封闭的时间区间内，你占据绝对的先手优势，可以实现弯道超车，创造新的增长机会。

如果企业没有实力创新，也可以观察新品类发展阶段决定入场时机。

如果此时处在发展时期，就是最佳切入点：①新品类已过萌芽期，虽是新概念，但已有用户认知；②市场需求被激活，但竞争厂商还不多；③新品类处在发展期，优化空间很大，更容易找差异化。

而萌芽期用户要有一个认知接受的过程，需要企业投入宣传成本。

成熟期意味着竞争对手大部分已经入场，机会越来越少。

瓶颈期则意味着新品类处在用户消费升级后的迭代阶段，这个时期发展前景已不明朗，所以除了发展期，其他三个时期都不是好机会点。

4.6 在战略上打造与众不同，构筑企业护城河

心智定位战术层面的目标是，洞察分析用户全生命周期消费行为，指导企业各岗位高协同，精准工作，实现低成本增长。而大家过去听过的产品定位、渠道定位、人群定位等课程，它们已经在做用户消费行为洞察分析的时候整合在其中，是细分用户建模要梳理的一个属性标签。

这就是心智定位和其他定位的区别。

心智定位战略层面的目标是，洞察用户心智建立的心理过程和原理，结合企业自身优势和竞品劣势去规划设计能制造一个心智空位的解决方案，并以此指导企业战略方向、产品规划、营销推广一整套打法，做到推向市场产品成为用户需求产生后的新首选。

这里大家对"与众不同"的理解要从战略层面，不要在战术层面理解它。

如果从战术层面理解与众不同，它是指产品功能层面的差异化。例如，手机你今天推出两个镜头，明天我就推出三个镜头。

而在战略层面理解与众不同，它是指心智层面，是指企业能给用户某个精准需求痛点一个什么样全新的解决方案，成为用户需求产生后的首选。这个方案包括从产品功能的角度、使用体验的角度、服务体系的角度、新概念的角度，在用户群体心中打造出的与众不同的品牌心智认知，是一个综合体。

例如，在北京喝现磨咖啡，既有小区周围的便捷超市，也有环境高档的豪华品牌。如果仅仅从咖啡豆这个角度讲，可能区别不大，但在顾客心智中，它的区别还是非常大的。

小区周围的便捷超市主打社区和写字楼周围职场白领早晨、中午提神醒脑的场景需求，而豪华品牌咖啡主打的是氛围、是社交、是场景、是体验。

4.7 不做心智定位导致贴牌酒项目失败

举个笔者一个学生的白酒创业项目的例子，由于隐私需要，地名、酒名、人名均化名处理。

我问他："你这个酒卖给谁，谁会去喝？"

他说:"只要给钱都是我的客户啊。"

我又换了一个问法:"市场上同类酒那么多,用户为什么掏钱买你的酒?"

他说:"没想清楚。"

然后又说:"我们企业宣传页上的内容,应该就是用户掏钱的理由吧。"

宣传文案如下:

> 西安旅游名天下,大唐宴酒进万家!游西安,吃西安菜,喝大唐宴的N个理由。①真材实料,大唐宴酒产于贵州茅台镇,传统工艺,原地材料。②价格诱人,大唐宴品质不逊茅台酒,价格却只有茅台酒的1/3。③酱香健康,大唐宴酒属于53度酱香型白酒,醇厚悠长,不上头不口干。④适于收藏,刚上市的大唐宴批量有限,越放越好喝,且极具收藏价值。
>
> 欢迎订购,热线电话……

现在我们试着把这段话换任何一个品牌,你会发现都可以讲得通。

读者朋友当你审视自己家的产品介绍,如果普通到换任何品牌都能说通,这就是典型的没有心智定位。看似你什么都说了,实则什么也没有说,用户根本不知道选择你的精准理由到底是什么。

通过该企业产品宣传页上的内容,就可以判断在心智定位层面出了严重问题。

好的心智定位言简意赅,一句话就告诉用户精准的选择理由,并且这个理由还是别人无法替代的。在渠道推广中能让细分用户群体不仅快速记起,还起到刺激用户需求的作用,对于市场扩展起到巨大推动作用。

因此企业不做心智定位,必然导致用户群体不精准,必然导致从品牌规划到宣传文案创作出现这种模棱两可的结果。企业要清楚品牌口号是企业对用户的承诺,并且企业只有兑现承诺、言行一致,才能真正建立起品牌认知,拥有一群忠实的支持者。

第 5 章
用户心智空位规划实战

5.1 创造心智空位的四个方面

心智空位是指用户在解决自己需求时一直利用的经验方法，由于技术迭代出更高效的产品解决方案，为用户提供一个全新的选择方案，而老方法遭到淘汰，这就在用户心中制造了一个"心智空位"出来。

例如，在没有空调的年代，电扇是用户解决酷热的最有效的经验方法。空调被研发出来后，就替换电扇成为解决酷热的最佳方案。但空调刚刚推向市场的时候，用户心中并无认可的品牌，这个时候心智就出现了空位。所以科龙、海尔、海信、格力、美的等品牌都站在同一起点上，都有可能被用户选择。

因此心智定位战略层面的应用如下：洞察用户心智建立心理过程和原理，结合企业自身优势和竞品劣势去规划设计能制造一个心智空位的解决方案，并以此指导企业战略方向、产品规划、营销推广一整套打法，做到推向市场的产品成为用户需求产生后的新首选。

例如，某电脑杀毒企业，看到随着个人电脑普及，未来电脑杀毒市场需求必然巨大，所以用"在线安装永久免费杀毒"给用户解决杀毒需求提供一个全新的选择，这就在客户心中制造一个心智空位出来。

好用又免费的商品，用户怎么可能会拒绝。用户消费行为要么买便宜，要么买牌子。自从2009年9月正式发布，短短四个月时间用户量爆增突破1亿元，一举将这个行业保持了至少六年老大地位的传统光盘杀毒某品牌给拉下了神坛。

因此，至少可以从四个层面找心智空位。

1. 技术迭代，如胶卷相机到数码相机、电扇到空调。

2. 模式创新，如杀毒从最初购买光盘安装杀毒软件，到网络下载免费杀毒。

3. 服务创新，如"某某捞"的极致服务。

4. 概念创新，如六个核桃、凉白开、宝宝水、泡茶水等，都是商家通过创造新概念给用户一个全新的选择，制造一个心智空位出来。

5.2 基于场景和痛点做创新设计标语

企业创新必须以用户为中心，规划设计能制造心智空位的全新解决方案，闭门造车的方案用户不会买单。"上课还喝酒，老师你 OUT 了"，这是某饮料企业 2008 年创新的一款啤酒口感碳酸饮料的广告词。

这就是典型的闭门造车纯概念创新。

2008 年该集团砸了上亿元广告费，把姑且称为"啤酒和茶的混合饮料"的知名度打造了出来，但最终却草草收场。根据该集团宣传，这款"啤酒和茶的混合饮料"像啤酒一样爽，但它不是啤酒；像绿茶一样健康，但它不是绿茶。乍一听是一个全能选手，实际上却是四不像，甚至都没法找到一个品类的归位。

解决口渴的需求，谁都无法替代纯净水；解决喝啤酒的需求，谁都无法替代真啤酒。因此这款混合饮料从一开始就想一脚踏多船，似酒非酒，似茶非茶，根本没有认真研究消费者需求和使用场景。

真正喝酒、喝茶的人，讲究的是纯正，不是差不多的概念就能取代，而不喝啤酒或茶的人又对这种味道有天然的抵触，难有好感。因此自己闭门造车创造一个概念，不可能在消费者心中制造一个心智空位取代其他饮料，成为消费者的首选。因为消费者根本搞不清楚你到底能解决什么问题。

闭门造车去创造新概念的商业案例，就目前市面上情况来看成功率相当低。

继续看图 5-1 所示某品牌大米的标语"每月鲜，只卖当月米"，这句标语你会做何感想。

图 5-1 某大米品牌标语定位只卖当月米

针对什么是好大米，笔者也做了调研，随机问了大概 50 个用户。

他们的回答有"尝过以后好吃的大米""我喜欢吃的米就是好大米""不需要菜就能干吃的米""有甜味的大米""热量低营养丰富""有嚼头"等。然后笔者又问你知道什么叫"当月米"吗，所有人一脸迷茫，没有一个知道。

因此"当月米"这个概念，在用户原始心智概念中根本没有。难道米还有一月一成熟的吗，肯定不可能。既然不可能，当月米与新鲜、好吃，没有办法关联在一起，这根本就是凭空捏造的一个概念。

或许这个概念真有，也许是搞粮食储藏行业的人想出来的。但是作为 99%的用户，根本不知道你说的是什么。

心智定位的目的是利用心理学找出用户群体心智空位，并以此设计一条能反映你企业商品最核心优势的广告语，然后传递出去抢占用户心智，成为用户需求产生后的首选。

因此抢占用户心智，第一是基本条件。在资讯爆炸时代，有数据显示，用户只给企业 5 秒时间，如果做不到第一，如果做不到极致垂直，言简意赅传播卖点，就很难被用户记住。

但是能让用户记住品牌，第一仅仅是基本条件，绝不是关键条件。

有很多企业虽然抢占了第一，但是闭门造车，喊出的口号用户不明所以，最终落得一地鸡毛，被用户群体和市场无情地抛弃。

因此增加记忆除了考虑第一因素，更重要的还要和需求产生的场景关联在一起。既要找准需求产生场景及痛点，又要提炼出企业商品最核心的优势，这两个点要有强关联性。如图 5-2 所示，当用户炒菜被油烟呛到，想买一台大吸力抽油烟机，首先想到品牌是不是"某板"？

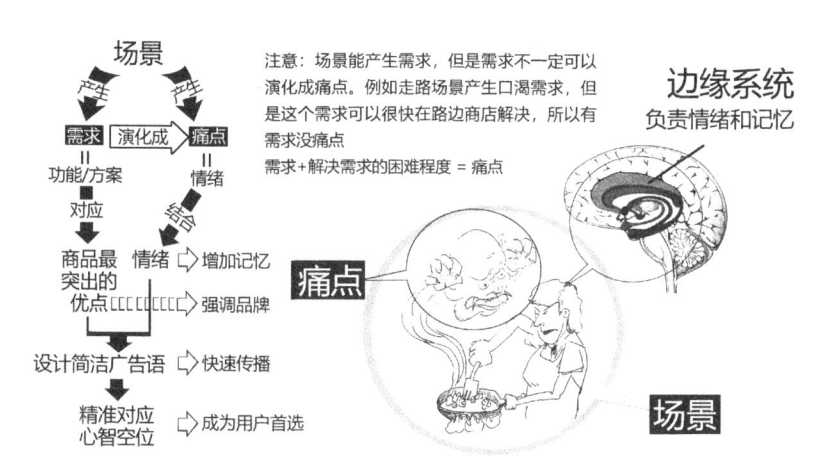

图 5-2　场景引发需求，痛点引起情绪增加记忆

图 5-2 揭示增加记忆的几个要素，我们解构一下。

大脑产生情绪及负责记忆的部分叫"边缘系统"，因此想让用户快速记忆，就要做双向刺激，即场景和情绪。

下面逐步去看：

1. 场景能刺激产生需求。需求对应到企业商品就等于功能或解决方案，指导企业梳理出商品最突出的优点。而商品优点提炼得越突出、越精准、越简练，在传播过程中越能有效强调品牌属性和需求关联性。

2. 场景也能刺激产生痛点，痛点引起情绪。也就是痛点越痛，需求越强烈，情绪越足，记忆越深刻。传播过程中具有增加记忆的作用。

3. 需求痛点和情绪结合在一起，并利用心理学洞察分析技巧，才能保证企业找准心智空位，才能保证设计的广告标语简洁，直戳用户内心，引起共鸣，有效刺激出消费意愿和行为。

这里需要注意一点，场景产生需求，但需求不一定能演化成痛点。例如，走路场景产生口渴需求，但这个需求可以很快在路边商店解决，所以有需求没痛点。但如果你是在沙漠里走路的场景产生了口渴需求，方圆十公里才有一个超市，那这个需求就随着解决困难程度的增加演化成痛点，解决需求越困难痛点越强，越能推动你愿意花更多的钱买一瓶水。

所以人记忆的逻辑过程就是，场景产生需求，需求关联痛点，痛点关联到情绪，情绪关联到记忆，即场景→需求→痛点→情绪→记忆。执行整个逻辑，才能保证企业设计的标语能深入人心并被快速记忆，成为用户需求产生后的首选。

因此"某板"定位大吸力抽油烟机，就很好地将需求产生的场景及演化成的痛点情绪与商品最优秀的功能属性关联在一起。当它第一个喊出大吸力抽油烟机的口号，不仅抢占了先机，还让用户快速记住。

商业中闭门造车创造新概念的案例还有很多，读者可以在生活中多观察。

5.3 品牌心智构建心理逻辑

心智到底是什么，在脑海中产生的逻辑又是如何呢？前面章节详细讲解了，心智是个体为解决生存中各种需求的学习过程和结果。

例如，用户上火，在市场没有去火饮料的时候，用户通过向父母、朋友学会了泡苦丁茶、菊花茶去火，因此用户为解决各种需求，会主动学习各种方法，并将最有效的那个方法作为经验记下来。

这里你可以简单地理解，心智养成过程就是经验养成过程，如图5-3所示。

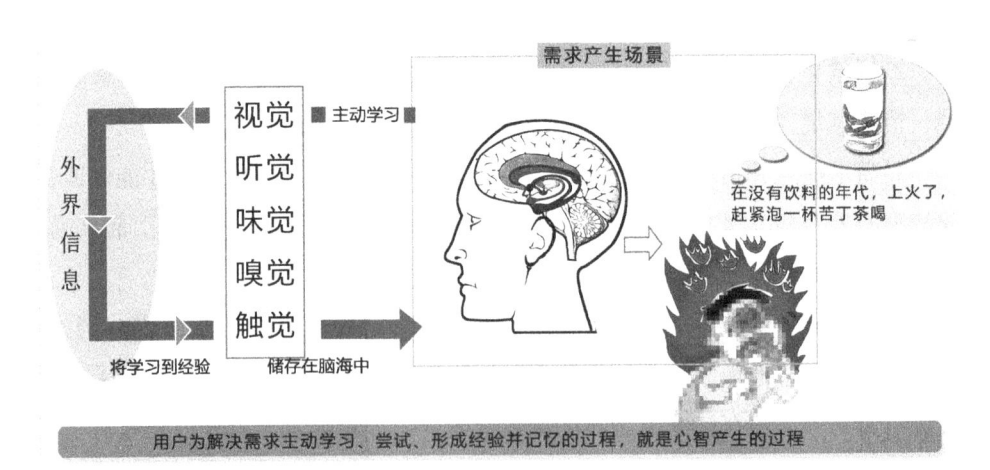

图 5-3　心智构建过程

用户为解决需求主动学习、尝试，这是心智形成的第一步。在学习的过程中，通过视、听、味、嗅、触五感，不断刺激形成经验并记忆的这个过程就是心智产生的过程。

第一步学习，它是用户需求产生后的主动行为。

当下用户主要的学习途径，包括在电商看已经购买客户的评价，看主播的产品直播介绍及在垂直论坛看贴子，看头部 KOL 直播。例如，用户买车后，想要贴车膜或买脚垫，这一类的统称为汽车后市场的产品，数据显示主要是在汽车类垂直论坛去学习经验。

企业在用户学习阶段要关注的重点是，如何快速对接用户学习的诉求，给他传递用户想看到的内容，这就要求企业做到以下几点。

1. 要能找准用户平时关注的渠道、平台，做渠道矩阵布局。
2. 要在渠道内提前布局好软文内容。
3. 通过软文第一时间给用户提供最有价值的内容。
4. 刺激需求并引导用户关注企业的产品。

用户在学习的过程中，会逐渐对其中一两个品牌的产品产生兴趣，这就进入到第二个阶段尝试。在尝试阶段，用户会选择其中一个品牌的产品购买使用去体验。

企业在这里做的重点工作是思考在用户准备购买、尝试的时候，如何引导他们去购买产品。可以用利益刺激，如数据抓取到用户是第一次购买，就可以给一个超级的折扣价刺激用户购买。

一般第一次关注公众号或第一次注册小程序，或第一次电话咨询的用户，都可以打个标签首次购买用户。也可以赠送试用装产品，如互联网产品或 SAAS 类产品，很多是基础版免费、专业版收费，再如传统饮食类的试吃、化妆品的赠送试用装，这些打法最终的目的是在用户产生兴趣后，第一时间将产品推送到用户手中，让他们去使用和感受，在体验过程中认可产品是解决他需求痛点的最佳方案。

如果体验后觉得不错，用户就会进入经验心智形成的阶段。

在形成经验心智阶段，也是企业在用户心中打造与众不同品牌认知的重要阶段。

在用户心中打造与众不同的心智认知要从四个方面入手。

1. 专业的产品，要给用户最佳解决需求的方案。

2.极致的体验，就是产品不仅功能要好，还要兼顾整个使用场景和细节才能打造极致体验。

3.优秀的服务，帮助用户从开始了解产品，到使用产品的整个过程。遇到的每一个问题及时回复和解决，给用户贴心的感受。这个过程也是用户产生依赖的过程，所以服务要一直伴随用户生命周期的全过程。

4.完善的社群建设，要将用户放在用户池，通过社群建设打造对品牌与众不同的价值认知。

用户池的建设包括企业可以利用微信群、小程序、公众号、企业网站等组成的可以沉淀的用户，并达到用户和用户之间、用户和企业之间互相交流的功能，才能称为一个完整的用户池。

在用户池中通过利益刺激，如送积分、送礼品去刺激用户写一些对产品正面的使用评价，企业要将这些正面评价在企业的自媒体平台矩阵展示传播。也要引导用户将这些评价在自己的朋友圈做分享，通过网络进一步扩散传播出去，吸引更多的新用户关注。

用户不断写正面使用感受这个过程，以及在平台回复其他用户对产品的提问，也是企业在刺激用户，塑造其对品牌认可，塑造其对圈层文化认可和心智建设的一个过程。

我们经常讲要打造用户群体对品牌的心智认知，要打造用户群体圈层形成特有的文化价值观，让用户群体在价值观这个更高层面产生对品牌的认可度。

企业要知道基于对产品的爱好黏住用户，时间不能长久。只有在价值观方面做到共创共建，才能做到培养一批忠实粉丝。打个比方，在酒吧看球，陌生人会因为都喜欢足球快速成为朋友推杯换盏，但是也会因为支持不同的球队而大打出手。所以基于喜好的黏性只是暂时的，只有打造共同的价值观才能培养自己的粉丝。

怎么打造？很简单，企业就是要刺激用户写评价，用户自己在写评价的同时，其实是心理暗示自己信任这个品牌的过程。包括刺激用户在社群圈和其他用户正面的交流，也是一种塑造用户相信品牌人物角色的过程。

5.4 关注细节，打造极致体验

笔者最近遇到一件比较郁闷的事情，家里抽油烟机"接油盒"满了，如图5-4所示。结果就这件小小的事情，造成了不大不小的困扰。

图 5-4 抽油烟机接油盒

家人提醒拆下来清洁一下，笔者就找工具，结果拿着工具一看是一个异形梅花螺丝。

这真是一个不走心的设计。普通家庭一般都会常备一些家用工具，像什么一字形、十字形螺丝刀，但是有几个人家里会备有这种异形螺丝刀。

抽油烟机的功能虽然是排烟，但是这个排烟功能做得再好，客户也仅仅觉得这是应该做的，不会觉得有什么特别突出的使用感受。

但是当客户需要清理接油盒的时候，你整这么一出，客户整个人感觉都不好了。

作为企业你要考虑到这个东西不能将就，满了就必须清理，清理就必须拆掉它做清洁，就必须先买工具。但是异形工具并不好买，只有建材市场、装修建材城等处才有卖，要么就是上网购买。笔者在家门口找不到卖的，最后没有办法在网上买了一盒工具，仅仅是为了拆它，真的是相当麻烦。

因此读者朋友一定要清楚，极致体验不仅仅指产品的功能。把客户使用的整个场景全部搞清楚，而后逐一优化，在最细微的地方做到最极致的体验，才是真的好体验。

任何商业都需要极致体验，就算是街边卖煎饼的小商贩。在北京很多街边都能看到卖煎饼的，用塑料袋或纸袋子包着食品，这样做既不卫生也不环保，最重要的是客户边走边吃的时候相当麻烦。因为煎饼里面会包着很多果子、蔬菜等，客户经常是吃到一半就开始各种漏。

如果你是煎饼摊主，根据客户吃的场景，可以设计一种带有裁切线的包装纸（见图5-5），这样客户就可以边吃边撕开纸。那么当你第一个给客户吃的极致体验，是不是就可以利用这个点，在客户心中制造一个空位出来，给客户一个选择你的精准理由，获得广大用户的心智认可。

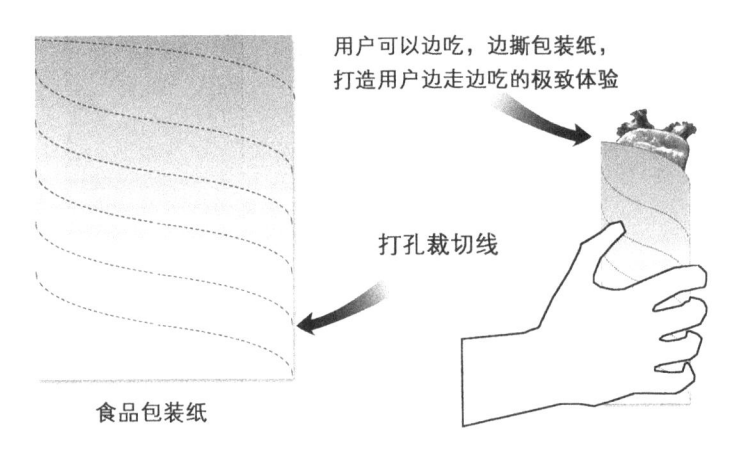

图 5-5 快拆包装打造客户极致体验

5.5 替换竞品心智成为用户首选

现实中大部分人不会天天兜里揣着菊花茶预防上火，不会揣着胖大海预防嗓子发炎。

所以当某凉茶饮料第一个明确告诉大众"怕上火喝×××"，就是给用户解决预防上火需求，除了泡茶外，另一个全新更高效的方法是：只要遇着如吃火锅可能导致上火的场景产生需求痛点，就刺激大脑告诉用户，我可以帮你解决上火的问题，如图5-6右下角箭头所示。

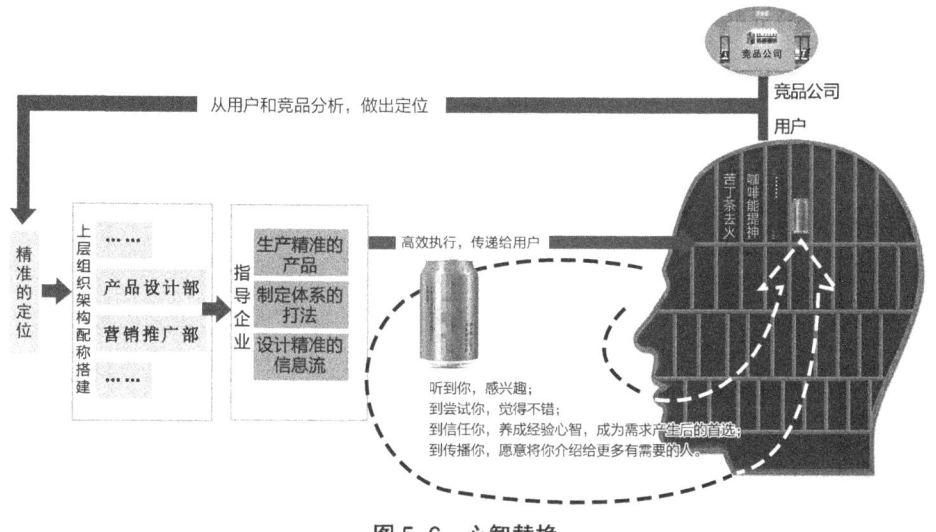

图 5-6　心智替换

场景引发需求，心智引导行为，心智是用户下单消费的决定因素。

某饮料厂做了凉茶定位后，就相当于给用户解决预防上火一个全新的选择，在用户心中制造一个心智空位出来。并且当时市场上没有类似的商品，使得它有了绝对的先发优势，让自家产品凉茶饮料可以迅速填补。

该饮料厂获得爆发式增长的根本原因，在于它创造了一个全新的饮料品类。

前面讲了企业选择了品类也就选择了天花板，决定企业能走多远。

笔者在给企业讲课时每次到这里，就有人提问，该饮料自己说能去火，那用户就相信吗？

我们看图 5-6 左边直线箭头部分，该饮料厂在精准心智定位自己为预防上火的饮料后，并以此为原点由内到外、从产品部到市场营销推广部等做了组织配称建设。上层组织架构配称搭建完成，然后就是着手内部的产品设计生产，同时同步去做包括规划成体系的战术打法、品牌广告语、包装设计及高效的执行，去推动凉茶这个心智定位和该品牌在用户心中心智的建立。

让用户从听到你，感兴趣；到尝试你，觉得不错；到信任你，养成经验心智，成为需求产生后的首选；到传播你，愿意将你介绍给更多有需要的人。

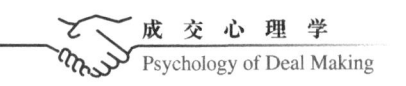

所以心智定位是指导企业战略方向、品牌规划及运营和营销推广的一套成体系的打法，而不是一个营销模块或手段。

同时图 5-6 也告诉大家，人脑容量是有限的。一旦经验抢先占领大脑并形成了心智，人很难再去记忆别的方法。例如，我们都知道世界第一高峰是珠穆朗玛峰，那谁知道第二高峰名字？我们都知道长江是中国第一大江，那第二大江叫什么名字？所以第二很难被记忆。因此当竞争对手抢先占领用户心智，再去投广告，想抢占对手已经在客户心中建立起来的心智认知，机会已经不大。

所以心智定位增长体系的关键，是在寻找用户群体心智构建心理过程中找机会点，用更专业的产品或服务去替换掉竞品产品，而不是与对手正面硬碰硬，去抢占对手已经在用户群体心中树立起来的心智认知。

因此成功的关键是替换，而不是抢占。

5.6 心智定位对品牌建立和传播的重要性

人生活中的方方面面都是依靠经验心智，去快速解决生活中遇到的各种需求问题。例如，手指破了，马上想到云南白药创可贴止血，头破了马上想到赶紧去最近的医院。没有任何人在手指破了、头破了时坐下来慢慢思考应该怎么办？是去最近的医院呢，还是用创可贴？

所以不掌握如何从心理学做心智定位，不把企业战略和品牌战略聚焦搞清楚，在用户心中建立与众不同的品牌心智认知，成为用户需求产生后的首选，就只剩下一条路——打价格战。

把前面所讲内容绘制成一张图 5-7，需求从场景开始，以心智引导消费结束。

图 5-7　心智在消费中的决定逻辑

用户吃火锅预感到可能上火，就产生了需求，脑海中搜索可以解决预防上火需求的方法。经广告刺激或朋友介绍购买了某凉茶饮料，使用之后感觉不错并产生记忆形成经验心智。用户自己的这种感受，就被该饮料的广告语"怕上火喝×××"提炼成描述语言，并形成与众不同的品牌认知，这是整个逻辑过程。

如果产品卖得很好但没有心智定位，那 1000 个用户可能就会有 1000 种语言描述产品，这就严重阻碍企业的品牌传播。

从这个角度讲，心智定位对品牌建立和传播尤为重要。

所以心智定位不是企业想不想做的问题，因为只要生意开张，用户都会有一个自己的看法感受、自己的描述语言、自己的心智定位，从这个角度讲心智定位是用户给你做的。

既然用户已经给企业一个心智定位结论，企业为什么还要做心智定位？有两个核心原因。

第一，对内寻找企业能制造心智空位的精准机会点。

第二，对外设计精准的广告语，引导用户用企业希望的语言去传播企业和产品，快速建立品牌认知。

把心智形成的过程提炼出来就是，场景产生需求痛点，主动学习解决需求，使用感受形成语言，最终形成经验心智。

把这个逻辑套进一个生活场景去解释一遍，此处可以参考图 5-2 炒菜场景。

当用户炒菜被油烟呛到的时候，产生了购买更大吸力抽油烟机的需求。

因此这个大吸力抽油烟机就是用品类来思考，接着以品牌来表达。这时用户会想是买"大吸力"品牌还是"厨房专家"品牌，抑或其他品牌，最终因为"大吸力"品牌抽油烟机大吸力的定位，精准对应了用户需求产生的场景，只有大吸力才能解决用户的这个痛点。

最终大吸力品牌抽油烟机因为精准心智定位，而成为用户买它而不买其他品牌抽油烟机的理由。

所以心智定位的最终目的就是对应需求痛点，给出精准选择你的理由，而不是提升销量。因为企业做活动、促销、打广告都能提升销量，但这些促销手段一旦停止，马上销量又会降下来。

因此心智定位的核心目的是，基于需求痛点，规划一个能制造心智空位的解决方案，告诉用户精准的选择理由，替换用户原有解决方法，成为用户需求产生后的首选，从而做到持续增长。

5.7　信息爆炸时代用户品牌忠诚度将越来越高

用户为解决需求的学习过程：从内因开始，以心智结束。

想象下你在脑海中是不是积累了各种各样的经验方法，去解决生活中的各种需求？同时每个需求往往只对应一种经验方法。例如，你去公司会固定选择某条路线，不会今天走这条路，明天再试另一条路是不是更快。

所以人为了解决生活中各种需求，主动学习经验方法的过程就是"从内因开始，以心智结束"。

因此用户一旦认可某个品牌的产品，成为解决某个需求的经验心智，这个学习过程就停止了。以后只要这个需求产生，心智就会引导用户不假思索地选择这个品牌的产品。例如，寄快递只要着急就首选顺丰。

所以用户一旦将某个品牌的产品和需求对应起来，就会保持忠诚度，除非这个品牌的产品犯了重大的错误，或者有其他颠覆性产品出现。

这里记住一条结论：在信息资讯爆炸、竞争环境越来越激烈的今天，用户对品牌的忠诚度将越来越高。

第一，人对信息的注意力时间已经从2000年的12秒下降到2020年的5秒，就是个人对信息注意力的时间随着信息爆炸急剧降低。

第二，用户对每个商品的注意力时间到2020年的数据为0.2秒，也就是用户在超市、在商场对每一个品牌商品的注意力时间不到1秒钟。

两个数据说明，在信息爆炸时代，人被成千上万的垃圾信息包围，个体为了将更多精力聚焦在更有价值的信息上，会无意识地降低对单个信息的关注和注意力时间，以便可以从海量的信息中快速搜索出对自己有价值的信息。

并且随着外部个人竞争环境日趋激烈，如"996""716"的普及，生存和工作压力逐年加大，也导致用户心智经验一旦形成，不会主动轻易改变。因为改变意味着要投入时间精力去重新学习构建心智认知。

所以在同质化激烈竞争的今天，如果不能通过精准心智定位提炼出最精练的语言，快速抓住用户内心需求痛点，意味着产品信息不会被用户关注到。当今用户不会站在那里听你长篇大论企业情怀，如果不能在5秒钟内告诉用户，你的产品能精准解决他什么问题，那就没有机会再告诉他们你是谁及企业文化、历史、传承等。

5.8　利用原始优质心智资源做到先胜

企业除了基于心理学技巧创造心智空位，也不能忽视原始优质心智资源的挖掘。

例如，物流行业的"快"，就是这个行业的原始优质心智资源，粥铺的"慢熬"、牛奶的"奶源地"，这些都是行业所属的原始优质心智资源。TOB类如纸箱的"抗压"、做烤箱的"精准控温"、人力资源类的"降低用工风险"、SAAS类的"强大技术团队定制化开发"等，都是原始优质心智资源。

每个行业都有自己所属的、原始自带的优质心智资源，这类资源的特点是认知强但极其有限，对企业来说，被别人占据一个就少一个，所以对手一旦占据某个行业原始优质心智资源，再去抢占几乎不可能。

例如，快递行业的原始优质心智资源包括快，也包括大件。所以顺丰占据了快，大件快递也被德邦占据，你去和顺丰抢快，和德邦去抢大件的心智认知几乎不可能。

再如，你在街上看到两个卖粥的铺子，一个叫"老粥铺"，一个叫"慢熬粥"。如果两个门头装修都差不多的话，你会选择哪家进去？结论是大部分人会选择慢熬粥。因为人从小接收的信息就是粥要文火慢熬才好喝。这个感觉已经根植于用户内心中，仅仅看到或听到"慢熬"两个字，就能感觉出来这个粥不错。

所以起名字很重要，能激发用户内心潜在的意识，还没使用就觉得商品不错。这就需要做细分用户建模，去分析用户群体对企业所属行业的原始优质心智资源，定位出来后应用到名字的设计中。

这样的例子比比皆是。例如，卖大闸蟹的大多冠以阳澄湖的名号，卖烤羊肉的强调自己的羊是从内蒙古自治区运过来的，卖奶粉的强调自己是呼伦贝尔大草原的牧场，卖水的强调自己是深层矿泉水。

企业既要找准优质心智资源，又不能乱用。

例如，提到痔疮栓，大家马上想到某应龙。我们讲原始优质心智资源是让用户听到后，马上感觉这个商品的优秀品质。可是当你看到"某应龙"著名痔疮栓推出的口红，不知道做何感想。

大家想要做好品牌，必须搞清楚品牌在用户心中的心智认知到底是什么，品牌心智资源不能乱用。

再如，提到"某某白药"，我想大家几乎都不会否认，它最强大的功能是止血，也是该品牌最强大的心智资源。

2005年该云南品牌白药出了款"某某白药牙膏"，并没有怎么打广告，可是这款牙膏卖得既贵又好。一个单品2005年刚一上市就销售了8000万元，2009年就突破7亿元，2015年突破20亿元，2019年突破45亿元。

它没怎么打广告，为什么能做得这么好？

因为这些年环境变化，大家饮食结构变化，爱吃油腻、辛辣及熬夜、加班、休息时间不规律，导致牙龈容易出血。因此该止血牙膏一经推出市场卖得又贵又好，核心原因是它利用了"止血"这个优质心智资源。

这个优质心智资源拥有强大的心智势能。

2005年中国牙膏市场，当国外品牌霸占十元以上价位，国产品牌在十元以下激烈竞争时，该品牌以大大超出消费者心理承受能力的22元超高价位杀进市场，一经推出当年就销售了8000万元。

"止血"这两个字在用户心中早已经拥有巨大的心智势能，一举推动该牙膏的快速成功，还推动该品牌下的创可贴一举击败了某国际大品牌创可贴在中国多年统治地位。因为人包扎伤口的第一件事要止血，而云南这家企业，品牌价值最强大的功能就是止血。

经营企业一定要明白品牌的优质心理资源是什么，搞清楚并利用好它，作用是极其强大的。

5.9 从经济变迁洞察发展新机会

导致企业陷入增长瓶颈、生存危机，除了内因，还有外部的社会、经济及技术变革的因素。

改革开放后，中国进入市场经济初期，中国经济就进入第二个物资紧俏时代。在物资紧俏时代，用户要解决的是有没有的问题。第一台电视机、第一台电冰箱、第一台洗衣机，都是紧俏货。那个时候是卖方市场，你生产什么大家买什么。那个时候生产规模决定企业发展规模，生产得越多卖得越多。

在市场经济初期想要挣钱靠的是勇气。因为在那个年代，大家对商人有成见，只要你有勇气抛弃铁饭碗，抵挡住非议，创业就一定能挣钱。

改革开放前，中国是计划经济，国家管控一切，从规划到生产再到销售。所以改革开放后法律政策都不完善的时候，创业是需要勇气的。

但是今天还能靠勇气挣钱吗？

当然笔者不否认也有靠勇气挣到钱的，但是99%的创业失败率告诉大家，今天企业发展越来越靠头脑和专业的知识。2000年之后的这些企业，华为、京东、腾讯、百度、小米等，哪一个不是靠专业的知识。

2000年之后在讲营销推广、企业管理培训机构的教室里，聚集着大量20世纪70、80年代事业做得风生水起的企业家。为什么他们现在都要来上课，因为他们越来越感受到经营企业不能再仅靠处理好关系，和客户陪吃、陪聊、陪玩就可以搞定一切。他们越来越觉得掌握先进的经营理念和知识体系的重要性，所以纷纷走进课堂。

时间到20世纪90年代后，同质化竞争越演越烈，一条赛道几十上百家企业竞争，用户可以选择的空间越来越大，用户再也不会排队抢购了。那个时候没有电商，也没有发达的物流，企业要想卖货，就需要通过渠道把商品铺得离用户更近一些。

因此有头脑的老板开始做渠道，力图用渠道网络去尽可能覆盖用户，提高自己的销量。

这是商业发展的第三个阶段"渠道为王"。

在渠道为王的时代，渠道网络完整度决定企业发展度。同时在渠道为王的时代，最高效的营销方法就是麦卡锡的4P，即产品、价格、渠道、促销。例如，传统行业美妆品牌"某某雅"，2019年用1982家实体店做到全国覆盖，还有"某哈哈"饮料品牌，在31个省布局1000多家省级经销商，组成覆盖中国每一个乡镇的联合销售体系。还有淘宝、京东等，都是渠道为王的产物。

但在当下，渠道对于企业重要还是不重要呢？

渠道在今天，可以肯定地告诉大家对于企业发展已经不是最重要的因素了。

我们看百年美妆品牌"某某雅"1907年成立，进入中国后用1982家实体店做到全国覆盖，但在天猫商城竟然输给成立仅有三年的国产美妆品牌"某某日记"。

"某某雅"2019年1月电商平台销售了97万件，而线下仅有100家实体店的"某某日记"同期电商平台销售了160万件。

所以物理概念的传统渠道，在今天对企业发展已经不是最重要的因素。

2019年年底，高瓴资本就对该美妆国产品牌创始人说道，"中国一定有机会诞生新的某某雅"，因为美妆的崛起得益于两大红利。

一是结构红利。互联网的出现大大降低了渠道成本，使得美妆这个渠道成本最高的行业之一发生了巨大的变化，也让整体的消费环境得到了升级。

二是认知红利。社群化带来消费行为习惯和消费趋势的变革。

因此国际品牌"某某雅"虽然在线下有1982家实体店,但是由于经营理念落后,打法上依然强调麦卡锡的4P营销方法,侧重传统渠道。经营理念上只关注商品销售数,忽视用户沉淀数和社群建设,导致在电商平台销量竟然只有100家实体店的国产美妆品牌的一半。

这也是今天很多企业家常犯的错误,就死盯着销量数,忽视用户沉淀数。

在互联网商业时代,销售商品仅仅是生意的开始而不是结束。

传统商业客户消费结束,出门关系就终止,这就带来五个弊端。

1. 客户无法留存。

2. 需求无法多次挖掘。

3. 营利只有一次。

4. 口碑传播几乎没有。

5. 客户获取守株待兔。

而在互联网时代,是以产品为纽带,销售结束才是真正生意的起点,如图5-8所示。

图5-8 传统商业和企业平台化经营模型

客户消费结束后要将其沉淀进平台用户池中,然后利用内容种草刺激需求,这个内容包括其他用户写的使用评价及商家自己创作的内容。同时结合优惠券利益刺激,产生更多需求。然后通过精准简洁的引导路径,引导用户迅速下单。最后再用服务、利益等刺激新消费客户写商品使用评价,并将其展示在私域和公域流量中去吸引更多的新用户入圈。

这就是当下企业经营的一个基本商业生态闭环。

5.10 导致4P、传统定位对企业增长乏力的五个因素

导致4P、传统定位为代表的西方体系黄金时代结束的五个因素：成交路径、信息社群、渠道矩阵、数据洞察、营销创新。这五个因素也是决定企业在今天激烈的竞争环境中能否增长的关键核心。

第一因素，成交路径。传统商业中的成交路径，我们称为"长路径"，它的特点是被动传达、跨平台交易。例如，用户看到路边广告的商品信息产生了需求，然后要到实体店购买满足需求。这里看广告是被动刺激，到实体店是跨平台交易，这就是长路径。

长路径有两个弊端。

1.用户看到广告产生需求后，还没来得及购买，可能需求就消失了。

2.用户在购买之前，又被别的竞品广告截和流失掉了。

在当下互联网商业时代，成交路径称为"短路径"，它的特点是主动传达、域内交易。

例如，用户在某个社群中，看到商家发的促销信息产生需求，通过链接直接跳转到小程序等电商购买以满足需求。

因此成交路径越短，购买转化效率越高。

你现在就要思考，成交路径能否做到最短，能不能做到在一个域内完成用户的需求刺激和转化成交。

第二因素，信息社群。这里要关注信息传播的演变和社群形成之间的关系，如图5-9所示。

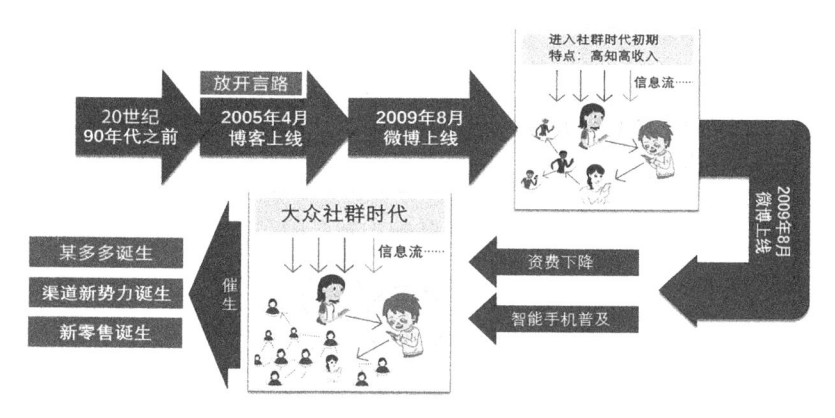

图 5-9 社群形成发展脉络

20世纪90年代之前官媒创作，普通大众只有学习没有反馈，因此这个时期信息传播是射线形。

到 2005 年 4 月博客诞生，普通大众第一次可以在一个公开的、国家区域量级平台创作内容，宣传自己的思想。这是很重要的阶段，叫放开言论，培养普通大众在一个更广阔的区域表达自己思想的行为。普通大众由于历史原因，其实并没有在公开场合表达自己思想的主动意愿行为。

因此 2005 年博客上线，最重要的作用就是培养用户这种行为。

到 2009 年 8 月微博诞生，特别是 9 月 25 日 "@"、评论、私信、转发功能完善，使得每个人从单一的信息接收者，升级为信息的接收和筛选分发者。角色转变直接推动普通大众依据个人喜好去接收和分发传播信息内容，也推动个人沿着喜欢的信息沉淀在不同的平台自发形成一个个独立的社群。

但是这个时候由于电脑的价格门槛、资费门槛及不方便携带的物理门槛，玩社群的还属于高知、高收入，普通大众并没有参与其中，对消费行为也没什么影响力。

2011 年 1 月，微信上线彻底打通了人与人之间的社交联结，同时智能手机普及彻底打破了时间、空间、地域的限制，以及信息资费的下降推动了社群大众化。

当下社群分为五大类：亲友纽带类、朋友纽带类、同事纽带类、产品纽带类、兴趣纽带类。现在几乎每一个人都是某一个社群的节点。

社群大众化形成的巨大凝聚力和影响力，推动了中国三个重大事件发生。

第一,"某多多"诞生。在大家都认为,中国电商已经布局完成,不会再有黑马的时候,2015年"某多多"诞生。它以一种全新的社交架构为主轴设计的各种商业模式迅速获得用户认可,现在的团购、拼团、砍一刀都是源自它。

第二,渠道新势力诞生。大众社群的力量推动2016年某雅和某佳奇这类带货主播的爆火。2016年5月某雅开始直播到2016年9月,销售额就破亿元。短短四个月,她就从一个普通人迅速成长为一个头部大咖。

第三,新零售诞生。需求刺激和成交转化,呈现域内化、碎片化、场景化的特点。

域内化是指社群内需求刺激和成交;碎片化是指用户可能上卫生间的时候就下单购买了一件商品;场景化是指如跑步的时候口渴了,随时拦住一辆无人售货车就可以购买饮料。当下这些新的商业销售模式有没有布局?"某雅"四个月就从一个小白成长为头部网红,销售过亿元,说明用户新零售购物的行为习惯早已经养成。如果没有布局或者不知道怎么布局,会错失多少销售商品的机会。

因此,在今天以社群为主、心智为王的时代,企业必须认识到:

1. 社群对用户购买行为形成了巨大的影响力。

2. 社群口碑传播成为品牌建设最重要渠道。这些关键变化推动了企业必须建设自己的"用户池"沉淀用户做社群建设,完成内容种草需求挖掘、口碑传播、裂变拉新三个重要目标。

第三因素,渠道矩阵。传统商业时代,时间、空间、地域形成一个个相对独立的孤岛,所以物理渠道是连接一个个孤岛的重点,因此4P在那个时代是最高效的打法。而互联网时代万物互联,打破了时间、空间、地域的隔阂,以及大众社群化,用户沉淀在五花八门不同的渠道平台中。所以企业必须分析用户都聚集在哪些平台中,以及不同平台的不同作用,要将平台定位出来组建成可以覆盖用户的矩阵。同时还要分析用户群体的社交行为、社交话题,去创作软文投放到渠道矩阵中,引起大家关注、讨论、转发。最终达到需求刺激,下单成交,裂变拉新。

现在你就要思考,企业有没有规划渠道矩阵,有没有做软文选题库的规划,以及在行业内,你能不能引领用户话题讨论的方向。

例如,某国产硬派越野车,不断在垂直越野社群的舆论场制造话题,引领话题。所以它的某款 300 型号车型还用做广告吗?根本不用,用户社群的讨论声量就是最好的广告。该车企某某 300 车型 2021 年 6 月销量 7160 辆,这还是因为芯片短缺,导致提车要等平均 3 个月时间下的销售结果。

该车型两个月销售超过直接竞品——某北方国企的硬派越野车一年的销量。

因此,在今天社群传播心智为王时代,卖商品仅仅是生意的开始。企业要以商品为纽带,将用户沉淀在用户池社群中,打造品牌口碑和心智认知建设。

第四因素,数据洞察。现在的技术可以做到基于用户在平台中的行为逻辑,如点击什么文章、咨询什么问题、分享了什么内容,甚至说了什么话都会被大数据推送相似的广告。利用多维度的数据洞察分析去判断用户需求和购买意愿,做到精细化运营和精准营销。

所以企业不做平台会失去以下机会。

1. 相当于失去了数据分析用户的机会。
2. 相当于失去了在用户产生需求时候,快速对接引导转化成交的机会。
3. 相当于失去了跟踪用户需求变化迭代商品的机会。

第五因素,营销创新。前四点变化综合在一起,导致传统的 4P 等经营方法已经不再适应当下的商业环境,企业必须掌握更多新的营销体系方法。例如,新 4C、私域增长、笔者创立的情绪营销体系等。

2011 年之后,中国经济进入了以用户和社群为中心的"心智为王"时代。谁能利用社群建设快速在用户群体心中建立口碑,打造与众不同的品牌心智认知,谁就能做到短时间爆发式成长发展。谁能擅长利用互联网平台沉淀用户和数据,谁就能做到先于竞争对手掌握销售先机,达到精准高效增长。

当今企业普遍遭遇增长瓶颈问题,归纳下来最核心的原因是技术发展。互联网重构了商业模式,如无人超市、无人售货车、无人货柜、无现金交易,以及各种形式的新零售。也重构了消费者行为,如社群种草、直播带货、团购砍价等。

企业在社会经济快速变革的震荡中,必然遭遇增长瓶颈和生存危机,这是当下企业普遍遭遇的危机，而不是某一家企业的个别现象。作为企业，在急速发展的当下，必须顺应形势变革自己。

著名管理大师彼得·德鲁克说过："动荡的时代，可怕的不是动荡，而是你仍然沿用过去的思维来做今天的事情。"

//
第 6 章
从心理学讲品牌效应

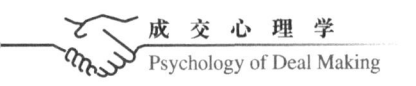

6.1 引导期待能增强用户体验

当你对某件事产生期待,才能全身心地投入其中。

例如,你被朋友强行拉着看一场电影,和你看一场期待了一个月,并在两周前已买好票的电影,这种感觉是完全不一样的。当个体开始期待某件事物的时候,大脑就会集中注意力去构想未来各种美好的细节。期待越深构想越强,对期待的事物越重视,价值感也越高。

再如,我们期望自己花两倍甚至三倍价钱,聘请的重点音乐学院钢琴专业毕业、获得硕士学位的钢琴老师,一定比普通师范学院研究生毕业的老师专业能力强,孩子获得的钢琴教育更专业。其实本质上可能没有什么差别,但是由于大脑思考机制产生的期待效应,对于体验好坏就起到至关重要的作用。

就像听到一首美妙的钢琴曲,会激活大脑前额叶皮层活跃,并让个体感到愉悦的情绪。但当你知道弹琴的是著名钢琴家,欣赏的投入度和评价就会跃升一个台阶,这个跃升就是大脑期待的作用效果。

没有人能预测未来发生什么,就算你制订一个前瞻性的计划,如明天中午邀请钢琴家到家里观摩一下孩子的弹琴技巧,你也不可能知道明天中午钢琴家到来的所有细节。

但是我们依然要做计划准备明天中午钢琴家的到访。大脑很好地利用已有的生活经验和想象力去预测可能发生的种种细节,这正是大脑期望功能要达到的目标。

期望也改变个体对某个事件不同时期的期望值,包括邀请钢琴家到访之前的期待期,以及到访后的实际经历期。在期待期,我们会打扫卫生、准备水果等,从过程中获得额外的期待值,如孩子被高手指导后钢琴水平跃升的愉悦感。同时期待在实际经历期的作用更大,让我们更关注这次到访,更关注钢琴家现场指导的各种细节，更投入聆听钢琴家弹奏的每一个音符。

期待给个体带来的愉悦情绪生成机制和语言与形式给用户带来的愉悦情绪生成机制大同小异。期待是个体大脑基于以往经验基础上，进一步的创造性想象，给个体提供了一个可供参考的价值线索。它并没有直接和商品或服务产生关联，如期待的旅游、电影等，也不会改变未来个体将要享受的旅程、电影甚至钢琴家的技巧水平。期待的作用是让个体更积极，按照预先设计的价值线索，精准地投入去体验。

因此期待改变的是个体对事物的看法和投入的精力。这直接促使更积极的消费体验和评价，更积极的消费体验也推动着用户的消费意愿。

企业学会刺激和诱导用户对某件商品的期待。期待值越高，刺激脑下垂体分泌释放的内啡肽激素越多，这种激素也推动个体对体验产生更积极感觉。

但是也要小心坏期待。如果诱导出用户坏的期待，如航班晚点的旅客，如果预感到更坏的情况出现，自己可能不得不在机场过夜，那么航空公司客服将面临用户的责难和谩骂。

6.1.1 从脑解剖详解品牌认可心理原理和效果

消费者对商品的愉悦情绪更多来自品牌认知，而不是视、听、味、嗅、触五感认知。

例如，你能告诉我可口可乐和百事可乐的区别吗？

读者可以在大街上随机询问，喜欢不同可乐品牌的用户，一定会说出各自相应的理由。但是如果盲测，让他们去尝一尝哪个是可口可乐、哪个是百事可乐，正确率很低。这说明，当明确询问消费者让其描述对两种可乐区别的时候，消费者所表达内容更多来自品牌的后天教育。

为了更好地理解两种可乐差别的认知心理原因，以山姆·麦克卢尔为代表的一组神经学专家，利用功能性磁共振成像机，让研究人员能够在志愿者摄入碳酸饮料时，对他们的大脑活动进行跟踪。

研究人员对两种可乐分别进行了蒙眼和不蒙眼的测试。

研究发现，志愿者每喝一口可乐，大脑前额叶皮层就会被激活，这部分可以简单地理解为负责情绪的中脑。但如果参与者知道他所喝饮料的具体品牌，功能性磁共振成像机检测到，大脑除了前额叶皮层被激活外，还会发生另外的变化，即人类大脑的高级功能，如逻辑联想、高级认知及与思考概念等有关的区域，大脑前额叶皮层背外侧部分就会被激活（见图6-1）。

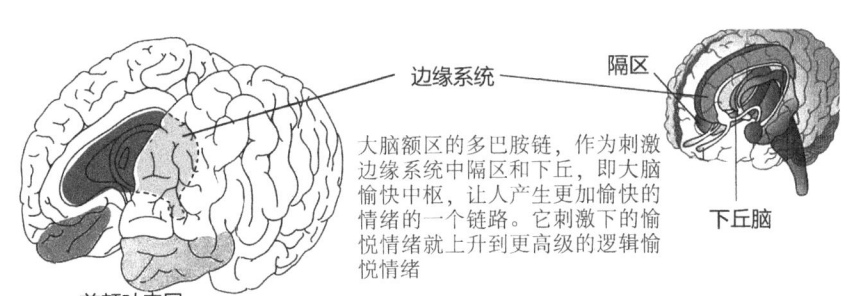

图6-1 品牌力与大脑反应逻辑关系

这个研究结果表明，大脑对饮料反应的基本愉快情绪，两个品牌难分伯仲。但当志愿者知道品牌后，品牌就激活了大脑的高级机制，并进行深入的联想。例如，这个饮料让我更快乐、口感更棒、更有活力等。这些更丰富的联想因素与品牌的长期教育紧密关联，已经远超饮料本身给用户带来的基本愉悦情绪。同时大脑额区的多巴胺链可以投射到边缘系统中的隔区和下丘，即大脑愉快中枢，让人产生更加愉快的情绪。

这就是为什么同样是碳酸饮料的可乐，在盲测的时候难分伯仲。但当一提到品牌名，人们对品牌力更强的那款可乐产生更多的认可和喜欢的根本原因。因为更强的品牌力能更强地调动大脑前额叶皮层背外侧，更强地去联想。同时更高级的联想所产生的多巴胺又刺激边缘系统中的隔区和下丘，让人产生更加愉悦的情绪。

因此品牌力越强，刺激大脑高级机制的反应就越激烈，对商品的认可度就从单纯的视、听、味、嗅、触基础五感认可，上升到逻辑认可。反映在市场上，用户的心智优势越明显。

这个研究结果告诉所有企业，必须重视品牌的建设。因为品牌力能将用户对企业商品的喜欢从单纯的感官上升到更高级的逻辑感觉。

因此当品牌被塑造出来后，会提高消费者的价值感。这种价值感是品牌背后赋予的各种属性诱导出了用户的期望，这种期望在大脑联想下产生一种高于商品本身属性更多的复杂情绪。就像面子、奢华、爱国情怀、好用、社群归属感这些都和商品本身属性没有什么关系，却是用户下单消费的重要推动力。

因此品牌塑造目的，不是简单地做口碑建设，让用户群体在各种渠道说自己更喜欢或更享受，它真正目的是刺激大脑中负责高级认知、情感、文化的前额叶皮层背外侧更加活跃。当人们看到这个品牌，无论是不是用户群体都会被刺激出某种认知和期待。例如，看到牧马人，没有开就已经认可它在越野车世界里的越野能力最强。其实硬派越野车只要有"托森差速锁""前后硬桥""AT轮胎"，越野能力几乎难分伯仲，但是在不同品牌标签刺激下，人的感受早已经千差万别。**品牌力强的商品，用户往往给予最大的关注，并放大商品本身的属性，有更强的效果，如防紫外线效果更好、越野能力更强、味道更纯正、口感更好、服务更棒等。**

丹·艾瑞里、巴巴·希夫和齐夫·卡蒙对声誉作用做过针对性研究。他们让两组志愿者喝功能饮料并进行一些智力类测试，最后给出评价。第一组志愿者只拿到一瓶功能饮料，第二组志愿者拿到功能饮料的同时还有一份文字说明，能促进人体某某能力，并且还提供一份虚拟的科学证明文件。实验结果显示，第二组志愿者测试时候表现最好，并更加认可功能饮料的功效。他们觉得是功能饮料提升了自己的测试表现。

因此诱导出期待后，不仅体验变得更好，而且能从机能上提高人的表现。

6.1.2 品牌是用户沟通过去、展望未来的桥梁

期待效果的好坏和推动消费体验的强弱，与个体过往经历有直接关系。

假如你根本没有坐过游轮旅行，那么你的期待更多是杜撰幻想。因为你的大脑无法从已知经验中抓取片段，并重新组织成一段即将到来的新旅程，并投射给做旅途前的展望和准备。因此只有过去真实并留下美好印象的经历，才能被大脑抓取，重新组织并投射到脑海展望未来的大幕中，才能诱导个体梳理整个旅程的价值节点。附带的效果就是高估即将购买的商品、服务或旅行的价值。

因此当还没有使用过商品的潜在用户因为某些契机购买了你的商品，那这个初次体验好坏直接决定用户后续的期待值。如果初次体验很坏，当用户再有相同需求时，这个经历片段也会被大脑抓取组织并投射，此时产生的就是坏期待值。对用户行为的影响就是以此为戒，避开你们家的各种产品或服务。

同时企业建设中也不要随意调整商业模式策略，这可能会导致用户期待值被降低。

企业只有一次机会塑造用户第一印象，但是期望却会不断被大脑唤醒。大脑会不断把过去经历的片段抓取出来并重新组合和投射，并以此为据一次一次地应用于新的事物上。**因此，企业必须重视第一印象的建设，因为这一次印象好坏直接关系用户后续是否再次消费的可能。**

企业一定要给用户初次体验留下良好的印象。

比如，家用净水器厂商一定要思考，给第一次购买商品的用户一个什么样的印象。这个点可以是服务、可以是功能、可以是性价比、可以是视觉等，但是必须明确是哪一个。确定构建第一印象的具体体验点后，还要进一步设计相应的宣传语，去帮助用户归纳。很多企业不重视这个工作，虽然产品力很好，但是当你问客户为什么购买这一品牌商品的时候，会发现客户有各种答案，如"便宜""服务""功能""好看""方便"等五花八门。这说明企业没有做相应的第一印象规划设计工作，导致后果就是在传播层面信息混乱难以统一，也就更谈不上对品牌有一个统一的心智认知。

企业必须清楚，品牌构建的目的是诱导用户期待，提高对商品的体验度和价值认可。如果品牌承载的内容混乱不清、价值不明，就无法快速诱导用户的期待。

6.1.3 期待值和外在因素

用户期待值好坏强弱和外在因素有密切关系。

例如，你在地下通道听一个小提琴手拉小提琴和你在音乐厅听小提琴手拉小提琴的感觉完全不一样，即便是同一个人，你也会对音乐厅的小提琴手报以更高的评价。

包括付款时机也会影响期待值。预售消费形式能增加消费者的期待和体验值，被社会心理学家称为"垂涎因素"。

例如，你在网上预订购买了一个月后的游乐园全票（提前预订会有折扣），那么在去之前的一个月时间，大脑开始构建期待并引导你去预期自己玩各种大型游乐项目时的各种感受。最终游玩体验会更棒，这个体验除了当天游玩的体验，还包括一个月时间的美好期望值，它们是叠加关系。因为在这一个月时间内，大脑负责逻辑联想、高级认知及与思考概念有关的区域，即大脑前额叶皮层背外侧部分被激活，不断抓取过往在游乐场所经历的美好片段，并重新编辑组合投射给你，产生美好的期待情绪。

而当天买票当天游玩就没有这个效果了，体验值会降低一些。最差的体验是整个游玩过程都是在算计要不要玩这个项目，以及每次为单一娱乐项目支付金钱时的痛苦感。最终这一次的游玩经历，你并没有感到有多开心。

6.1.4 用户背叛和心智重新塑造

当某品牌占据心智后，在有相似需求时，不出意外该品牌商品会成为首选。

因此抢占用户心智成为首选，一直是企业运营的首要目标。除了这个目标，企业还要防止对手企业来抢夺自己的用户，以及还要考虑如何抢夺对手手中的用户。

因此无论是防止用户流失还是撬对手的用户，必须掌握用户心理活动。为什么在已经有了品牌心智认知后，诱导因素使得他愿意做出新选择尝试新品牌商品。

这里我们虚拟一个《小丽购买咖啡》的故事，去讲解用户不忠于品牌的心理原因。

> 小丽是一名公司白领，收入不高，需要计划着日常开支消费。
>
> 她每天早晨和下午会在公司写字楼下A品牌咖啡店给自己买一杯廉价咖啡，该习惯已经有一年有余。她已经习惯廉价咖啡的味道，认为也还不错，甚至会将A品牌咖啡店推荐给同事。
>
> 一天早晨，当她再次习惯性到公司楼下A品牌咖啡店购买廉价咖啡

时，发现这家店倒闭了。她感到很失落，咖啡因的成瘾性让她有些焦虑，她想无论如何早晨都要喝一口咖啡。她抬头看了看隔着一条马路的B品牌高档咖啡店，心里想就去看一看吧，也不一定真会消费。

于是她走进B品牌高档咖啡店，典雅的环境、优美的音乐让她感觉很舒服。当她看到一杯咖啡70~80元的价格后有些惊讶，但是除了70~80元的价格，也有30元一小杯可以选择。虽然比平时自己购买的多了20元，但还是可以承受。她想了想反正又不是天天来这里，就消费一次吧。于是就点了一杯30元的现磨咖啡，并在一处橘黄色灯光映衬下的温暖角落坐了下来品尝咖啡。

优雅的环境、轻松的音乐及服务员微笑周到的服务都让她觉得很舒服。

喝完咖啡在回办公室的路上她心里想，这的确是一次愉快的体验。30元一杯自己还能承受，并且这个环境确实值得。

午饭后由于已经知道A品牌咖啡店倒闭了，小丽没有继续自己下午喝一杯咖啡的习惯。

第二天上班，小丽路过倒闭的A品牌咖啡店门口看了看，然后努力抑制自己喝咖啡的冲动，直接到公司打卡上班，这一上午可以用煎熬来形容。吃完午饭小丽满脑子都是喝咖啡的念头，她想我已经去过B品牌高档咖啡店，虽然贵了不少钱，但温馨的环境、细致周到的服务让我很舒服。其实这个钱也没有很贵，还可以接受，于是小丽再一次走进了B品牌高档咖啡店。

从此以后，小丽逐渐适应新的价格、新的咖啡，并一次比一次强烈感到，自己是真心喜欢这里。

最终喝B品牌高档咖啡成为小丽新的习惯，并且小丽早已经不再去想低档的A品牌咖啡和高档的B品牌咖啡之间的对比关系。

故事中的小丽为什么从10元一杯的低档咖啡升级到30元一杯的高档咖啡，甚至还会喝38元的中杯、45元的大杯。在这之前，小丽根本不会想到自己会花45元买一杯咖啡。

她如何陷进这个新的价格体系？

小丽最初对咖啡锚定的价格是 10 元,她是如何打破自己的锚,重新建立一个新的锚?

这里的关键点是"给用户相同需求一个全新的解决方案"。

A 品牌廉价咖啡店没有提供喝咖啡的环境,顾客买完需要带回办公室喝或者边走边喝。而 B 品牌高档咖啡店给顾客提供了优雅的喝咖啡环境,精致的装修、轻松的音乐、微笑的服务及最新的时尚杂志,这一切都在营造一种轻松温暖的环境氛围。

因此 B 和 A 之间的不同,可以用天壤之别来形容。虽然两个品牌解决的都是用户喝咖啡的需求,但如此巨大的差别,使得用户不会将之前的锚作为定位和衡量标准。反而当用户体验之后,一个新的锚在用户心中产生。

下面我们通过心理学原理解释小丽为什么愿意尝试新的品牌。

在这个故事中,弗里德曼门槛效应的作用就展现了出来。当小丽没有办法不得不暂时选择更贵的咖啡时,她选择了高档咖啡店里最便宜的咖啡。有了这次消费行为后,无论如何她已经跨进这个圈子成为高档咖啡店消费的一员。有了第一次行为后,她的内心已经发生了变化,也就是心理会进行自我调整,认可了自己的行为。在行为前后一致原则的作用下,她的内心开始给自己找理由,如环境好之类的,以证明自己的决定是正确的。并且如果找不到替代廉价咖啡,她也愿意继续消费。

麻省理工学院教授、认知心理学家丹·艾瑞里对此给出了另一种解释——"自我羊群效应"。

我们知道从众心理,如吃饭场景,顾客更愿意选择人多的饭店去排队。因此从众心理也称为羊群效应,而弗里德曼门槛效应是"自我羊群效应"的一种表现。它发生在个体基于自己先前行为,去推断再次针对某事物时自己的后续行为。也就是小丽有了第一次购买高档咖啡的经历后,当她再次有喝咖啡需求时,不会再进行复杂的考量:我的收入该不该消费高档咖啡,或者我应该走几条街找找廉价咖啡等,而是采取一种简单思考方式,我已经去过那里并且我喜欢那里,这个选择是正确的。于是再一次排在了自己第一次的后面,如此反复形成了"自我羊群效应"。

于是当小丽第二次轻松地走进高档咖啡店,这其实就排在自己第一次进来

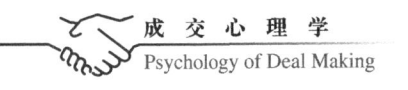

的后面。

以后每次进来都排在前一次的后面，不断暗示自己的选择是对的，最终养成了喝高档咖啡的习惯。并且还没有结束，小丽觉得加 8 元钱，花 38 买个中杯也很划算，再继续加 7 元花 45 元买个大杯也很划算。当她已经适应 45 元一杯咖啡的时候，消费更高级起价 49 元的咖啡，对她来说已经不是很难的决定。此时她已经将价格锚定在 45 元，往上浮动 4 元在心理上并不是很困难的事情。

因此抢占竞争对手用户群体心智的关键点，在于给用户提供一套全新的解决方案，让用户心智中原有竞品的锚，无法起到定位横向对比的作用。

当一切准备就绪，企业要做的就是设计一个契机引导用户来体验。

就像小丽因为 A 品牌倒闭，才选择到 B 品牌尝试一下。那么在现实中，这个契机设计最好的方式就是用利益刺激引导用户来体验。

6.2 品牌建设五个关键步骤

品牌建设可以理解为企业与客户从陌生到熟悉再到信任关系构建的过程，图 6-2 展示的是这场关系构建的过程。

图 6-2 品牌建设关系构建过程

恋爱过程是不是都经过了图 6-2 所示的五个步骤。从相亲到成家的过程虽然不至于"山路十八弯"这样曲折，但最起码每一个环节也要小小地下功夫，才能不断推进和女朋友的关系。

因此这五个步骤的每一个环节里都有一个重点，如果能抓住重点去做，这个过程就快；如果总是抓不住重点，这个过程就慢，甚至半途而废。

下面逐一讲解每个环节的重点，去学习企业品牌建设的重点。

6.2.1 打造好感

第一步重点打造好感。第一印象很重要，尽量让用户觉得产品看着很有眼缘，这样才有机会。

企业在品牌建设中要记住一句话："好感是销售一切的基础。"其中包含两个层面的工作，即企业好感信任状的打造和一线销售人员的好感信任状打造。

在没有销售商品前，特别是没有种子客户做口碑宣传前，必须打造一个好感信任状，给用户留下美好的第一印象。

同时品牌建设的时候，企业也一定要做好销售人员的好感打造。

因为在商品销售前，用户第一个接触的就是销售人员。所以除了打造企业层面的好感信任状，还要利用人性的心理弱点，从外表到话术去整体包装销售人员，让客户第一次见到他们就能被说服，愿意尝试产品。

6.2.2 推动尝试

第二步重点推动尝试。你要邀请用户试用体验，借机展现自己产品的强大功能，让对方了解你，愿意和你更深入相处。

实践中要善于利用赠送试用装产品刺激用户体验。

6.2.3 建立信任

当用户觉得产品体验不错很适合他，就走到了品牌建设的第三步——建立信任。因此，在这一步就要寻找各种机会去帮助用户解决问题，让用户产生依赖感和信任感。

企业要像对待女朋友那样，要用贴心完善的服务，让他们从心里感觉，用你的产品能更好解决他的需求。当潜在用户群体只要遇到相似需求就愿意找你咨询，这就说明信任了你。同时做到这一步的目的，也会让用户产生依赖感。

那么即便他现在不是你的客户，通过咨询和解答问题，随着依赖和信任感增强，最终也能转化成你的客户。

所以在这个步骤里面，企业就要思考这套服务体系完善不完善。你还要思考在行业内，用户有问题如果不到你们家咨询，都去哪里咨询了？他就是你最大的竞争对手。

6.2.4 塑造认同和绑定成长

该如何达到让用户与企业一起成长发展呢？

要和用户聊天沟通，传递企业的价值观让他们认可，觉得与企业三观相符，愿意长久保持信任的关系。

所以第四步的重点是"塑造认同"。企业要将用户沉淀进用户池，并通过社群建设包括做活动、沙龙，引导新用户在社群中交流，在交流中深入了解企业文化、品牌故事，并产生认同感，其中也包括对社群身份的认同感。

第五步的重点是"绑定成长"。对于企业品牌建设来说，这一步操作的重点依然是在用户池做社群建设。在活动、在沙龙引导交流，在交流中形成品牌话题，而让每个用户参与对品牌性格的塑造，让每个用户参与到产品升级迭代的讨论。你要保证每次产品迭代升级至少有5%是从用户社群的讨论中提炼出来的。要让用户真实地感受到，自己的建议被倾听、被回馈、被实现。只有这样才能真正做到让用户与企业品牌共同成长。

企业必须明白"产品就是你和客户的孩子，是你和客户联系最紧密的纽带"。

讲一个案例，如图6-3所示，笔者给某饭店高管做消费行为心理学培训。

图6-3 给某饭店高管做消费行为心理学培训

在讲到增长和品牌建设的时候，笔者说产品的迭代要从社群客户的讨论中来。结果这家饭店的某高管说："詹老师，我们之前每个月都会邀请重要用户来参加品鉴会，然后决定推出新菜品，但是发现效果不好。用户来了胡乱提意见，现在我们都是内部厨师之间做新品品鉴会。"

这里大家思考下，用户参与商品迭代为什么在他们这里推行不下去，效果不好。

原因是他们犯了三个重要的错误。

第一个错误，用户界定出问题。最初该饭店以消费金额定义重要客户，造成更大范围的主客群被排除在外，用户就失去代表性了。

第二个错误，对这个活动目的认知错误。让用户参与品鉴新菜，不是为了让他们喧宾夺主去主导菜的色、香、味，这些更专业的事情，必须由厨师去主导。

其实将用户纳入产品迭代体系是为了以下四点。

1. 打造社交话题。

2. 制造舆论声量。

3. 推高社群活跃度。

4. 塑造品牌认可。

所以社群建设要有平台做用户池，将用户沉淀聚拢在一起，以便投入话题让大家交流起来，并将交流内容在更大范围渠道矩阵中传播。

但是这一家饭店没有平台，直接请几个人来在内部一个小包间评论下，这怎么可能会达到打造社交话题、制造舆论声量、推高社群活跃度、塑造品牌认可的效果呢？

第三个错误在流程上。流程上要有前期渠道造势，预设话题引起用户群体讨论。中期要直播评鉴会并公布结果，后期要在社交网络平台设置投票，用户所投票的菜被成功选中，还要发优惠券引导他们来店里消费促单。

现在是就内部讨论下完事，大家都是同事，都是厨师同行，怎么好意思说你做的菜不行。

这些原因就造成了他们社群建设流于表面没有效果。

6.3 对应企业不同发展阶段做品牌建设

品牌建设五个关键步骤，针对不同发展阶段的企业，侧重点也不相同。

萌芽期（初创期）的企业，在打造品牌的过程中，要侧重聚焦在建立种子用户的沉淀，因为他们是品牌口碑传播的基础。因此第一步打造好感和第二步推动尝试尤为重要。

成长期的企业，企业目标应该聚焦在用户池社群建设，在留存、在复购、在信任度上下功夫。因此要侧重第三步打造信任和依赖感去下功夫。

成熟期的企业，企业目标应该聚焦在品牌认同的打造，包括社群建设、活动，企业要善于在社群中制造话题、引起讨论。在讨论中形成社群圈层独特的文化和品牌价值观认同。同时还要将讨论中有关产品的信息提炼出来，放到产品迭代中。只有这样才能让用户真正地感觉自己的意见被倾听、被实现，才能真正地打造用户归属感，使其与企业绑定在一起共同成长。因此成熟期的企业，应该着力在第四步塑造认同和第五步绑定成长下功夫。

衰落期阶段的企业，和品牌建设就没有多大关系。因为有很多因素导致很有名的品牌也同样陷入增长瓶颈甚至生存危机。

例如，定位精准，创立于 2012 年专为年轻人打造的小瓶白酒（见图 6-4）。

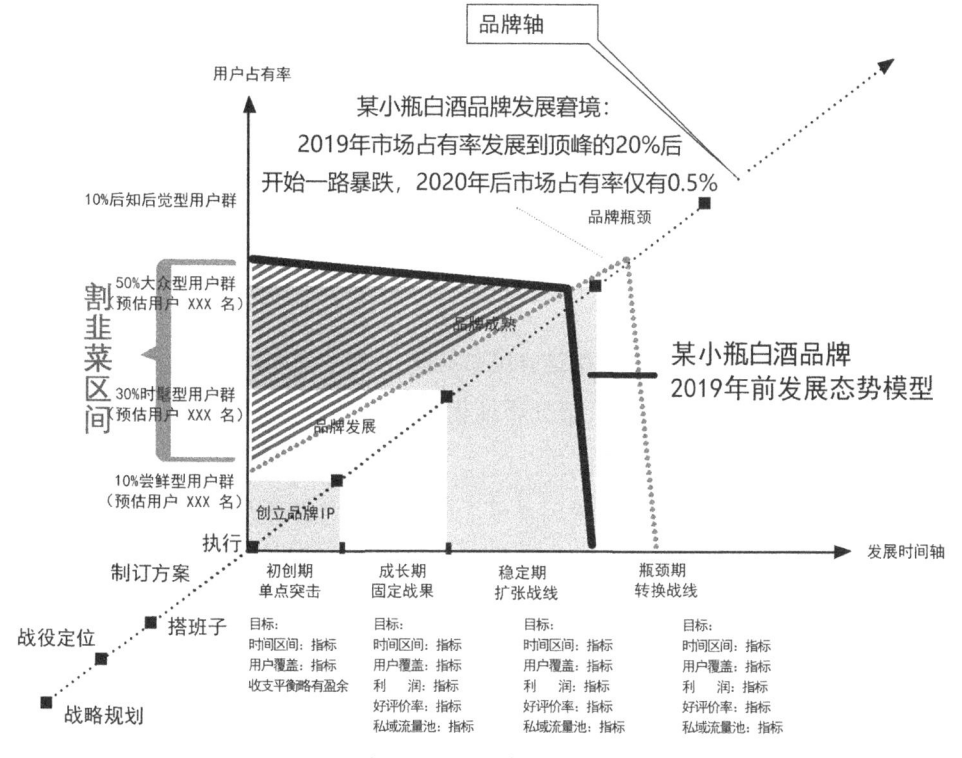

图 6-4 某小瓶白酒品牌 2019 年发展模型

图 6-4 展示的是该品牌 2019 年发展模型，在 2019 年达到顶峰时销售了 30 亿元。无论是斜线品牌轴，还是纵轴客户占有率轴，还是横轴企业时间阶段轴，都说明该品牌是一家成功的企业和品牌。

现在复盘一下它的成功，在于前期通过精准定位"年轻人的小酒"打了众多酒厂一个措手不及。但是随着小瓶白酒的火热，大酒厂缓过神来纷纷开始跟进。郎酒推出小郎酒、古井贡推出小罍子、洋河推出洋小二、今世缘推出小乐缘、红星二锅头的小红星，还有谷小酒、梁大侠等。

这些新兴的小瓶酒都不断冲击着小瓶白酒的市场，这就让该品牌产品力不强的弱点更加突出。为什么这样说，因为喝过它们家酒的客户，评价都不高，几乎都是太贵不好喝。

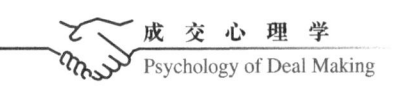

所以仅仅靠精准地定位市场空白,靠运营文案建立起来的品牌,抢占的市场只能兴盛一时,这种发展模型被称为"割韭菜"。**企业可持续发展依靠的是超强的产品力去支撑品牌,而不是靠运营和文案讲故事。**

案例也说明,传统定位虽然让它找准白酒市场差异化做了精准定位,其品牌迅速占领年轻客户心智,成为年轻人喝酒的首选。但是传统定位的技术局限性造成了无法洞察消费心理,无法洞察客户消费前、消费中及消费后的行为。因此就出现了怪事——品牌响亮,口碑翻车。

心智定位体系研究的一个重点就是洞察分析客户全生命周期的消费行为,它包括以下三个方面。

1. 消费前行为:如用户都沉淀在哪些渠道、关注哪些信息等。根据用户心理学去洞察分析出这些信息,帮助企业做精准的投放渠道规划和广告软文创作,保证企业掌握商业先机。

2. 消费中行为:如哪些刺激因素更能刺激用户消费行为,以及交易路径设计。保证企业设计的促销和交易逻辑能引导用户快速成交。

3. 消费后行为:如社群口碑建设、品牌塑造,包括哪些刺激因素能刺激用户分享和裂变,以及新需求的刺激等。

三个部分对应了用户获取、用户成交、用户沉淀、用户裂变四个阶段,组成了用户全生命周期。因此心智定位用户增长就是通过前、中、后三个消费行为的锁定,指导企业在用户整个生命周期的精准打法,保证企业从获取用户到成交、沉淀、裂变全方位的精准增长。

6.4 制定"战略发展规划路线图"定期考核发展

企业要稳步发展,就必须制定战略发展规划路线,做阶段性考核,如图6-5所示。

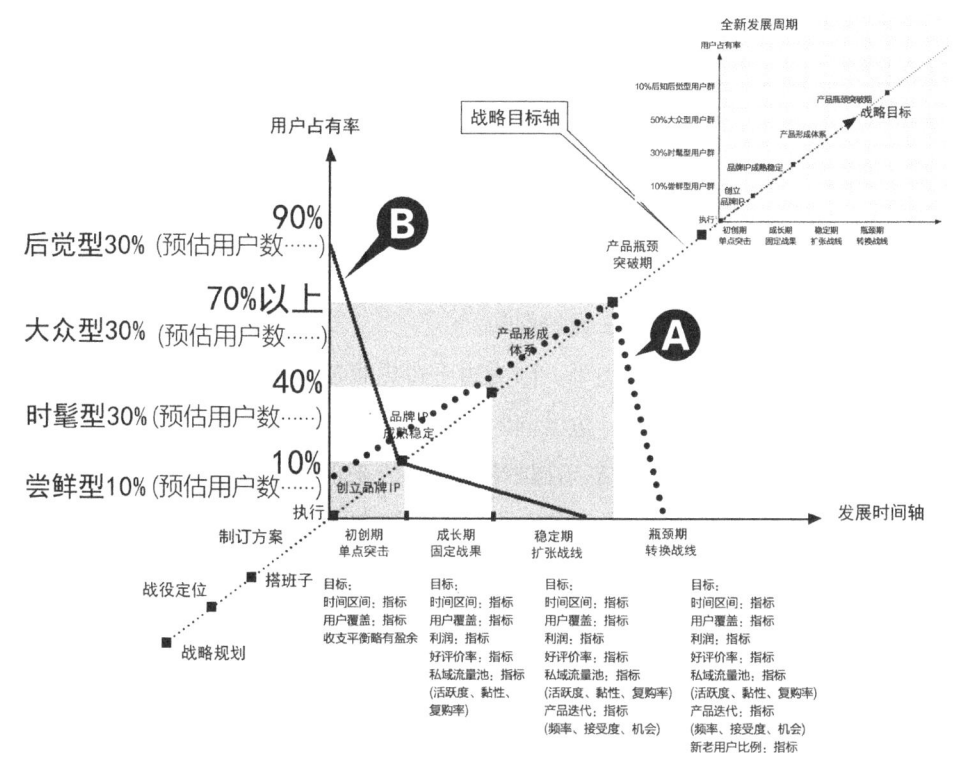

图 6-5 企业战略发展规划路线

这个战略发展规划路线图有如下特点。

1.纵轴（客户轴）展示的是不同类型客户群体的比例，纵轴上不同类型客户数量需要做一个市场调研去预估出总数后，再做一个拆分计算。

2.横轴（发展轴）展示的是企业发展不同阶段，每个阶段必须考核的指标给列举出来，大家在项目实操中可以根据自己企业产品特点做增加或删减。

3.斜轴（战略目标轴）展示的是企业"品牌/IP"发展的不同阶段。

三条轴线将客户数、企业发展阶段、品牌发展阶段，三者做一个逻辑关联，它的意义在于考察企业发展是否健康、考核品牌在客户心中的认知程度。

例如，大家看 B 区域模型，纵轴表示企业消费客户数多，说明产品卖得好，横轴表示企业发展到稳定期，但是斜线轴表示品牌力很差。这样的模型说明可能运营打法太过于聚焦利益刺激而忽略品牌传播，导致结果可能当你减少利益刺激的时候，用户流失率就很高。因为过高的利益刺激使用户都是冲着折扣来，而不是冲着品牌来消费。

而 A 区域模型是另一种情况即"品牌响亮，口碑翻车"，一提到品牌大家耳熟能详，斜线轴品牌很突出，但是纵轴客户数很少，也说明销量上不去。这说明企业品牌运营能力强但产品力太弱，也会导致用户留存不下来。例如，"某小瓶白酒品牌"就是最典型的叫好不叫座，本来市场占有率第一，2020 年后断崖下跌不到 0.5%。

所以用户基数、企业发展阶段、品牌发展阶段三者要关联在一起做整体考量，才能对企业发展做一个正确的判断。

经营企业应该先想好再去干。因为边干边想叫苦干，可能会成功，而先想清楚做好规划后，再一边干一边微调叫巧干，一定能成功。

苦干的逻辑是边干边总结，在试错中不断修正自己的目标。那这个过程就会有太多不可预知的因素，去干扰企业始终保持正确的方向。对内的因素有业务能力的因素、团队磨合因素甚至资金因素，对外有初始方向正确与否、市场接受度、用户忍耐度等因素，所以变数太多，失败的概率就会很大。

而巧干即从宏观规划开始，从微观实干入手，可以最大限度保证在赛道内拼搏，同时方向的聚焦也保证企业资源能聚集在一个点位做突破。即便是中途遇到一些挫折，也会因为战略规划方向已经锁定精准的范围，这保证遇到的困难是在预判的范围内，所以企业调整优化起来针对性更强更快速。保证资源不被各种始料未及的错误浪费，做到高效和精准，最终成功的概率更大。

第7章
销售必须掌握的心理学与实战技巧

7.1 销售促单是一种精心设计的心理技巧

导购销售工作中面临的最头疼问题就是费了半天劲,结果用户依然满腹狐疑不肯购买。根本原因是你不了解用户的消费心理,没有站在他们的角度去交流。你只想尽快地介绍完商品优势,赶紧催促用户下单,结果用户的想法刚好相反。

从今天开始要清楚,用户和你交流的起点不是为了购买商品,而是为了打消自己的疑虑和不信任感。是不是很诧异,因为前面讲用户咨询的时候,心理已经走到深度憧憬的阶段,这里怎么又说用户是为了打消疑虑?

这两点并不冲突,用户确实很想要这款商品,但不代表他一定要在你这里购买。这个逻辑一定要区别开,"想要"和"在你这里"购买是两个概念。所以当你以为用户到你这里询问商品是为了购买,就从起点错误理解了用户的心理。

再次强调下用户和你交流是为了打消自己的疑虑和不信任感,以防止自己付出高于商品价值的金钱购买商品。

所以促单第一步是消除疑虑、建立信任。

因此市面上那些所谓"19.9元抢购智能手机"这一类的广告并不能激起用户的兴趣,只能强化用户的不信任感。他们第一反应是"啊?这么便宜?不可能,快递费都不够,肯定假的"。就算不是假的,那是不是以次充好?是不是假冒伪劣?否则为什么那么便宜?如果这个怀疑无法在广告内容中消除掉,让消费者觉得便宜是有可以信服的原因,那这个广告基本上不会有什么效果。

因此推动用户下单消费,不是单纯介绍商品有多么好这么简单。它是精心设计的,基于用户心理变化的一套技巧,起于好感,结束于成交。

这个过程包括四个步骤。

1. 打造好感。
2. 建立信任。

3. 打消疑虑。

4. 推动成交。

7.2 打造好感

社会心理学揭示我们会对两种人快速产生好感和信任。

第一种是更容易对和自己有相似点的人产生好感。比如，衣着、年龄、发型、谈话方式等。第二种是觉得眼前的这个人有魅力、有吸引力，我们会快速产生好感，更愿意选择信任和接受。

在《陌生的自己——适应性无意识》一书中，心理学家蒂莫西·威尔逊阐述了大脑中无意识信息梳理的逻辑。"原始脑"负责监视周围环境并发现危险，它与大脑中负责理性思考的"新脑"并不直接联系，所以很多信息的处理及决策过程是在无意识状态下发生的。"打量"他人就是这样的一种信息处理方式。原始脑确保你是安全的，为做到这一点，它快速地打量人、事情或者环境，并且做出"逃跑""观察"或"接触"的行为。

例如，售楼的、卖车的女性占多数。

顾客在和她们交流的过程中，原始脑的刺激因素就很大。原始脑会先判断有没有危险，而女性天生会快速打消用户的防范，同时又会激起原始脑的兴奋。

所以第一眼的印象不是新脑做出的理性决定，而是原始脑在筛选完信息后，根据接受信息的相似性和吸引力原则做出是否继续交流或者无视的决定。知道这个原理，就要思考在和用户第一次见面的时候，对自己的打扮要以专业、友好、靓丽为标准，这样才能让对方快速产生好感。

吸引力原则，可以理解为我们喜欢他人的理由，会包含很多因素，首推是外表魅力。

研究表明，长相好看的人在社会竞争中会获得更多的机会。

笔者曾经带领学员在街上做过一次外表魅力实验。先让一个女学员故意打扮得比较丑陋，头发乱糟糟的，脸上利用化妆术画上雀斑和粉刺，眼睛画得很小也没有精神。就这样一个邋遢的形象，站在街上向20个陌生人（10男10女）借电话，最后只有4个人愿意借给她，更多的人看到这个女孩靠近竟然提前躲开了。继续实验还是这个女生穿着漂亮的服装、化着得体的妆容，一个光鲜亮丽的美女形象站在街上向20个陌生人借用电话，最后有19个人帮助了她。

由此可以看出，我们会对那些外表有魅力的人有更多正面的感觉，无意识会觉得他们招人喜欢、有文化、有涵养。有研究发现，仅仅通过职业属性就能让人产生身高上的差别。对比警察和快递员两个职位，当我们在大街上找人随机询问，请他预测一下警察和快递员身高的时候，几乎所有的人都会把警察的身高想象得更高一些。

人们也会去模仿有吸引力人的穿着，使用他们用过的商品，甚至去他们去过的地方打卡。

这就是为什么广告中总是会用明星或外表靓丽的模特。如果企业再给这种靓丽外表赋予细分用户群体的相似性属性，效果就更强了。因为人们喜欢他人的另一个因素是对方和自己有一定相似性，即如果我们觉得别人与自己相似，会更倾向于喜欢他们。

用户更倾向于喜欢接受和自己拥有同样背景和价值观的人，归结于外在的就是"衣着""形象""说话风格""思维模式"等。

综上所述，在生活中你就会明白，多数人更容易答应自己认识或喜欢的人所提的要求。也包括完全不认识的人，因为这个人可能穿着得体或者和我们是老乡，仅仅这样简单的因素，就让我们愿意提供帮助。

打造的喜好条件主要包括"靓丽外表""相似性""恭维""接触与合作""关联原理""可获得性偏见"，下面逐一解开其中的奥妙。

7.2.1 利用靓丽外表打造好感

外表魅力在社会交往中占有绝对优势。

一个人的正面特征就能主导其他人看待此人的眼光。太多证据表明大多数人认为"好看就等于好"，人们会自动给长相好看的人添加一些正面的性格特点属性，如有才华、善良、诚实、聪明等。而且人们做出判断的时候，并没有意识到是对方的外表魅力影响自己的决定。

老师会对长相好的学生更多的关注，职场中长相好的也会得到更多的晋升机会。招聘时面试官对于外表靓丽或穿着得体的人，其好感度会比工作资历的影响更大。社会中好看的男、女获得帮助的次数更多，甚至同性成员也不吝援手。从进化层面讲，长相怪异意味着疾病，意味着生存压力。所以从远古我们就喜欢和健康的人在一起，意味着生存的概率更大。

7.2.2 利用相似性打造好感

现实中不是人人都长相俊美、外表靓丽，那应该怎么让用户产生好感呢？

除了对外表有天生的喜好倾向，人们也喜欢与自己有相似之处的陌生人。包括长相、穿着打扮、观点、个性、生存背景、生活方式等。总之我们对具有相似性的人，信任度更高。

因此一个优秀的销售员必须掌握察言观色的技能，在观察中迅速发现自己与用户的相似点，以方便与客户快速套近乎增加信任感。例如，你是4S店销售员，如果看到用户开着越野车来，甚至车里还有野营器材，销售人员最好也表明自己是个越野爱好者，多讲一些细节的话可信度更高。如果看到用户开的车有安全座椅，就要表明自己也有一个小孩，还要讲讲那些琐碎的育儿事情。如果能听懂用户的口音，刚好和你是一个地域的，这也是一个绝佳营造相似性的机会。这些相似性看似微不足道却很管用。

模仿和迎合用户是销售人员必备的技能。

7.2.3 简单恭维就能让用户产生好感

如果能找到相似性再加上恭维，那提高用户好感的程度会大大增加。

如果你和顾客套近乎说自己也喜欢野营，同时要恭维用户比你更专业；当你和用户套近乎育儿，你要恭维用户比你更有耐心和方法；当你和用户套近乎攀老乡，你要恭维用户是你奋斗的榜样。

《影响力》一书有这样一个案例。底特律有一个金牌汽车销售员乔·吉拉德，他就善于利用人们喜好卖车，并以此发家致富每年赚到好几十万美元，整整12年连续获得最佳销售员称号，每天平均卖掉5辆车，吉尼斯世界纪录称他为世界上最伟大的汽车销售员。他成功的秘诀在于，每个月给自己13000多名老客户送印了字的节日贺卡。名目每个月都不一样，各种理由，如新年快乐、感恩节快乐等。但是贺卡内容从不改变，上面写着"我喜欢你"。

这样坚持不懈地每年向 13000 多名客户寄 12 次，一句简单的话却戳中一个事实，就是人人都喜欢恭维，哪怕我们明知道对方是有目的的。乔·吉拉德就靠着一句简单的话和时钟一样精准的操作，成了全美最佳汽车销售员。

大家可以做一个小实验，让朋友带你参加一场社交，然后你去赞美所有新结交的朋友，事后再让朋友侧面询问这些人对你的看法。你会发现单纯的赞美恭维无须准确理由，积极的评价无论真假，都能让陌生人因为你的恭维赞美产生喜欢。

7.2.4 利用接触与合作打造好感

大多时候人更加喜欢自己熟悉的东西，熟悉的使用方式可以促使我们长时间购买某一个品牌的商品。例如，因为熟悉某个家电品牌，用户会购买从洗衣机到热水器几乎所有家电。

因此很多创业项目在做市场开发时的第一个目标，应该是尽可能大范围地让用户熟悉品牌、产品、服务。

但是在实操中切记避免引起竞争的场景。

因为在竞争的场景下，不断地接触只会不断刺激人与人的对立情绪。例如，"某黄车"的退押金潮，用户不断地接触客服，不断地吐槽客服，结果最终在社会上引起了巨大的恶劣影响。所以接触的场景应该是立足于解决用户不同层面的问题。

在实战中，如店里摆放雨伞，在下雨时为用户提供帮助；在店里放置小孩玩的玩具以方便年轻妈妈在看商品的时候，爸爸可以带着孩子在旁边休息玩耍。这些都是正面的接触。

关于合作设计，如国内某美妆品牌设置产品体验官计划，将用户引导进产品优化迭代机制中打造好感，就是一个不错的合作形式。

7.2.5 利用关联原理打造好感

日常生活中我们总是将自己关联进某一个成功事物中，让自己获得有利的地位。例如，我们经常会听到某某人说自己的朋友是北京大学的教授，或者自己的亲戚在美国怎么怎么着之类的描述，甚至会以我是上海人或者我们北京的球队多厉害等给自己制造光环。人们公开吹嘘，将自己与其他成功者或事物关联起来，给自己制造光环。即便大多数时候他们根本不认识，那也无关紧要。

关联原理能让听众产生正面积极的反应。例如，面对清华大学毕业的人和面对三流大学毕业的人，即便刚认识几分钟，仅仅从关联性你就已经判断清华的一定比三流的强。再如，招聘员工的时候，你也会不由自主对有头部公司背景的人产生更积极的感觉。地域也是一样，人们几乎都会给大城市的人更多正面积极的评价。

信任背书也称"西纳特拉测试"。最早来源于美国20世纪著名流行歌手弗兰克·西纳特拉经典名曲《纽约，纽约》中的歌词"如果我在这儿能成功，到哪儿都能成功"，即仅需要一个例子就能在某一范畴里建立其可信度。

例如，你的产品进入了"华为"供应商序列，那么进入其他电子商品的渠道也将变得容易得多。

华为多年前曾经有一款经典的广告。在新推出的 Mate 10 视频广告里，小女孩把手机放在水龙头下给消防员爸爸洗脸的镜头不知道感动多少人。通过儿女情深场景，以及孩子的幼稚，大众被可能会在生活中遇见的普通场景勾起共鸣，完美地刺激用户的情绪，让大众记住了 Mate 10 强大的防水功能。

因为情绪是增加记忆的重要因素。

例如，我问你2001年×月×日你在干什么？你肯定回忆不出来。但是我问你2001年9月11日你在干什么？可能很多人就有深刻的记忆。

当时笔者正在中央民族大学食堂二楼的餐厅吃饭，突然餐厅电视里面的午间新闻中断并插播美国双子大厦遭恐怖分子袭击的画面。激烈的撞击、刺激的场面充分调动起了笔者的情绪。因此情绪越激烈，记忆深度就越强，细节就越丰富。

把手机放在水龙头下冲洗属于典型的西纳特拉测试，即华为通过展示产品在极端情景下的性能，目的就是想取信于对华为手机还缺乏安全感的消费者。

当下这类做法非常常见，如电商的卖家秀，几个人站在旅行箱上蹦跳证明箱子的结实耐用。因此让用户还没有和你交流的时候，就已经感觉到商品的实力和好感。同时企业也要避免和失败或消极因素关联在一起，因为那样也会让用户产生消极的感觉。

关联性可以追溯到本能反应上。

人们对食物的正常反应可以通过原始关联过程转换到其他东西上，心理学上称为"错误归因"，如美食对味觉刺激的愉悦感受，这种积极态度可以转化到相关场景上。

7.2.6 利用可获得性偏见打造好感

可获得性偏见是指人们进行预测和决策时大多利用自己熟悉的或能够凭想象构造而得到的信息，导致赋予那些易见的、容易记起的信息以过大的比重。

举个常见的例子，如好像女孩都喜欢粉色，学艺术的女孩都很漂亮，开越野车的司机好像都是那种长得健壮的男人等，我们这种想当然的结论就是典型的可获得性偏见。当人有了这样一个"偏见"，那么在生活场景中，当遇到粉色、看到开牧马人等触发因素时，会不自觉地关注下看看是不是女孩，看看是不是长相粗犷的健壮男子。如果符合自己的设想，甚至还会暗自在心里强调下果然如此。

在营销中可以利用人的偏见思维模式达到产生好感的目的。

例如，当消费者选水果时会非常在意新不新鲜，如果正好挑到不好的，就会觉得这一篮子的水果都不新鲜。那么逆向思维给用户一个先入为主的场景。例如，超市经常在蔬菜上喷水雾，在水果上包保鲜膜。客户仅仅因为远远看到水雾或闪亮的反光，就会下意识觉得这个蔬菜、水果是新鲜的。即便挑到不好的，消费者也会自我安慰，心里想可能是摆货的时候人为损坏了，而不会怀疑是不是蔬菜、水果本身的新鲜度有问题。

这样的例子还有很多，现在很多餐厅都是开放式的让食客看，这样消费者就会相信他们吃到嘴里的菜是干净卫生的。

因此实践中要搞清楚用户的偏见点在哪里，其实就是关于用户对企业所属行业的价值观点梳理。例如，问用户什么样的餐厅才是一个合格的餐厅。他们可能会说很多标准，如等待时间少、服务规范、环境干净等。这个时候你还要再深入地去问，如果只能保留一个条件，你认为哪一个最重要。食客最终选择了干净。那这个就是餐厅要抓住的关键点，针对这个点去做打造好感的设计。

7.3 建立信任

建立信任的关键技巧是适当暴露自家缺点。

为了让用户相信销售人员的话是真实可靠的，要学会说些违背自己利益的话，如主动提到产品瑕疵，这种方式可微妙而有效地证明销售的诚实。但操作的时候要注意，你说的这个缺点一定是次要的，商品其他更突出的优点能轻松让用户足够忽视这个缺点。

因此靠暴露自己缺陷更能建立基本信任感，而后再强调其他方面的优势就显得更加可信。

想象一下生活中我们去买某样东西，一般都会认为导购肯定会用各种方式让我们赶紧付钱。所以我们和商家沟通时总是保持戒备的心理，去想他们说的每一句话是不是在给自己挖坑。假如我们遇上一位主动暴露自己产品缺点的销售员，对他的信任感就会增大。因为无论是日常生活中的交流，还是与商家的交流，很少有谁会主动暴露自身的缺点。

7.3.1 精明的导购员案例

张某是一家装修材料大卖场的导购员，他会根据用户不同情况有针对性地使用话术。

如果顾客来的是一大家子，其中还有小孩，他会表现得特别活泼卖萌，他招呼大人也不忘记小孩子。如果客人是一对新婚年轻夫妇，他会变得很讲礼仪，甚至有点专横地用装修专业术语和用户沟通。如果来的是一对年长的已婚夫妇，他仍然彬彬有礼但是姿态会放低，并对夫妇双方都表现得很敬重。要是顾客一个人看装修产品，他则会用一种友好诚恳并且健谈的态度。

张某在和用户沟通中，会说些看似有违自己和店方利益的话。他会先表现出认真倾听用户的诉求，并且不急于打断用户的选择。因为很多用户是做了功课，奔着某一个品牌的装修材料来的。他会等用户彻底描述完，而后张某的话术就开始了。

1. 不管用户选择什么品牌，张某总会做出眉头紧锁、若有所思的表情。
2. 之后飞快地瞅一眼店面，貌似在看店长在哪里。
3. 他稍稍朝用户身边倾过身子，用不高但足够让对方听得见的声音说："这个品牌是我们店主销产品，因为利润高我们提成也高，大家都愿意卖。但是因为你家里有小孩子，我和你一样我家里也有个孩子，所以作为父母我不建议买这款产品。我做这一行十几年,我知道这类含有化学成分的装修材料,虽然环保肯定是绝对合格,但是化学成分时间久了都会有一定释放,对身体不好。"

说完这些后,张某推荐了两个比刚才用户咨询的品牌稍微便宜的商品。

我们看这套话术运用了几个心理学知识?

第一个,就算最后没有采纳张某的意见,用户也觉得张某帮了他们的忙,提供了有用的内部信息。这就让用户产生了好感和信任,就算今天没有达成交易但是未来用户有需求,张某一定是首选。

第二个,他的话术让用户看起来像行业里的权威人物,清楚什么品牌好,哪些材料一般。而且他看似违背自己利益告诉顾客小瑕疵的做法,向顾客证明他是一个值得信赖的人。

第三个,他告诉用户自己也有小孩子,利用相似性去增加用户对自己的信任感。

第四个,他推荐的品牌竟然比客户选择的还便宜,让用户感觉他并非只顾自己,而是为用户的健康、金钱各方面考虑,真的把顾客利益放在心上。

第五个,将顾客引入没有做功课的品牌上,占据了议价的主动权。

用户此时已经被他打动,从面部表情就可以读出来。你知道这里有什么好东西,并且显然站在我们这边,那就告诉我们该选择什么吧。如果用户当场下单,张某就会继续话术,今天下单明天装修材料就会送上门。既然咱们家已经开始动工了,装修一次不容易,应该把墙上的开关及墙里面埋的电线管材给换成安全性更高的产品。因为一旦装修完成,再想去更换这些材料不仅很困难,还要打洞破墙,既浪费很多钱,又要大折腾一次。

这个案例中张某将优雅的态度、互惠原理、权威原理、相似度增加信任等各种因素结合到一起,既增加了成单率,又挖掘了新的需求。可是张某表面却是一副不关心自己利益、只为用户考虑的好好先生形象。

7.3.2 原始优质心智资源四种基本类型

利用原始优质心智资源快速建立信任,原始优质心智资源包括以下几方面。

1. 产地类,如呼伦贝尔大草原的奶源、阳澄湖的大闸蟹。

2. 制作类，如慢熬粥。

3. 常识类，如骨折了要喝骨头汤。

4. 产品属性类，如纸箱的抗压性、物流的快等。

因此几乎每个行业都有属于自己行业的原始优质心智资源。导购在推荐商品的时候，要把这个点强调出来，以快速让用户产生认可。同时还要有信任状，否则就会陷入"王婆卖瓜"的境地。

7.4 利用互惠和让步技巧推动成交

笔者曾经和一个做地推幼儿艺术培训的学员聊天，他说只要用户接受了送的气球，总会觉得不好意思，一定会给我留下有效的电话号码或加微信。仅用一个进货价不到几毛钱的气球，就刺激了他们互惠的心理应激反应，并促使他们做出相应的回馈行动。

这也说明，人总是遵循互惠原理与人相处，绝大多数人觉得必须有义务回报别人的好意、礼物、邀请等。互惠及其伴随而来的负债感，在各个民族和文化中都是普遍认同的原理。不仅因为从小大家接受的启蒙教育，接受别人的礼物，不但要说谢谢，甚至还被家长叮嘱人家送你礼物要记得还礼，否则就是不懂感恩的人，这样的人会变得自私。还因为人类从原始部落时，就在协作劳作和分享食物中得以生存繁衍，这种互惠的机制让人类得以实现劳动分工，交换不同形式的商品或服务，让个体互相依赖，凝结成高效的团体。

长久发展形成的心理契约保证了救助、送礼、贸易等复杂的体系有了实现的基础。互惠原理对各个文化有明显的适应性结果，它根植于每一个人的大脑深处。

美国康奈尔大学心理学家丹尼斯·雷根曾经在20世纪70年代做过一个推销员实验，如图7-1所示。实验巧妙地利用了人们的互惠心理影响他们的决策。

图 7-1 负债感实验

场景在一间很热的办公室，进行一场并不存在的调查报告。

第一步，实验进行了一会儿，实验者告诉被实验者可以休息 10 分钟。

第二步，实验者出去买了两瓶汽水回来，告诉被实验者说："他们太抠门了，这么热的办公室，出去接水，结果饮水机竟然是坏的，所以只好出去买饮料。办公室这么热你也很渴吧，也给你买了瓶。"然后接着进行并不存在的调查报告直到实验结束。

第三步，调查结束后实验者说："我经营一家卖彩票的网站，你愿意在我的网站买张彩票吗？"彩票一张最低是 10 元，饮料的价值是 3 元，被实验者这时候有 85% 以上会不假思索地答应。

当你觉得有必要报答帮助你的人，这个时候你的行为就不再是基于友爱，更多是一种还债的心态。并且你会用更大价值的回报去消除自己内心的负债感。因此只要企业巧妙并有效地给用户提供一些帮助，就能刺激用户的负债感。这种感觉会让用户希望通过还礼去消除自己心里的负债感情绪。这在很大程度上是一种无意识的行为，而且会非常强烈，心理学上称之为"互惠"。

负债感情绪会长时间在接受赠予者的心中萦绕。因此不但对于现场的成交率有立竿见影的效果，对于大额消费类的促单也有绝对的效果，因为这种感觉长时间内挥之不去。它促使用户在一个较长的时间段内，对你保持深刻的记忆。

实验表明，被实验者买彩票的概率是实验者不给被实验者买汽水的 2 倍，尽管彩票的价值要高于一瓶汽水。因为被实验者接受了实验者的礼物，所以激发了负债感，被实验者想要通过更高价值的回赠消除这种负债感。

同时要注意一旦个体接受馈赠，好感就退居到了二线，亏欠负债的感觉让人们觉得有必要报答赠予者。即便是最初并不怎么喜欢这个销售，但这都无关紧要，此时负债感占据了上风，会刺激个体做出回报。这意味着在商业活动中，想要挣用户的钱，就在展开产品宣讲之前试着设计一些小恩惠给予客户，刺激他们的负债感觉，然后再进行产品宣讲。

当今这样的例子数不胜数。像买净水机得 15 天免费试用，不满意一分钱不收拆走，就是一种利用赠送的免费试用权利。在这个过程中厂家免费上门安装，15 天免费使用，以及免费无条件拆走，都会刺激客户产生亏欠负债感。

这样的例子无论在过去还是现在都屡试不爽，并且客户并没有感到奇怪，依然前赴后继买单。

企业要掌握在互惠与负债感中的主动权，要设计选择施恩的方式，还要设计用户回报这种恩惠的形式。最高级的赠予一定要基于细分用户群体的真实需求去设计，过于不相关的赠予，会让用户回报的心理暗示大打折扣。例如，吉他店送给客户一个面包店的优惠券，这就是不相关赠予。吉他店应该送给用户的是免费教学课程，这种强相关属性的赠予不但能刺激用户的回报，还能提高店里的人气、用户的黏性和频次。如果用户学得好，还能做到裂变拉新和宣传。如果用户持续学习，未来还能再卖给他们更高级别的乐器，提高利润。

负债感会让人觉得很不舒服，能触发不对等的交换，一杯茶、一根烟、几句恭维的话，它的价值要远远低于商品本身的价值。一旦欠了人情债，我们就条件反射地感到不舒服。要是我们忽视回报他人，互惠循环就终止了。

只知索取不懂回报的行为，不符合大众公认的社交准则，违背了心理契约原则。因此互惠原理可以有效触发不对等交换，也是常被商家利用的点。

7.4.1 利用让步营造用户掌握主动权达成交易

当顾客在商场讨价还价，退一步接受他们提出的价格，就会让顾客产生不好意思离开的愧疚感。因为他觉得你让步了，所以也应该退一步，这种情绪会随着谈判的深入和让步次数而加深，这就是利用互惠原理促单的"让步技巧"。面对他人接受的善意，顾客感到有义务偿还。

因此企业营销人员要学会让步技巧，让用户以为掌握了谈判的主动权，更快达成交易。

但是根据以色列巴尔-伊兰大学对"让步技巧"的研究,最初的请求如果极端到不合理的地步,便会产生事与愿违的结果。因为先提出极端要求的一方会被认为是缺乏诚意,用户并不会觉得从完全不切实际的立场后退是真正的让步。所以最初的要求门槛要够对方讨价还价的范围。

当企业对用户让步后也可以构建承诺。

某志愿者协会招募新人,在某师范大学进行志愿者招募。当他们问学生,是否愿意每周末做一天"志愿者",带班培智学校的小朋友唱歌跳舞,仅有不到10%的学生同意。而后他们退了一步提出"是否愿意每月抽出一个周末做志愿者",60%的学生会同意。这就是让步的作用,同时经过让步答应的学生,有更大的概率愿意完成自己的承诺。

因此企业合理且巧妙的让步,不仅可以刺激用户答应要求,还可促使他们切身实践承诺,甚至能促进他们自愿履行进一步的要求。让步技巧的关键是,不要让用户觉得是企业的营销策略。

笔者曾经在某企业设计增长方案时做过一个价格满意度优化实验。将鞋帽服装区域分为A、B、C三个区。A区商品价格合理且不讲价钱,B区商品价格全网最低且不讲价,C区定价高于市场价但可以讲价,下降幅度权限给导购员。最终结果C区的客户对价格的满意度最高。

因为让步会让顾客觉得自己成功地运用了社会经验占据了主动,让自己得到了价格合理的商品,因此对最终价格的满意度更高。虽然顾客最终购买的实际价格其实没有变化还是商家制定的标准价,但是让步策略使顾客觉得做成划算的交易有自己的一份功劳,那么他们不但对整个过程感到更满意,还会提高复购率,从而使企业销售更多的商品。

7.4.2 打消疑虑消除风险

通过让用户亲身感受去体验产品的优秀,通过体验产生信任感。例如,甜品店的试吃、4S店的试驾、净水器的免费试用15天不满意一分钱不要拆走等。将用户可能承担的财产损失减小到最低程度,是打消疑虑、消除风险,促进交易最直接的方法。

这里给大家提供一套实战技巧，照着做基本没什么问题。

1. 免费试用，只要你对自己的商品有足够信心，那就大胆尝试免费试用的技巧，它绝对是一个促进用户去购买简单而有效的方法。

2. 售后服务，要将用户使用场景做一个梳理，在可能出问题的环节做到预判性售后服务设计，让用户彻底放心使用。也就是将用户可能遭受的风险通过服务消除掉，损失由企业来承担。

3. 质量保证，客户经常会通过企业质量保证条款侧面考核商品的质量。质保越完善，用户会对商品质量越认可。

4. 降价补差，这是电商经常应对客户的一个技巧。用户不必担心商品买完后没多久又降价给自己造成损失。

7.5 利用赠送技巧推动成交

人们总是对费尽周折才能得到的东西更加珍惜。电商平台数据显示，那些需要用户一些努力获得的优惠券使用率更高，换句话说促进交易效果更加明显。

例如，培训教育类经常使用的促销技巧是，想要获得赠送的课程，需要发展几名新的成员或者每天必须保持学习时间。这种设置小门槛的方式，更能提升企业送出去服务的价值感。

使用赠送技巧除了提高成交率，更是为了刺激用户深度体验产品价值。

例如，你想获取笔者的视频课程或者线下讲座优惠门票，就要先加笔者微信。然后笔者会把用户引导进学习群，群里有辅导员服务大家，并解答大家经营中的一些知识，同时定期举办的线下沙龙学习社、学习主题会先在群里收集大家的意见。这样就能保证每次线下沙龙学习在有限时间达到最佳的效果。

赠送技巧四步实操法。

第一步，基于自己公司的产品或服务选定免费赠品，这个赠品一定要和主业务有关联。例如，电商平台最好的赠送就是折扣，职业培训平台最好的赠送就是免费课程，传统面包店最佳的赠送就是免费试吃，撸串烧烤摊位最佳的赠送就是啤酒。

第二步，设计用户获取门槛，要遵循难度不会让用户直接放弃也不会简单到用户觉得乏味，同时这个门槛要和主业务目标形成良性互动。例如，电商平台用户必须回答其他新用户问题才能获得优惠券。这样做的好处有以下几点：首先，增加和用户间的互动，也就是间接提高用户的黏性；其次，真实的商品使用评价是其他用户下单转化最直接的促进剂；最后，用户对于回答问题的用户好评及平台对乐于回答用户的奖励，都更容易将这部分用户转化成种子群体，种子用户群体越壮大，反过来又促进平台的黏性、频次、下单率及用户拉新沉淀的能力等。

第三步，赠送的价值，不要成为用户执行力唯一考虑的条件。因为企业最终目的是引导用户通过不断的行为，逐渐在心里培养生成新的人物角色，而用户在压力下做出的行为，不利于这个角色的生成。这个压力除了威权层面的威胁，也包括巨大的利益刺激，所以免费的价值一定要适中，太大或太小都不合适。

第四步，赠送物的选择，最好是双赢。例如，笔者个人微信经常会向用户提供免费的问题解答服务。数据显示用户通过免费咨询问题解决痛点后，后续会很乐意加入心智学社深入学习。因为学习本身既能提高企业家的经营能力，又可以和其他企业家一起交流经验，还会获得其他收费项目的折扣优惠，两全其美何乐而不为呢？

在电商案例中，网站上的免运费就是一种让步技巧。

例如，京东在创业初期的时候，买一个小商品都会免费送货。那时大家都会觉得商品又好还免费送货很值得，因此都愿意在上面买东西。但是现在这种被赠予而产生的回报感已经没有了，因为要省运费就必须拼单，所以你并不会觉得自己被赠予，只会觉得我拼了那么多商品让商家挣钱了，因为买的多商家才免除了运费。

企业的赠送技巧，最有用的依然是赠送免费礼物或者服务，会触发互惠。

例如，卖吉他网站免费提供的"吉他教学视频"，做培训机构免费提供"试听课程"。这时候用户还没有购买行为，但用户通过获得免费吉他教学材料或者上了"免费课程"，会大大增加用户下一步转化成消费者的概率。即便没有马上决定购买，以后如果用户有需求，也会优先考虑你的网站或企业。这种免费的方式也能提高用户贡献自己信息的概率，如填写表格。

赠送策略有效性主要看赠送的商品或服务与用户需求之间的关联关系，赠送的东西越是用户需要的，说明关联性越强，同时要求用户回报也会越有效果。

7.6 利用行为范式推动成交

行为范式是指人对某种刺激因素的无意识自动反应，哈佛大学社会心理学家艾伦·兰格通过一个实验，巧妙地解释了人的自动反应模式。

当我们要求别人帮忙的时候，要是能给一个理由，成功的概率会更大。几乎所有人都会认同这个原则，但这不是关键。令人惊讶的是我们仅仅听到"因为"这个触发词，而不去分辨后面内容，就已经愿意伸出援手。所以人就是单纯的喜欢有个理由。

根据艾伦·兰格的理论，笔者在排队买票的队伍中设计了一个小实验去验证"因为"这个触发词，在插队提前买票中的作用到底有多大。

A：我说："对不起，我能加个队吗？因为赶火车，我可以排在你的前面吗？"提出要求并说明理由真的太管用了，90%以上的人会答应让我排在前面。

换了一个队伍后，我说出 B 话术。

B：我说："对不起，我能加个队吗？"提出要求，但没有理由，只有不到 30% 的人答应让我排在前面。

乍一看两次的请求区别在于第一次给出了原因即"着急火车马上要开了"。

仅仅是"因为"这个词，人们就顺从地做出了笔者想要的结果。

实验揭示大多数时候，人会简单机械地做出反应。例如，人们都是在"一分钱一分货"的教导中长大，几乎所有的人都会认为 5000 元的手机一定比 1000 元的手机技术先进，1 万元的玉石一定比 100 元的玉石价值更高。

因此"贵 = 好"的公式在商业定价策略中总是有效的。

当用户没有专业知识去判别商品价值的时候，必然会不自觉地把价格和价值画上等号，即一分钱一分货。企业知道了这个道理，就可以找个合适的理由拉高产品价格，这样用户就会觉得贵是因为产品或服务更好。

模式化的自动行为在人大部分活动中相当普遍，并且大多数时候是最有效的行为方式。例如，大家都购买的商品一定没错。

今天人们处在一个快速变化的时代，不可能把每天遇到的人或事等相关信息做方方面面的辨识和分析。如果那样做，就要不断地学习新的知识，这显然是不可能的，人们没有足够的时间、精力做到。因此在生存环境越来越复杂的刺激下，人们为应对不断涌现的新事物，频繁地利用生活积累的经验，将极少数的关键信息做分析，然后进行快速决策。

就像在现在如果听到周围人咳嗽声，第一反应是马上跑开。因此大众通过生活中的尝试、经历和积累，一碰到这样或那样的触发特征，就不假思索地做出反应。

英国著名哲学家阿尔弗雷德·诺思·怀特黑德认为："文明的进步，就是人们在不假思索中可以做的事情越来越多。"各种电商的拼团、满减、买送，就是文明带给我们的进步，消费者认为只要参与这些活动，就可以按照极其优惠的价格买到商品。现在火热的"双十一"，有些商家会在活动前抬高价格，让商品看起来折扣力度更大、更便宜实惠，这样的投诉也时常见诸报端。但是每年"双十一"火热的场景，说明负面消息对大多数消费者没有任何影响，他们依然买买买。

这样的用户行为所蕴含的道理一目了然。人们希望"双十一"、拼团、买送等能完成双重使命，不仅省钱，还能节省思考的时间和精力。因为在竞争日益激烈的当下，还有很多关于事业和生存更重要的事情需要去思考、去解决。

因此知道这个原理，就要利用用户的行为范式，去引导他们快速成交。

这些刺激因素包括价格心理学讲到的仅仅把价格显示成红色，就让人们产生这个是促销商品的错觉。红色除了能诱导用户产生这个商品是正在打折的商品的潜意识，同时红色对男性更有刺激效果。因为男性往往不愿意深入解读广告内容，更愿意以红色作为快思维模式触发物。也就是当他们看到价格用红色展示，潜意识里就会和折扣、便宜关联在一起。

因此在商业案例中，如果更多的顾客是男性顾客，最好将促销商品的价格用红色去标价。切记不要全部展示为红色，那样用户就失去了可以对照的参照物，也就起不到诱导用户降低价格感知的目的。

7.7　导购销售成交实战技巧

销售是一个复杂程度较高的岗位。

由于每天和不同的人打交道，要面对不同顾客的拒绝，这需要有强大的心理素质。同时与人沟通还需要有娴熟的技巧和敏锐的观察能力，如通过察言观色快速识别顾客的属性。通过提问和回答精准定位顾客痛点，并给出解决方案。

销售岗位还要掌握社会心理学、用户消费行为心理学，这些专业性很高的底层知识架构，能让你在面对任何顾客的时候游刃有余。

因此认为销售谁都能干，这是错误的想法。这节深入讲解销售的实践技巧，包括五项内在专业素养的修炼。

7.7.1 销售员五项内在专业素养修炼

有人认为销售是"卖出东西，收回钱"，有人认为销售是"挖掘顾客卖商品"，还有人认为销售是"信任、胆大、心细、脸皮厚"。这些观点都是对销售员和其工作的片面理解。

销售员的本质是为顾客需求痛点提供解决方案，因此销售成功与否，很大程度上取决于顾客是否认可产品的解决方案，而不是产品是什么。

初级销售几乎都会犯以自我为中心的错误，在和顾客沟通中，往往忽视他们的感受，只顾介绍自己的产品是什么，这样的沟通成交率一定非常低。因为顾客对产品是什么并不感兴趣，只对如何解决自己的问题和需求痛点感兴趣。

要转变沟通方式，从以自我为中心转化到以顾客为中心，将关注点从自身产品是什么上转移到顾客的需求痛点、成交诱因是什么上。对顾客需求的把握程度决定了销售工作的成效，因此以顾客为中心在老板嘴里可能是句口号，但在销售这里就是实实在在的能力。

第一项，正确着装是销售员的脸面。第一印象 90% 以上都是由着装和身体气味传递出去的，因为在没有说话之前，你已经被顾客先上下快速打量了一番。所以着装不仅是销售的脸面，也是公司的脸面，它不仅代表着销售员的收入，也暗示着销售背后公司的实力。因此第一眼必须给顾客留下专业的形象，然后才是通过谈吐、专业度，甚至人生价值观，去进一步加强这种形象。

第二项，善于通过提问快速抓住顾客痛点。谈产品不需要天分，努力背诵信息就可以，而通过提问引导顾客说出核心痛点却需要技巧。

善于提问能让你在沟通中控制局面、掌握主动权，因为人有很多无意识的因果应激反应。例如，贵的等于好的、北大毕业的等于知识渊博，这样的例子有很多。其中就包括当人被提问，下意识应激反应就是要回答。因此学会提问技巧，其实就学会了控场能力，掌握了谈话时的内容，在控制范围让话题不至于被顾客引着跑偏，降低销售成交的效果。

提问刺激顾客焦虑情绪，通过提问，引导客户想象客观存在的损失，引起客户的焦虑情绪。

因此，基于客户犹豫的三个心理层面，话术的结构也要包含针对三个层面。第一，明确客户的需求痛点早晚都要解决，既然早晚都要解决，早解决肯定比晚解决好。第二，明确客户不必承担损失的风险，将企业的售后服务体系讲清楚，如7天无理由退货全额退费。还要利用社群和名人等为自己产品效果背书。第三，学会价值拆分介绍法。例如，知识付费类的可以这样讲，"整体看价格确实贵，但我们的学习时间周期是三个月，这样一算，每天才花多少钱"；实体产品如汽车4S店在推销贷款的时候，总会这样说"每天才花58元钱"，让准备贷款买车的客户觉得不贵，自己也能承受。除了话术上的价值拆分，还需要付款方式上用各种形式降低顾客获得商品的使用门槛。

另外，提出的问题要能引起顾客回答需求产生的场景及痛点感受等相关的信息，而不是让顾客简单回答是或者不是。**作为销售员应该在顾客对自己需求进行更深层次的描述时，快速将其和自己产品的功能如何解决顾客需求产生的场景和痛点做精准对应，并在心里默默地组织话术。**

最后切记千万别把产品描述成领先时代的颠覆性新产品。

用户群体可以划分为：5%左右是尝鲜者，这类人具有冒险精神，属于吃螃蟹的人；20%左右是赶时髦者，这类人勇于探索和尝试各类的新鲜事物；60%左右属于大众顾客，这类群体被前面20%左右的客户影响后，才有消费行为；剩下的就是后知后觉的用户。

这个用户群体划分清楚地告诉你，所遇到的大部分用户并没有冒险精神。所以如果强调手中的产品是颠覆时代的新品，就会把大部分用户给吓跑。因此对于产品的介绍，最好的方法是强调它是改良后的优化产品，同时强调所有的改进如何更加精准解决顾客的痛点。

顾客大多数不知道该如何询问，或者哪些问题才能问到点子上。这就需要销售员通过提问的方式，引导顾客说出真正的痛点。

一旦识别出顾客的真实痛点，就知道从哪个角度介绍产品更能解决顾客的疑惑，令他们信服你的产品是同类产品中的佼佼者，认可产品能高效率解决问题。

第三项，明白销售行业的二八定律。

笔者经常有句激励自己的谚语："你和成功者的距离只差半个马头。"

赛马比赛中，得第一名的赛马可以得到十倍的奖金。但是第一名的赛马真的比后面的马快十倍吗？显然不是，也许仅仅半个马头的细微差距而已。但就是这个半点的领先，换来的却是十倍的奖金差别。

销售行业中也是一样，那些拿十倍、百倍的顶尖销售员，真的比别人思维、技巧强十倍、百倍吗？显然也不是。他们仅仅比你勤奋一点学习、努力一点工作、坚持一点不放弃。

第四项，学会心理暗示提高收入。心理学家发现，你挣的钱绝对不会与自我意识中的收入水平相差10%。

如果某月份不错赶上销售旺季，你挣了突然高出预期的10%以上，马上就会放松，觉得自己完成了奋斗目标。甚至在花钱的时候大手大脚，觉得这10%是天上掉下来的，很快将这10%的收入给消费掉。

如果你挣得比你计划的收入低了10%甚至更多，那这个月你就会很紧张，工作会比平时更加努力，想要通过更加勤奋的工作达到预期的心理收入。你会延长工作时间，更努力地扩展新客户。一旦你通过努力，收入回到预期设定的水平，就会又放松下来。

这就是心理暗示的作用，它像一个平衡调节器，过冷加加热，过热降降温，始终保持在一个舒服的心理区间。

其实年薪50万元和年薪100万元的人之间，通常不会有太大差别。唯一区别是一个目标是50万元，而另一个目标是100万元。

你可以看看身边的朋友，如果他的收入达到一年50万元，即便遇到公司倒闭再就业的情况，他的收入也几乎不会少于50万元。因为他的潜意识支撑他无论遇到何种状况，自己都要努力达到收入的目标。因为他认可自己的能力才干就在50万元的标准，因此所有的奋斗计划和投入的精力都是以50万元为标准进行的。

因此从今天开始，改变自己的思维和意识。

心理暗示还能让你成为自己在大多数时间里想象的样子。

每当你对自己说"我觉得我能行，我觉得自己很棒"的时候，大脑会释放一种叫内啡肽的物质。

内啡肽研究者、诺贝尔奖获得者罗杰·吉尔曼发现，大脑中学习和记忆的相关区域是人体最容易产生内啡肽的区域。因此内啡肽也被看作提高思考、学习、分析能力，让灵感大发的促进剂。

除此之外，内啡肽会让你感到轻松愉悦、食欲大增，能让个体充满爱心和积极情绪，愿意和周围的人交流沟通。由于内啡肽这种能让个体保持年轻快乐的状态，所以也被称为"快乐荷尔蒙"。

宾夕法尼亚大学心理学教授保罗·罗津提出了"良性自虐"这一说法。也就是人通过各种身体的折磨以达到精神的愉悦，而背后的秘密在于良性自虐可以分泌内啡肽。可以这样理解，奋斗中的隐忍坚持，也是刺激内啡肽分泌的途径之一。

当你从早晨开始规划工作，并且大声地告诉自己今天要积极，通过这种心理暗示的方式，可以刺激内啡肽的产生，产生的内啡肽又可以让你更加开朗乐观，积极有活力地投入工作中，所以内啡肽又被称为"进步燃料"。

你想想自己是不是有这样的经历，当自己通过努力完成了一件重要工作，你会有一种满足感，并且此刻对自己能力的认可度是最高的，觉得你能胜任更加复杂的工作，这就是内啡肽给你的感觉。

第五项，练就同理心提高卖货的概率。所谓同理心，就是销售人员要站在顾客立场思考的一种方式。它是指在和不同顾客进行接触沟通时，能正确理解顾客的感受和情绪，吃透顾客的心思和痛苦，进而做到快速理解和精准关怀，迅速与顾客拉近情感上的距离以产生好感。

简单来说同理心就是将心比心，将自己与客户角色互换，设身处地去感受理解顾客。

人由于立场和环境不同，平时很难了解对方的真实感受，并且很多事情没有对错之分，只是立场不同。可以想象一下，在生活中那些被人尊敬的人，大多数是善于换个角度，站到对方立场思考和沟通并解决问题的人。

因此作为销售员，更应该学习这种沟通能力，以便在业务场景中能更好地体谅和理解顾客，进而更好地挖掘顾客的痛点和需求。

同理心不是瞬间产生的，而是要真正地把自己当成一个顾客去真实体会一下痛点。只有这样才能设身处地想顾客所想，才能成功转化描述商品的角度，从以自我和产品为中心，切换到以客户和痛点为中心。

销售同理心分为三个层次，这里我们以实际案例去讲。

例如，销售经常会遇到顾客吐槽："你们家的东西太贵了！"

那遇到这样的顾客，没有同理心的销售会这样回答："我们家卖的商品质量好，别人家有便宜的你可以去看看。"

有同理心没有技巧的销售会回复："哦，抱歉啊，这个价格是公司定的，我也没办法。"

有同理心又有技巧的销售会回复："噢，是吗？你的眼光真是独到，一眼就看中了我们家新产品。你觉得价格贵，我很理解，包括我自己看了也觉得贵，但是贵肯定质量好。我给你介绍一下，你就明白，我们贵在哪里，值不值得这个价。"引起顾客的兴趣后，借机更深一步地沟通促单。

下面逐一对比分析三种回答。

没有同理心的销售，说的话很刺耳，客户听了一定会觉得被嘲讽，遇到脾气不好的客户甚至还会引起争执。

有同理心没有技巧的销售员，虽然表示了抱歉，但又直白地想以公司定价去说服客户，其实是一种很苍白且没有说服力的借口。

下面着重分析下第三种，有同理心又有技巧的销售员的话术。

1. 赞扬顾客眼光独到，这种赞扬会让顾客马上产生好感。这里利用的心理学原理是"恭维能让人快速产生好感"，心理学讲简简单单的恭维，无论真或假，都会让人马上产生好感。

2. 销售人员表示自己也觉得贵，这是通过"表达相同感受"迅速与顾客拉近关系。这里利用的心理学原理是"人会对有相同观点的人产生信任感"，社会心理学指出，人很容易对和自己有相同观点的人产生信任感。

3. 做完前两步，顾客已经产生好感，并有一定的信任。最后一步就是通过专业的介绍让顾客理解为什么贵，认可商品贵的价值点，并在沟通中洞察分析出顾客的痛点，告诉顾客这个价值点为什么是解决痛点的最佳方案，进行促单。

好的销售一定是好的心理医生，当你拥有同理心真正理解顾客的痛点，一定会和顾客拉近距离，让顾客快速产生好感和信任。

7.7.2 导购销售成交三步法

第一步，诊断痛点。销售要转变沟通思维逻辑，从一上来就介绍"我产品是什么……"转化到提问、倾听、指出痛点、获得共鸣、规划解决方案。销售必须明白，顾客只关心如何解决问题，而不关心产品。因此所有销售员入职的第一件事就是把自己当顾客，真正体验和挖掘一下顾客的痛点。有了感同身受之后，这样才能更容易筛选出哪个才是顾客最在意的痛点，才能对症下药。

第二步，强调价值差异和获得与损失。差异化的价值点，应该聚焦解决顾客需求的时间效率和价值成本上。

这两点也是凸显自己优势要着重强调的点。销售在沟通的时候要从这两个方面深挖，但切记话术不要引起顾客的理性逻辑思维介入思考。例如，"我们家真的不错，不信你去别人家看看比比"。只要这样说了客户肯定会想，你说的也对啊，我好像是应该对比一下。

消费行为心理学指出，新脑理性逻辑思维介入交易谈判越深，成交率越低。那该如何去向顾客传递我的产品确实比竞品好，又不引起顾客新脑逻辑思维参与交易谈判中呢？

你可以从人"中脑"和"原始脑"愿意接受的方式去讲。

例如，你是 A 品牌"食品类恒温烤箱"的销售员，竞品是 B 品牌。

你的话术应该是这样："张总，你今天购买我的烤箱，马上就能降低商品烤制过程中的损耗，同时马上也能降低电力的损耗。去年之前某家温控是最好的，你肯定也知道。但从今年开始，我们家用了从国外进口的调温控件，今天我可以这样说，行业内我们家技术最强。同时由于温控精度更高，能耗也就进一步降低下来。你想象一下，今天开始用上我们的恒温烤箱，仅损耗一项，你每天就能节省很多钱。"

这段话销售人员在对比竞品产品，避免了理性的参数强调，而是通过自己硬件的更新巧妙地一带而过。如果客户追问也不怕，反而给你机会介绍这个进口配件更具体的优点。因此不要简单地说："不信你去别人家看看比比。"

你说的话一定要能引起顾客获得商品愉悦情绪与失去的焦虑情绪，你对比的差异化一定是顾客的成交诱因才行。

第三步，降低顾客风险。阻止顾客最后掏钱的原因，就是担心可能会遭受的风险。将风险通过周到的服务消除掉，可以有效刺激顾客下单。话术可以这样说："我们还有终生免费维修、24小时技术客服支持，这是全行业最棒的服务，你买我们产品，可以说没有任何后顾之忧。"

7.7.3 面对现场犹豫的顾客应对技巧

当顾客对商品表现出既想要又犹豫的时候，最后在你的催促下，顾客说"我再考虑考虑"，你该怎么办？

出现这个情况是因为以下的原因。

1. 顾客并没有真正地理解商品价值点。
2. 顾客没有消除购买商品可能遭受的风险。

这个时候就要思考自己在介绍商品时，是不是犯了以自我为中心去介绍商品的错误。

前面多章篇幅已经讲过，顾客不关心产品是什么，顾客只关心它能怎么解决需求痛点，以及在使用这些功能中能得到怎样的体验。例如，你是卖榨汁机的，除了介绍榨汁机的功率大小这些基本参数，更重要的是要告诉顾客它在操作的时候有多么的智能方便。

另外，要理解他还在担心可能遭受的损失，如价格是否合理、质量能否保证、维修售后是否方便等。这些顾客可能遭受到的风险损失，要在沟通中彻底打消掉他们的疑虑。

基于这两个关键点，话术应该是这样的："我看你是真喜欢，就别再犹豫了。你也确定我们产品是同类产品中最好的，价格你也一定在网上调研了，我们这个真心不贵。反正我们7天无理由退换，并且还有三年免费质保，你没有任何风险或损失。我敢肯定你真正用上这款榨汁机，保证会喜欢，因为和你一样的客户，最后都给我们好评。"

那么这段话有三个重点。

第一个，强化暗示顾客是真心喜欢，并且价格是合理的。

第二个，将顾客可能遭受的风险降到最低。

第三个，利用从众心理和社群口碑引导顾客下单。

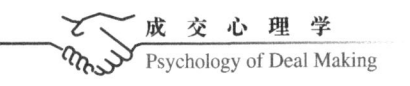

7.7.4 长期跟踪客户始终犹豫应对技巧

保险行业里业务员经常遇到和客户沟通初期，对方表现出认可甚至说"回去会好好考虑一下"。这让你有一种错觉，觉得这单基本没有问题了。但是后面客户却越来越冷漠，甚至不太回复你的信息。

遇到这种情况千万不要再发"张总你考虑得怎么样了"或"王小姐你想得怎么样了"，这样只会把客户推得更远。

你要搞清楚客户不回复的真实原因，这里我们利用用户心理学，将不回复的客户归纳为三类。

第一类，需求迫切度不够，即商品并不在他近期必须购买的优先范围内。

第二类，价值感不强，即介绍没让他觉得这款产品才是解决痛点的最优选择。

第三类，缺乏信任关系，特别是大额消费，客户几乎不会和与自己没有信任关系的人产生交易行为。信任关系缺失也会让客户害怕在你这里购买高价商品，或者商品遇到问题后会因售后不好，给自己造成可能的损失风险。

分析完为什么不回复你的原因后，第一件事是将手里跟踪很久呈现沉默状态的客户做一个归类，然后再去做逐个精准应对。

第一类，需求迫切度不够。这类客户属于质量比较好并且和你关系不错也有信任度，也认可产品。唯一阻碍就是现在需求并不是迫切的，并且你的产品和其他同类产品相比也没有绝对的优势。

这种客户一定要坚持跟，这类客户属于优质客户。因为需求是真实的，你的产品功能、价值他都认可，只是可能因为和同类的产品相比，并没有什么特别的优惠或者服务上的优势。所以客户会想我也不着急买，等哪天有需要再说。

推动这一类客户购买成交的关键是，巧妙设计"降低客户获得商品的门槛"。打个简单的比喻，我有一套价值1000万元的房子，为了企业发展急需资金，500万元卖给你。是个人都会觉得太值了，即便现在不是迫切需求，他也要先买回来囤着。这就和"618""双十一"，很多人买一堆没用商品是一个原因。

因此对于第一类客户有两个技巧。

1. 设计客户觉得合情合理的"降低获得商品的门槛"，因为没有理由的折扣、没有理由的便宜，客户只会觉得商品本身不值钱。

2. 营造一种错过这个节点就会失去的紧张场景，刺激客户的焦虑情绪。

第二类，价值感不强。这类客户和你也已经建立不错的信任度，但是这一次产品介绍却没有打动客户。

这时你的首要任务应该是，重新洞察分析清楚客户的痛点，针对这个痛点找一些同类客户的反馈和口碑。利用从众心理，也就是展示和他一样的客户是如何使用你的产品解决与他一样的痛点问题，重新让客户认识到你销售的商品真正价值。同时洞察分析清楚他的使用场景和成交诱因，再做一次精准的促单。

第三类，缺乏信任的客户。什么也别说，先建立好感和信任。

很多销售好不容易拿到一个优质资源，就着急忙慌地开始介绍商品，殊不知这样的结果往往是高兴而去败兴而归。如何与客户快速建立信任，大家回看"掌握利用心理学快速与客户建立好感和信任的技巧"。

7.7.5　会员卡到期顾客的续费促单技巧

利用用户心理学中的"行为一致原则""负债感"和"利益刺激"轻轻松松提高会员卡到期顾客的续费转化率。

健身房、家政、美容美发等服务类企业员工，经常会有要说服会员卡到期顾客续费的情况。没有经验的人一般会直接说："张先生，你这个会员卡到期了，要不要今天续个费？"但是这样说，会员续费率会很低。

因为你抛出了一个是非题，让顾客必须做出是或否的决定。当你这话一出口，其实就已经失败了一半。因为有50%概率得到否定的回答，真实情况更严重超出这个比例。另外，这样说，无形中会给顾客一种压迫感，这种压迫感只会让他们做出否定的选择。因为顾客会觉得在仓促下做的决定可能会带来损失，所以干脆不做决定。

因此销售在引导顾客充值的时候，首先要避免给顾客是非选择题。其次在话术上要给顾客多种选择方式，让他们放松，但只给顾客一个目标结果就是充值，也就是他们可以选择充值的方式，是在我这里充，还是自己到店里充值。

下面以家政服务为案例做讲解。

在给会员快要到期的顾客服务时，今天就要格外地注意下，要比平时更加努力，获得他们的好感，因为好感是销售一切的基础。

同时在和顾客交流中，通过话术引导顾客对你的服务表达认可。可以这样讲"张总你看，我已经做完了，你是否满意"。这一步引导顾客说出"满意"获得他们心理认可。这里利用心理学中人的行为会遵循"保持前后一致的原则"，简称行为一致原则。

它是指我们所有人的行为，几乎都是保持"前后一致"的原则与人打交道。

当你知道这个原则就要明白，只要引导顾客做出肯定的行为，包括说出肯定的话，那么在后续交流的过程中，对方几乎不太可能会违背之前肯定的态度和行为，除非你犯了很大的错误。

因此引导顾客续费第一步，就是要想方设法让他不断地肯定你的商品或服务。

当顾客表示认可后，下一步就是利用赠送技巧刺激他的负债感。你可以这样说："为了保持干净舒适的环境，我还着重在门口的地垫等处做了消毒，这部分不在服务范围，是我送给你的。我看咱们家里有孩子，我也是有孩子的，门口消毒很重要，下次保洁如果还是我来，我继续给你做个家门口的消毒。"这是一句巧妙的让顾客无法拒绝的赠送话术。

通过巧妙的赠送顾客一个不在项目内的服务，刺激顾客的"负债感"，会让他心中产生一种不好意思的内疚情绪，这种感觉会让顾客觉得欠着你什么，并且想要通过某种形式的回馈，尽快消除自己这种感觉。

心理学研究，我们大部分人很难对帮助过我们的人说"不"。所以顾客只要接受馈赠，就能成功刺激出负债感并引发内疚情绪，这种感觉让他们很难拒绝你提出的要求，大大提高成交率。

当顾客肯定你的工作，并且也接受了你超出服务的赠予而有了内疚情绪后，最后一步就是正式的上话术，引导客户续会员费了。

可以这样说："张总，你的会员马上到期，你看今天是我帮你续费，不但可以帮我冲冲业绩，现场充值还有折扣，能为你省不少钱，还是你自己去店里续费。"

把这段话术做个拆解。

1."张总，你的会员马上到期，你看今天是我帮你续费，不但可以帮我冲冲业绩……"

刚才讲到负债感会让客户产生内疚不好意思的情绪，并想要以某种形式快速回报以消除自己这种感觉。因此这个时候你说"帮我冲冲业绩"，其实就是给顾客一个回报，他已经接受你超出服务项目所赠送的额外服务机会。

2."能省些钱……"

这是利益刺激，同时只有现场充值才有折扣，这是利用稀缺感原理，即出了这个门就没有享受折扣的机会了。

3."……还是你自己去店里续费。"

这个话术叫限定思考范围，暗示顾客你肯定是要充值的，无非是在我这里充还是自己到店里充值。这个时候顾客已经肯定你的服务，有了认可感；又接受了你的赠予，有了负债感；又有折扣可以享受，有了利益刺激，同时也有了稀缺感，又被心理暗示反正都要充值。那么一套组合拳打下来，顾客几乎不会拒绝。

除了一线业务员的沟通技巧，企业在设计续费价格的时候，也可以利用心理学中相似性和内隐自大两个原理，提高续费成功率。

相似性能让人快速产生好感。生活中这样的热点新闻很多，如2022年5月黑龙江当地媒体报道，两个乘坐同一架航班的乘客，因相同的名字而恋爱。

内隐自大原理指人们无意识的自我提升，即人们对自我的积极情感会促进他们对与自我联系在一起事物的情感产生更加积极的感知。以往对相似原则的研究主要集中于考察有意义的相似对人际吸引力造成影响，而内隐自大则认为，任何和自我概念相关的相似都能激发吸引力，哪怕是一些毫无意义的相似。

因此将这个心理学原理延伸开，在商业实战中，企业可以通过用户资料获知用户生日数字，并将其设计进会员费价格中，会大大提高用户对会员费的认可度，从而提高会员续费率。

7.7.6 嫌弃商品或价格的顾客应对技巧

嫌弃商品的顾客才是真买家，不要误以为顾客嫌弃是不想买。如果客户真不想买，就不会在你这浪费那么长时间，他肯定早走了，所以不要一听顾客嫌弃就失去信心。

嫌弃挑理，正是顾客给你一个说服打消他疑虑的机会。你只要学会从顾客的挑理中快速分辨出他真正的纠结点，然后基于精准的点去做促单，一定会成功。

对商品犹豫甚至挑三拣四的人无非三种原因。

第一种，非迫切需求。很多人有需求，但又觉得是不是非要今天买这个产品。例如，有次笔者在卖家电的商场看笔记本电脑的时候，看到一台心仪的打印机，这台打印机也确实是笔者的需求，但笔者今天的目的是看电脑而非打印机，这就属于非迫切需求类。

第二种，对产品能否精准解决自己需求痛点质疑。顾客对于销售的话常常是相信一部分保留一部分，如果遇上销售过于浮夸，会更加引起顾客的怀疑。特别是实体卖场，也包括微商、小程序之类的线上促单。失去了7天无理由的硬性售后，使得顾客会更加在意商品本身能不能精准解决自己的需求，害怕买回去不满意，又无法退货让自己遭受损失。

第三种，商品价值不明。在中国的商业氛围中，讲价成为交易的一个必须流程，顾客总觉得这个东西还能再便宜一点、更便宜一点。

这三种顾客表现得犹犹豫豫，经常会挑价格或者商品功能的毛病。

面对犹豫的顾客，没有所谓金句话术，也不要追求将销售话术说得冠冕堂皇。掌握心理学的核心目的是说精准的话去刺激顾客痛点，并高效传递产品如何精准解决痛点。

7.7.7 五种心理学快速精准成交技巧

第一，巧恭维，刺激顾客产生好感。好感是销售一切的起点。

社会心理学指出简单的"恭维"无论真假，都会让被恭维的人产生好感。

同时能让人迅速产生好感的因素还包括"相似性"。例如，"相同的看法""相同的爱好""相同的地域""相同的学校""甚至相同的穿着"等。这些因素都能快速刺激出对方对你的好感。

好感对成交的意义在于它是销售一切的基础和起点。

所以当客户第一次咨询商品的时候，你要做的重点就是观察客户身上的亮点并恭维他，快速地产生好感。如果这个恭维能附带上相似性原则，好感的建立过程将会更快。

例如，我们以卖硬派越野车的4S店为例。一般的恭维，销售员可能会这样说"先生一看你就特别懂车"。而高级的恭维是"先生一看你就特别懂车，经常玩越野场地吧，老掌沟你是不是也经常去"。如果客户说"是啊，经常玩"。这个时候你应该接一句"那你是真厉害，我也经常去，但那里越野专业度太高我不敢开"。

大家看这段话，就是高级的在恭维中还暗含着相似性。

因此要善于观察客户各种细节，既要找到可以恭维的亮点，又要找到相似性的地方。

第二，巧赠送，刺激客户负债感。目的是让客户停留更长的时间。

社会心理学指出绝大部分人难以对给予我们赠予的人说"不"。所以客户进店后，要快速给其倒一杯茶或者拿一把椅子，或者给予其他的小赠品，快速让客户产生负债感，不好意思马上离开，从而争取让客户停留足够长的时间。客户停留时间长短和成交率成正比，停留时间越长成交率越高。

停留时长对成交的意义。

1. 有效的沟通时间，帮助销售更精准把握客户的需求痛点。

2. 时间越久认可度越强。

第三，巧揭短，刺激客户产生信任。信任是成交的基础。

社会心理学指出当你主动说出违背自己利益的话，会被人认为是诚实的一种表现，这样会立刻增加客户对你的信任感。

信任是达成交易的必要条件，无信任不成交。

大家可以观察下，精明的销售员有时候会故意说一些自家商品的小瑕疵以获得用户的信任。

他们会告诉客户你别买这个。虽然卖这个我能挣更多的钱，但是并不适合你。这样客户会觉得你这个人不是单纯为了钱，很实在，这会让客户放下戒心，对你产生信任的感觉。同时你再进一步基于客户的痛点讲一些专业的技术话语，客户的认可感和依赖感会更强。

第四，巧刺激，引发客户某种情绪。情绪越足，交易率越高。

心理学指出，超过90%的消费行为是感性的情绪冲动行为，即便是大额消费类，也是理性思考、感性消费。

因此几乎所有的消费行为，最终都可以归类为某种情绪刺激下的行为，其中对客户消费行为刺激最明显的有以下四种情绪。

1. 欲求不得的焦虑情绪，如网游的装备升级。

2. 害怕失去的焦虑情绪，如4S店的试驾车都是最高配。

3. 获得商品的愉悦情绪，如化妆品的试用装。

4. 负债感情绪，如某净水器广告免费试用15天，不满意一分钱不要拆走。

第五，勇担责，转嫁客户风险。目的是打破阻碍用户购买的最后一道障碍。

心理学指出人的所有决定和行为，会遵循最小损失原则。也就是对每件事情的思考和决定，第一个考虑的问题是，自己这样做可能遭受什么损失。相对于得到什么，人们更在意会损失什么。

对损失的恐惧是阻止客户成交的一个最大原因。所以基于最小损失原则，你就要明白只要能成功打消客户疑虑，让客户明白购买商品不会有任何可能的风险损失，就成功了一半。企业在这里要注意的重点是，服务体系的规划要围绕如何降低客户可能遭受的风险去设计。

7.7.8　调动情绪提高自己的成交能力

你每天的情绪决定了每天的销售能力。

人在交流的过程中打量别人，并快速判断是不是要深入和对方交流，这种打量的行为是所有人天生具有的一种无意识的应激反应。

当你知道人的这个普遍行为就要明白，每天见的每个客户，他们都在随时随地无意识地快速打量你、观察你、解读你，迅速判断要不要和你更深一步地进行交流。因此一个积极饱满的情绪能获得客户的好感和继续交流的机会。

同时气味心理学也已经清楚地解释，不同情绪会让人产生不同的气味分子，这种分子会通过嗅球直接触达对方大脑负责情绪的区域，并直接影响对方情绪。我们设想这样一个场景，在你即将出门上班的时候，谈了十年的女朋友突然打来电话和你分手，那你今天会意志消沉、情绪低落，不想与任何人交流。这种消极的情绪是由内而发的，即便你强忍情绪装作若无其事，也会马上被客户通过气味分析感觉出来。

客户对你的态度，其实是你当下情绪状态的一种，心理学称为"镜面映射"。

大白话讲就是你对别人笑，别人也会回报你一个微笑。因此别人对你的态度，是你对别人态度的"镜面映射"。

英国赫特福德大学的威兰德·迪特希里教授做了一个"解读情绪"的实验，证明每个人的直觉都异常灵敏。

该实验邀请三组实验对象观看舞蹈表演，并解读舞者情绪。

第一组实验对象在全光亮的场景中观看舞蹈演员跳舞，并解读跳舞者表现的情绪。结果有83%的被试者解读出跳舞者所表现的情绪。

第二组实验对象在全黑的场景下，观看跳舞者身体主要关节携带的13个光点。结果有63%的被试者成功解读出跳舞者所表现的情绪。

第三组实验对象在全黑的场景下，观看跳舞者身体主要关节携带的6个光点。结果仍然有62%的被试者成功解读出跳舞者所表现的情绪。

这个实验表明，大部分人可以通过对身体的肢体动作敏锐地解读出对方的情绪。

因此如果你这一天处在情绪低落的状态下，轻易就会被客户观察到、感觉到。那这种状态不仅影响你和客户情感建立，甚至会引起客户的排斥。

因此作为销售员每天都要热情饱满地投入工作，这种情绪能影响客户决定是否和你更深一步的接触。**热情饱满的情绪是一种积极的能量，很大程度决定一天的销售业绩。**它会让你更加热情地投入自己的产品介绍中，这种情绪也会通过关联原理和气味分子，直接触发客户情绪觉得你的产品充满魅力。

7.7.9　引导顾客想象的心理暗示技巧促单成交

引导顾客想象，这种心理暗示能将一个预测性的场景在顾客心中具象化成一个即将实现的现实，其中就包含激发了心理学中的"关联想象"原理。

引导顾客想象获得商品后的各种场景细节，可以起到心理暗示的作用，也就是通过不断的想象这种心理暗示，让客户产生错觉，觉得商品确实是自己需要的。

让我们先从讨论人到底是一名乐观主义者还是悲观主义者开始，一步步去理解想象对顾客心理暗示的力量。

塔里·夏洛特所著的《乐观的偏见》一书，指出人类是天生的乐天派。

我们每个人都知道自己注定会走向死亡的结局，但是我们每个人天生又

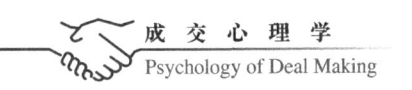

具有一种想象美好事物的本能，来帮助我们积极乐观地应对知道自己最终会死亡的结局。

因此我们每个人都拥有"想象"美好的潜意识和超级能力。

心理学家通过观察人们在想象未来时，其脑海深处关于积极画面或消极画面的场景构建，发现我们的神经元会将"能引发积极感觉的乐观信息进行关联想象"。例如，当你听到有人中了彩票时，会乐观地无意识地马上进行关联想象，觉得哪天自己也会中；当我们听到有人丢了工作，也会乐观地想这事不会发生在我身上。

因此所有人都有乐观面对未来，在脑海中无意识构建未来美好场景的想象能力。

这也是为什么很多广告如汽车、珠宝等，都是从顾客拥有这个角度去讲故事，引导顾客去想象和憧憬拥有这件商品后各种美好的细节。

当你引导顾客去想象，在脑海中构建拥有这件商品美好场景的时候，会产生很强的心理诱导和暗示作用。随着不断的想象，这种心理诱导和暗示会不断加深，顾客就会把商家宣传描绘的"美好场景"转化成自己的潜意识。通俗地讲就是从商家告诉你需要，变成顾客觉得自己需要。

因此在与顾客沟通的过程中，要善于基于顾客使用场景，去引导他想象获得商品后的美好细节，这会提高成交率。

7.7.10 高价位介绍法让顾客购买更多商品

如何让顾客购买更多的商品，就要按从高到低的价格去介绍商品。

很多销售人员介绍商品，喜欢从低往高介绍。笔者还特意问过他们为什么，得到的回答无非害怕一下报个高价，把用户给吓跑了。

这里笔者先揭晓答案：从低价到高价介绍商品，就是在损失赚钱的机会，销售人员一定要由高到低向顾客介绍和展示商品。

其实你不用害怕。如果顾客知道行业产品的价格，同时你报的最高价格已经高出他知道的价格，只会刺激他的兴趣，为什么你比别人家的贵。基于人一分钱一分货的"快思考逻辑"，顾客会无意识地快速判断做出假设，可能你的商品比市面其他家的好。

你尽可放心，只有低价才会引起顾客质疑你商品的质量。贵等于好，是人的一种无意识应激反应，心理学称为"快思维方式"。

人脑有两种思考逻辑，一种是基于经验的快思考，另一种是深思熟虑的慢思考。

人在日常生活中大部分做出的行为和判断，走的都是快思考这条逻辑线。你可以简单地理解为基于经验快速判断，典型的例子就是贵等于好。

在生活中如当你知道眼前的人是清华大学毕业，会无意识地感觉他的学习能力很强。再如，你看到马路边卖玉石的，你会马上觉得这东西一定不会是真的。日常生活中，绝大部分人都基于经验快速判断，以提高自己处理事情的效率。

所以当你给顾客报一个最高价，如果顾客对行业内产品价格不了解，就相当于在顾客心中产生一个锚点。然后再逐步介绍更低价格的商品，从心里是在逐步减轻顾客的痛苦。

另外，由高到低去介绍和展示商品，每降低一次价格，顾客所选择的商品功能就会更少或者质量更差，对于顾客来说就意味着失去一些东西，人天生讨厌失去的感觉。所以只要能成功刺激出顾客害怕失去的焦虑情绪，成交的概率就很大。

例如，服装店销售一定要先引导顾客看最贵的西服，如果他购买了，往往还能搭售一件衬衣。因为顾客会觉得相对于上万元的西服，几百元的衬衣很便宜，大头都花了这点钱也就不省了，并且穿西服搭配衬衣也是刚需。

让顾客看到价钱、掏钱都是很痛苦的事情。无论价格高低，所以反正都是痛苦，你要让他看最高，然后逐步降低价格，反而会减轻他的痛苦，并能刺激他害怕失去拥有更好商品的焦虑情绪。

而从低价到高价去介绍商品，逐级升高的价格，是在一步步增加顾客的痛苦，也是刺激顾客"对比"心理。对比心理会让顾客新脑理性逻辑思维介入思考，这件商品到底需不需要。一旦新脑理性的逻辑思维介入，我们有数据显示，成交率会大幅度降低。

高位介绍法还有一个变种用法，即如果店里有捆绑折扣活动的时候，向顾客介绍时候要将大数放在前面。例如，30个20元，包括价签展示也是要大数放在前。因为将价格放在前面将诱导用户去关注成本，将大数放在前面诱导用户去关注收益。但是这个策略有一个限制,就是捆绑的数量值必须大于价格数值。例如,两盒 50 元,就起不到诱导用户产生物超所值的感觉,就要运用别的心理学技巧让用户产生物超所值的感觉。

企业为了提高成交率和单个商品的利润,除了一线业务销售员从高到低去介绍商品,也可以用适度地提高价格的方式给用户还价的空间。那么设计这个较高的锚定价格时要遵循两个标准。第一不要夸张,过分抬高价格反而阻挡用户的消费意愿。第二不要取整数。例如,正常价格在 4690 元的液晶电视,企业可以适当调整到 5198 元,但是不能取整数 5000 元。这里面的心理原理是锚点价格越精确,用户预测感知的价格越接近。

锚点价格原理可以进一步延伸,如果某件商品周围都是高价格商品,那么这些商品的高价格就起到了锚点的作用,因此用户也会对本件商品的价值感越认可,愿意出更高的价格购买。锚点原理还可以延伸到非价格因素的数字上,也就是假如你经营一家实体企业,如超市、汽车改装店这类的,可以尝试在店里展示较高的数字,如截至今天共有 5896 名客户,就这一类的都能诱导用户更高的支付意愿。

7.7.11 轻松五步让第一次消费顾客办卡

有很多传统服务业如美发美甲、健身游泳、洗车保养、美容塑身等,很大部分利润来自高频次消费的项目上,这些项目更多是由会员客户的复购拉动的。因此这类传统服务型经营项目引导新顾客购买会员卡,就能极大地提高复购率,从而整体提高企业销售业绩。

下面我们讲一下,如何通过五个步骤轻轻松松让新顾客消费。

第一步,快速打造好感。当新顾客来到店里,要快速让用户产生好感。

首先是视觉层面的设计,让进店的新顾客一眼看去,马上觉得你们是一家很专业的店,专业感一定要做出来。

其次在嗅觉上,也就是要放香薰,找一个和你行业及店里装修风格很搭配的味道。例如,你去面包房或者甜品店,会发现进去之后味道很棒,让你很有食欲。这些味道不是面包或奶油发出来的,而是由香薰机里面的"香味剂"散发出来的。香薰的作用在于长期的刺激和条件反射,也就是顾客闻到这个味道，就有想购买商品的冲动。

最后在味觉上，要提供客户甜味饮料，因为糖分可以刺激出人愉悦的情绪。情绪越足，达成交易的成功率越高。

因此新客户进店后，要快速进行三种感官刺激让用户产生好感，好感是销售一切的基础。

第二步，引导用户体验。有了好感后，下一步就要引导顾客深度体验，让他们觉得产品或服务才是解决需求痛点的最佳方案。

在顾客体验的过程中，要在三点下功夫。一是技术点上做到深入的展示。二是服务上做到极致的完善。三是突出打造一个特点，便于顾客深刻记忆和传播，这个点只要一个就可以，太多顾客记不住也不利于传播。

这里笔者讲一个案例。笔者的牙从小不好，因此会经常去看牙补牙。有一次去了一个牙科诊所后，一下就让笔者成为他们家的忠实客户。这家诊所从技术上来讲，没有特别突出的点。他们家让笔者感动的是，医生在给你打麻药的时候手法很轻，同时还有一个护士坐在你的旁边，轻轻地、有规律地拍你肩膀。这个动作让笔者很快安静下来，甚至觉得有一些舒服和惬意，也不觉得打麻药很疼了。这个极致的打麻药体验，让笔者一下记住了他们家。

因此作为企业经营者，必须思考你要把哪个点提炼出来，让顾客快速记忆。

这家牙科诊所用到的心理学原理叫"错误归因"。也就是在一个点上给顾客最极致的体验，让他们心动，顾客会把这个感觉放大辐射到对企业的整体认知上。

第三步，引导用户办卡。这步要利用心理学"弗里德曼门槛效应"，它是指当人们做出一个小的承诺后，在同一件事情上，后续也愿意做出一个更大的承诺，以保持自己行为的前后一致性。

因此企业要设计一些面向新顾客的会员卡，面值要小，对顾客的价值要大。让新顾客办卡的时候不仅不需要犹豫，甚至还会觉得捡了便宜。先让新顾客迈进这个会员的门槛，后续购买更大价值会员卡的概率就会很大。

第四步，制造引导新顾客购买会员卡的时机和话术。

技巧1：在新顾客体验产品或服务时，要引导他说出对商品或服务认可的话和态度。这里运用到的心理学原理叫"行为一致原则"，行为一致原则是指人的态度和行为会保持前后一致，因此通过引导新顾客说出对商品或服务的肯定和认可，能提高办卡的成功率。

技巧2：设计巧妙地"赠送"，刺激新顾客的负债感情绪。社会心理学指出，人很难对给予自己帮助的人说"不"。要巧妙地设计一些赠送，如美容店的免费体验、化妆品专柜的试用装小礼品，都能刺激出新顾客的负债感情绪，从而提高新顾客办卡的成功率。

技巧3：以给新顾客发送优惠券的方式，引导他们注册会员。只要新顾客愿意注册会员，就是一种心理暗示，即我愿意成为付费会员。

第五步，开始引导办卡。

话术可以这样说："张哥，我们今天消费38元，如果用新顾客体验卡结账，这次消费只要15元，给你省下20多元。也就是你充200元可以剪15次，相当值，只有第一次来的新顾客才有这个优惠。"

这段话术应用的心理学原理，首先是利益刺激，其次强调只有新顾客才能体验，下次你再来就没有机会了，人为制造稀缺感。

最后提一点，不是所有新顾客都会办卡，他们可能会拿"下次再办"搪塞你。如果新顾客这样说了，那你就要重复一遍，"好的、好的，下次你来一定要办啊"，引导新顾客承诺下次一定会办。这样顾客只要下次还来，一般不会超过三次，都会办卡。

第 8 章
引导用户消费行为

8.1 人性三大怪癖

第一怪癖，禀赋效应。禀赋效应是指当个人一旦拥有某件物品，那么他对该物品价值的评价要比没拥有之前大大提高。哈佛大学心理学家艾伦·兰格率先提出：我们迷恋高估自己拥有的一切。之后，芝加哥大学商学院教授理查德·泰勒又对其进行了补充。例如，当你在二手市场给自己的房、车定出牌价的时候，总是高估它们的价值。

看得见摸得着的商品，更容易受到禀赋效应的影响。研究发现，当一个有形商品被用户拿在手里挑选超过 30 秒，那么相对于同属性其他商品——挑选时间少于 30 秒或根本没有碰的商品，志愿者愿意花更多的钱来买拿在手里超过 30 秒的商品。

因此，时间长短直接影响用户消费行为。实践中如商场卖服装的导购就可以依照这个原理，尽量让用户多逗留时间去体验服装以增加成交率。

当下很多豪车 4S 店甚至具体规定必须保证客户试驾 30 分钟以上。这个策略也是为了刺激诱导出顾客内心的虚拟拥有感。这种拥有感会引起顾客心理层面上的"禀赋效应"，从而提高顾客对商品价值的认可度和成交率。

免费试用策略可以刺激用户拥有感，但不是每一种商品都可以采取这种策略。这就要通过刺激用户虚拟拥有感，让用户不需要完全买下某件商品也可以获得这种拥有感。

最典型的刺激是拍卖场景，随着用户现场不断出价，投入的时间和精力越来越多，这种虚拟拥有感就会越来越强烈。这种方式可以变形一下应用到销售中。例如，房地产经纪人可以同时让几个购房者看一套房子形成竞争场景，并且将讨价还价的时间过程延长，让客户投入更多的时间精力去诱导出这种虚拟拥有感，这样不但能提高成交率，还会诱导用户出更高的价格。

第二怪癖，恐惧失去。相对于得到什么，人更恐惧失去的感觉，特别是对已经到手的东西，这种失去感觉更为强烈，也被称为厌恶损失。美国普林斯顿大学心理学教授丹尼尔·卡尼曼和美国行为科学家阿莫斯·特沃斯基率先提出：同样程度的损失和获得，损失的感觉会比获得强烈两倍。例如，对比丢了100元和捡到100元的感觉，你会觉得丢钱的感觉更痛苦。

从另一个角度讲，你会很轻松地花掉捡到的100元，但是让你从兜里拿出100元购物，就要思考这笔钱要不要花。因此丢失100元和捡到100元，从价值上来讲是一样的，但是丢失的感觉更痛。

商业中的付款场景会刺激用户这种损失的感觉，每一次付款都在让用户经历一次损失之痛，这种感觉会大大降低用户的消费意愿。实践中企业要学会聚合损失、分散收益，如去游乐园，是一次性卖给用户一张通票好，还是每消费一个娱乐项目收费一次好？从心理学角度讲，一次性通票的收益和用户体验最好。因为用户只在付款时痛苦一次，剩下的就是体验愉悦。而每玩一次娱乐项目都要付一次款、感受一次痛苦，不但会降低用户的消费意愿，还会大大降低用户的游玩体验。

因此，当企业的商品或服务项目有多个典型特征能引起用户的兴奋感，最好将其都提炼出来去刺激用户的愉悦情绪，但是一次性收取费用，这就是聚合损失、分散收益。对顾客来说，这种营销手段使得服务和产品整体看上去比各个部分加起来更吸引人。

个体对某件事物投入的时间和精力越多，拥有感觉越强烈。

这里还引出一个概念叫"沉没成本"。它是指一旦个体在某一事物上花了钱或精力，就很难再终止这种投入，并很可能持续不断地投入。

沉没成本效应的实践应用关键点就是前期引导用户投入资金，如预付款形式就可以刺激用户沉没成本心理感觉。

美国俄亥俄州立大学心理学家哈尔·阿克斯和凯瑟琳·布鲁默做过一个实验，观察分别报名100美元滑雪之旅和性价比更高价格却便宜一半的滑雪之旅的游客。当两个旅行的日期冲突且都不能退款时，报名者会做何选择。结果超过半数的人选择了更贵的那个，即便它的性价比不如便宜的那个。造成这个结果的核心原因是，个体在100和50美元之间做选择时，恐惧损失的心理原因让大部分报名者选择 100 美元的滑雪而放弃 50 美元的滑雪。

如果理性看待，不管选哪个，报名者总花费其实都是 150 美元。

第三怪癖，自我投射。与人相处时，我们总是想当然地认为别人会和你一样，对某件事物产生相同的观点、情绪、看法、好恶。但不幸的是，现实中别人的感觉往往与你自己的大相径庭。

8.2 让努力透明化，提高价值感和成交率

我们已经清楚，几乎没有哪个用户有能力从一件商品原材料开始一步步分辨它的具体价值来判定价格。当面临需要判断商品价值的场景时，人的大脑采用一种简化判断方式，即观察对方投入某件事情的精力和努力程度去判断价值。例如，钥匙丢了，你在门口想尽了一切办法都无法打开房门。不得已请了一个开锁匠，结果锁匠只用 5 秒钟就把门打开，然后要你支付 200 元钱。

几乎所有人都会觉得收费太贵，锁匠仅仅几秒钟的时间就挣到了 200 元。假如这个锁匠用了超过 10 分钟一脸大汗才打开房门，你会不会觉得 200 元更值得呢？

当服务或者商品收费让用户觉得不合理甚至不公平的时候，就会激活人的抵抗情绪而损失掉成交的机会。

你有没有这样的经历，刚下地铁结果遇上倾盆大雨，但是离家还有五六百米。本想买一把伞，结果发现平时 10 元一把的伞现在需要 30 元，整整上涨了两倍。结果很多人宁可挨着雨淋跑回家也不会买一把伞。

出现这个现象的核心原因是，由于突然上涨的价格激活大脑的不公平感。同时大脑又特别讨厌这种感觉，并促使个体做出反抗的行为来表达不满。结果绝大部分人最终选择冒雨回家。

因此得出结论：绝大多数用户会无意识地通过观察对方投入的精力、努力去判断价值。

知道这个心理原理，企业就可以反向应用在促进用户的成交中。在商业中由于原材料上涨引发的价格上涨会大面积引发这种不公平感，从而导致销量的下降。

这个时候除了原价不变、偷换包装容量的技巧，去弱化用户对商品属性和价格的感知，还有一种方法就是重新创作描述生产一件商品的工艺投入，要尽量翔实、复杂，以诱导用户将企业投入和价格进行横向对比，从而诱导用户认可商品的价值和价格。

这个原理可以应用在任何行业中。服务业可以细化服务标准，放在宣传册中，提高用户的价值感知。餐饮业可以创作每道菜品的制作过程，放在菜谱中，提高用户的价值感知等。

企业要善于挖掘和拆分服务流程，并将其展示在用户面前，这将大大提高用户的价值感知，从而推动用户的付款意愿。

8.3 用内容和形式塑造价值感

很多读者都喜欢和朋友在街边一边撸着牛肉串大快朵颐，一边喝着啤酒肆意畅谈。但是现在回忆下在高档西餐厅吃牛排的经历。

当你坐在西餐厅，一名侍者在你身边用清晰流畅的语调向你介绍："先生，这块牛排是从 A 地空运过来的上等雪花牛肉。这头牛从出生就吃当地零污染的草料，每天还有专人给牛放着音乐做按摩。并且宰杀时，用最先进的脊柱瞬间阻断术，牛不会有任何痛苦，也就不会由于惊吓分泌肾上腺素，导致口味变差……"

当你听完侍者介绍再去品尝牛排，发现口味真的不一样，绝不是路边摊可以相比的。

为什么会有这样的感觉？

这就是语言的魅力，它可以让人更关注自己购买的商品，同时语言中被设计的特定内容，又会引导用户去关注商品的特定属性。这有助于刺激大脑中负责高级联想、高级认知及思考概念的区域——"前额叶皮层背外侧"活跃起来。这个区域的活跃会将视、听、味、嗅、触五感刺激的初级愉悦上升为高级逻辑愉悦情绪。更高级的愉悦快乐情绪甚至能改变对商品的看法，提高其价值感。

因此当精心设计过的内容，包括语言和宣传册有效传达给顾客的时候，有助于刺激顾客更好地享受和体验，并获得更强烈的愉悦情绪。这种情绪既会促使顾客更加重视这件商品或服务，也激励顾客更愿意为其支付费用。

语言之所以能产生如此魅力，在于人的早期决策行为。它并非在于聚焦在事物内部进行判断选择，而是基于外部的描述进行判断选择。例如，牙疼时有两个医生给你同一个解决方案，但他们的话却是这样说的。

A 医生："这个方案成功率 80%。"

B 医生："这个方案失败率 20%。"

当你听到同一种方案的不同描述，B 医生一定被否定掉，而选择 A 医生。

所以人的早期决策不是聚焦于事物本身的衡量判断，如研究这个治疗方案内部的技术细节，而是凭借外部语言做出快速判断。A 医生聚焦于成功，而 B 医生聚焦于失败。这就将听众引向两个不同的思考方向。A 医生的话会让患者觉得自己是 80% 中的一员，牙一定能看好。而 B 医生的话会让患者专注于 20%，觉得自己可能会是其中一分子。最终结果可能是钱花了，但是牙依然没有看好。

因此内容语言并没有改变事物的本质，它改变的是消费者对事物的思考判断角度。

除了语言，形式也能塑造用户的体验，创造价值。

小到人生的重要节点，大到国家的重要节点，甚至传统节日或宗教活动，都会用某种形式去强化事件本身的意义。为什么形式会占据社会生活的方方面面、角角落落呢？**核心原因是形式所包含的特定语言和仪式，能塑造一种超乎寻常的体验和价值感。**

愉悦的感觉来自视、听、味、嗅、触五感，是对外部触发物刺激下的一种初级愉悦体验。但是随着信息流和形式的刺激，不仅建立和强化消费者与过去体验的关联感，同时形式还创造意义感，这些因素让初级愉悦体验升级到高级逻辑愉悦情绪。它带来的直接影响是，让消费者觉得其体验的某种商品或服务价值感更高。

例如，在高档西餐厅，侍者在介绍红酒时，复杂专业如诗般的描述"单宁""日照""恒温酒窖"等，以及摇晃动作，观察红酒挂杯的形态，将水晶高脚杯放在鼻前嗅闻的神态，这一切因素都刺激人的大脑，让个体产生更加昂贵的感觉。

形式对用户的影响程度比想象的还要高。

麻省理工学院的认知心理学家丹·艾瑞里在《怪诞行为学》一书中指出："形式让一段同过去及未来彼此相似的体验联系在了一起。这种联系使得这段体验成为延续过去和迈向未来的一部分，因而赋予了体验更深的意义。"

心理学家凯思林·沃斯研究了形式对消费者的影响。结果显示，形式可以增加乐趣、愉悦、价值，当然也包括支付意愿。

形式有助于消费者聚焦当下，更关注此时此刻所经历的体验、事物或消费行为。形式让物品更具价值和意义，如宗教仪式。形式让食品更美味，如品尝红酒的过程。形式让事情看上去更加特别，如毕业典礼。形式让经历更加珍贵，如婚礼仪式。因此语言、形式、预期能切实改变用户的体验。

五折商品或者轻松的刷脸支付，永远不会改变商品本身的价值，但是让戴着白手套的侍者给你倒红酒，在毕业典礼上让校长将硕士帽上的麦穗放在另一边，这些行为都可以让整体体验变得更有意义和价值。

形式促使人聚焦当下事物及更深刻的体验，从而增加对事物的深刻感觉。这种感觉也将经历和形式密切关联在一起。当某个事物赋予其特定的形式后，它就变成一件更有意义的事情，我们操作它、主宰它，并感受这个过程中的愉悦情绪和价值。

企业要善于创作一些形式增加用户体验感。例如，武术培训项目的授带仪式、音乐培训项目的考级仪式，包括餐饮业也可以将上菜过程、介绍菜品的过程设计得更加形式化，增加用户的体验和价值认可。

8.4 用户对商品价格判断的心理逻辑

作为企业家，你有没有想过用户对商品价格的判断标准是什么？

按照传统经济学，那就是原材料、时间和劳动力成本。但是没有哪个用户能估算出一件商品所耗费的原材料、时间和劳动力成本。因此用户对价格的评价因素更多是商品周遭的可量化因素。这些因素也构成了同质化商品中的独特性。

例如，手机类商品，屏幕尺寸、CPU 运行速度、分辨率等易于衡量的因素，会成为用户判断手机价格的标准，而不是原材料、供应链、时间、劳动力。

耶鲁大学经济学博士乔治·勒文施泰因做过一个实验，验证了用户对商品价值进行判断时，周遭因素的影响效应。实验过程如下，三组志愿者判断物品价格。实验前提是 A 组和 B 组完全不知道有两本词典。

A 组："你愿意付多少钱，购买一本词汇量 1 万，封皮完好无损的书。"结果显示，志愿者愿意支付 24 美元。

B 组："你愿意付多少钱，购买一本词汇量 2 万，但封皮破损的书。"结果显示，志愿者愿意支付 20 美元。虽然词典封面根本不影响使用，但却是用户进行价格判断时的标准。

C 组同时被告知两个条件："词汇量 1 万封皮完好无损的书和词汇量 2 万但封皮破损的书，你愿意支付多少钱购买它们。"结果显示，词汇量 1 万的出价平均 19 美元，词汇量 2 万的出价平均 27 美元。

实验告诉我们，两个条件放在一起后，给用户提供了一个更为明显的对比因素，诱导用户判断词汇量 2 万的价值更大。因此当分别展示单一条件时，书皮封面好坏成为用户的判断标准。用户对单词量的敏感度几乎没有，当加入另一个条件时，易于对比性就凸显出来，成为用户出价的首要条件。

实验说明，人在做决策时，会倾向于寻找易于对比的因素，从而对商品价值做出判断。并且这些衡量的因素，有时候与物品本身功能几乎没有关系。就像志愿者单独评估一本封皮损坏的词典时，对其价值的衡量不是词汇量，而是与功能毫不相关的封皮。

实验说明，普通大众非但无法判断任何商品的实际价值，甚至由于外部周遭因素的干扰而胡乱判断。因此如果摆在用户面前的商品，没有经验做价值锚定或者易于对比的衡量因素、品牌效应、口碑效应，那么用户就会转而以价格进行简单判断——贵的等于好的。它的心理原因是"源于个体对'精确'的偏爱"。

因为精准性会诱导人出现错觉，让个体误以为做了一个正确的决定。有一个玩笑是"人的决策在涉及财务问题时，心理学通常给你一个正确的模糊答案，经济学会给你一个精准的错误答案"。

当消费者要判定一件商品或服务时，理性的逻辑应该是对商品本身的属性，包括原材料、功能、体验、视觉、社群认可等诸多不确定性因素进行整体梳理和判断。但是对每一个因素都进行判断，势必会增加大脑的负担。大脑是身体最懒惰的器官，更多时候是基于经验走捷径做判断。

所以价格的真正作用就是衡量商品或服务的标尺，因此在缺乏衡量标准的时候，价格就是消费者判断的唯一标尺。

8.4.1　价格锚定原理

每个人的生活经验不同，对同一商品的价格认知会有巨大差别。当你在地下通道看到有人兜售玉石手镯的时候，心里已经打了一个标记，这东西也就百十元钱。当你看到珠宝玉器店里的玉石手镯，也不会惊讶一个玉镯几十万元的标价。

你为什么会有这样的"印记"？它从哪里来，你又凭什么去做的预测？

对于这个锚定效应，最初由阿莫斯·特沃斯基和丹尼尔·卡内曼在1974年关于联合国的实验中得以证实，实验结果如下。

当人不知道某样东西的价值，如一台手机值多少钱、一堂课程值多少钱等，就特别容易受到各种暗示的影响，这些暗示可能是某个随机数字，可能是商家企业有意为之。总之当人对商品价格迷茫时，就像一个溺水之人总想抓住漂浮在周围的一切东西。这个东西一旦被抓住，就会在大脑中形成印记，锚定价格便由此产生。

"印记"效应存在于各种动物行为中。例如，刚破壳的小鸡会把第一眼看到的动物视作它的母亲。而人类行为也会被各种印记所锚定。锚定一旦进入意识中，就能使个体本能地相信它是合理的、有迹可循。

因为承认错误是这个世界最难的事情。当然如此执拗，不是因为本身的自负，而是源于大脑的懒惰。因为承认错误意味着重新学习的时间和精力成本，也意味着增加判断某个事物的复杂程度。大脑是身体最懒惰的器官，如果不是有确凿的证据，一旦印记形成锚定，我们不会做出颠覆性的改变。不挑战自己，按照积累的经验简单判断和决定，是大脑一直追求的思维模式。

但生活中对各种事物的判断，不总是有迹可循。这个时候大脑会启动第二套偷懒机制——"从众效应"，即个体会倾向多数人的选择，去判断事物的价值并对应到自己的需求。除了从众效应，锚定效应下的从我效用，是对个体行为具有巨大影响的另一个心理效应。

还记得"小丽买咖啡"的故事吗？小丽基于自己最初的选择做出了当下的选择。由契机开始，有了初次体验，并产生了印记和锚定效应，进而锚定效应的"副作用"——从我效应推动小丽一次又一次地选择高档咖啡店，并最终完成了消费升级的蜕变。

用认知心理学家丹·艾瑞里的话说就是"从单一决策开始，由从我心态演化成一个更严重的问题，让人陷入自我欺骗、谬误、错误评估这样一种无限循环中"。

当然从我效应也有积极面。从我的根本原因是，它是个体一种简化地规避决策犯错的方式。毕竟之前自己这样选择了并且解决了当时的问题，又没有什么损失。所以在遇到相似需求刺激或者触发物时，过往的经验就是最高效、风险最低的衡量标准。如果没有"从我"，意味着生活经验无法被积累，人生将没有经验可循，意味着每次决策都要重新衡量评估，这对大脑来说是不可忍受的。

8.4.2 锚定的任意一致性

那么任何数字都可以给用户心中塑造一个"锚"吗？还是说这个初始数字也需要有一定的合理性才能引起锚定效应？假如一个标注 20 元的玉石挂坠，由于价格过于离谱，你根本不会认可，也不会由此初始印象在心中塑造一个锚。

我们看丹·艾瑞里在他的著作《怪诞行为学》描述的一个实验就知道结果了。

丹·艾瑞里、德拉赞·普雷勒克和乔治勒·文斯坦三位教授，在麻省理工学院做了一个实验。

第一步，他们当着 55 名管理专业学生的面，逐一介绍了一系列商品。介绍完后将商品表发给同学，并要求在旁边价格栏以价格形式写上自己社会保障号的最后两位。然后在"是否愿意以这个数字购买商品"选项栏写上"是"或"否",然后在"愿意付出多少价格"栏里写上自己愿意出的价格。最后统计每一个商品愿意出最高价格的学生将获得商品,并按照出价购买。表8-1是锚定实验的结果。

表8-1 价格锚定实验

锚定数字 社保号末尾两位	实验产品					
	无线鼠标	无线键盘	设计书	巧克力	1998年份葡萄酒	1996年份葡萄酒
00–19	8.64	16.09	12.82	9.55	8.64	11.73
20–39	11.82	26.82	16.18	10.64	14.45	22.45
40–59	13.45	29.27	15.82	12.45	12.55	18.09
60–79	21.18	34.55	19.27	13.27	15.45	24.55
80–99	26.18	55.64	30.00	20.64	27.91	37.55

注:参与人数55人,实验以美元为准

实验结果显示,社会保障号后两位的大小直接影响学生愿意付出的价格的高低。

研究证明锚定价格具有随机"任意的一致性"特点,即给定用户一个任意数字,将会影响用户的首次出价,同时一旦价格被锚定,也将影响用户后续的出价意愿。

同时实验还发现,当志愿者首次看到普通红酒,也愿意花更多钱买更好的红酒。反之当志愿者首次看到品质好的红酒,则希望花更少的钱买普通红酒。

当用户第一次以某个价格购买某个商品,在其心里就产生了印记,即被价格锚定,也就在心中塑造了这一价格认知,并且会影响他们在购买同类商品时以这个锚定价格为参照物。知道这个原理,企业在做同质化竞争的时候,就要小心设计价格,如果过低会引起用户对质量的担忧,如果过高也会阻碍用户的消费意愿。最佳的方式就是突出企业商品在同类商品中的不同点,让用户无法用之前的经验衡量,锚定效应也就失效了。

8.5 免费为什么有效

阻止用户消费行为的一个重要障碍就是他们担心可能承受损失。因为无论多完善的服务体系去帮助客户规避金钱损失，客户仍然可能会在有瑕疵的商品上耗费掉时间、精力。因此人们选择商品的时候，总会有这样那样的考量。

但是免费却可以让用户完美避免大脑陷入购买某件商品时衡量对比价值和付出。因此当免费商品出现在用户视野中时，总是会激起获得它的冲动，在用户看来这是没有任何后顾之忧的获得。

相对于得到什么，人更害怕失去的感觉。免费真正的诱惑力就在于此。它清晰地告诉人们，来领取我你不会有任何损失——这就是免费诱导用户行为的真正原因。

免费的心理作用讲清楚了，我们深入一步讨论如果免费形式换成物品，用户又会是什么反应呢？复杂的心理学实验这里不再赘述，我们直接给出答案。零成本吸引力已经超出现金范畴，物物交换也具有同样的吸引力。

例如，国内某电商购买多少金额商品就免运费，就很好地推动了销量，很多用户为了免运费往往会给自己的购物车添加很多不是迫切需要的商品。

免费对吸引用户的效力不容置疑，但是如果企业一味地用免费吸引用户，最终一定会被巨大的成本所拖累而陷入险境。2010年年初大部分互联网创业公司开拓市场的打法都是资本强势介入，打补贴战快速占领市场赶跑对手，然后再推出收费产品。这个策略在前些年行业内对手少、竞争环境相对简单、经济形势向好的时候还可以使用。但是在同质化激烈竞争的时代，一条赛道十几甚至几十上百家企业竞争，导致补贴策略需要投入巨大的资金储备，这不是一般企业可以承担的。因此就需要企业在彻底理解免费对推动用户消费行为的心理原理后，进行适应性优化设计。

免费的实践应用中有一种有效策略就是搭售。例如，购买8000元一套的西服，免费送一件价值1000元的衬衫。免费搭售的技巧能否成功，在于所赠送的免费商品必须对客户是有价值的，否则并不能引起用户的消费冲动行为。

8.6 利用对比原理促成搭售提高销售业绩

心理物理学领域确立的对比原理是指，两样东西一前一后展示出来，人们会怎样看待其中的区别。

简单地讲当第二件东西跟第一件东西有相当大不同，那人们往往会认为两者的区别比实际的更大。原始脑在参与过程中，会寻求基本比较要素，进行对比后原始脑很快做出决定。

想象一下你刚买一台近 2 万元的相机，由于担心磨损碰坏，你不想裸背着相机到处走，想要尽快地配备一个相机包。你会购买一个 80 元的包，还是会购买一个 500 元的包？此时商品推荐列表里推荐了一款 500 元的包，大部分人欣然接受了。因为 500 元的包在和 2 万元相机比较的过程中旧脑参与到决策中，客户会理直气壮地觉得自己是为了保护 2 万元的设备。

企业要善于利用这个对比原理。就像电商卖相机的例子，几万元的相机和几百元的包对比。实体服装店也是同样道理。假如有人走进时装店说自己想买大衣，如果你是销售员应该给他们看贵的还是便宜的？千万不要害怕让客户看了贵的服装把他们吓跑。

要让他们看最贵的。首先在锚定效应下，即便不买最贵的也不会买最便宜的。大部分用户会在锚定效应诱导下买一个相对贵一些的商品。其次在对比原理下，绝大多数客户会因为买了相对贵的大衣后，继续买下衬衣。哪怕衬衣再贵，与大衣相比它也是便宜的。现实中很多顾客消费目标往往精准单一，但只要购买贵的商品后，销售再继续引导顾客看其他搭配品，下单的概率会大大增加。

所以如果顾客进店后，销售员直接引导他们看最便宜的，那么这个最便宜的价格就会形成锚定效应，用户几乎不会再关注价格较高的商品，也就失去了销售利润更高商品的机会和搭售商品的机会。因此失去的不是销售一次商品的机会，而是两次。

经营者在与顾客的交流中，要思考在自己的商品体系中，哪些能组合在一起运用对比原理。

例如，上万元的相机和几百元的包，几十万元的车和几千元的贴膜，上

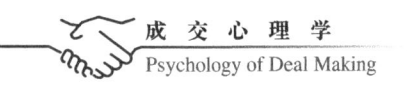

千元的大衣和几百元的衬衫、领带，蛋糕店上百元的蛋糕和十几元的生日拉花等。同时要注意锚定效应和对比原理在实操中要与商品属性有关联。你不能卖给顾客一件上万元的大衣，而后搭配一个喝水杯，如此组合肯定刺激不了顾客。

8.6.1　价值相对论的诱导成交作用

你会为省 9 元钱而多走两个街区吗？这个问题的答案是"有时候会，有时候不会"。这个世界最不绝对的事情就是商品价格，最变幻莫测的就是你对价值大小的感知。

假如你去文具店购买一个 30 元的文件夹，碰巧遇见朋友，并且他告诉你相同文件夹，隔着两条街区的一家文具店走过去大概 10 分钟，只要 21 元钱。你会怎么办？大部分人会为了这 9 元钱走两条街区。假如你还在这个文具店，但是购买的却是价值 589 元的书包，碰巧又遇见你的朋友，并且他告诉你相同书包，隔着两条街区的一家文具店只要 580 元钱。你又会怎么办？这种情况大部分人不会为了省这 9 元而走两条街区。

9 元钱没有改变，改变的只是参照物。两个文件夹相比，使得较低价格文件夹的相对优势远远大于另一个文件夹。而两个书包相比，相对优势就微乎其微。

因此为什么很多人在消费上万元的相机后，愿意购买价格昂贵的相机包，却不愿意花同等价钱给自己买个上班背的书包。

以上所讲指出了一个概念"价值相对论"。相对论无时无刻影响着每个人每天的生活。例如，我们总是借助于观察对比去确定大小、远近、轻重。包括无形的感觉，也是通过衡量对比给出自己好恶、情绪、亲疏远近等感觉。

因此一般消费者很难知道某件商品的真正价值，当他对某件商品价格疑惑的时候往往做出观望的态度。你可以这样理解，当用户不清楚你的商品到底好在哪里，价格为什么这么制定，以及其他人为它付出的具体代价，那么用户又怎么会知道自己付出什么，付出多少才能得到它。

对商品价值进行正确判断对普通消费者来说是一件几乎不可能的事情。因此他们常常会通过衡量对比的方法判断其价值，这就是价值相对性。只有商品有其他同类商品可以衡量其价格，用户才会有下一步的消费行为。

因此推动用户消费行为的一个有效方法就是人为设计一个衡量参照物，如图 8-1 所示。

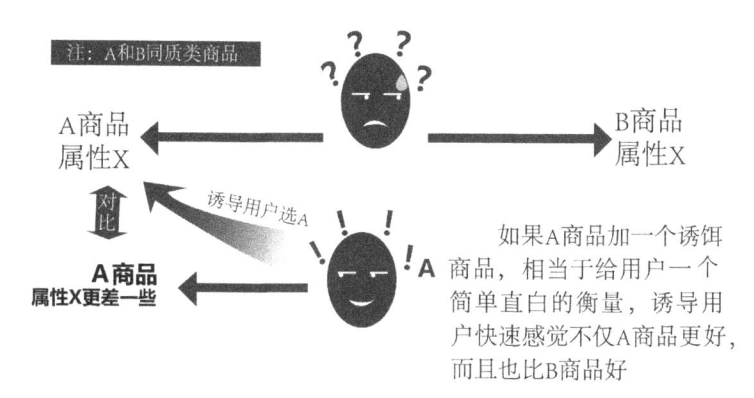

图 8-1　利用价值相对性原理诱导用户选择

并且人在比较的过程中，为了思维效率更喜欢比较简单的，避免比较复杂的。

例如，当你看到 10 元的钢笔，参加文具店促销活动"发朋友圈宣传"只要 8.5 元。另一种促销活动是 10 元钢笔买 10 支 9 折、15 支 8.5 折、20 支 8 折。两个促销活动比较，大部分人会选择第一种，因为衡量起来很简单不费脑子。

这里记住一条结论："对比是大脑简化解决问题的一种无意识应激反应。"

同时消费心理学也告诉我们，当用户不清楚买某件商品需要花多少钱才是合理的时候，就会采取折中办法。既不买最贵的也不买最便宜的，中间档位成了大多数人的最佳选择。

8.6.2　商品组合与阶梯价格对比的促销技巧

我们在浏览数码、汽车等产品时，经常会看到不同组合展示不同的价格。例如，手机"8G 内存 +128G 空间售价 3899 元""8G 内存 +256G 空间售价 4999 元""16G 内存 +256G 空间售价 6128 元"。汽车的组合就更多了，甚至让客户眼花缭乱。

商家为什么这么做呢？

因为只有一个价格，商品就失去衡量对比的维度，导致客户很难判断其价值，会阻碍用户的消费意愿。

同时只有一个价格的商品，客户就没有了选择余地，限制了选择的自由。这与人天生追求自由的天性相违背，非常令人讨厌。所以商家玩了一个心理小技巧，就是设计不同组合的阶梯价位，给客户选择的自由。同时通过价值相对性的对比原理，诱导客户购买企业主推的商品。

所以这类阶梯组合中的最低和最高价格，它的作用就是单纯用来做对比和锚定的，诱导客户购买中间阶梯的主力销售商品。

例如，我们经常会在汽车领域听到一个词叫"乞丐版"，它很便宜但几乎没有人选择。而最高配价格，其实已经达到更高端车型的门槛。这两种定价，乞丐版是为了拉低价格区间，最高配除了提高车的档次，更重要的是塑造用户心理的价格锚定，诱导用户去做价值对比。虽然几乎没有人选择，但却是大部分客户选择次顶配车型的主要诱导因素。

这就是组合阶梯价格的三个作用：降低价格区间、塑造价格锚定、诱导用户对比购买主力车型。

企业应该设计几个组合才合适呢？2个、5个还是8个、10个？最佳答案是3~5个。因为给顾客一堆选择和不给客户选择，都会增加大脑衡量对比的难度，结果导致他们陷入迷茫，从而不做选择。而当有3~5个选择的时候，就很容易诱导顾客做出中间偏贵价位的选择，也就是说3~5个选择能帮助顾客更好地去做判断。

因此顾客对价格的认知大部分都需要参照物。在《怪诞行为学》一书中讲到《经济学人》杂志订阅价格组合设计的案例，使得最昂贵的"普通"选项看起来更好。起初《经济学人》提供两种订阅方式。

A方案，订阅电子版59美元，订阅率68%。

B方案，订阅杂志版125美元，订阅率32%。

而后添加了一个订阅条件C方案，"订阅电子版+杂志版，125美元"。

A方案订阅率16%，B方案订阅率0，C方案订阅率84%。

添加修改订阅组合后，第2项起到价值对比的作用，也叫诱饵选项。通过增加一个高利润产品，十分相近但稍微差一些的版本，就能成功诱导横评对比，从而推动用户选择企业真正主销的商品。

对于企业来说，特别是网络版数字产品，天生就有一次开发、多次使用的特点。因此这样设计对于企业的成本几乎没有影响，但是利润却显著提高了。

8.7 认知流畅性原理在价格设计中运用

如果你从第一章读到这里就会明白，90%以上的用户消费行为是情绪冲动行为，包括大额消费也是理性思考、感性消费。因此借助心理学技巧去设计价格，诱导降低对价格的感知，可以起到刺激用户愉悦情绪的效果。因为谁不想买到物美价廉的商品呢？

读者可以回忆下，当你很顺利地做某件事情或某件工作的时候，会有一种畅快淋漓的感觉和愉悦情绪。心理学称为认知流畅性。人们处理信息的简单程度越高，流畅性越大，愉悦情绪越高。

因此延伸开，所有能让人顺利进行的事情都能让人产生愉悦感。例如，快速计算下面两组数字。1+1，2+2，4+4，5+5，10+10，20+20……7+4，17+7，16+15，17+94，23+18，43+88……笔者做过测试，当志愿者快速计算第二组数字的时候会经常皱眉头，即便这些题看起来并不是很难。

同时认知流畅性与生活经验也有关联，如从右往左、从上往下。如果让你买一本仿古书，从右往左读，你会十分别扭。对于数字而言，从左往右依次从小到大。因此将价格放在左边，商品放在右边，可以诱导大脑产生价格更低的误读。但是这个策略只针对价格较低的商品，而较高商品的价格，要遵循从左往右原则放在商品右侧。

因此价格展示要考虑大脑的阅读习惯。让用户解读时流畅，刺激其产生愉悦的情绪，又起到暗示价格高低的作用。

继续看一个小技巧。将7和0或4和8放在一起对比，哪个视觉上更加圆润一些呢？毋庸置疑0和8更加圆润。那么在价格展示中，圆润的视觉效果能不能刺激顾客购买行为呢？答案是肯定的。但这仅仅针对感情类相关的商品。例如，给女朋友买礼物的购买场景是关乎感情感性的，假如你的定价是49.70元，就不如"50.00元""50.60元""50.80元"这一类圆润类价格有吸引力。

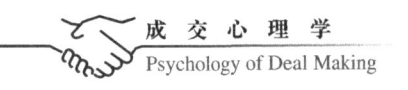

8.8 阅读顺序和锚定原理对价格高低的影响

人的行为有三种模式。

第一种,基于理性逻辑深度思考的慢思维行为模式。例如,要买房子或买车,这类大额消费类的用户会深思熟虑,将地段、大小等维度进行综合判断再做出决定。

第二种,基于经验瞬间判断的快思维行为模式。例如,日常快消品的消费行为,如买根冰棍,大脑绝不会进行细致缜密的思考。

第三种,不做思考的应激行为。例如,开车途中突然钻出一个人,你会马上踩下刹车。

这三种行为中,第二种和第三种最容易造成大脑短路。例如,阅读习惯是从左往右,因此当左边第一个数字被用户阅读的时候,这个数字就起到了锚点效应,也就是后续的数字是以前面的数字为锚点去做逻辑思维。因此才会发生当你看到 4.99 元和 5.00 元两个价格的时候,会觉得它们的差价是一元钱而不是一分钱。因为基于阅读原则和锚点原理,大脑会先将 4 和 5 对比并锚定差值为 1,之后再去对比后面的数字。结果诱导用户错误地认为价格差值在 1 元。而看到 5.80 元和 5.79 元这两个价格的时候,却没有这样的错觉。

人的大脑在成长过程中会积累很多经验,如大的重、小的轻。

笔者曾对超市购物顾客做过一次调研,绝大部分认为货架最底层摆放的商品不好,要么是大家不喜欢的,要么是快过期。几乎没有顾客会把底层货架的商品与好关联起来。包括物理面积的大小也能诱导用户对价格产生相应的贵和便宜的感觉。

企业在做价格展示时要关注这点。左侧数字相同时,要将右侧数字展示视觉尽量缩小,去强化左侧数字达到诱导顾客大脑强化价格差异的效果。在对折扣价格和原价同时展示的时候,就不要再把原价展示得又小又模糊,而应该是正常大小(见图 8-2)。

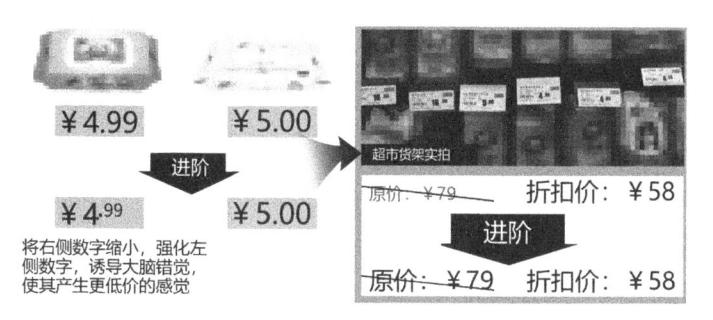

图 8-2　基于物理感觉设计价格展示

8.9　掌握正确展示顺序诱导用户关注点

价格和商品展示次序也会诱导用户从不同角度辨别商品。如果商品先展示出来，用户就会把质量作为参考标准；如果价格先展示出来，消费者会更加关注价格。因此先入为主是决定用户选择商品时辨别的重点。

这个原理会经常用在需要用户更关注品质而非价格的行业中。

例如，艺术培训类企业，在宣传阶段要尽可能去强调品质和教学质量，诱导用户以此为选择评判标准。假设错误地让用户关注价格，势必导致用户忽视品质，仅对价格进行简单的对比。

对需要用户关注品质的商业项目，必须搞清楚用户需求产生的场景、痛点以及成交诱因。以这些因素为标准，去设计企业的宣传文案。从用户角度以最简练的语言讲自己的故事，从而做到精准刺激用户需求的同时，进一步诱导用户以品质作为参考标准。

将品质和用户自身需求痛点做逻辑关联，能诱导用户快速认可产品才是解决需求痛点的方案。而对于促销走量类快消品，要反其道而行，将价格标签放在商品前，诱导用户以价格、性价比作为辨别标准。

8.10　降低用户支付痛感提高成交率

价格本质就是一组数字。当 4.99 元和 5.00 元放在一起的时候，由于对比原理，这个差值是 1 元而不是 1 分。因此在这个世界上最不绝对的事情就是用

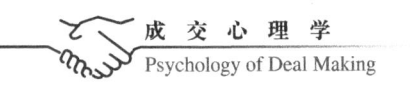

户对商品的价格包括折扣价格的感知。

商业场景中企业和用户目标是相悖的,一个追求利润,一个追求物美价廉。无论用户多有钱,消费时也不想多花一分冤枉钱。所以从古到今商人和顾客的交易就是一个博弈谈判的过程,谈判的目标是弥合双方对价格的认可差距及弥补方式。

商业社会发展到现在,商人设计了各种弥补方式和促销策略去提高用户获取数量和商品销量。这里强调一句,"促销不是为了卖商品,而是为了更多地销售商品!"这个逻辑必须清楚。如果商品必须到了要降价甚至亏本才能卖出去的地步,那么企业遭遇的增长瓶颈就不是市场开发或用户拓展的问题,而是企业内部出了问题。

促销不是为了卖企业脱离用户需求的滞销商品,而是为了提高销量。

如果企业商品力不错,只是由于消费者觉得比较贵导致遭遇增长瓶颈,企业可以通过设计各种营销活动创造一些借口,将价格降低到顾客预期心理价位去提高销量。也包括本章后续讲到的利用心理学技巧诱导用户产生物美价廉的感觉去提高销量。总结下来就是可以从四个方面操作。

第一,做活动找借口降价,拉近商品与用户群体的价格预期。

第二,利用心理学诱导用户提高对商品的价值感知。

第三,塑造品牌,提高商品价值认可。

第四,构建完善的服务体系提高顾客的价值认可,降低用户可能承担的风险。

但是企业在促销中要避免经常性简单粗暴地降价,这样有损品牌价值感。同时商品换代的时候,很多企业喜欢打折清库存。这不是一个好策略,它会损害用户对品牌和商品价值的认可度。最好的方式是以延长服务、送代金券、绑定其他商品等形式去清理库存。这样既起到促销目的,又维护企业品牌和商品在用户心中的价值感知。

但即便以上的方法都用到了,依然不能彻底消除用户大脑中阻止消费行为的挡板,那就是用户"掏钱时的痛苦感"。

斯坦福大学心理学教授布赖恩·纳斯顿教授发现,人类大脑的"伏核区"是一个多巴胺感应区,当人经历愉悦体验,如赚到钱或者品尝到某种可口饮料的时候，这个区域就会活跃起来。在实验中，志愿者看到心仪的商品时，他们的"伏核区"迅速活跃，而其中部分志愿者的活跃程度超过一般水平。纳斯顿表示，这部分人往往有更强烈的购物欲望和冲动。而那些"伏核区"不太活跃的人，往往比较节俭。

人类大脑的"脑岛区"是一个感受痛苦的区域，如图8-3所示。

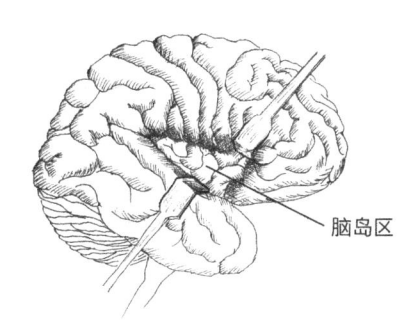

图8-3　付款时感受痛苦的脑岛区会活跃起来

当人闻到不好的气味、看到恶心的画面或者准备承受打击的时候，大脑"脑岛区"的活动就会活跃起来。同时研究人员发现，当志愿者感觉到商品的价格太高的时候，他们的"脑岛区"会出现强烈反应。

因此无论用户看到商品价格，还是真正支付商品费用，当看到钞票从自己口袋转移到商家手里，这个区域都会被刺激，让人感受到痛苦。

用户付款痛感和付款时机有密切的关联，如付款时间差。设想一下你预定并支付了下个月国庆假期旅行费用，付款和旅行之间的时间差会减轻付款痛苦。在付款的那一刻你会感到痛苦，但是随着假期临近的期待值会减轻痛苦，主要是因为憧憬旅行中各种快乐的场景会冲淡付款的痛苦。

降低对付款的关注度也可以有效降低付款痛感。

引起用户支付关注度的因素有很多，首选是符号刺激，如"钱币符号""人民币""元"。因此企业可以简单粗暴地将价格前面的人民币符号去掉。但如果法律规定必须展示，也可以采取视觉缩小的办法去弱化它的存在。

当下有一种看法，认为电子支付极大地提高了用户消费意愿，因为人们在使用电子支付消费时，并没有实物现金支付时的刺激，所以痛苦感小，消费内

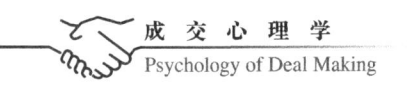

阻力就小。

还有一种因素是用户手中的资金充裕程度。例如，每个月发薪水时用户资金最充裕，支付痛感也最小，也是用户最有消费意愿的时间段。因此像什么会员续费之类的收费项目，最好安排在用户发薪水的时间区间。

还可以利用大脑解读数字的习惯。我们说小数字时喜欢用精准值，如3.69元，而讲大数字时喜欢用约数，如这个车差不多50万元。心理学称为数字精确性效应，它是指价格越精确，人们越倾向认为价格更低。由此可知精确效应是一种后天经验。依据人们这个习惯做反向应用，将大额数字精准化会诱导用户倾向于产生价格更低的错误认知。

清楚了支付痛感的诱因，就清楚目前市面上的三种支付方式了：预支付、消费后支付、每次消费支付。预支付是减轻用户支付痛感的最佳方式。用户支付完成后，剩下的就是感受获得商品或服务的愉悦情绪。而消费后支付，在支付的时候支付痛感会抵消一些消费愉悦情绪。最差的就是每消费一次支付一次。例如，去游乐园你只买了一张门票，那你整个游玩的过程都是在纠结要不要花钱玩这个项目和支付的痛感中度过，仅想一想就觉得很痛苦。再例如，分期买的高档手机，每个月还款日会刺激你的支付痛感，降低获得商品的愉悦情绪。

消费前支付和消费后支付，带给用户的痛苦感是不同的。在获得商品或服务后再支付的痛苦感比消费前就支付的痛苦感强烈些。并且消费后再支付，用户获得商品愉悦快乐的情绪也会被打折，必定影响后续的用户沉淀等转化环节。因此如果不是非要后置付费的商业项目，最好提前支付。

这里对减轻用户支付痛感的技巧方法做个汇总。

技巧一：掌握支付时机减轻支付痛苦，采用预支付形式。用户付完费后，他在享受产品或服务的时候就会更投入，愉悦感就会大大增加。这里笔者调研过贷款买车和全款买车用户的愉悦感。全款买车用户的愉悦感更强，而贷款买车的用户，由于每个月要惦记着还贷款，会大大影响他们的愉悦感。特别是在支付贷款的时候，他们会很痛苦。

技巧二：巧用场景减轻支付痛苦。用户越是精准知道自己付出的金额就越痛苦，特别是用户购买享受型产品时罪恶感最强。如果能诱导用户弱化金额感知，将注意力转移到憧憬拥有商品的美好情绪上，就能大大减轻他们支付的痛苦感，提高成交率。

我们从小接受的教育是要学会节约，勤俭持家被看作美德。因此用户在购买享受型商品如按摩沙发、高档手机、笔记本电脑时就会很纠结。这个时候就要通过销售策略或文案去打消用户这种罪恶感。例如，按摩沙发可以通过购物节折扣的形式，暗示用户此时这个是物美价廉的商品，现在买也是为了省钱，暗示用户是一个会过日子的人以打消他的罪恶感。而数码类商品如笔记本电脑，可以放在工作场景中，通过强调功能和性能告诉用户它能更高效地解决工作难题，从而提高职场竞争力。这种暗示能让用户产生一种自我安慰——"我买它不是为了享受，而是为了工作"，以此打消用户的罪恶感。

因此享受型商品促销策略在于降低用户的罪恶感，从而降低用户支付痛感。

而实用型商品用户没有这种罪恶感。例如，你购买一个电烧水壶，绝不会有罪恶感。这个时候要将烧水壶的核心功能提炼出来做文案设计，告诉用户拥有它能给你带来极致般的烧水和喝水体验。也可以使用捆绑商品策略，降低支付痛苦，但是要遵循绑高不绑低。因为高价格商品去绑定低价格商品甚至不相关的商品，会损害企业高价格商品的价值感。例如，5万元的电吉他可以绑定定制琴箱，不能绑定教学视频。因为教学视频根本不值钱，会损害品牌电吉他的价值感。

技巧三：把注意力转移到时间减轻支付痛苦。

做一个小测试，读者体会下面三段旅游公司的广告语，然后针对每一句宣传语，写上你愿意付出的价格。

1.给你自己独处的时间，放下工作，到金色海湾，享受松软沙滩和傍晚微微的海风。

2.花一点钱，给自己放个假，到金色海湾，这里有松软沙滩和傍晚微微的海风。

3.金色海湾等着你，享受松软沙滩和傍晚微微的海风。

如果没有猜错的话，这三句广告语中出价最高的是第一句。因为第一句强调的是时间，将用户注意力转移到了体验上，并且话语中关键词"你"也在潜意识地将用户与产品建立起关联。

人最关心的就是自己，如果销售话术能成功将用户引导关联进商品中，就会激发其最大的价值认可。例如，日常生活中，在你还没买某个商品前，你对它的评价趋于中肯和理性，但一旦购买后，其评价就变得更积极和感性，并通过夸大商品价值去证明自己选择的正确性。

因此企业在创作商品文案时，要善于用时间诱导用户去关注体验，弱化对价格的感知，从而减轻用户支付的痛苦感，要强调拥有后的美好，要能激发用户的憧憬和想象。感觉越足，成交率越高。

技巧四：避免现金支付减轻痛感。交易行为中弱化现金，用支付桥梁取代，可以有效减轻用户支付痛苦。

因此无现金交易是最好的方式。电子货币的作用类似于一种媒介，这种媒介偷换了支付行为认知，将密码、人脸识别替换了传统的金钱交易。我们常听到有人吐槽，现在没感觉买什么钱就花没了。这就是电子支付让用户几乎不会去刻意计算商品和价格，减轻了支付痛感，消费行为更顺畅，少了阻碍。

商超常用的"会员储值卡"就是很有效的一种支付媒介，这也是健身、美容美发行业常用的策略。

提前储值的形式更适合服务型商业模式。另外，很多餐饮企业会在餐桌上贴上二维码，让用户自助下单，避免顾客到收银台的支付行为。由于网络点餐支付弱化了金钱的存在，也会提高用户点菜的数量。

要想引导用户储值或扫码点餐等行为，最好辅助利益刺激。例如，超市推广储值卡时"预存300元，马上送2000毫升价值80元食用油一大桶"。这个文案中的数字，也要遵循从左到右、从小到大的原则，诱导用户将300与2000做对比，从而提高用户对储值卡的价值感。

技巧五：善用涨价策略减轻支付痛苦。如果频繁变换价格，无论是降价还是涨价，都会打击企业的品牌价值。频繁降价用户会认为商品质量越来越差、价值越来越低。频繁涨价也会让用户开始寻找其他竞品去替代你的商品。因此企业经营中要避免价格过大的波动。但是由于物流、原材料等原因，几乎任何企业的成本都处于一个螺旋上升阶段。因此企业要做前瞻性的涨价计划。

用户对于16.10元和16.90元这样的微弱浮动不会很敏感，如果价格一下涨到 20.09 元就会异常敏感。因此企业对于涨价，要做预判和价格浮动阶梯规划去缓慢涨价，减轻用户对价格的感知。

如果竞争等现实情况不允许企业涨价，还可以采用重新优化设计包装的形式，将商品的容量降低，从而达到变相涨价的目的。

技巧六：价值拆分减轻支付痛苦。如果销售的商品价格包含物流，最好把它与商品价格拆分开。只用商品基础价格来诱导用户对价格的低感知。

用户一旦决定消费时，有个很有意思的现象，会找很多理由证明消费决定的正确。这就包括不会主动把物流费用算在里面，虽然他必须花这个钱。而现在有些企业特别是电商，将其合在一起，然后注明包含物流费。其实这是提高了用户对商品价格的感知。

除了将物流拆分出来，企业还可以利用分期付款的形式。例如，汽车 4S 店经常用的策略：你每日只需花"××元"就可以把心爱的车开回家。这种拆分既降低了用户获得商品的门槛，又降低了用户对价格的感知，从而提高成交率。

无法分期的商品可以在文案上做技巧。例如，可以将总价做个拆分，告诉用户你每日只花"××元"就可以成为 VIP 会员，同时将用户能享受到的服务给凸显出来。这样既降低了用户对价格的感知，又通过服务提高了用户对商品价值的认知。

技巧七：价格和商品位置也会诱导用户对价格高低的感知。

例如，原价 198 元的商品，调整后的促销价为 168 元，那么在展示的时候是将它放在原价左边还是右边呢？正常情况放在右边。因为我们从小计算加减法，都是大数在左小数在右，因此现价放在右边方便用户快速解读出差值。回忆一下前面讲的认知流畅性原理，因此现价放在右边也是提升用户的认知流畅性。

8.10.1　利用不同折扣的心理反应提高成交率

读者必须明白折扣是把双刃剑。

如果企业的商品属性是关于品质或者彰显某种社会地位、身份属性，一定要谨慎思考要不要做折扣。因为无论如何，折扣都会降低用户对企业品牌和商

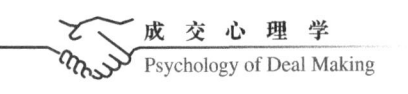

品的价值认知。

一个价格48元的热水壶，如果让你来设计折扣，是立减20%还是立减10元。这两个折扣的价格几乎是一样的，但是从用户角度来讲，心理感觉不一样。很明显展示20%会让用户觉得折扣更大。因此在设计折扣时要遵从取大原则，哪个数字更大就按照哪种方式计算。例如，298元的颈椎按摩仪，公司的折扣区间是60元，那么这个区间可以优惠20%，即59.6元。但是如果直接展示立减50元，这个折扣冲击力将会更大，并且还为公司增加了9.6元的利润。

精准数字会让人产生较小的感知值。例如，2.98元与1.98元的差值，看起来会比2与1放在一起对比的差值要小。其实它们是一样的。

因此企业不但要努力地利用心理学让价格看起来很低，同时也要利用心理学让折扣看起来很大。例如，取整数特别是0、6、8这三个数，会让消费者觉得这个折扣更大。

8.10.1.1 打折时机选择

每到月底是用户兜里钱最少的时候，将大大提高用户消费支付时的痛苦感。因此月初刚发工资的节点，是用户消费意愿最强的时候。企业就可以利用这个特点去做促销活动策划安排。例如，在用户消费意愿最高的月初，企业可以做各种刺激用户尝试体验的活动，只要用户有了尝试体验行为，只要商品没有硬伤，几乎都会促成用户消费。而到月末时，用户兜里钱也见底，消费也变得谨慎起来，此时企业就需要做折扣活动，用利益刺激用户的消费行为。

企业做折扣活动是一个很普遍的事情，但如何收场结束活动才能获得最佳效果？

目前折扣活动节奏有从头到尾平均法和逐级递减折扣法两种情况。市面上有很多书籍提到逐级递减是最佳的方法。

从心理学角度分析，逐级递减与时间结合在一起，会人为制造一种紧迫感。而紧迫感会刺激用户的焦虑情绪，同时焦虑情绪越足越能刺激用户的消费行为。而平均法不会营造这种氛围，用户会想反正活动期间折扣都一样，所以不用着急，哪天去都一样，因此也无法刺激用户的焦虑情绪。没有这种情绪作用，用户下单消费行为的推动力一定会减少。

8.10.1.2　是展示优惠金额还是展示折扣

大额消费如卖车，一辆 136800 元的车，优惠力度大概在 30000 元左右。那你是应该给客户展示折扣还是金额呢？大额消费的很多商品，如车、家具、旅游等，优惠力度是都在几千元甚至几万元之间，这个时候就要展示价格，而不要展示百分比号的折扣。例如，今天买车你将享受 28000 元的现金优惠。同时销售的话术也很重要。销售要判断客户属于那种类型。如果是经济型车，面对的客户基本属于一般收入家庭，他在生活消费、购物场景中内心追求的是性价比。销售要抓住这个心理告诉客户，今天买会有 28000 元现金的减免，这相当于工作了好几个月的工资。这句话不仅引起客户思考避免损失，更重要的是利用辛勤工作的场景刺激客户对 28000 元更大的价值感。对比原理将 28000 元与汽车价格比是合理的，不会让客户觉得优惠力度很夸张。但是如果把它与客户辛苦工作场景做对比，那客户就会觉得这个真的是很有力度的优惠。

因为经济类型客户如果在二线城市可能一个月的工资只有 6000 元左右。所以企业要把这个价钱与劳动力价值做对比，增加客户对优惠力度的价值感。

如果你是豪华品牌汽车的销售，这样说他们是不会有感觉的，他们可能一顿饭花费就上万元。所以销售豪华品牌商品要强调的是能赚多少钱。除了在话术上要强调折扣，还要强调这款车能给用户带来其他的收益，如商务场景上的实力展示。诱导客户购买思考的心理逻辑是，买了件商品它能附带给我带来多少收益赚。

因此大众消费谈省钱，奢侈品谈挣钱。

8.10.2　价值符号的心理作用

想象一下顾客看到价格标签的那一眼是种什么感觉？是觉得很便宜还是觉得很贵？

其实两种感觉都是对的，只是应对场景不一样。如果是炫耀的奢侈品类，就要想方设法让客户觉得这件商品很贵。而如果是一般消费品类，就要让顾客觉得价格其实还可以。

美国康奈尔大学研究人员针对一般消费品类客户对标签价格符号的不同心理效果进行了研究。他们调查了哪种价格展示能使餐厅的顾客消费最多。

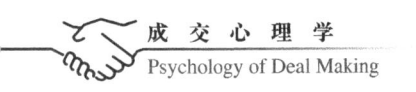

A：带有美元符号"$20.00"　　B：全文型"20 美元"　　C：没有美元符号"20.00"

最终没有美元符号的 C 项，推动餐厅内每张桌子提升了 8%～10% 的营业额。

这个结果的心理原理很简单。客户点餐过程中处在期待吃到美味的深度憧憬阶段，对美味食物的欲望正在刺激原始脑和中脑的愉悦情绪，所以逻辑思维的新脑并没有介入进来。但是钱币符号 $ 及钱币文字都会引起顾客逻辑理性思维介入点餐，此时顾客点餐数量就会有所控制。因此不显示符号或文字会诱导顾客弱化价格的钱币意义，而显示了钱币符号或文字注释能刺激顾客理性逻辑思维的介入，诱发想到要付钱时的痛苦感觉。因此最好的做法就是让顾客在愉悦的情绪中点餐，尽量不要干扰他们。

前面章节已经讲过，情绪可以阻断新脑理性逻辑思维介入控制人的行为。所以研究顾客对价格的心理反应，就是研究可以造成顾客短路的刺激触发机制。

但在奢侈品范围内的打法是逆心智，就是要突出商品价值，要让顾客觉得很贵。因为奢侈品更多是彰显身份和社会地位的作用。但是追根溯源，让顾客觉得很贵的最终目的是告诉他们能通过这件商品在别人面前彰显出自己的身份地位，从而获得心理上的满足感，其实也是一种情绪刺激的变相使用。

因此在定价时候，要思考顾客使用场景和顾客属性。一般消费品要利用心理学减少顾客付钱的痛苦，奢侈品类要提高顾客对价格的注意。

当然如果法律上规定必须标识出金额的货币符号，那该怎么办呢？很简单就是缩小它。因为法律并没有规定，货币符号必须和数字一样大。

8.10.3　奇数和偶数的心理作用

我们在商场、超市常常看到末尾是".99"的价格。有时你会想，商家这不是自己给自己找麻烦吗，你还得找我 1 分钱。我又不在乎 1 分钱，多此一举不如直接定个总价多方便。

这是商家玩的一个小套路。虽然价格差异看似 0.1 元，但心理价位的差距就是 10 元。例如，顾客看到商品 19.9 元的价格，心理会把它归类为十几元的商品，而不会把它归为 20 元的价位，所以心理差价是 10 元。

还有一种销售场景，商品本身并非奢侈品，但是为了品牌调性，也要在价格上做手脚突出价值感。例如，鞋帽、服装类的顾客要穿在身上展示自己的社会属性或者社群属性。因此这个时候企业就要既兼顾顾客的消费能力，又彰显商品的价值感。那么价格设计和展示时，就不能用.99结尾，而应该以整数结尾如500。因为数字越长，顾客感觉价格就越贵，数字越短价格感觉越便宜。我们在奢侈品店经常会看到一长串的数字后面还要再加上没有意义的".00"，就是为了让顾客觉得这个商品很贵，不是一般人能消费得起的，能彰显购买者的身份和社会地位。

因此即便是一般商品，为了突出商品价值，企业也可以在价格后面多加两个零突出价格，如500.00元暗示顾客这是一件很值钱的服装。这个价位既在顾客群体购买的承受范围内，又可以凸显服装的高档。

这个技巧仅限于男装。如果你去商场女装部那里调研下，会发现这个逻辑行不通了。为什么同样是服装，女装的价签却还是以奇数的.99结尾呢？

这个要从购买频次来解读。男装的购买频次大大低于女装，并且相对女装，男装单价更高。你几乎不会发现周围哪个女同事，一周只穿一套服装出现在你面前。因此女性高频购买服装的行为，就需要在价格上动动手脚，降低她们付钱的痛苦。

除了利用奇数尾号技巧减轻她们付款时的痛苦，还可以通过赠送的技巧，如各种满减、拼购、拼团、秒杀等，都是女性喜闻乐见的获得优惠商品的方式，企业可以全部用上。

同时要善于利用红色。从古至今，商家搞活动促销都喜欢用红色。所以久而久之在顾客心中就有一种潜意识，看到红色就觉得这个商品正在做促销，因此也会觉得这个商品便宜。同时红色预示着积极和热烈，并有强化放大的作用，用红色强化折扣可提高优惠的力度感。

8.10.4　用户群体不同诱导文案也不相同

当用户看到价格时，价签周边的信息也会同时被看到，这些信息同样会影响用户对价格高低的判断。因此当价格周边需要描述文案时，在文字修辞上避免使用高、贵等文字，这会在无形中增强用户对价格的感知。相同产品、相同价格，不同描述语言，会诱导用户产生对价格高低的不同感知。

例如，当一个工薪阶层不得不从有限的生活支出中花钱买一款榨汁机，那么图 8-4 所示两段文案，哪一段描述更能打动工薪阶层的内心，刺激消费行为呢？显然是第一段。

¥89
这是你需要的一款低功耗榨汁机，你一定会喜欢。每天使用，一年可以节省电费100元

¥89
时尚高端榨汁机，更多功能带来极致体验，是家庭厨房好帮手

图 8-4　不同描述语言会诱导用户对价格产生不同感知

用户群体不同，需求痛点也不同。高端榨汁机需求的用户群体在乎的是品质和体验，而购买百十元低端商品的普通用户群体更在乎价格。当后一类用户群体必须买一台榨汁机，又没有很多钱的时候，他们关注的就是价位，同时他们在生活中也时时刻刻思考如何节省。顺着这个逻辑，文案就要强调节省，同时用低和具体的费用刺激强化这个意识。因此第一段最能打动这类用户群体的内心，并推动他们的消费行为。

继续看黄花鱼文案。企业还可以将认知流畅性原理应用在文案设计上。我们看图 8-5 所示的两种文案，你认为哪个海报对用户更有吸引力？

¥81
9条深海黄花鱼，附送9种制作方法 深海品质，无污染，富含人体所需卵磷脂和多种不饱和脂肪酸

¥81
深海黄花鱼，深海品质，无污染，富含人体所需卵磷脂和多种不饱和脂肪酸

图 8-5　基于认知流畅性设计文案

实操中绝大多数用户选择了第一个。因为该海报的文案中有两个数字 9 和 9，它们相乘等于 81。原因就是这么简单，你是不是觉得不可思议。这里应用到的心理学原理叫常见算法关联。

关联原理是心理学家用来解释消费者知觉的原理。为便于消费者知觉和理解，呈现给消费者的各种刺激物必须遵循相互联系关联的原则。心理学认为广告创意及措辞必须通俗，图画与文字必须互相配合、支持。在关联原理中就包含常见算法关联，如我们从小背诵的九九乘法口诀。因此形成一种思维惯性，看到两个数字，大脑下意识就要运算一下。如果运算结果刚好等于价格，就会形成一种心理暗示，即这个价格是合理的。

因此这个心理学技巧会达到两种效果，第一种，刺激用户阅读商品信息时的认识流畅性，提高用户愉悦度。第二种，计算结果与价格相等，引导暗示用户价格的合理性。这里面也隐含着错误归因的心理原理，即将计算结果的正确性错误归因到价格的正确性。

阻碍用户消费行为的一个主要原因，就是质疑价格的合理性。因此当利用心理学技巧让用户认可商品价格的合理性，那么成交就顺理成章了。

企业在使用这个技巧的时候，要注意文案展示的两个数字，必须是九九乘法口诀里面的，能马上让用户下意识地运算出来。如果企业文案展示的两个数字不能达到快速运算，不仅达不到认知流畅性的效果，反而会增加用户阅读障碍，最终起到相反效果。

8.11 利用预期效应诱导消费行为

顾客的预期感是否会影响后续体验商品时候的评价？搞清楚这个问题，将有助于渠道宣传时策略设计、用户转化与成交率。

可以明确的是，当用户从其他途径知道企业商品的口碑，由于先入为主的原因，这种口碑会影响客户后续的评价。因此如果是好口碑还好，如果是坏口碑，即便商品品质确实很棒，但是在用户心中已经有了一个不好的心理预期感觉。

这里面还有一个重点要搞清楚，口碑出现的前后顺序对客户心理预期会有什么区别？也就是先听说再去体验和先体验再听口碑，会对顾客心理预期有什么区别？

实际情况是，前期就通过各种渠道给用户传递口碑信息，最能改变用户的预期。例如，我们都有在视频网站看电影的经历。当你看到一部评分 8.5 分以上的电影和评分 2.0 分的电影，不用说你已经打开前一部电影了。

因此前期就要在用户群体中做口碑信息流刺激，提升用户的预期，这对品牌建设和商品知名度打造都能起到至关重要的作用。

预期和成见某些时候是相同的，或者预期再进一步就会变成成见，这个成见并非贬义词。

成见其实是人判断信息的一种方式。大脑不能在每一个新环境下，仅凭片段信息进行判断、思考、决策。大脑的判断过程是将当下新环境的片段结合过往经验做综合衡量。因此成见本质不是坏事，只是在个体过于纠结自己的经验并拒绝接受新事物做出适应性改变时，才滑向有害一面。

企业要善于利用这种思考原理，合理利用成见，去设计可以引导消费者快速判断方向的衡量标准，让成见有利于企业品牌建设和商品销售。

预期形成的机制原理。

第一种是信念。例如，你是越野车爱好者，对 A 车评人的评价节目十分信赖。那么当你有改装越野车悬架需求的时候，A 车评人相同类型的评价节目就会在你心里产生良好的心理预期。

第二种是条件反射。例如，你依赖于某种止痛药，当你头疼的时候，喝下这种止痛药那一刻，症状就已经减轻了，这就是一种典型的条件反射。

第 9 章
用户行为心理学

9.1 决策幻象

传统经济学假定人在经济交互中都能理性做出合乎逻辑的消费决定。

消费者了解与自己决策有关的一切信息,能够计算各种选择的价值,能够正确权衡每一种选择中错综复杂的利弊,对事物的认知不会遇到阻碍。

但近年来随着大脑研究技术的发展,很多实验证实人的决策过程远不如传统经济学理论所讲的那么理性。同时也证明,人的非理性行为,并非任意毫无目的。它受大脑思维的束缚,有规律可循且可预测。行为经济学家相信,人的消费行为更容易受到来自周围情景因素,包括无关的情绪、短视及其他非理性因素的影响。

这一发现的重大意义在于,受大脑思维束缚和局限性,人的行为呈现一错再错状态,即在某些特定的触发物刺激下会产生特定的行为,并且不知悔改、一错再错。例如,看到店门口排队的人群,就会产生应激反应,觉得这家店的东西应该不错,甚至会刺激出排队购买尝试的冲动。

这就给企业提供了机会。只要研究清楚大脑消费时的思维模式,就可以做到先于用户一步,做前置化打法设计,提高企业的用户获取和销售成交转化率。

人知觉和决策的本质,是通过视、听、味、嗅、触五感对环境的感知,并经过大脑过滤后才形成的。也就是我们感知到的信息已经是大脑做了理解和消化后的信息,它早已不是对现实的真实反映。如图 9-1 所示,中心大小相同的两个圆形,被大脑解读成大小不同的差异。

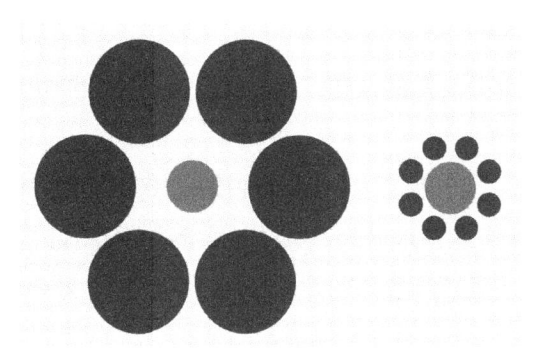

图 9-1　决策幻象

因此，我们最终的决策本质，心理学称为"决策幻象"。它是指大脑对现实信息的重新诠释加工，并以此为基础形成的决策。

从本质上来说，个体决策结果受限于个体观察环境的角度、质量与精确程度。这个研究结果对商业实战的意义在于，通过心理学学习去掌握影响大脑决策的周边环境因素和影响机制，并预测出可能的结果。最终将结果运用到用户获取、刺激成交等商业场景中，从而提高企业的用户和销售双增长。

9.2　人只看到自己想看的信息

现实中人们逛街时的购物行为、网站上的点击行为、"双十一"的买买买，这些决策很大程度是一种情绪行为，是一种被商家精心设计的触发物刺激后的条件反射行为。

尽管不否认人们决策的一部分确实来自理性思维，如因为肥胖要减肥的决定一定是主观意识的决策，但去哪里健身、选择哪家健身房、选择健身房的什么服务及最后为什么会购买会员，这些行为就包含了很多情绪冲动的决定。

生活中很多事情你可能不会去想为什么自己会有这样的感觉和行为。例如，要买便宜衣服会去服装批发市场，想买一身出席重要活动的服装会去王府井新天地。或许在你的印象中地下通道摆地摊的东西一定不会值钱，但当你走在北京南锣鼓巷的胡同中，看到一家卖少数民族饰品的店，不用进去就已经觉得里面东西不会便宜。你也一定会无意识觉得，穿西装的人一定会比穿着邋遢的人有钱。

人们生活中大部分时间的认知，都是基于一种经验的快思维模式行为，即范式行为。

神经学家统计人类五种感官，每分钟接受1000万比特信息，这些信息只有大概40比特被人有意识地处理，其余绝大多数信息片段被人类无意识地过滤掉。人类下意识去处理环境中的片段信息，瞬间做出好或坏的决定、是逃跑还是靠近。

快思维模式帮助我们解决了日常生活中的大部分问题。举个例子，有个朋友想开饺子馆。于是最近常常会听到他抱怨，以前也没发现路边这么多饺子馆，怎么现在想做这个生意，发现满大街都是饺子馆。这就是因为平时不关注这些信息，他的大脑下意识去过滤掉饺子馆的信息。但是当他开始规划这件事情，感官再次接收到这类信息时，大脑会刻意地保留并让其关注。所以饺子馆并没有突然增多，只是之前被这个朋友下意识地忽略掉了。

基于经验的反应和行为，比有意识的反应和行为更敏捷快速。

当人们通过学习某种规则掌握了某种规律，但当规则改变影响到已经养成的无意识规律时，人们会很快地创造出让自己相信的理由，尽管这种理由仅是借口，心理学把这种行为称为虚构。

生活中很多行为都是下意识状态下的应激反应。因此企业要做的就是引导用户对商品形成潜意识的反应。例如，周五他们家肯定打折，拼着买一定最合适。运营目标应该是培养用户消费行为发展成一种下意识的应激反应。

9.3 用户情绪会被外界影响

假如你的手机响了，听到电话那头谈了五年的女朋友突然提出分手。此时身体和大脑将会自动发生一系列的反应，最终你意识到有一种感觉叫伤心。你开始回忆起两人在一起的日子那些点点滴滴，于是心跳加速，甚至开始流泪。这是在感情脑和原始脑应激刺激下让身体产生的反应。

但感情脑和原始脑并不能处理感官细节，它分辨不出眼睛看到的细节，只是觉得有点像，就像前面章节讲到的"那是一条蛇吗"的故事。

所以这个信息仅仅是模糊的画面，但就这个模糊的信息足以让原始脑敲响警钟让你瞬间跳开。在一切反应发生后新脑负责视觉的部分开始分析这条"蛇"并且意识到它不是真的蛇。新脑这个过程比原始脑和感情脑反应的时间要长。所以身体会在新脑完成解读视觉图像信息前就已经完成了逃避动作，这就是"应激反应"。

同时情绪深浅和记忆深浅成正比。情绪投入越深，意味着会记录更多的事情和细节，意味着人的遗忘速度会变慢。

因此企业要想让用户记住更多更久的宣传内容，就要思考如何营造能刺激用户情绪的方法。

方法要简单粗暴，因为人的本性决定了只有危险、刺激这样最原始的场景，才能最有效刺激个体去记忆更多的信息片段。

人们认为自己大部分行为是理性的，但事实上大多数的决策和行为都是情绪化甚至是下意识的。但是人无法有效区分行为是有意识还是下意识。

美国心理学家约翰·巴奇1996年通过"解读词语"实验，揭示了人们下意识的行为。在实验中志愿者会用一些特定的词语造句，如志愿者面对五个词语"他""它""找到""隐藏""马上"，用其中的四个词语组成一个句子："他马上找到它。"

实验中有三种场景，在志愿者造句子的时候给其播放不同的场景影片。

1. 在野蛮影片场景下，如图9-2所示，志愿者造出的句子中包含很多粗鲁的词，如"攻击""无耻""打扰""入侵"。

图9-2 情景实验之野蛮场景

2.在礼貌影片场景下，如图9-3所示，志愿者所造句子包含很多礼貌的词，如"尊重""荣耀""感谢""耐心""开心"。

图9-3　情景实验之礼貌场景

3.在中性影片场景下，如图9-4所示，志愿者所造的句子，使用的词语既不粗鲁也不刻意礼貌。

图9-4　情景实验之中性场景

志愿者在特定场景环境下，根据词语完成造句。他们可以自行走出房间，通过走廊找到分析员，并告诉他自己完成了任务。整个实验流程如图9-5所示。

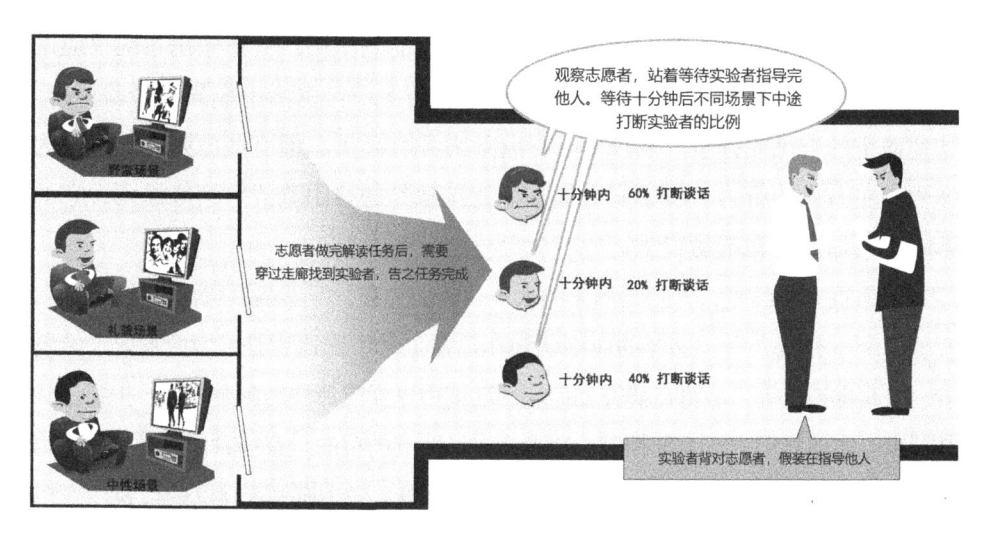

图 9-5　志愿者因场景而影响自己的行为

最后分析员询问志愿者，是否认为所播放的影片影响到他们后续的行为。结果所有志愿者的回答都是否定的。实验表明，**人们的行为会被所处的环境因素影响，但是人们意识不到自己被影响了。**

9.4　从动物的下意识到人类的下意识

央视CCTV9《动物世界》曾经有一期讲解叉尾卷尾（一种雀形科的鸟）、群织雀及狐獴的共生关系。

叉尾卷尾会为正在觅食的群织雀鸟群提供保护，当空中有掠食者出现，叉尾卷尾会发出警告声。但是有时候叉尾卷尾也会在饿了的时候发出假警报将群织雀吓跑，自己享受被群织雀翻出的食物。但是更多时候它在履行协议中的承诺，保护群织雀躲避真正的掠食动物，否则群织雀就会识破它的伎俩。

事实上叉尾卷尾的骗术会变得更加复杂，如会欺骗狐獴，狐獴比群织雀聪明得多，所以叉尾卷尾需要升级它的骗术。狐獴有自己的哨兵，它们把自己的生命都托付给了这个哨兵。当狐獴将食物翻出地面，叉尾卷尾又故伎重演发出了狐獴天敌的叫声，但是却没有吓跑狐獴。它们不会这么容易上当。叉尾卷尾接下来使用更加狡猾的手段，它惟妙惟肖地模仿狐獴哨兵的叫声。这次它成功地吓跑了狐獴，获得了食物。

企业经营中要善于学习叉尾卷尾，去发现能刺激用户群体做出本能反应的触发物，提高各种转化率。人对刺激的反应通常来自生活中积累的经验所得，如前面讲的看见蛇弹跳开的反应。尽管效力各有高下，但有些原则也能够极为强烈地左右人的行为。特别是我们从小就接触到的有困难找警察等原则，它的影响力更加普遍和不易察觉。

价格贵＝东西好，大公司出来的人＝业务能力强，穿着靓丽得体的人＝专业，开着宾利＝有钱人等。这样的原则认知在日常生活中比比皆是。因此商家、经营者、保险推销员等，一直在研究如何利用环境中这样或那样的刺激元素，把自己武装起来，实现对用户行为的控制，达到为自己营利的目的。有些时候只是一句恰当的话术，就足以刺激用户内心某条强大的心理原则，做出有利于自己的行为。

下面通过一个理发师的例子，探究人类有很多时候的行为是尊崇经验的下意识决策。

有一次剪头发，走进一家美发店看见里面有两个师傅。A 师傅穿着随便，头发也没什么造型，而 B 师傅穿着整齐、发型讲究。我几乎没有想就选择 B 师傅。

但是剪发过程中，已经明显感觉他的水平很一般。我就试探性地问他："师傅，另一位师傅的头发该不会是你剪的吧？"B 师傅听了之后，略带自豪地笑着说："是啊，我是他的徒弟，技术还在学习。可是很奇怪大家都选择我，却不选我师傅。"

后来在晚上七点到八点，对客流高峰做了一次现场统计记录，高达 90% 以上的用户不假思索地选择衣着讲究、发型整齐的 B 师傅。
下面这个例子揭示出，人们多么容易被自以为是的经验所迷惑。

大学时我在动物园服装鞋帽批发市场买鞋的经历，让我真实感受了商家的经营套路。后来上心理学课时该案例还被老师用来做课堂讲解和分享。

当时一个人在商场各摊位间溜达，被一家款式不错的鞋店吸引，走过去拿起来看了看，但没有看到摊主，正要离开时，旁边一个卖女鞋的摊主说："喜欢就试试吧。"

我说："这家老板呢，我想试 41 码的鞋。"

他说："我给你拿，摊主去吃饭了让我照看下。"接着又说："小伙子眼光真不错,这是他们家卖得最贵也是最好的鞋。"顺着他的话,我特意看了看周围几款鞋的价格,好像确实如此。

试完鞋后我说:"他怎么还不回来,下午要上课不能等他。"

这个帮忙的人说:"我能帮他卖。喜欢的话480元拿走吧。"

我说:"480元太贵了,300元卖吗?"

帮忙的人说:"你说这个价根本不可能,我知道他家这款鞋最低就没卖过450元。这样吧,我看你是真喜欢,又是学生,花得都是父母的钱,我做个主趁老板没回来400元卖给你了。但是你得多给我们家介绍生意,多带些你的女同学来我们家买鞋。我仅仅是帮忙,你快点决定吧,等他来了就没有这个价格了。"

听了他的话,我觉得400元比450元还是便宜,几十元对于学生也是一天饭钱。于是赶紧付了钱抱着鞋就走,生怕此时摊主回来看到后反悔。

由于动物园批发市场离中央民族大学很近会经常去溜达,结果又发现这个热心帮忙的摊主在帮忙卖鞋。我就刻意观察了下,发现这是家夫妻档。午饭时间一个去吃饭,另一个老板就开始了表演。

后来将这个事情讲给心理学老师听,在课堂上大家一起做了分析,整个过程中运用了以下几个心理学知识。

1. 通过帮别人的忙,打破卖家和顾客之间的利益关系建立信任。

2. 故意放出小道消息,利用信任感告诉你这双鞋的底价。

3. 利用小要求制造互惠互利。趁着摊主不在,我装个傻给你个价格,但是你得帮我带回头客作为交易,表面好似有求于客户让你增加对他给出价格的认可程度。

4. 不失时机地暗示原摊主马上回来,你将享受不到这个价格。

我们人类很多时候就像群织雀和狐獴对叉尾卷尾虚假的警告声做出的反应一样。**经营者如果能掌握什么样刺激下客户产生什么样的反应,一定会对企业商品销售产生巨大的促进作用。**

9.5 用户归属感和社会认同实战应用

人们常常会在生活中跟随大众购买一些自己不需要的东西。

从众行为可以表现为许多形式。第一种是顺从和接纳，有时候我们会顺从一种期望或要求，但可能并不真正相信或喜欢自己做的事情，如穿西装打领带。这种靠外在力量而表现出的从众行为称为顺从。有时候我们真的相信群体要求我们做的事情，我们会与成千上万的人一样健身跑步，因为我们相信群体要求我们做的事情是有益的。这种内在的从众行为称为接纳。

那么什么因素引起了服从？美国社会心理学家斯坦利·米尔格拉姆不仅揭示出人们服从权威的程度，还进一步考察出服从的四个条件。

一是与"受害者"的情感距离，二是权威的接近性与合法性，三是权威的机构性，四是群体影响的释放效应。

为什么导演那么喜欢造假笑声、假感动？因为他们知道如何迎合公众的需求。这个假效果对导演的吸引力到底在哪里？为什么抱着一种潜在观众讨厌甚至演员也讨厌的做法不放手呢？答案很简单，使用假效果，如陶醉、流眼泪、感动这些表情，会刺激电视观众更投入，觉得歌声更优美动听。假笑声也会让观众觉得笑料更足、更有趣。

这就是社会认同原理。在判断何为正确时，我们会根据众人的意见行事。这一原理尤其适用于我们对正确行为的判断，特定情形下在判断某一行为是否正确时，我们的看法取决于其他人是怎么做的。理论清楚了问题就出在这里。人们对社会认同的反应方式是完全下意识的条件反射，这样一来一些偏颇甚至伪造的证据也能误导人们。

利用社会认同谋利益的不只电视台。卖唱的艺人会在演出之前放一些零钱在琴盒里，炒货老板会故意让门口排长队营造大家都在买的假象，寺庙的捐赠箱总是有一些钱币，因为同一行为做的人越多越显得正确。人处在某个陌生环境中会有一种焦虑，这种焦虑源于不确定下一步周围人会有什么行为。如果自己表现得突兀，会被社群认为是异类。因此当人处在陌生环境中，一定会观察和模仿其他人的行为。因此在自己不确定、不明朗的情景下，人们最有可能觉得别人的行为是正确的。

大多数人认为自己是独立思考者，然而事实上适应和归属的需求在天性中根深蒂固，人们希望适应并且融入大众。这种意愿如此强烈以至于人们一旦处于社会群体中，就会去观察他人以决定自己如何行事。

心理学家约翰·达利和比伯·拉塔奈设计了经典的"烟雾室实验"来研究旁观者效应，让人在街道上假装"癫痫发作"，看是否有人来帮忙。实验涉及不同数量的旁观者。当仅有一名旁观者的时候，85%会选择帮忙。但是当有5~8名旁观者的时候，只有30%的人会选择帮忙。这个实验得出结论，当特定环境中有众多其他人的时候，多数人倾向先观察其他人的行为然后再决定自己的行为，这时候经常没有人采取行动。从心理学角度来看，它建立在社会认同原理上，并涉及多元无知（当情景不明朗时，人人都观察别人做什么）效应。

情景实验如图9-6所示。

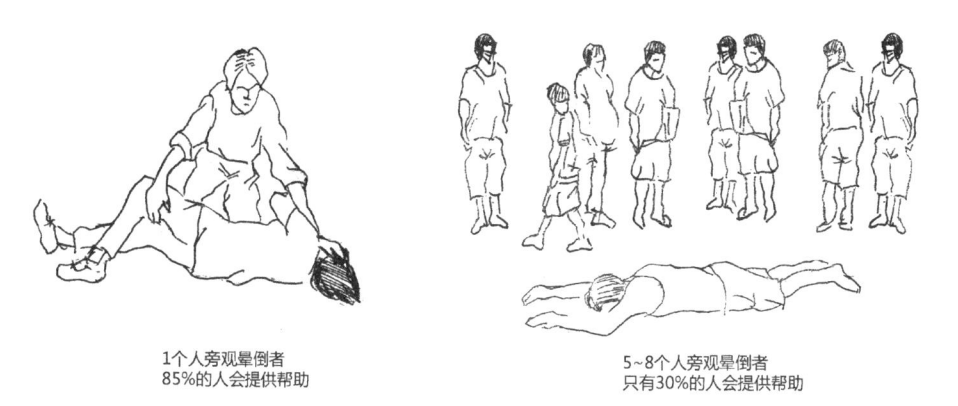

1个人旁观晕倒者
85%的人会提供帮助

5~8个人旁观晕倒者
只有30%的人会提供帮助

图9-6 情景实验

实验表明，我们会根据他人的行为决定自己的行为，尤其是在不知道要做什么的时候，别人的行为会成为我们做决定的重要参考，尤其是觉得这些人跟自己相似的时候。所以当你认为自己不会受陌生人影响的时候，你的行为已经揭示出自己的决定总是无意识地受到外界影响。

在互联网广泛介入人们生活各个方面之前，笔者的父母为了买一台质优价廉的双卡录音机，会到百货商店去和销售咨询。同时他们也向周围亲戚朋友沟通了解，最终别人的意见成为我们家具体购买品牌和价位的决定性参考。在互联网时代，这样的沟通咨询通过另一种形式出现在人们生活里。当人们确定购买目标后，往往会在网上用一天甚至几天时间不断浏览商品的评价。也会在垂直论坛里和拥有者进行交流，通过阅读他们晒的评价和使用体验贴子，去了解商品性能。互联网将世界各地用户的使用感受便捷地展示出来供用户阅读和参考，让用户知道别人真实的意见。并且这些评论会影响用户是否购买、买什么品牌及何时购买。

这些评论来自哪里不重要，重要的是我们看到了评论并且相信了这些评论。如果我们看到一个满分标准 5 星的商品只有 1 星评价，基本不会仔细看它。这就是社会认同在发挥作用。

人无意识地做了决定之后，哪些元素会让自己觉得做的决定是理智的？数据、表格、图形、统计，这些元素能让自己觉得所做选择是理性和明智的。

所以在给投资人或商业合作伙伴讲项目时，这些元素都是促使听众认可的决定元素。统计报表和柱状图会让人们觉得自己做了理智的决定，尽管他们的决定可能来自不理智的过程。

评论的最佳传达和被人接受的方式，是以故事描述为主。要学会给用户讲故事，它比生硬地讲这个产品有多好的接受程度更高。最强有力的评论是包含叙述和故事情节的。故事情节的代入感、场景感会快速地让浏览者以故事主角的身份去聆听。让浏览者了解评论者用这个产品的体验或原因。评论可以不限于产品本身，也可以涉及对公司的评论。

评论被信任的层级。

第一级，我们认识人的故事最能影响我们，但是基本不能在网上遇见，没有可操作性。

第二级，如果不认识，我们可以通过描述的社会角色、人口属性等维度信息达到这些属性和听众的属性相仿，来让听众从自身角度想象对方，这样的故事同样有用。

第三级，影响再小一点的是我们不认识对方且无从想象，这样的故事也能增加一定的信任感。

第四级，影响最小的是我们不认识对方且无从想象。

企业要明白用户在看什么。社会认同不仅影响用户的购买决策，也会影响用户在网上的其他行为。例如，我们在看一段评论人气很高的视频，不仅视频有评分，还有客户对视频的评价。

展示有多少用户在平台上有特定的行为也是很有说服力的。

因为人类是社会化动物，社群属性深深扎根于每个人脑海中。一个高黏性和高使用频次的平台或者传统商业，必然在社群建设上是完整的。用户因为刚需使用网站或者进入店铺，而经营者则需要快速将用户导入社群建设体系中。

通过社群交流提高黏性，并营造"社群归属感"。同时利用其他用户行为去引导和培养新客户的行为习惯。

实操中互联网产品和传统企业手法类似，即利用免费试用让用户快速体验产品价值，又引导用户注册进入社群。

图9-7所示，通过展示观看视频的用户数量，以及弹幕营造社群感。

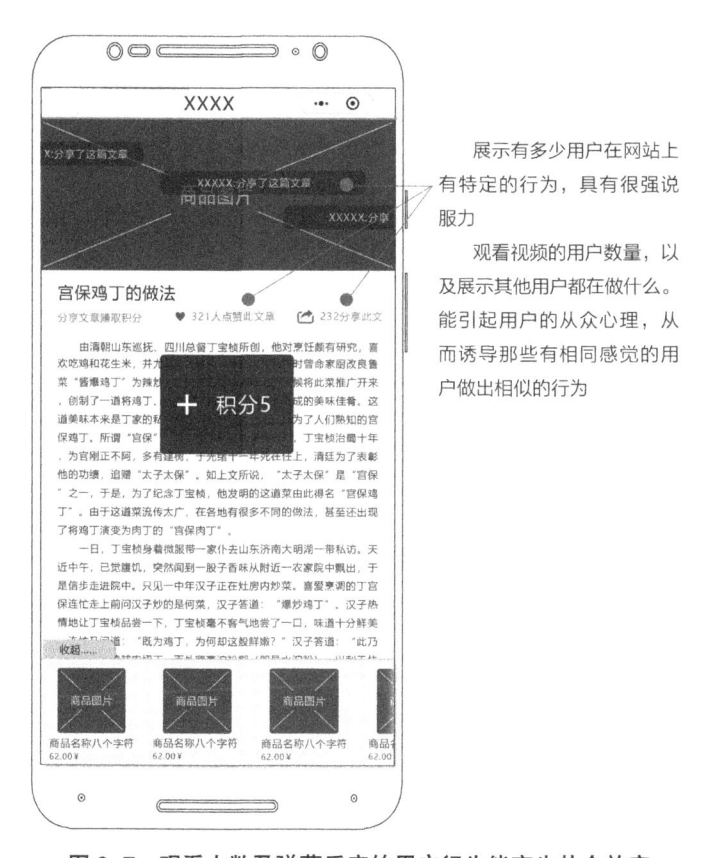

图9-7　观看人数及弹幕反应的用户行为能产生从众效应

9.6　营造商品稀缺感提高成交率

在传统商场，特别是购买大家电时，我们会遇到这样的场景。想买某件商品，但是被告知目前没有，销售员会问你是不是真的想要，我可以帮你从别的地方调货试一试，你确定要吗？这种情况有些时候是商家的一种营销手段。所谓的设计款限量发售,一个店只能分到几件商品,都是商家惯用的稀缺原理,营造商品很抢手,营造稀缺的假象,同时最后一个问题"你确定要吗?"又利用了承诺的原理。在用户最脆弱的时刻绝大多数都会购买。

手机企业小米、华为及国外的苹果,经常使用这个战术。想想那些需要预约才能买到的华为新款手机和需要彻夜排队才能到手的苹果手机,你就明白为什么他们喜欢用人为制造的"稀缺感"来提升产品的影响力。

人们对稀缺的东西有天生的追逐感,总是觉得稀缺的东西一定更有价值。

人们更倾向于那些难以获得的东西。电商平台通过用名额、数量、时间营造稀缺感,勾起用户的购买欲望,促使用户尽快决定下单。例如,马上下单,否则优惠就没有。还有一些培训网站利用"邀请码"才能进入官网下载学习视频、才能进入客户群,去人为营造紧俏和稀缺感。

在单位时间段内开放少数人的注册权限,也会促进用户在网站上的注册率。如果某商品或服务是免费且所有人都知道、都可以得到,这样的商品价值感就很小。所以即便是免费的产品或服务,让用户得到的时候也要相应地设计一些门槛,去提高用户对产品或服务的价值感,这样他们也更愿意帮助企业做扩散和传播。因为在帮助企业传播的同时可以彰显自己的价值"这是稀缺的,只有很少部分人有,我就是这个少部分中的一员"。

某快餐曾针对实体店周围的互联网公司员工开展邀新免费送肉夹馍的推广活动,这会让被赠予者有种优越感,那么他们也会很愿意去分享自己的这份优越。就好像对写字楼保安说"你看我是白领,我能获得肉夹馍你没有"。所以适当设置一些门槛增加用户获取的难度,会让人觉得自己所获得的信息价值感更大。

为什么人们对稀缺的东西有一种原始的追求呢?

因为一件商品生产的难易程度决定了单位生产时间长短,决定了它在市场上的数量,也影响了商品价值,从古到今都是如此。所以人们大部分基于一件商品的多少和获得的难易程度迅速判断价值。这是稀缺原理成立的一个原因,并且人们根据稀缺做出价值判断大部分是正确的。此外商品稀缺也代表人们选择的机会越来越少,意味着选择的自由也会随之减少。而人们天生就害怕失去自由,特别是对本来拥有的自由即将失去的感觉更加深刻。昨天在某商场看到的商品数量还足够多,今天再去发现只剩下几件,这时候购买的概率会很大。

心理学家杰克·布瑞姆提出："保住既得利益，是心理逆反理论的核心。"以此来解释人类在丧失个人控制权时做出的反应。

根据这个理论，只要选择某件东西的自由受到威胁，我们保护自由的需求就会使我们想要它的愿望越发强烈。因此一旦短缺或其他因素阻碍我们得到某物，我们就会比之前更想得到，会跟这种阻碍对着干。阻碍越大，逆反越严重，只要阻碍程度没有超出客户的范围，如每年限量版宾利上千万元一辆，那即便就生产一辆，绝大部分老百姓也不会为了得到它绞尽脑汁。

阻碍力量还会让顾客对某商品的评价无理由提高。为了保护环境，国内逐步禁止销售不可降解塑料袋，但一个有趣的现象是，销售禁令生效前的几周，囤积不可降解塑料袋达到了高峰。通过随机抽查居民做调研，绝大多数人认为传统塑料袋更坚固，能装更多的东西，甚至觉得因为结实所以装东西多，因此使用量少反而更环保。

从心理学上解释，每当东西获取起来相比之前困难，拥有它的自由受到限制，人们就越想得到它。不过人们很少意识到这是逆反心理带来的迫切感，而只是简单地说想要它，甚至为了解释这种莫名其妙的渴望，我们不由自主地给它安上各种积极的品质。

在信息流层面也是同样的道理。想要让信息变得宝贵，不一定要封杀它，只要把它设计成稀缺信息就行了。根据稀缺原理，要是我们觉得没法在别处获得某条信息，就会认为它更具有说服力。

那么稀缺原理的最佳条件是什么，什么时候起作用？社会心理学家斯蒂芬·沃切尔设计的品尝饼干实验结果告诉我们，与从开始就短缺相比，人们对从开始是充足然后变为短缺的饼干评价更美味。也就是当顾客看到商品从充足变得稀缺的这个过程，更能产生迫切想要的感觉，也更容易给予更加积极的评价。

管理学家已经确定，这种稀缺会造成公司的不稳定。例如，福利这种东西，给了一点又拿走比一点不给更危险。

笔者一个学生在某家 UI 培训学校的工作经历很好地诠释了这种现象。这家培训机构新进来一位副总裁，新官上任即开始大刀阔斧的改革。可是改革方向不是在扩展用户获取渠道、优化课程、优化服务质量这些能提高核心竞争力的方面发力，而是将以前免费提供的厕纸改革掉，将销售人员的提成比例减小，将老师课时费提成比例减小，将午餐免费甜点改革掉。通过这种既抓不住重点，又打击内部凝聚力的武断做法，表面看似乎降低了成本，实则内部引起巨大动荡。除了厕纸这样的小事引起大范围的吐槽，更重要的是拿掉了销售和老师的既得利益，造成公司最核心的竞争力流失。那些掌握核心资源的销售，那些在培训圈子有经验和影响力的老师纷纷离职，最后公司在持续不断的震荡中倒闭了。

如果是由于社会需求原因导致的稀缺感，最能让用户产生焦虑和积极评价。这一发现凸显在追求有限资源时竞争的重要性。我们不光在物品稀缺时想要它，碰上有人竞争时候更想要它。

知道这个原理就不难理解为什么人们在看二手房的时候，总是会碰到其他的看房者。

企业要想方设法在商业变现场景中营造社会需求很大、很紧俏，有很多竞争者，所以你要赶快入手的氛围。很多商场就是利用人们渴望拥有一件众人争抢的东西，几乎是出于本能的身体反应。基于这个原理它们设计各种类似于黑色星期五的折扣活动。

商家会先撒下鱼饵，用一批利润很低走量的商品做折扣，然后大肆宣传招揽顾客。一大群吸引来的顾客在你争我抢的氛围中变得急切和盲目。商场不仅卖出了打折商品，也带动了疯狂消费者对那些不打折商品的疯狂抢购。

看个说话小技巧，是 90% 客户体验很好还是 10% 客户体验很糟糕？事物的表述方式也会产生巨大的影响。如果销售告诉你这款产品获得 90% 的客户好评和推荐，你肯定觉得这是一款不错的产品，但是如果销售告诉你，这款产品被 10% 的客户投诉。我想你不会对这个产品有什么好感，默默告诫自己千万不要成为这 10% 的人。

如何提高获取用户隐私信息的概率？

用户都是站在自身角度去决定自己的行为，为了保护自己，他们会害怕失去隐私。如果用户觉得会在网站上失去隐私并联想到自己的安全或者利益受到伤害，因此用户在互联网上的行为，特别是在决策的时候，考虑最多的就是如何避免把自己置于不安全的境地，那么他们会立刻终止操作。研究表明，只有在用户得到真实有用的信息或者帮助服务后，企业再去触及用户电话、姓名等隐私信息，成功的概率才会更大。

人们更关注那些可能让自己失去些什么的情况，对失去的恐惧比对成功的渴望更能刺激人们的行为。人的身体和大脑下意识可以比有意识更快地捕捉到导致失去的情况。

商品多营造自由感能吸引顾客。人们总是倾向于拥有更多的选择权利，因为这样可以获得更加自由的感觉。

所以用户在购物的时候总是询问还有别的商品吗？但研究表明，选择增加商品并不像企业想象得那么好。更多的选择并不会让顾客做出更好的决策，反而因为太多的选择让他们不知所措最终不做任何选择。研究发现，过多选择使人们变得更保守，太多选择会刺激顾客逻辑思维，他们会想仓促选择可能会错过更好的商品。因此这种情况下，人们将采取一种简化策略，要么随便选一种，要么什么都不选。

举个面包店的试吃例子。在 A 区域摆放 5 种试吃甜点，在 B 区域摆放 18 种试吃甜点。几乎所有进店的顾客都走向 18 种试吃品的 B 区。可是真正决定购买的时候，在只有 5 种试吃甜品的 A 区，做出购买决定的顾客比在 B 区 18 种的比例高 3 倍。实验中一天进入店里的 300 位顾客中 207 名会去 B 区停下来试吃，只有 93 名顾客到 A 区停下来试吃，但是决定购买的顾客达到 38%。而在有 18 种口味停下试吃的顾客中，只有 4% 的人购买了相关商品。

吸引人流要尽可能展示多种多样的商品供大家免费试用。在促进交易时要告诉大家这么多商品中，只有 6 种是可以购买的。打破顾客会面临过多选择的心理障碍来提高交易率。

除了太多选择会给用户造成辨别困难，当用户看到两个相似商品定价也相同，也同样会给用户造成辨别困难，迫使用户不得不寻找商品其他的不同点做辨别，以判断到底自己需要哪一个，无形中就给用户选择商品制造障碍。当用户遇到这种情况，多数人会放弃继续辨别和选择。因此假如企业的商品体系有同质商品相同价格的情况，最好将价格做一个区隔，给用户直观快速选择的机会，这将大大提高商品销售率。

在购物场景中经常会有导购告诉顾客目前只有样品不出售，以此制造稀缺感。如果你今天就要买，我们需要调货，用马上可以得到刺激顾客中脑兴奋起来，最后告诉顾客调货过程需要向上司报告，再由总部批准发货，所以调货并不容易。如果货调来你不要，我会受到批评并扣工资弥补运费，诱导顾客做出不会反悔的承诺。

但是在线购物时，无法从商品触感、味道等三维感觉影响顾客。因此对感情脑来说没有那么直观的诱感。为了让其也参与决策中来帮助用户尽快决定，网站上一定要设置可以吸引感情脑注意和兴奋的元素。例如，马上购买、立刻得到这些词汇都可以很好地刺激感情脑参与到用户决策中来。

对感情脑来说，及时性很重要，如果网站不能保证及时，也要让用户知道会很快。这方面京东可谓是典范，当交易完成京东就会显示相对精准的物流时间。因此，让用户知道所购买的商品什么时候能到，这很重要。

9.7 利用权威效应提高成交率

米尔格拉姆的服从实验，如图 9-8 所示。

有 40 名不同职业 20～50 岁的志愿者扮演"教师"，其中有 26 名将学习者犯错后的惩罚电击提高到 450 伏（足以致人死亡的电压），同时这 26 个人全部听从研究者的命令将电压调高，继续去惩罚学习者的错误。

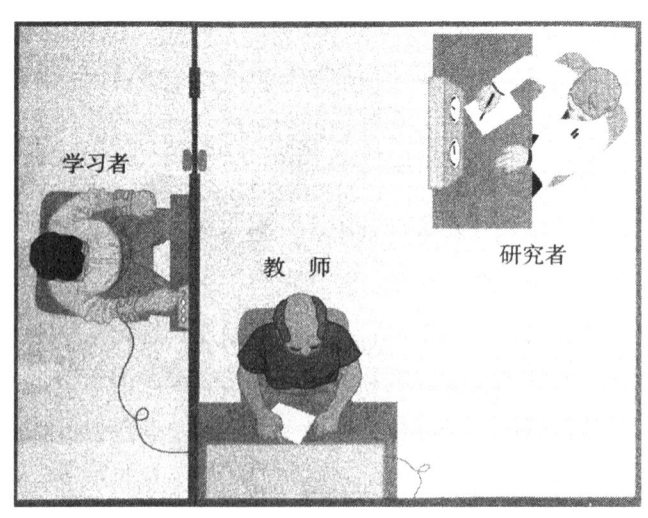

图 9-8 米尔格拉姆的服从实验

图片来源：戴维·迈尔斯《社会心理学（第 8 版）》

米尔格拉姆的实验不仅仅揭示出人们服从权威的可怕程度，也揭示出服从的四个条件。

1. 受害者的情感距离。越是无法感知受害者，服从权威的人越容易执行权威的命令。当学习者和扮演"教师"的志愿者同处在一个房间的时候，并且是需要亲自将学习者的手放在电击板上的时候，完全服从的比例下降到30%。

2. 权威的接近性与合法性。如果命令是通过电话形式下达，整个服从率下降到21%。其他实验也证明要求命令发出者在空间距离上的接近性会增加服从率。例如，轻微碰触一下手臂，会促使人更大比例试吃、填写问卷等行为。

3. 机构的权威性。

4. 群体影响的释放效应。当你面对权威机构的一些不合适服务时候，很大一部分人选择忍耐。例如，去火车站购买火车票，如果售票员的态度很恶劣，大部分人倾向于沉默忍耐。但是如果有人站出来指责这种行为，那么群体的影响会让你也跟着一起指责。在现实社会中，人们其实很少对权威的要求表现出纠结、举棋不定，确切地说几乎所有人没怎么思考就会下意识地顺从。

另外，**人们总是对头衔有一种天生的敬畏，它比当事人的本质更能影响他人的行为**。例如，日常生活中，我们经常看到美发店给剪发师傅制造各种头衔，什么设计师、设计总监、艺术总监、执行总监等。保险行业给业务员设计了理财经理、高级理财顾问、理财总监等。头衔能让陌生人在潜意识中变得更加恭顺。假设你正坐在一家美发店，为你服务的一个设计师和你聊发型设计，这个过程中又来一位所谓的总监，这个总监穿着前卫，拿着最新款的手机，戴着上万元的手表，注意昂贵的饰物是唤起权威的有效触发物。大部分人会立马对这个设计总监产生一种心理尊敬，并且更加愿意服从这个总监的指导。

头衔能让旁人觉得你更高大。英国剑桥大学一次实验，将一名实验员分别带到不同的5个班级做介绍，每个班级一种身份，分别是学生、助教、讲师、高级讲师、教授。当实验员离开班级后，要求学生评估此人身高。结果发现随着地位的提升，实验员的身高也在逐渐增高，最后教授比学生足足高了6厘米。

在商业实操中特别是传统商业中，给店员穿着合体的服装，尽管权威不如制服，但同样能起到暗示权威专业的效果。它能唤起陌生人的顺从和尊重。我们不妨在红绿灯下观察一下，看看人们是愿意跟随穿着合体的人一起闯红灯，还是跟着穿着一般，看上去没有什么社会地位的人一起闯红灯。国外的一项实验已经证明，人们跟着穿着合体的人闯红灯的概率是一般人的 3 倍以上。

9.8 塑造用户内心"人物角色"控制消费行为

使人保持行为一致原则的内因，是因为当人做出与社会公认的社交行为和价值观准则相违背的行为时，会刺激皮质醇激素的分泌。这种激素会让人产生孤独感，也会刺激边缘系统中的杏仁核，让人产生内疚感。在这种内疚的感觉下，会促使个体不要做出反悔的决策，从而使个体行为保持前后的一致性，这是内因，也称为"原生因素"。

让人保持行为一致的现象，除了先天内部的"原生因素"，还有后天的经验积累的因素，心理学称为"内心人物角色"。如图 9-9 所示，社会角色不同，内心人物角色也不同。

企业家
- 在公司的角色是老板
- 在朋友眼中是成功者
- 在家的角色是父亲
- 投资者
- 社会活动家
- 慈善家

社会关系复杂，每天要面对不同阶层的人，需要用内心不同的人物角色和不同阶层的人交流……

农民
- 在家，面对家人孩子
- 出门干活，面对自家田地

社会关系除了家人亲戚，就是村民，社会关系简单……

图 9-9 社会角色不同，内心人物角色也不同

内心的人物角色指什么？

举个例子，你正在家里教育孩子，这个时候你是父亲或者母亲的人物角色。突然电话响了，你一看电话号码是老板。你赶紧接通电话并瞬间把心里另一个打工者的人物角色给调动出来和老板谈工作。老板和你通完话之后，你毕恭毕敬地和老板道了声晚安，小心翼翼地挂了电话。心里想着还好，这么晚来电话并不是因为工作出了差错。你刚放松下来，突然电话又响了，你心头一紧，马上拿起电话一看不是老板，而是公司要好的朋友。你长长舒了口气，然后接通了电话吐槽着："你吓死我了，我以为是老板呢，刚撂了他的电话。"然后和朋友开心地聊起白天公司的种种事情。

以上这段话，这个主人公分别用了家长、下属打工者和朋友三个人物角色去进行交流。这就是每个人心里会储存不同人物角色的具体表现。

由此你就知道"内心人物角色"是指人在成长和生产生活过程中经验的不断积累，并总结成一个具有特定心理性格行为方式的人物角色。

所以为什么我们和农民兄弟聊天会觉得他们很单纯，那是因为他们在长期的生产生活中，由于社会关系简单，以及面朝黄土背朝天的独特工作环境，并没有在他们心里积累形成过多复杂的人物角色。

讲到这里大家要明白，人物角色的构成机制是被外部刺激后，在心里逐渐积累形成。这个刺激的特点是多次和持久不断。只有在多次、持久的刺激过程中，心里才会逐渐形成一个完善的，具有特定心理性格、行为方式的人物角色。

说个最简单的例子。今天公司通知你升职，明天开始就是部门老大。那么你接收到这个刺激信号后，就开始调整自己的言谈举止，甚至暗暗回忆上级平时的言谈举止并试图去模仿。明天你再进办公室的时候，一定是另外一个你，绝对不会再和同事随意开玩笑。在最初一段时间，你可能还不适应，管理别人还有些别扭。但是用不了几周，新的态度和行为模式就会逐渐完善和固化成内心的一个全新的人物角色。你不会再感到别扭，会坦然地管理别人、指挥别人。

到这里你就知道，**人物角色从出生开始就一步步地构建。**

从出生开始，我们就被赋予男性、女性的人物角色，然后是父母的孩子，随着年龄增长又相继有了学生、职员等内心人物角色。所以人从出生开始的成长过程就是内心人物角色的构建过程，一直到停止呼吸。

内心人物角色一旦形成，就对自我行为有超强的控制力，会让行为决策保持前后一致性。

例如，你和孩子讲话或者做事的时候肯定运转父母的内心人物角色，而不会用下属打工者的口吻去和孩子讲话。同时你在公司也不会用家长的内心人物角色和同事沟通。如果你这样做，会被别人看成神经病。这就意味着内心某个"人物角色"只要被激活，那么他的行为也会被预测出来。

所以人在日常生活中，无时无刻不在基于不同场景、不同人物，运转着自己内心不同的人物角色。例如，和老板沟通，运转的是打工者的内心人物角色；和下属沟通，运转着上司的内心人物角色；和孩子学校的老师沟通，运转着家长的内心人物角色等。

因此人的行为是可以预测也是可以塑造的。想让他做出什么行为，就刺激对应的内心人物角色，或者去塑造相对应的内心人物角色。

应用在商业实战中，如果要提高销量、复购、裂变等指标，只要在客户内心中构建"认可品牌，相信产品的内心人物角色"。那么只要这个角色构建成功，客户后续只要有需求，就会主动购买商品。客户周围的朋友如果有需求，由于他已经认可你的品牌，也会做出向朋友推荐的行为。

所以企业的Logo、商品等各种元素，就是一个刺激开关。只要客户看到这些元素，就会把内心认可的人物角色调动出来。例如，看到劳力士Logo，你马上觉得奢华，绝对不会觉得廉价。你为什么觉得奢华，为什么很多人甚至不敢进到这类奢侈品店的行为，都是由于这个品牌刺激出的内心人物角色决定的。

经营者追求的目标是销量、复购、黏性、活跃度、裂变、成长体系等可以考核的KPI指标。那要做到这些指标，惯常的做法是做各类活动。但是今天知道了"内心人物角色"原理，就要明白做促销活动只能达到临时性增长，只有做人物角色构建才能达到长久性增长。

因此工作的真正核心本质，就是要通过心理学的技巧在用户内心构建一个"认可品牌，相信商品的内心人物角色"。这个角色构建得成功与否，效果将直接反映到企业日常经营的销量、复购、裂变等运营指标上。

这是第一类，心理学称为"后天构建永久性内心人物角色"。

人除了固定长期内心人物角色，还会有临时性内心人物角色。比如在旅游时，这个时候内心人物角色就是一个旅游者；又如去饭店，这个时候内心人物角色就是一个食客；再如去买衣服，这个时候内心人物角色就是一个挑选服装的消费者。这些心理学称为"临时性内心人物角色"。

这种临时性的内心人物角色也会影响特定的行为。例如，你是旅游区的销售员，为了刺激客户购买，话术应该这样说"既然出来旅游，就给亲人朋友带一些我们当地的特产吧"。这句话就是刺激和强化旅游者内心游客的这个人物角色。

无论是后天构建的永久性"内心人物角色"，还是临时性"内心人物角色"，在销售实践中的另一个作用是让犹豫的客户在做出消费行为的时候，目标更加清晰果断。

这里记住一条定律"内心人物角色，决定人的行为"。因此想让客户按照你的意愿做出相应的行为，就要刺激客户内心相应的人物角色。

9.8.1 从引导用户做出小承诺开始构建心中人物角色

基于上节所讲内心人物角色的形成原理，在促使用户达成交易的场景中，企业可以把交易设计成不同的维度。例如，先让用户做出一些小的承诺，而后逐步扩大承诺，就容易达成大的交易。因为用户决策往往会与最初决策时候的人物角色保持一致。

对于销售人员来说意味着推动一笔笔小生意的成单，最终会拉到大生意。商人做小生意几乎都不是贪图利润，而是要建立承诺。有了承诺之后更大的生意自然而然就来了。这样看来有人签了订单购买你的产品，即便利润微不足道，甚至不足以弥补你打电话所花的时间和精力，但他已经从潜在用户转变成真正客户。

我们看某地音乐节的案例"你愿意在脸上贴上本次音乐节的宣传口号和Logo吗？"

如果有人问你是否愿意，估计绝大多数人不会同意。在一次音乐节的推广活动上，只有10%不到的人同意这么做。这个结果不令人感到意外。

为了达到更多人愿意的目的，推广小组改变了策略。先邀请大家在左臂贴上Logo和宣传口号，而后等到下午的时候，再去寻找那些左臂贴了宣传口号的人，鼓励其贴在脸上，同时会送一份奖品。这一次有 80% 的人同意了。

用一个容易让人接受的条件去激发和塑造"志愿者"愿意参与音乐节宣传的人物角色，第一步用一上午去激发和塑造了这些人"我是愿意的"心理人物角色，所以当他们被询问是否愿意继续在脸上贴上 Logo 和宣传口号并施加一些利益刺激，大多数人会把之前做决策时候的人物角色代入现在的场景，做出前后一致的决定，所以同意率高达 80%。

因此如果企业想让用户行动，需要先通过一个个小的有关联性的承诺去激发塑造用户心理某个定向"人物角色"，然后再寻求更大的承诺。而且你得到的承诺越是公开，那用户心理的这个人物角色就越强有力。要设计一些营销技巧，让用户接受琐碎的小请求去引导他们行动。进而通过不断积累，提高用户对更大的类似请求的顺从度，使用户更乐意去做一些比先前答应的小要求更深的事情。因此任何形式的商业，都可以利用这个原理。当企业成功地引导用户内心建立一个对公司、商品或服务信任的角色，那用户群体就会自然而然地遵从一整套与这一自我形象相一致的行为。

实操中的要点是引导用户积极公开经过一番努力后的自由选择。例如，很多公司需要让消费者自己填写消费协议，这样可以很好地避免用户反悔撕毁协议。在用户使用完产品，可以利用调查问卷的形式促使其给出正面和积极的评价与承诺。传统小店可以让用户收到免费试用或者打折后写评价卡，并且贴在墙上公示出来。还有的公司举办征文比赛，几十个字的短小文章就可以。很多人为了得到奖品，不吝精美的语言去赞美商品、店家。随之而来的是众多人以书面形式证明了该商品或店家这样那样的优点，在文字的神奇推动下，不但他们相信了自己写下的东西，还影响带动了那些看文章的人也相信了。

9.8.2 引导用户在问卷或评价中正面评价塑造内心人物角色

在社会生产生活中，绝大多数人不愿意被周围的人视作没有主见、行为善变。因为这样的行为会被他人解读为不可信赖甚至反复无常。因此人们在做了一个决定后，无论这个决定是主观意愿还是被动接受，都不重要了。在往后大部分的生活场景中，人们会依据这个最初决定指导自己的行为。例如，你剪发的时候以"下次来我一定办"的借口拒绝了一次美发师要求当时办卡的请求，并且美发师还刻意强调了"大哥下次一定办一张啊",你也不置可否地点头回应。那么你下次如果再来这家美发店还找这个师傅给你剪发时,办卡的可能性就会很大。因为心理学揭示,人们一旦做出一个决定或承诺,就会立刻受到来自内心和外部群体的无形压力,督促自己按照承诺说的那样去决策。

笔者在公园做过一次小实验,假装去卫生间,并让旁边不认识的人帮忙照看一下书包。20个被实验者中18个都做义务管理员。当另一位朋友装作要拿走书包的时候,这个不认识的"义务管理员"主动询问这是你的包吗?而如果没有向周围不认识的人寻求帮助照看包,那这个包被陌生人拿走而周围人装作没看见的概率在90%以上。因此承诺及对承诺负责的心理暗示与指导作用是强大的。

要记住如果对方的承诺是在某种公开或者半公开的场所做出来,承诺将更具有效力。在世界各国各个民族文化中,言行一致是与个人品德挂钩的。不具备这个特点的人,会被大众视为善变和不靠谱。具备这一特点的人,则会被大众认为理性、可靠、值得信赖。因此基于这个原理,引导用户在公开场合做出正向的评价后,他们基本不会有什么相反的负面行为。

因此一旦主动做出承诺,自我形象就要承受来自内、外两方面的压力。一方面,内心有压力要把自我形象调整得与行为一致。另一方面,人们会按照他人对自己的感知来动态调整自己的形象。很多做员工培训的公司也深知承诺的力量,这些公司常用一套刺激销售实现越来越高目标的办法。他们要员工拟定个人销售业绩目标,而且是亲自写出来并在会议上公示宣读,以此激励员工建立对这些目标的承诺感。

在逛街时我们常常会遇到售货员礼貌的问候,如"先生好,今天心情不错啊?"或者"周末快乐,今天过得怎么样?"之类的开场白。这不过是导购的一个小伎俩,他的目的是让用户给一个礼貌正面的回答,如"还不错""挺好的""还行"之类。哪怕用户这么说是出于礼貌,但是随即马上做出拒绝的样子会显得很尴尬。因此一旦成功引导顾客公开正面表明心情,那随后的沟通过程顾客一般会保持正面积极的心态,这种心态对促进交易有很大益处。

公开的问卷调查也是激发用户承诺的一种手段。相对于口头承诺,书面的承诺更加有说服力。引导用户写下来,让评价变成白纸黑字,会驱使用户调整自我形象，使之与自己书写的内容在行为上达成一致。另外，书面承诺更令其他人信服。人们有种天然的倾向，总认为书面声明反映了当事人的真实态度。哪怕他们明知道当事人的声明可能并非出于自愿，还是会这么认为。心理学家爱德华·琼斯和詹姆斯·哈里斯做过一次研究，让被实验者看一份支持某人的文章，并要他们判断作者的真实感受。其中一部分被实验者被告知，作者是在胁迫下写的。但是奇怪的是，就算知道不是自愿写的，他们还是觉得作者喜欢这个人。因此除非另有强有力的反面证据，人们会自动假设认可书面的承诺是写承诺人的真心话。

想想看，一旦用户写了我认可这家店很好的正面评价，这份评价不仅会让他一直记着自己的评价，还能让周围其他人相信。很多网红店就善于这样操作，让用户将美好的留言写在便利贴上公开展示出来。大家想想自己生活中是不是也有这样因为别人对自己的评价，使得有种无形的力量督促自己也要做和周围人认知相互一致的行为。比如，大家都说我仗义，大家都觉得我乐于助人，或者大家都觉得我是成功人士等。

假如你在一家电子商务网站买了一件T恤，然后为了领取优惠券而填写一份问卷。而你填写问卷的行为其实已经对网站有了一种承诺，尽管你并未把填写调查问卷的事情告诉全世界，但是你做出了回应。只要用户对产品或者服务表达了正面的感情或看法，都是在做出一种承诺。这样的行为会让用户更有可能继续访问某个网站或再次进入某家商店的时候秉持前后一致的行为。因此调查问卷不仅可以收集信息，也可以引发有助于坚定承诺的公开表态，包括评论也是同样的道理。承诺越公开就越坚定，也就越影响现在及未来客户的行为。

为了加强承诺的效果，经营者需要增加用户承诺的公开性。例如，在网站写下使用商品的评论，传统店家引导顾客写就餐感言，都是引导用户承诺的方法。公开性增强了用户承诺的效果，即用户暗示自己"我是信任这个企业或商品的人""我觉得他们的服务不错"等。但也要切记负面的评论同样杀伤力巨大，因为顾客在写负面评论的时候就是在塑造"我是讨厌这家商店"的人物角色。

9.8.3 推动用户快速决定

人们在做决定之前会经历各种犹豫和思考，但是一旦下决心做出某种选择或决定，又会立刻终止犹豫转而去坚持自己这种选择。就好比我们在购买手机或者购买家电之前会上各种平台或问各种朋友以便更全面地了解信息帮助自己做决定。但是一旦完成购买，哪怕这件东西并非购买之前设想得那么完美，我们依然会找各种理由去证明自己的选择是正确的。

因此前一刻你还在和朋友理性地讨论某款相机的优缺点，但一旦完成购买，这种讨论基本就变成你不遗余力描述相机各种优点并一次次去证明选择是正确的描述。

事实上大多时候所有人在做出选择后会坚信自己做得没错，并找很多理由去证明自己。

这种决策后坚持一致性的行为方式，为人们穿越复杂的现代生活提供了一条捷径。除了大家常说的坚持下去总会有回报，一旦决策后，人们再也不用苦苦思考，每天在爆炸般的信息流中筛选，劳心费力地权衡利弊去做决策。如果这次决策后的效果是正向的，未来当再次碰到同类场景，人们将会不假思索地采取相同的一致行为或决策。

根据这个心理原理，当企业发现所面对的用户群体碰到真正的问题，并且正拼命想办法解决这些问题，那么抓住核心告诉他们，产品或服务是唯一能解决他们问题的方法。同时人为制造一些摩擦，让用户稍微惊慌起来，让他们下意识必须采取行动。要让他们下意识地赶紧交钱，再也不想动脑子了。

下意识保持一致，有时候是逃避思考的盔甲。并且当问题难度越是超出用户自己的能力范围，他们就越想要去逃避，越希望将这个问题托付给那些声明能帮助他们解决的人。就像很多创业者在租好了地方、采买了所有的办公桌椅板凳之后，都还没有去想怎么做市场开发、渠道推广。恰恰是因为他们觉得这个太难，刻意去忽视。大家想想自己生活场景中，是不是经常有这样的感慨，"哎呀，算了算了，就这么决定吧，我不想再动脑筋了，你也别告诉我这些信息了"。

9.8.4 用户在压力下不利于刺激心中人物角色的生成

社会心理学已经确定了一点，只有当人们认为外界不存在强大压力的时候，才会为自己的行为发自内心地负起责任。优厚奖品就属于外界压力，它可以让用户暂时去执行某一行为，但是不足以让用户自觉对此行为负责。因此优厚的刺激并不会让人们觉得对他该有什么承诺。强大的威胁也是一样，虽然可以暂时让人顺从，却不能带来长期的承诺感。

因此企业在商业的交互流程设计中，需要明白利用利益刺激的目的是引导用户在心里构建一个新的人物角色，而并非依靠利益刺激自始至终贯穿于用户整个消费生命周期。心理学的解释是，当利益奖励达到一定程度反而让用户没办法全力以赴地履行自己的承诺。

优惠券等利益刺激是最直接的外部促进因素。这个刺激因素也让用户觉得，我回答其他用户对于商品的使用问题，有很大原因不是因为我乐于助人而是因为优惠券。优惠券虽然能很好地引导用户去参与交互，但是也在某种程度阻碍用户乐于助人的人物角色建立，因此优惠券的金额范围，以及到达某个成长阶段后的停止或其他形式代替，都需要仔细地推敲设计。

最终的目的是让用户全身心投入崭新的自我角色形成中，促使他们坚信自己是乐于助人的那一类人。

第 10 章

细分用户建模

10.1 找对精准用户，生意不再难

企业瓶颈无非用户增长或销售增长乏力。

很多企业家为了解决这两个问题，不惜辗转北京、上海、广州等城市，学习各种增长方法。但是学习速度不及外部环境变化速度。降维打击还没有弄明白，又来了区块链，现在又兴起了元宇宙。除了层出不穷的新概念，竞争环境也日趋激烈。不同领域企业展开竞争，如现在短视频和电商的正面竞争。同行之间更不用说。

很多企业家面对瞬息万变的外部环境，时常感觉心有余而力不足。作为企业家千万不要害怕市面上层出不穷的新事物、新概念，那都是用来唬人的。环境越复杂，越需要企业家具备三种能力。

1. 战略定力，"任他东南西北风，我自岿然不动"。

2. 化繁为简的敏锐观察力。在信息爆炸时代，垃圾信息充斥其中，哪个才是对你最有用的需要敏锐地分辨出来。

3. 聚焦后的坚定执行力。现在诱惑太多，更要求不忘初心。

在当今更要能透过现象看本质。真正的增长只存在于用户的心中，而不是所谓的新概念上。因此把用户这个核心关键点搞清楚了，所有的问题都会迎刃而解。

这里我们用钓鱼做一个比喻，告诉你无论是用户增长还是销售增长，其实很简单。

想象一下当你手里只有一把鱼饵，是应该撒向大海，还是应该撒向河流或池塘。很多企业家都会选择河流或池塘。因为海那么大，这把鱼饵撒进去肯定是连个动静都没有就马上消失得无影无踪。

因此对于很多中小微企业，虽然大海鱼群多、机会多，但大海不是战场。

说白了，你就是艘小帆船，暂时驾驭不了大海的风浪。手里只有一把有限的鱼饵，战场也只能是那些聚集着精准鱼群的河流或池塘。

如何才能找准河流或者池塘，就是本书心智定位增长体系的一个重要作用。通过心理学及数据分析，帮助企业锁定用户群体，找到精准的河流或池塘。

但是仅仅把用户找准，河流或池塘找准就能解决增长问题吗？好像也不敢保证。因为即便在相同的地域钓鱼，也经常会遇见有的人能不断钓上来鱼，而有的人坐一天也没有什么收获。

这就指出导致企业增长瓶颈的第二个问题，钓鱼方法不对。

现实中很多企业，用户群体精准、产品力也不错，但增长依然乏力。这就是本书心智定位增长体系为企业解决的第二个问题。通过心智定位增长体系中用户消费行为心理学的讲解，彻底掌握"需求产生的原因和消费行为动机"，帮助企业学会正确的钓鱼方法。

所以企业增长很简单，就三个步骤。**找对精准的鱼群，学会钓鱼的方法，再找个精准的河流或池塘开始钓鱼。**

10.2 细分用户建模是心智定位体系的重要组成部分

细分用户建模工具将用户洞察分析工作体系化，做到高效、高质、数据共享，是心智定位增长体系一个重要组成部分。

对用户认知的差异从内部来讲，因每个部门岗位的不同，导致观察用户的视角也不相同，对用户的理解会出现各种各样基于自身角度的认识。在项目会议中各个岗位的同事也会经常互相争论，不认同其他同事对用户的看法，都会尽可能试图说服对方认可自己对用户的理解。

其实感性认知的偏差界限并不明显，并且也没有所谓对错，因为换个角度看用户，可能会产生不同的认知。

因此解读角度不同，对用户群体的定义也不一样，甚至同一个用户群体面对不同商业形态时候，都有不一样的表现。个体复杂性导致如果没有正确的细分用户洞察分析方法，企业团队就很难就用户到底是谁达成统一共识。

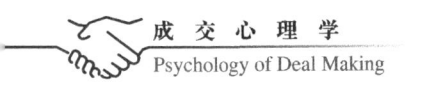

并且由于企业部门间的壁垒，各部门经常频繁重复去做用户调研工作，既增加时间成本、浪费人力资源，还对用户造成干扰。调研来调研去结果把自己搞蒙了，到底该服务哪类用户。并且各部门对用户洞察分析调研结果往往不能及时共享，直接影响企业对内产品迭代、对外运营推广等工作。

因此细分用户建模将分散的业务模块包括用户访谈调研分析、用户画像、需求梳理、产品功能规划、渠道定位、社交话题规划、消费决策行为路径等工作进行了整合与系统化改造，保证企业在经营过程中，通过一次用户建模数据就可以做到全公司各个业务部门共享。在洞察分析数据的指导下，企业真正做到以用户为中心去开展由内到外的工作。

10.3 用细分用户建模，锁定精准用户

细分用户群体是指，企业规划的产品或提供的服务能满足同一类需求的用户群体。建模是指建立一个用户模型去涵盖一类用户群体。

细分用户建模即通过定性研究和定量数据分析，将用户群体中相同属性的数据梳理出来，然后做关联归类和汇总，最后做标签化、拟人化、故事化的创造和升华，最终建立一个虚拟人物模型，去代表这一类用户群体的消费心理、行为、目标、社交货币、渠道、社群属性甚至价值观等，从而达到企业团队能快速以一个用户模型去认识一类用户群体的目的。

细分用户建模是针对目标人群真实特征的勾勒，每个用户模型都能代表一类用户群体。

这个虚拟人物数据模型就是这类用户群体研究的概括性总结，这些描绘使得用户变得栩栩如生，指导企业对内产品迭代、对外营销推广工作的精准性。并不是开发新产品才做用户模型，老项目或者迭代项目就可以忽视，也不是仅仅在渠道运营时候拿出来看看，或者仅仅给老板看，产品、运营、市场小范围知道就可以。它需要深入整个公司员工的内心，让企业所有人都知道我们在为谁服务，解决他们的需求痛点。

只有把能代表某一类细分用户群体的精准模型在公司层面数据共享，企业生产出来的产品才能精准对接用户群体的需求；企业营销推广才能走在高效转

化的路上，做到以极小的成本投入达到最大的转化率；企业的服务体系才能做到为用户提供更加精准细致的服务，才能让用户有宾至如归的极致体验。

图10-1所展示的开会场景，揭示了成功的细分用户模型构建，能帮助大家对所要服务的精准用户群体快速达成统一认知。

图10-1 构建细分用户模型，让团队快速达成对用户的统一认知

1. 能让企业团队成员更加专注。任何企业都不可能建立一个适应所有人的产品或服务，成功的商业模式或商品只针对某一类特定细分用户群体去规划开发设计生产。

2. 精准的用户模型能引起团队成员之间的共鸣。你不是用户，同时由于对自己公司的项目或产品过于熟悉，就会造成本能地基于自己的想法做决策。经常会出现"我认为……""我觉得……"的内部思维。所以用户模型能帮助团队成员以用户为中心考虑问题，使大家在会议决策中快速达成一致，促进意见统一。

3. 提高工作效率，避免很多不必要的重复沟通，节省时间成本。

4. 使管理层的决策更加精准。

企业在经营的各个阶段都要用一个用户模型将所面对细分用户群体的消费行为、需求痛点、渠道、社交话题等不同维度的数据给固定下来。这是心智定位增长体系最基础也是最为关键的一步。

图10-2展示了细分用户建模在企业经营中各个阶段的作用。

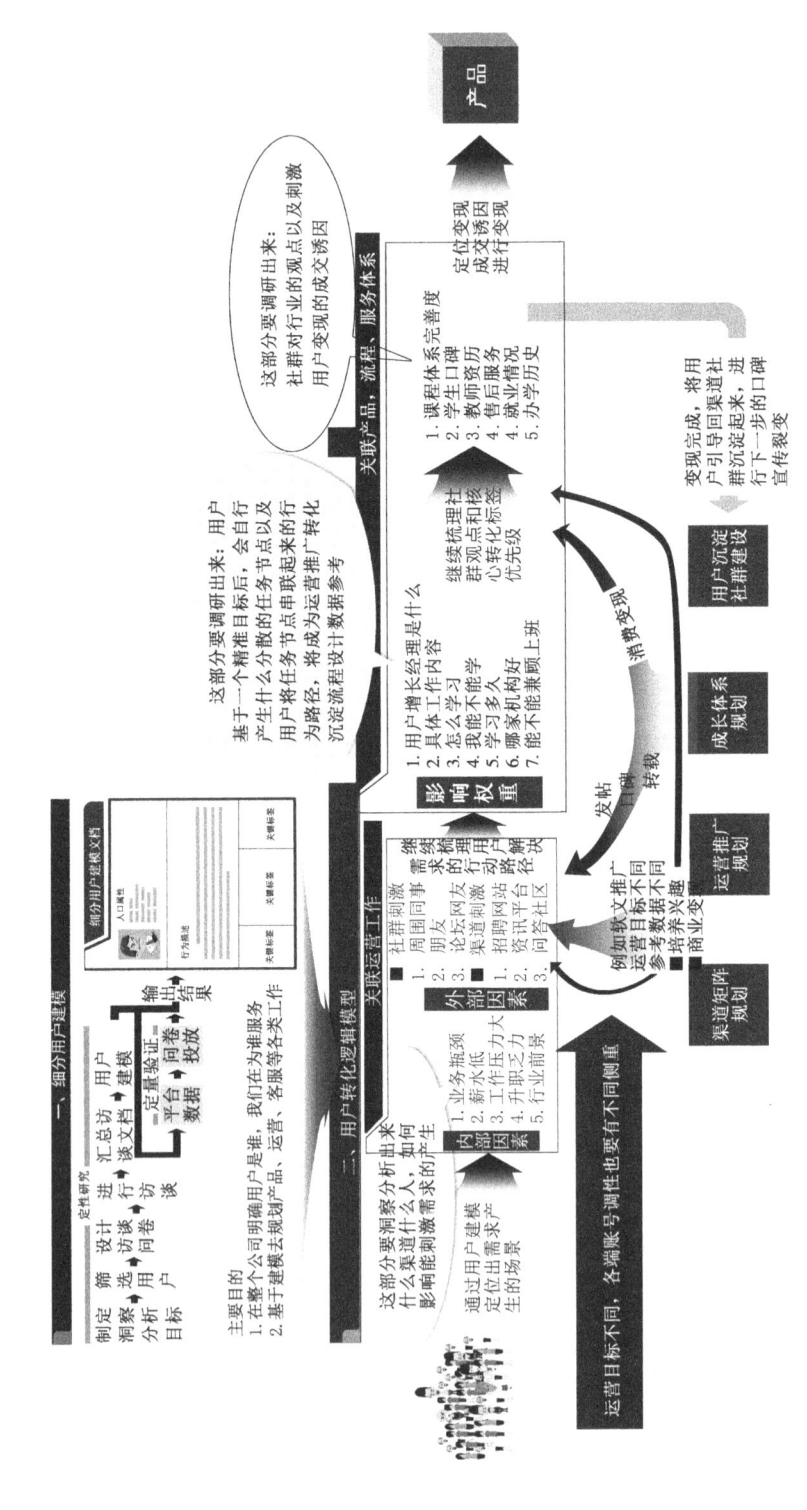

图 10-2 细分用户建模指导企业各部门高协同工作精准增长

10.3.1 用建模数据提高团队沟通效率

人类大脑本能地会对任何人物的故事情节产生场景应激反应，并会被故事情节所带领产生"情节惯性思维"并与之产生理解和共鸣，进而会无意识地以故事主角身份去重述和归纳，并引导团队各个部门不同职责的成员，在参与项目过程中能为同一个目标去奋斗发力。所以用户模型可以很好地避免项目人员以自我为中心进行狭隘思考，引导大家以用户为中心去思考和决策。因此一定要在团队中树立形象鲜明的细分用户群体模型。

人类进化到现在，在日常生活中，我们常常为了提高沟通效率会把各种复杂事情给简化成标签或一个名词，以期在交流中快速达成共识，从而节省沟通时间去做更重要的事情。

例如，明天要去做一个公益活动，服务"孤寡老人"。那么孤寡老人这个名词就包含了多个关键数据标签，如年龄70岁以上、没有子女、生活自理有障碍等。所以我们在日常生活中不会去说，明天我们做公益，去服务年龄在70岁以上的、没有儿女的、生活不能自理的这一类人。

人们早已下意识在生活交流中学会了用涵盖各种数据的归类标签快速达成共识。但为什么在公司商业项目中，我们却总是忽视这些，反而说我认为用户是这样的、他认为用户是那样的。如果一个团队没有建立起完整的细分用户模型，需求必然抓得不精准，会导致团队奋斗目标不清晰，搞不清楚到底为谁设计研发产品。结果推向市场的产品难以精准对应用户最迫切的需求，从而失去市场竞争力。

读者一定要明白，用户并不是你所想的那样。传统商业还好一些，企业和用户是面对面的交流，但是互联网商业的用户和经营者隔着一个屏幕，几乎不和用户直接进行交流。经营者只能隔着屏幕，通过设计的页面、规划的功能、梳理的流程来沟通。无论传统企业还是互联网企业，只有"通过建立高效的沟通流程，才能实现最大的商业价值"。

用户与企业的交流过程，就像是一种对话或谈判。对话始于用户带着某个特定目的询问你那一刻起。

传统企业依靠导购，有平台的企业依靠网络作为中间媒介，一头连着商品或服务，一头连着用户群体，通过流程逻辑快速解决用户咨询的需求。在这个交互过程中完成商业价值的转换。如果企业能依据用户消费行为决策路径设计极致便捷的流程引导他们快速满足需求并周到服务，那这个企业的商业价值就极高。

同时企业也要明白，你竭尽所能为之服务的用户群体，他们的诉求和你有**巨大差异。**

企业每天花大量时间埋头在自己的项目钻研业务，努力规划设计开发，给产品附加更多认为能够促进公司发展和利润收入的功能，努力想让用户群体为你付出更多时间，提高留存率。虽然企业彻底理解自己产品的每个细节、服务的每个流程，但用户恰恰和企业想法是相反的。

心理学揭示"人在交流中会下意识地想要缩短时间，期望快速达成共识，以便有更多时间投入行动"。当今用户更是表现出越来越没有耐心。他们没有兴趣也不关心精心制作的宣传页、设计上为之骄傲的闪光点，他们也很少会停下来欣赏，有时甚至会觉得过多的设计和花哨的风格是交流过程中的干扰。这也是为什么导致用户跳出率高的原因，很多都发生在内容信息拖沓和设计花里胡哨繁杂之处。

10.3.2 用户洞察分析中的注意事项

日常工作中企业经常通过客户访谈和调研，获取他们想得到什么样的服务，进到店里最感兴趣的商品是什么，下载 App 要解决什么问题，达成什么目标。是什么因素激发用户走进店面，又是什么激发了用户访问平台的兴趣，以及企业的实体店哪些服务有什么疏漏，平台哪些功能让用户觉得很鸡肋甚至是阻碍。

企业是否有更好地服务于用户的机会、更好地解决用户需求的功能和方法？

通过对用户进行调查分析，分析企业商业模式、服务流程或产品功能，这些维度中哪些是阻碍用户消费行为的因素。最简单可靠的方法是在实体店中直接进行随机问卷调查，互联网项目可以通过网上投放调查问卷，也可以发邀请在线下做定性研究，考察用户需求痛点、消费行为等有关的信息。同时可以结合企业沉淀的数据做留存、分群、漏斗、转化率、行为路径等数据模型的分析，对用户群体做整体研究。

在项目中经常会犯的错误是对数据不加清洗地滥用。原始数据包含很多垃圾数据，如果不清洗出来，会污染数据，造成最终分析错误。例如，可能想要分析成交率但是采集的都是下单量数据，那下单量和支付订单量之间就会有很大的出入，所以数据清洗很重要。另外在数据分析中，很多人也会犯不做逻辑关联，只是武断地一条条解读的错误。这样做也不会分析出什么有用的结果。数据分析的核心在于关联性和逻辑性，要在层次维度复杂的数据中找出它们之间的关联并分析出隐含的内在逻辑。最终要分析出用户群体为什么会有这样的消费行为，以及企业所设想的用户和真实用户有多大的差异。

例如，客户加入购物车和支付订单数两个数据，仅能看出来用户群体支付意愿高与低，但你不知道内在原因。还需要结合用户点击路径去分析用户跳出的节点，可能是被推荐的商品所吸引放弃支付，也可能是被运费阻碍放弃吸引，还有可能用户仅仅是收藏而已。因此一两条数据反映的仅仅是表面问题，一组数据分析得出的结论才更加具有指导意义。因此对数据不加处理地放任取用是可怕的，太容易被当成既定的事实。

在实施调研分析的时候要注意下面三点。

第一，要关注全面而不是只关注片面。例如，互联网企业仅知道有36%的用户在某个特定页面上放弃了注册是远远不够的，还需要把它和其他信息放在一起综合分析。哪些用户正在离开平台，为什么他们会这样做，有什么办法能够改变这个情况。

第二，结果可以迅速共享。无论是数据分析还是细分用户建模，必须是一个简练的易于记忆的报告。这样才能快速把结果深入到团队每个成员心里，让每个成员都在工作中应用到。

第三，可实施性。用户洞察分析的结果只有在可以实现的时候才是有用的。例如，仅仅知道30%的用户在30~45岁，对决定企业经营没有太大作用。但是知道由于不能提供某个功能企业会流失30%的用户，这才是最有意义的结论。

基于细分用户建模成果进行决策也要注意下面四点。

第一，企业提供什么商品、服务，或者网站提供什么功能满足细分用户群体哪些需求。无论是传统企业还是互联网企业，在定位产品和服务的时候，不是老板或高管拍脑袋决定，而是由用户需求痛点和消费行为决定。所以要根据用户建模得出的结论，包括梳理出来的需求、行为习惯及价值观点，去确定商业模式，规划商品及服务体系建设。

第二，用户群体将如何通过流程逻辑去运作。传统企业商业逻辑要设计服务流程，最好让每一个进到店里的用户不要空手，哪怕是免费送的，也要让用户拿在手上。毕竟每一个进来的用户都是企业营利的机会，与其让他们空手而出，不如想方设法让他们体验商品，哪怕免费试用，也不会有什么亏损。相比于做广告吸引用户的成本，已经自主进店的用户即便现在不消费，未来消费的概率也很大。

而互联网企业的商业本质是节点连接。功能和架构是节点，逻辑流程是通路。它一头连着商品或服务，另一头连着用户群体。如何快速把关联在一端的用户引导到商品端，既完成用户需求目标又达成商业价值转化。考验的是功能节点和流程逻辑的设计能力。如果网站架构、导航、搜索没有像目标用户期望的那样工作，他们就会流失掉。

第三，企业平台或宣传信息流展示什么内容。包括文字、图片、视频等一系列能和用户沟通，传达经营者想要向用户表达的内容。这里注意要用目标用户群体喜欢的交流方式和操作行为。针对传统经营者也是同样道理，店里信息流的展示都要以目标用户群体的阅读习惯和交流行为去设计陈列。

第四，感官体验。感官体验包括视觉、嗅觉、味觉、触觉、听觉。虽然是企业项目的后置环节，但却是用户最能感同身受的体验。这也是相当重要的一个部分。要通过目标用户所能接受的、喜欢的方式，去展示企业想要表达的内容。

10.4　细分用户建模两种方法

笔者经过多年实践，总结了两种实践性最强的细分用户群体建模方法，分别是定性细分用户建模方法和经过定量验证的定性细分用户建模方法。

第一种，定性细分用户建模方法。

看两个概念"定性研究"和"定量分析"。

定性研究指从小规模 15 人左右洞察分析样本中发现问题的方法。在定性研究的洞察分析阶段，企业想要通过分析得到什么结果、解决什么问题，是首先应该考虑的事情。

图 10-3 的四象限图展示了细分用户建模定性和定量区间所包含的基本方法。

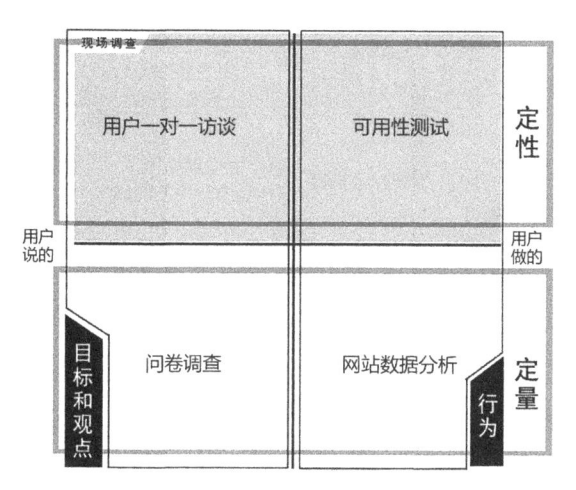

图 10-3　细分用户建模四种基本方法

这个定性由谁来定，性质又指什么，我们需要解释清楚。

一般是由项目中经验丰富的主管，如产品主管或者经营者自己，依据对企业产品的认识，能服务哪一类人群做一个定性的结论。例如，卖房 App 的产品就是搭建线上房源平台，吸引 28～60 岁的客户进行买卖房产交易。又如，甜品店主营针对情侣的网红甜点，他们的年龄应该在 16～22 岁。以上两条就是定性的结论。

定性建模就是基于预设的定性结论去做的洞察分析，用小范围的用户样本数据去佐证对企业用户定性的正确性。"用户访谈"和"可用性测试"都属于定性分析。定性研究的结果会因数据量少的原因有一定偏差，但可以根据结果在定量数据分析中做进一步的测试和验证。如图 10-4 所示定性研究从小范围的用户样本中，以用户需求痛点、消费行为、消费心理、聚集渠道、社交话题等不同维度去做一对一访谈，将洞察分析中具有相同需求痛点、消费行为、消费心理、聚集渠道、社交话题等数据信息进行汇总分析，并整理提炼升华，做出能界定某类细分用户群体的虚拟人物。

图 10-4　定性细分用户建模方法漏斗模型

定性建模的用户选择一定是基于已有经验去挑选符合企业目标群体的客户，并从中挑选 15 个左右用户样本进行定性研究，去求证判断的正确性。如果分析结果和先前基于经验选择的目标用户群体不相符，就需要重新选定访谈用户范围进行定性研究。

具体操作步骤如下。

1. 基于对公司和产品的认识并依据自己经验对用户做预判，圈定一个大概群体范围，并从中寻找 15 名以上用户作为洞察分析对象。

2. 进行用户一对一访谈和可用性测试。这里要注意几点，要有单独进行访谈的空间，尽可能减少志愿者之间互相干扰，以免调查结果出现偏差。

3. 用调研数据求证基于经验定性结论的正确性。细分群体的基础维度是用户需求痛点、消费行为、消费心理、聚集渠道、社交话题。剥离数据的过程就是回顾用户的访谈笔记或者录音，然后分析抽取具有共性的用户需求痛点、行为心理等信息做归类总结，思考能不能涵盖一个细分用户群体。

4. 为求证后的细分用户群体创建一个用户模型，并为用户需求痛点、消费行为、消费心理、聚集渠道、社交话题等维度信息添加更多来源于生活又高于生活的创造性细节，如小明六点下班后，总会在坐地铁回家的途中打开在线学习 App。其中"小明下班后坐地铁回家途中……"就是我们通过来源于生活再创造的细节，而"下班后回家路上打开 App"就是我们调研这一类用户群体大部分所具有的相同行为数据。除了赋予他们姓名，还要有年龄、照片等人口特征的信息和场景等更多资料，最后创造出的细分用户模型就会变得栩栩如生。

优点：成本低廉、时间快，需要专业人员少。

缺点：没有量化数据，结论可能会有偏差。

第二种，经过定量验证的定性细分用户建模方法。

经定量验证的定性研究是用大量数据求证定性建模的准确性。数据分析和调查问卷都属于这个范畴。

人们说了什么很重要，因为揭示了客户的需求痛点和消费心理。人们做了什么也同样重要，它揭示了用户的消费行为。行为演变为流程逻辑，决定用户与企业之间、用户与销售服务人员之间如何进行友好快捷的沟通交互。

具体操作步骤如图 10-5 所示。

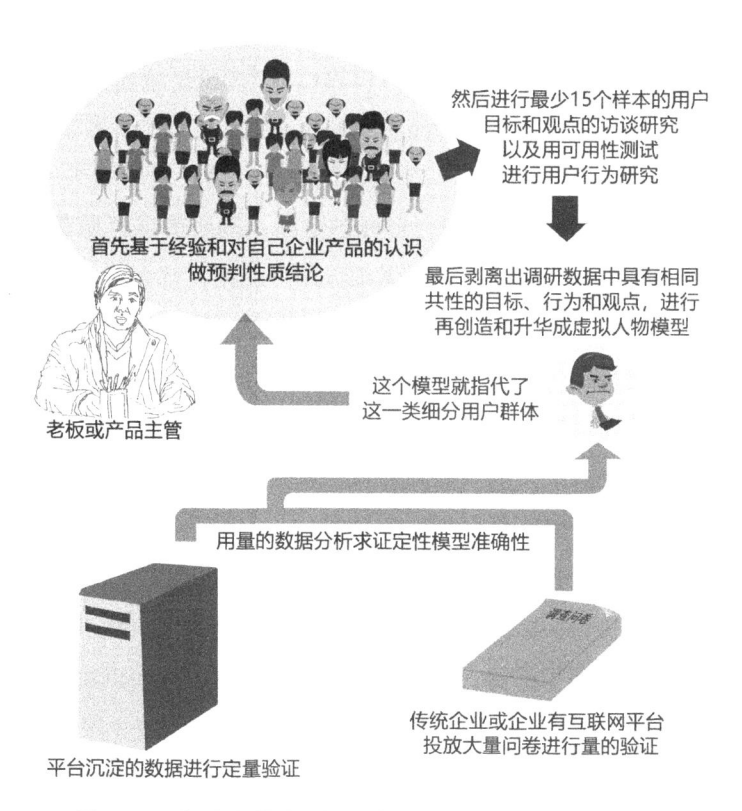

图 10-5　经过定量验证的定性细分用户建模方法漏斗模型

第 1 到第 4 步和上面定性研究完全一致,差别在第 5 步。

第 5 步进行一次大范围的调查问卷或用企业平台沉淀的数据进行定量分析,最终用定量的数据分析求证定性的细分用户群体模型准确性。如果数据支持,那它就是一个稳定并可供项目使用的精准模型。如果定量数据分析结果偏差较大,如某互联网职业培训机构定性研究的结果是细分用户群体是零基础,需求痛点是通过学习用户增长经理课程进行转行,但是数据分析显示,来机构报名的用户绝大部分都是有基础并且已经从事了用户增长经理岗位的人群。

这就是典型的定量数据推翻了定性建模结果,就需要寻找新的用户群体进行重新定性建模。

优点:量化的证据可以保护模型准确性。

缺点:成本相应高,额外工作多。

在已经上线的项目做用户洞察分析的时候,需要加入"可用性测试"。它可以让产品或运营更加直观地感受用户的真实使用场景。这个信息会比用户描述使用感受更加精准。可用性测试既可以用已经上线的产品、已经执行的服务流程,也可以用还在测试阶段的产品功能或正在优化的服务流程。

可用性测试中,需要给用户一个明确的目标"请快速地购买一件运动衣"或"请用新功能,快速进行投诉"。目标越清晰,调研员越容易获得精准的用户使用感受。无论是优化产品,还是做细分用户建模,都大有益处。还需要注意在项目中经常遇到用户在做可用性测试的时候费了很大力气才完成一个任务。然后他们会声称这个任务很简单,其实用户为了不让自己显得那么愚蠢而刻意隐藏自己的感受。所以人们说的和做的有时候并不一样,需要研究员保证对用户说的和做的都有清楚的认知和理解,否则就会在调研中出现偏差。

在传统商业环境中怎么做可用性测试呢?

我们采用绘制用户路径的方法。确定好方案 A 的信息流展示、商品摆放、导购引导策略后,进行一段时间的观察。将一段时间内用户从进店开始的路径图绘制出来。哪些点做了停留,哪些点拿起商品看看,哪些点用户表现得迷茫需要引导等。然后再做一套 B 方案,继续呈现给用户,做一段时间的跟踪观察,最后通过不断试验和对比找出最优化的方案。

10.5 成熟型企业细分用户群体建模实战

成熟型企业几乎已经明确公司的产品或服务，能精准对应解决某一类用户的精准需求，并且企业也知道细分用户群体在哪里，用户明确的需求痛点是什么。这种时候做用户洞察分析工作时应该侧重三个方面。

首先，用户需求产生的场景原因。知道这个需求产生的深层次原因，可以指导企业快速抓住商业先机。

其次，用户为达到需求目标所自我设定分散的任务节点及串联起来的路径。梳理出来这部分，将是企业做商业流程逻辑设计的参考基础。

最后，这类用户群体的社交属性、社交话题及对行业的价值观点和看法。这些数据指导企业服务体系构建时，更加契合用户群体的服务要求，给用户最极致的体验并且价值观塑造有助于社群建设提高用户黏性和社群吸引力，以及打造归属感。

还有一种情况是企业提供的产品或服务面比较广泛，并不能单纯讲满足了哪一类细分用户群体的哪类需求，也不能单纯地说用户目标非常精准。例如进我们店就是为了解决什么痛点需求，或者下载我们房产 App 就是为了租房。再如厨房电器类的企业生产的产品会涵盖不同类型用户群体的不同需求，而互联网平台像抖音，很难简单去界定其用户群体的精准目标，不像滴滴就是个打车平台。

10.5.1 细分用户建模案例展示

先给大家讲一讲，笔者的朋友林东学习用户增长课程的故事。林东原来做前端开发工作，最近计划学习用户增长经理课程，他的学习经历再次提醒笔者理解用户的重要性。

林东是一个 28 岁的前端工程师，关于转行这件事他思考了很久。

他没事的时候喜欢在知乎浏览互联网各种岗位的知识，关注哪个岗位发展有前景、薪水高，时不时还会和身边不同岗位的朋友聊聊他们的工作。然后憧憬自己也可以逃离辛苦的编写代码工作，拥有一个轻松一些、收入更高的新岗位。

他已经在前端开发岗位工作五年，现在对薪水越来越不满意。最近不停地加班加上过低的薪水使他开始认真考虑学习和转行的事情。

某日老板再次拒绝他的加薪要求，使他差不多下了决心转行。因为有些积蓄，可以支撑他脱产一段时间学习。

林东是个有计划的人，他评估自己财务状况并在浏览器收藏了一些培训机构官网。但他还是有些紧张，不知道能不能学会、应该从哪里入手？是先自己摸索自学，还是直接去交学费系统学习营销推广或用户增长的知识。同时社会培训机构良莠不齐的现状也让他感到担忧，害怕花钱又学习不到东西浪费了钱和时间。于是经常陷入纠结迷茫之中。

笔者在微信朋友圈分享的一篇《40岁转行要做哪些准备》？吸引他阅读文章。文章解决了他困惑的几个问题：如何制定转行路线图、如何评估自己适合哪个岗位、如何制订学习计划。

其实林东不是笔者的朋友，也不是真实的人，他是笔者创作建立的细分用户模型。林东代表的是咨询互联网岗位培训机构课程，对用户增长岗位零基础的用户群体，在需求痛点、消费心理、消费行为、渠道、社交话题甚至价值观点等维度具有高度相似性的信息提炼汇总。

研究表明具有相同需求痛点的用户群体也必将具有高度相似的消费行为，相似聚集渠道，相似的消费心理、社交话题、价值观点等。

于是利用洞察分析方法将这些相似数据提炼出来，并创造建立了"林东"这个虚拟人物，去概括这类想要转行、用户增长岗位零基础的细分用户群体。

细分用户建模必须具有四个特点。

第一，每个用户模型能代表企业真正的细分用户群体。企业的访谈用户必须是准确的真实客户，访谈内容才有代表性，否则用户访谈出来的结果就会有很大偏差。不要因为找不到真正用户进行访谈洞察分析就从身边找朋友或家人代替客户，那么出来的结果基本是无用的。

第二，用户模型的属性和描述是完整的。只有模型的属性和描述精准完整，才会在项目中起到指导决策的作用。例如，用户模型的属性是30岁互联网白领，我们就能判断出用户对互联网应用的熟练和接纳程度。再如，我们完整描述出用户模型的消费方式和行为习惯，就能判断出哪些信息对真实用户群体是感兴趣的，哪些信息对他们来说是无用或讨厌的。

第三，一个细分用户模型能涵盖一个细分用户群体，一组用户模型能涵盖整个公司业务体系。就像上面讲的"林东"，他带着非常具体的需求痛点目标。这些目标很明显地表明了他需要了解互联网岗位培训机构提供的产品、服务及内容是什么。因此完全不同的需求痛点目标，意味着完全不同的"细分用户模型"。用户需求痛点目标决定企业产品规划设计或服务项目，用户消费行为则决定企业业务转化流程和功能如何设计。

第四，以快速解决细分用户群体的需求痛点为出发点，来完成企业的商业价值。

10.5.2 定性用户建模实操

定性建模：在已知经验上先进行预判，然后进行洞察分析验证和创造升华为用户模型的过程。

一对一访谈是定性建模研究的重要方法。

倾听用户关于他们的需求痛点、消费行为、消费心理等信息的描述，然后通过对一批样本志愿者每个人的描述，找出这个群体所共同持有的需求痛点、消费行为、消费心理等维度信息，在倾听的过程中去理解他们，并试着产生共鸣。一对一访谈研究的特点是聆听和理解并且描述，减少外界的干扰单独进行很重要。最终用一个用户模型来归纳和重述他们的故事。

另一个方法是可用性测试及传统企业的用户路径绘制方法，都是用来观察用户是怎样和企业交流并解决自己的需求痛点，包括使用网络平台进行交流行为或在实体店的购物行为。在倾听和观察中，要着重了解交互过程中阻碍用户消费行为的障碍点，并标示出来。

10.5.2.1 建模第一步，访谈用户选择

在寻找用户范围的时候用需求痛点、消费行为进行界定，会比用年龄、收入和人口统计特征的信息更重要。人口统计特征信息在这个阶段并不能帮助你去细分用户。另外，访谈用户的选择上，以忠实或积极的用户为主。如果是新公司或新项目还没有沉淀用户，可以选择竞品用户。他们非常活跃也会提供有价值的反馈，并且更擅长提出新的想法和见解。

用户选择尽可能在同一需求目标下，最大范围内选择不同属性的用户进行对话，以保证用户模型的代表性。

访谈人数越多，结果就越精准。但是限于时间和成本因素，企业进行用户访谈一般人数在3批次以上，以5个用户为一个批次。如果你已经和15个用户进行了访谈，从第16个用户开始已经得不到任何新的关于需求痛点或消费行为等维度的描述，说明用户调研项目到了结束的节点。

如果访谈了3批次以上用户，依然源源不断有新的需求痛点、消费行为等维度信息出现，很可能在用户选择上出了问题。出现这样的问题，只能回到原点重新做用户筛选工作。

在洞察分析阶段，把各种用户都纳入进来是错误的，用户的选择一定是锁定在一个需求痛点内去选择。

一对一访谈要在安静的地方进行，尽量营造出宽松的谈话氛围。

切记不要将一个个刻板的问题清单读给用户听，这会使调研结果出现很大偏差，也不容易找到想要的答案。同时用户描述过程中尽量不要打断，尽可能做一个倾听者去观察和记录，并理解用户关于需求痛点、消费行为、消费心理、渠道、社交话题、价值观点等各种维度的描述。

要有录音笔甚至可以用摄像机。每次访谈的时间不要超过40分钟。要考虑时间过长，用户注意力就会分散和疲劳，开始无意识地想要尽快结束对话，造成访谈质量的下降和结果出现偏差。

10.5.2.2 建模第二步，访谈主题清单设计

细分用户建模最重要的工作是"访谈主题清单设计"。它是决定调研工作成败的两个关键因素之一，另一个因素是用户的选择。

用户需求痛点明确，企业商业价值精准的访谈清单设计，将以寻找用户需求产生的场景为起点，以梳理用户分散的任务节点和行动路径为整个洞察分析的主线。这个主题清单是为了我们有效引导用户讲述自己的故事，避免有些客户天马行空脱离主题太远。

通过五个维度梳理，设计访谈主题清单模板。

第一个维度，需求产生的原因和场景。

例如，职业教育培训类的项目，可以从寻找哪些因素刺激用户对转行的需

求为切入点。

- 什么时候开始对用户增长经理感兴趣，什么原因决定系统学习转行做用户增长经理？
- 谈谈从感兴趣到下定决心这期间，你想法的变化及做了什么准备？

例如，健身房类的项目，可以询问如下问题。

- 什么原因让你觉得应该到健身房锻炼了？
- 决定办卡前你考虑了多久，考虑了哪些问题？谈谈你犹豫的主要原因？
- 什么原因促使你最终办卡？

例如，传统面包甜品店类的项目，可以询问如下问题。

- 你常在面包甜品店消费吗？如果会，为什么？
- 如果只是偶尔，是自己想吃还是因为别的原因，如被新装修的门脸吸引等？
- 吸引你走进我们店里最主要的原因是什么？

我们通过职业培训、健身房、面包甜品店三个不同类型的商业，在需求产生的场景原因这个维度设计了不同的问题列表。职业培训可以专注于用户对新职业感兴趣的起点开始洞察分析需求产生的原因，而健身房可以以用户自身的变化为切入点，面包甜品店可以以客户日常生活为切入点。在实际工作中要从项目出发，活学活用。

下面案例将不再展开，仅仅针对教育培训类行业做清单设计。

第二个维度，对行业的了解。

- 谈一谈你对用户增长经理岗位的认识，哪个点最吸引你？
- 简单描述下你平时都是怎么去了解这个岗位，包括使用过哪些平台、搜索过哪些关键词、问过哪些朋友、参加过什么社群等。
- 哪些因素导致你长时间保持对用户增长经理这个岗位的兴趣？

第三个维度，自主解决需求痛点的行为脉络。

- 什么时候、从哪个渠道知道我们企业，初次关注我们公众号，有没有解决你的问题？
- 当我们不能提供什么服务时，你会使用别的网站？

　　　　□哪些因素会使你再次访问我们公众号？

　　　　□最近一次访问这个企业站都做了什么？

　　　　□什么因素会促使你频繁登录公众号或企业网站？哪些功能使用得最多，哪些功能使用得最少？

第四个维度，社交货币和渠道。

　　　　□你经常会在哪些平台关注哪些类型信息？

　　　　□截至今天，你在知识问答平台提出过什么问题吗？

　　　　□你参与最多的话题讨论是什么？

　　　　□请说出三个你想咨询的话题。

第五个维度，行业价值观点。

　　　　□对我们企业网站第一印象是什么？

　　　　□你认为什么样的培训机构才是优秀的，包括提供什么样的服务是这类企培机构最应该做的？

　　　　□什么原因会让你向别人推荐？

　　　　□在访问企业网站或公众号的过程中遇到想要询问的问题，如果得不到及时回复你会等待还是关闭网站不再来，还是换个时间再咨询？

第六个维度，机会。

　　　　□对于新功能有什么意见？

　　　　□你还想我们提供什么功能或内容？

　　　　□请给我们提出任何你觉得有必要的建议？

10.5.2.3　建模第三步，访谈实操

进行一对一的用户访谈时，要用摄像机或者录音笔记录用户的描述。

这里要注意一对一的访谈目的是获得用户关于需求痛点、消费行为、价值观点、渠道、社交货币等不同维度信息的描述。用户访谈范围要的是广度，获得的描述要足以支撑分析员去界定细分用户群体。用户细分边界维度要足够明晰，就好比对职业培训有需求的用户群体中，零基础和有工作经验的两个群体会带着截然不同的目标登录职业培训网站或公众号，寻找自己需求的内容。

在结束对目标用户访谈并总结归纳访谈记录文档后，企业有时候会得到很多标签。例如，①从零学习；②继续深造；③随便听课，丰富业务知识；④解决工作中的特定问题。

这些标签每个都代表了一类具有独特需求痛点的群体，他们不同的目标揭示了各种细分群体的关键差异点，可以通过差异点快速描述出细分群体。同时每个细分群体对企业商业模型及产品规划设计都富有影响。这个时候就需要企业去做取舍，要基于公司的资金和技术实力去选择，实力弱最好先以某一类细分用户群体做垂直创业，等到企业实力慢慢壮大后，再扩展产品类别将其他用户群体纳入进来。

当提炼细分用户群体的时候，企业还要带着问题不断地自我求证。

第一，这些细分用户群体可以揭示已知的关键差异吗？

例如，房地产网站如果以"访问频率"来细分用户，那么就应该问问自己这种细分能否解释，为什么客户访问频次的高低和时间段会有紧密逻辑关系，而和潜在目标没有直接关联。

并非租房用户访问频次高或购房用户访问频次低，因为从数据上看他们的频次规律除了时间区间外几乎没有差别。所以在发现这种细分不能合理解释之后，分析员要用另外一种维度"用户目标"来代替"使用频率"拆分用户。通过数据可以发现，目标为租房和买房的两类用户群体，在行为、社交话题、社群属性等方面都有极高的差异性。

第二，这些细分用户群体已经足够不同了吗？

细分用户建模的原则是独一无二地解释一个群体。所以如果两种细分群体在消费行为、习惯、需求痛点等维度上都有相同点，仅仅在年龄、性别这些人口属性上有不同，那这两种细分其实就没必要。

第三，这些细分群体像真实的用户吗？

一个成功的用户模型要能让团队成员快速地联想到一个真实的群体。只有达到这个目标用户建模才算成功。如果用户模型在团队中产生歧义，不能快速定位到真实客户，那这个细分群体就是失败的。

第四，这些细分群体可以很快地描述出来吗？

如果不能快速被描述，就不能快速地在团队成员中形成共识。这个细分用户模型越能用简单的定义去描述，如"零基础想转行用户增长经理""有基础要深造"，越说明这个模型指向的精准性。假如建立的模型需要很多句子才能描述清楚，那只能说调研结果出现了偏差。

这里需要注意，简单定义和给虚拟人物模型编写丰富故事并不冲突，是两个概念。

第五，这些细分群体能覆盖90%以上的用户吗？

分析员要经常问自己，最终做出来的模型能否涵盖90%以上的细分用户群体。如果不能涵盖，无法解释用户现实场景中反映的很多问题，这说明用户建模工作出现了错误，需要推倒重来。如果模型可以很好解释细分用户群体现实场景中绝大多数问题，说明这个模型是正确的，可以涵盖90%以上的客户。

第六，用户模型如何影响决策制定？

企业在对内规划商业模式、梳理产品功能、设计流程逻辑、构建服务体系、社群建设，对外渠道推广、市场开发的时候，用户模型数据是否真的起到决定性的指导作用？如果没有，就要查找是模型出了问题无法使用，还是工作流程出现问题，并没有真的把建模结果应用到工作中。

本节提供一个互联网职业培训机构真实用户一对一访谈记录的信息分类汇总。通过将一对一访谈内容拆分出9个维度属性，进行分类标签化整理，如表10-1所示。这里注意，不必限于9个维度，企业可根据自身行业删除或增加新维度属性。

表10-1 信息分类汇总表

调研项目	关键信息摘录
需求产生的原因	工作压力大、收入低；职业遇到瓶颈；周围有成功转行的朋友
分散的任务节点	自己拟定了几个职位；先自我评估；看视频课；咨询身边朋友；同时选择几家对比；电话咨询；听现场；网络搜索信息；收集课程班级就业和学费信息
行动路线图	自己拟定了几个职位→自我评估→咨询身边朋友→网络搜索信息→同时选择几家对比→看视频课→电话咨询→听现场

续表 10-1

调研项目	关键信息摘录
成交关键因素	朋友介绍→免费现场试听→老师资历→退学费承诺→就业和学费→及时回答问题→专人解答问题→希望更多课程资源→课程大纲、班级信息（注明：权重从高到低）
对新岗位观点	工作轻松、压力小；负责项目；薪水不错
对职业教育行业的观点	应该多放置课程；最好包就业；班里人越多觉得越安全；应该课程完善；应该服务好，如学不会退费；应该有专人解答问题
机会	感兴趣客户增长经理的圈子社交，对工作有帮助；更多课程资源意味着更多吸引力；能在线即时问答快速解决疑问
社交货币	就业前景；收入；学习方法；应聘技巧
渠道	问答社区；搜索引擎；朋友推荐；线下活动沙龙

注：汇总了所有 15 个用户访谈样本，归纳成可供快速识别的标签

10.5.2.4 建模第四步，细分用户群体行动路径

至此已经完成最少 15 份客户访谈并做了汇总归纳，如表 10-1 所示。

下面的工作就是绘制细分用户群体行动路径。从需求痛点开始，通过用户想要做什么、能得到什么及具有什么样的心理预期，绘制出不同目标阶段的行动路径。

例如，互联网职业培训项目。零基础用户登录企业网站或公众号的主要目的是想系统学习并且达到转行目的。

试着设想这样一个对话场景。

　　分析员："你现在在做什么？"

　　用户："我想了解用户增长经理课程。"

　　分析员："为什么？"

　　用户："我想转行。"

　　分析员："为什么？"

　　用户："我想拿高薪水。"

　　分析员："为什么？"

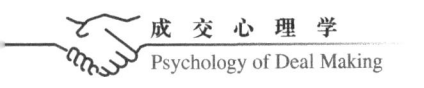

用户："因为有了高薪水，就可以买房，生活得到快乐……"

所以用户是从分散性的尝试达到某个目标，最后在这个目标级别树上走得越来越高，并最终到达核心诉求。基于用户心理诉求设计一个可供讨论的目标级别树，并把通过用户洞察分析出来的核心标签套在目标级别树中进行梳理分析，如图10-6将用户调研核心标签套在目标级别树进行梳理。

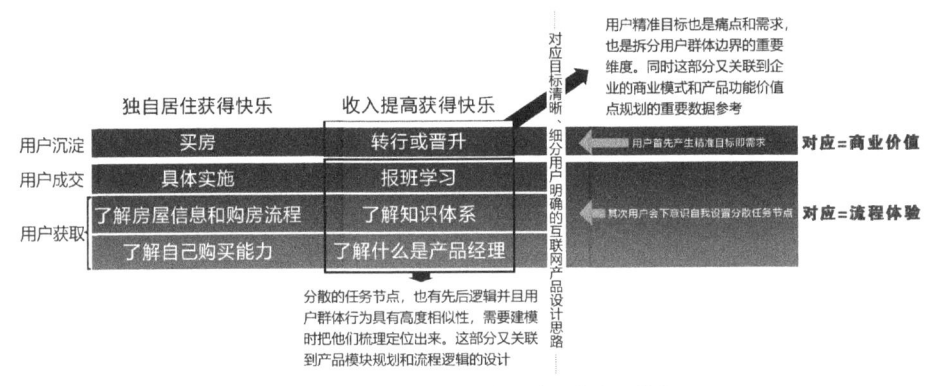

图 10-6　设计可供讨论的目标级别树

零基础这类用户有了明确的目标之后，要进一步梳理用户自我设定的要达到这个目标分散的任务节点及串联起来的行动路径。

定位行为关键节点和优先级并且从用户角度串联成行动路径。图10-7展示了买房用户分散的任务节点所串联起来的行动路径。

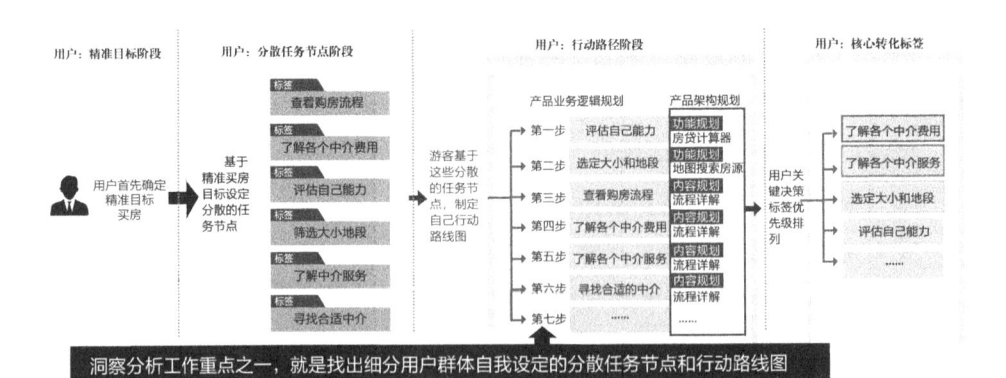

图 10-7　买房用户行动路径

最后将其对应到用户获取、用户成交、用户沉淀、用户裂变不同阶段的工作中。

10.5.2.5 建模第五步，用户模型创作撰写方法

现在到了出成果的时刻，虽然通过调研问卷和表 10-1 将用户群体给细分出来，但离虚拟用户模型还差最后一步——拟人化创作，现在只是一组枯燥无味的特征列表数据标签。

本书将真实互联网职业培训项目中"零基础，目标为转行的用户群体"作为案例讲解。

零基础用户群体他们访问网站是为了寻找完善的课程、寻找合适的上课时间、查看费用、看一下课程和老师情况，他们最关注课程质量、老师资历及学费和学习完后能不能快速就业。这个项目当时还做了"有基础，目标为业务拔高的用户群体"。他们浏览公众号和企业网站是为了寻找重点知识专题讲解，临时解决应急问题及同行之间的交流。他们最关注专题知识的含金量、重点知识的完整性及回答问题的及时性。

寥寥几行字就可以感觉到两个用户群体之间的巨大不同，关键差异将两个细分群体完整分开，也使得区分细分用户群体变得简单。

下面开始正式创建用户模型，从给用户模型取名字开始。

首先，起名要和现实人物关联。例如，用户增长经理应该都在 25～40 岁，那么这个名字就不要取建国或卫红这样具有 20 世纪 70 年代特征的名字。其次，名字不要取经典人物、宗教人物、领导人的名字。当你和团队成员沟通项目的时候，这些名字不会让你有代入感。最后，名字不要取同事之间的。因为在探讨项目的时候，同事的名字只会让你瞬间联想到他的种种事情，并不能让你联想到项目中。

取完名字后就要为创建的模型搭配照片了，照片的选取规则和起名规则相同。

姓名和照片完成之后，开始给虚拟人物丰富个人信息。

1. 工作和公司：你建立的"细分用户模型"做什么工作是非常重要的一个参考指标。想象一个在物业公司做保洁的工作属性绝对和互联网公司做 UI 设计的工作属性有巨大的需求差异。

2. 年龄：选一个与照片相适应的年龄是必需的。

3. 居住地：居住地揭示了"细分用户模型"的收入水平。

4.性格：列出"细分用户模型"的朋友会怎么描述这位朋友，友好、害羞、情绪化、一丝不苟、自负、勇敢、表达能力强……找出两三个可以支撑这个模型性格的词汇。

5.家庭和生活：根据"细分用户模型"现实情况，去设计单身、离异、结婚、有孩子、无子女。

6.爱好：丰富这个细分用户模型工作以外的属性，越接近真实越容易被团队所接受。

7.喜欢的电视节目或音乐：对于塑造细分用户模型的性格有很大帮助。

个人信息完成之后，要给人物丰富领域行业信息。

1.在本行业的过往经历。他们了解这个行业有多久了，是什么样的经历？他们知道些什么？通常表现出什么样的行为？他们还使用哪些竞争对手的产品或服务？

2.当前状态。他们现在的想法如何？完成目标的过程中哪些事情会对他们产生什么影响？

3.未来计划。什么时候他们会有所行动，如何行动？

4.动机。哪种类型的事情会激励他们成交的可能性？

5.抱怨和痛点。人物当前经历的问题在哪儿，是什么让他们发狂？

6.大概说明计算机或手机和互联网使用情况。手机型号价位，计算机的经验水平？互联网使用情况，每周上网时长和时间段、关注资讯类型。喜欢的网站解决了什么问题。

最后撰写模型的个人简介。细分用户模型是一些故事的描述，而不是一连串枯燥无味的列表数据。这个简介是建模的主要内容，在讲述这个人物是谁，如何与企业进行交互，故事囊括了所有的关键差异和属性。人物简介要能讲述整个故事的来龙去脉，他们是谁，如何达到今天这个状况，想从企业或企业平台得到什么……

简介的重要性不仅仅在于讲述事实，还在于传达心理和情感方面的信息，把用户的观点融合进简介中尤其重要。尽可能让简介具体，也是为了让人物更加真实。

例如，前面讲的林东，他向往的事情是通过转行获得更高的收入，可以有机会买一辆自己心仪的车。那这个车并不是直接来源于数据，而是高于数据的假设。假设的目的要符合用户群体的典型特征。

简介是关于细分用户模型会如何与企业产生相互影响并完成其目标的具体描述。

同时还要使用额外属性。例如，可以给用户模型加上更多的细节属性，但对待这些细节的根本原则是不要破坏人物模型的关键差异。当拿起一份用户模型文档，人们应该很快就能理解基本的意思。在最重要的部分要着重强调，并确保每件事及增加的细节都支持这个模型建立和核心信息。

例如，林东想要转行，这个事实揭示了"林东"这个细分用户群体的典型细节。我们可以继续延伸描述，林东总是羡慕身边做这个岗位的朋友，不像自己这样每天辛苦地敲着代码。这就是生活细节，这个细节并不破坏细分用户模型的关键差异，反而更进一步使人物鲜活起来。

精心设计一些语录。出自用户模型语气的短小精悍语录能快速地在团队成员中形成画面感。比如，"我什么时候才能转行啊"——"林东"对朋友发出的感叹。

加入商业目的，这是最重要的部分。任何企业最终是以营利为目标。所以加入商业目的是我们前面做了这么多事情要达到的重要目的。"细分用户模型"要在和企业交流中完成一些目标，同时你也希望细分用户模型去做一些事情，以帮助企业达成商业成果。大部分企业都是通过某种服务用户的方式来鼓励引导用户行为达到商业目的。

细分用户模型的一部分内容代表企业在这个人物身上的成功标准，基于企业对他们的了解，问一下自己想从客户身上得到什么，想让客户为业务做点什么。

例如，笔者了解到为"林东"这样的零基础客户提供完善的客户增长经理初级课程，他因为体验到了优秀的课程和服务而愿意为企业主动宣传分享给有需要的朋友。

客户的分享意愿也降低了企业运营成本，甚至会获得投资者的青睐。

通过基于细分用户模型设计出商业目的，企业就在目标客户和商业模式之间建立了一种明确的关联。如果没有这样的关联来显示期望的用户群体最终到达的目的地，就没办法知道他们是否正在促进商业发展。

公司商业模式和产品对应细分用户需求越精准越具有商业价值。就像笔者的企培咨询公司，既聚焦于为企业提供成体系的消费行为心理学增长课程，也提供更为精准的企业导购销售员培训。在培训企业，为企业做方案策划服务中，会为企业提供增长经理岗位培训。基于以上定位，笔者的平台发展战略就应该聚焦于企业为主，兼顾个人岗位技术培训为辅。

要为细分用户模型撰写一个场景，应把注意力聚焦在用户模型试图完成的核心目标上去撰写。

首先，设置场景。细分用户模型是在什么地方第一次发现企业信息，并在企业网站或公众号的帮助下，解决了所遇到的什么问题？这个过程是什么时候发生的？周围还有谁会影响到他们的决定，当时还有别的事情发生吗？尽可能地描述一个真实可信的场景，就像你亲身经历的那样。

其次，建立目标或冲突。网站访问是由目标触发的动作，所以必须有一些促使用户模型来到网站的事情发生。比如，收入的问题、在工作中被领导训斥，从而登录网站发誓要转行不做现在的工作等。要非常清楚地描述人物模型主动与企业交流想要解决的需求痛点。

再次，战胜中途出现的危机。例如，细分用户模型访问企业平台的时候是通过什么途径进入的？过程中他会做出什么样的决定。他是怎么找到自己想要的东西。有中间步骤可以描述吗？用户模型在途中会遇到什么样的挑战，企业可以帮助解决吗？所有的活动都是发生在企业的平台上吗？他们有没有使用其他的平台等。

最后，总结用户模型最终怎么达到目标，对于故事的高潮部分他们持有什么样的观点？帮助细分用户模型达到目标最关键的因素有哪些？

成功之后用户模型会做什么，这个故事对于他们的工作或生活会有什么样的影响？之后他们会有怎么样的体会。细分用户模型的成功如何影响企业的业务？

至此用户洞察分析建模到这里就可以结束了。我们获取到了用户需求产生的原因，分散的任务节点和行动路线图、成交关键因素、观点、机会、渠道、社交货币等重要信息。企业将根据这些数据结合自身优势和竞品劣势，规划设计一个能制造心智空位的解决方案。

基于这个方案确定企业战略方向、规划商业模式、设计开发产品，也将根据这些数据信息指导企业做市场开发、用户运营、营销推广类的工作。

10.5.3 复合型产品的用户建模方法

不是所有企业产品都可以简单去概括解决用户的某个单一需求痛点。

例如，抖音、今日头条的客户群体就无法用精准目标去解释他们。短视频类产品不能简单认为用户目标除了发视频就是看视频。因为发短视频的用户从人口属性划分就有幼年、青年、成年、老年之分，从内容划分又有文艺、生活、搞笑、专题知识等区分。

这些都表明用户需求痛点和目标包含了太多的因素，因此用户选择有比较大的偏差。不过也是正常情况，商业形式本来就呈现多种多样的形态。正因为复杂，企业才更加要进行细分用户建模这项工作，用系统性的方法去梳理产品和用户之间的内在联系与商业变现逻辑关系，以保证更精准地服务用户，给他们最极致的体验。

这类企业该如何去细分用户群体，又该如何选择调研用户的范围呢？

面对复杂情况，在一定需求痛点范围内最大限度地选择不同用户是原则，即便选错了也没有关系，因为用户群体细分本身就是不断洞察分析和验证的过程。

这类复杂情况要先从产品形态角度思考。

例如，短视频类、知识问答类产品它们解决用户的需求是什么？这类产品提供的不是具体形态的物品，而是一种具有社群属性的交流。因此用户群体行为就可以分为获取内容和创造内容。而在获取和创造的过程中会让用户产生对知识的满足感、被社群认可的尊重感，以及成为意见领袖实现人生高级别的价值体验。

因此这类产品面对的客户群体就可以拆分为三个类型。

1. 沉默围观型，行为上更多是浏览自己所需内容，几乎不参与任何交互。

2. 积极围观交互型，行为上除浏览自己所需内容，还积极参与点赞、评论等交互。

3. 主动创造型，知识结构上这类客户具有一定专业知识，同时愿意在平台创作内容。

访谈的用户选择可以遵循以上三个类型去挑选。这时你可能会产生疑问，这三类不是已经将大的用户群体给细分成不同类型，再去挑选用户做访谈不是多此一举吗？

这是对用户建模的错误理解。这个判断可能对也可能错，因此要定性研究。同时更重要的是要将每一类客户的消费行为决策路径给梳理出来，并应用到企业交互流程设计中。

基于自己产品特点将用户群体进行类型细分后，还要进一步在不同类型中将用户的需求痛点、消费行为、社交货币等维度信息给抽象归类出来。

在设计访谈问题清单时还需要对应使用场景和目的两个层面去设计问题。

例如，哪种场景下你会打开我们的App？这个问题我们调研的就是需求产生的场景。当客户回答完后，可以接着询问有没有很好地解决问题？再如，还可以通过客户安装哪些同类App来了解，客户为什么会安装好几个同类型短视频产品，客户使用每一款产品的场景是什么？解决了什么不同的问题？

10.5.3.1 复合型产品用户访谈清单设计

我们以某短视频产品为背景做用户建模案例。选这个类型是因为产品形态复杂有代表性，用户使用时目标性很弱。

1. 需求产生的原因。在需求产生的原因这里，要对应的是用户使用场景和目的。

  ☐什么原因会促使你打开短视频App，解决了什么问题？
  ☐一天会打开多少次，集中在哪几个时间段？
  ☐哪些同类产品经常用，使用不同短视频的原因是什么？

2. 对行业的了解。对行业了解这部分，可以以对短视频拍摄的专业性为切入点进行调研。为什么有的用户会寻求更加专业的拍摄手法，为什么有的用户仅仅是随便拍一拍而已？用户对自己不同拍摄的技术要求，也会反映其使用过程中所追求达到的目标有不同差别。

  ☐你会专门去学习短视频拍摄技术吗，为什么？
  ☐对于短视频这类产品，你觉得最吸引你的地方在哪里？

3. 行为和目标。

  ☐每次打开产品，最常使用的功能是什么，为什么是这些？

□点赞的时候，会特意选择朋友还是无所谓，只要内容有意思都会点赞？

　　□点赞数、评价数会不会促使你上传更多的短视频？

　　□请快速说出三个以上促使你每次打开 App 的原因，并排列出先后顺序。

　　□每次使用完短视频后包括看视频、点赞、发短视频等，你的心情如何？

　　□你最常分享的内容有哪些？

　　□你周围朋友使用得多吗，你们最常上传的短视频内容是什么？

4. 观点或动机。

　　□你认为短视频应该传播什么内容或在你的生活中处于什么角色？

　　□如果现在不让你用短视频，你的感受是什么，有没有别的可以替代的方法？

5. 机会。

　　□你觉得短视频类产品还应该提供什么功能才能更加完美？

　　□如果你已经卸载了，你觉得如果短视频推出哪种功能或服务，会促使你重新使用起来？

具体实操这里不再赘述。

10.5.3.2　对比各种维度找出可以细分用户群体的逻辑关系

到这里已经收集用户的访谈样本，并且也将它们进行文档归类和总结。

现在是进行最关键步骤的时候了。细分用户群体是一个基于经验的感性过程，需要对公司的产品有深刻认识，对所面对的客户群体有足够的掌握和理解，需要在大量客户调研基础上，基于经验将分散的维度归类并像拼积木一样，把它们一个个进行横向对比和分析，最终找到其中隐含的规律，这个规律足以支撑去细分一个用户群体。

例如，针对短视频，这里我们设想图 10-8 和图 10-9 两个对比分析模型。这两个模型将用户做对比分析归类，是不断求证推倒再求证的过程。

当然，行业经验和客户经验越充足、模型精准，推倒重来的可能性越小。

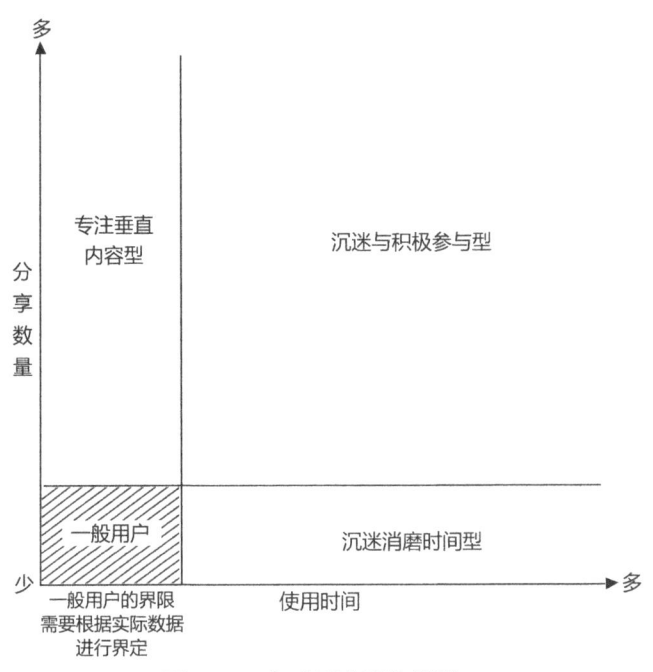

图 10-8　细分用户群体模型一

图 10-9 展示的模型有几个点要注意下。客户的使用时间数据，这个要对企业的数据分析平台统计出的数据做合理拆分，是用拍摄技术为考量维度，还是用点赞数或者其他因素衡量，都需要按照实际情况去做设计。

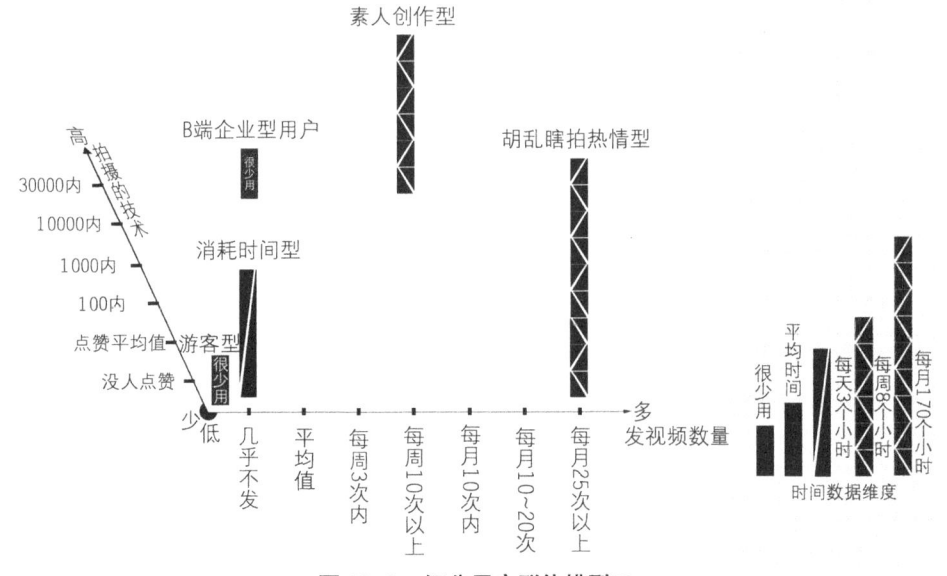

图 10-9　细分用户群体模型二

10.6 调查问卷设计和投放

用户在使用 App 或者在店铺与导购交流过程中，往往并非按照企业设计的流程去进行，可能会在任何节点跳出。例如，电商类用户在加入购物车之后频繁跳出，在线教育类用户收看完免费视频后再无后续买课的转化，对于传统商家用户进店咨询后 80% 的客户都没有购买行为。

这些问题会让经营者陷入困境。用户跳出的节点虽然可以通过漏斗模型去分析定位出来，但企业并不知道客户为什么加入购物车后不再进一步付款，是因为看到更好的商品而跳出，还是因为折扣太低跳出，抑或不知道自己是否要付运费而跳出。

而在线教育的例子，用户看完免费视频课没有进一步买课，是不是因为课程质量不佳，或者课程最后的宣传干扰了用户的下单转化。

对于传统商家，是不是导购的话语或者展示的商品出现了问题。

所以跳出节点定位后，需要通过调查问卷去洞察分析用户内心深处的真实想法。

做调查问卷进行研究，第一步要制定调研目标。例如，要分析某一个环节用户异常跳出高的原因及背后用户的真实想法。分析目标的确认非常重要，它决定后面问卷设计的精准度。

第二步选择正确的数据来源，即细分用户的群体要界定清晰，同时还要关注问卷投递的方式。例如，在用户操作过程中弹出调查问卷，这样的投递方式好处是直接在跳出节点询问用户，针对性很强。坏处是对用户的体验干扰大，几乎所有的用户都不想在操作过程中被打扰。

打扰的节点一定要选好。例如，客户刚刚购买完一件称心的商品，在用户还处于愉悦的时候他会很乐意接受问卷调查，如果再送一张优惠券，用户会更加乐意回答问题。或者在用户操作关键环节中途退出时跳出，可以弹出调查问卷。虽然他们没有达到目的，情绪比较失落，但是这个时候调查问卷反而是他们发泄的一个窗口，此时他们回答问题的意愿也是比较高的。

曾经有个学生描述了他郁闷的浏览经历。为了完成某项目他需要用在线 AB 测试平台，在搜索引擎找到一个网站，看到可以免费试用。于是很兴奋地点击"免费试用",结果弹出电话注册并写着"一步注册免费试用"。这句话又引导他填写了电话,但是又跳出让其填写公司名称,他很气愤马上停止了操作、关闭了网站。

后来对于这个问题,专门在朋友间做了一次调研,大部分人在操作时候遇到了企业故意设置的障碍,如果有投诉的机会都会去吐槽一下。

另一种是我们基于手中掌握的用户资料,通过电话或者邮件发去调查问卷。

调查问卷是针对用户行为来提问,比直接询问"重要程度"得到的答案要更准确。当问到某个功能是否正确时,客户常常倾向于肯定的回答,可能仅仅因为听上去不错,也可能是他们认为其他人会更喜欢,或者他们只是顺着你的意思回答,所以企业换种方式问用户的使用频率和感受会得到更加准确的答案。尽量不要使用"是""否"这样的是非问句。我们需要尽可能将问题集中在用户需求痛点、消费行为、社交货币、渠道等关键维度,获取真实数据样本。一般实操中建议使用5点量表,尽量不要用10点量表。太多的选择反而让用户陷入困惑,回答出现偏差。

例如:

1. 你使用这个功能的感受?

a. 差 b. 一般 c. 良好 d. 不错 e. 很棒

2. 你多久登录学习一次?

a. 从不 b. 每天登录学习 c. 每周一次 d. 根据自身需要不定时登录 e. 定时登录学习

首先,设计调查问卷时还要注意,梳理项目背景,确定调查方向。现实情况可能完成了冷启动,沉淀了第一批客户。基于冷启动并完成第一批客户沉淀的项目,企业调查问卷的主题应该锁定调研种子用户对企业这一版本产品的使用感受,使用过程中的流程逻辑怎么样,能不能达到用户的需求。如果已经达到需求,用户还有什么更好的建议;如果没有达到,具体哪里没有达到。

其次,参加人员包括产品经理、市场运营、销售、客服等。对于传统经营项目,已经完成了冷启动并积累了第一批用户。调查问卷的主题应该是调研用户在门店消费过程的整体感受,服务流程怎么样、商品能不能达到用户的需求等。

如果已经达到需求，用户还有什么更好的建议；如果没有达到，具体哪里没有达到。

最后，采集到的数据必须进行清洗。将那些胡乱回答或情绪宣泄的内容剔除掉，保留那些客观的、提出建议的问卷，提高后续数据分析的效率，做到精准和客观。项目中针对具体问题的调研和做细分用户建模的调研是两种工作场景，都需要做调查问卷的规划设计。

针对具体问题的调研，问题设计要尽量简单并从用户使用场景出发。

例如，"什么因素阻碍你继续注册""什么原因让你加入购物车后并没有付款""你觉得免费课对你有用吗""最喜欢哪种形式的优惠活动"等，这些都是针对用户具体使用场景去设计问题。

做调查问卷需要关注的要点。

1. 用户得选择"线上""线下""潜在"，尽可能扩大涵盖范围。

2. 写一份邀请函。标题要尽可能详细，并注明接受调查可以收到好处，明确说出多长时间可以完成调查，给出用户如果不想接收到这样的信息可以退订的按钮。

3. 问卷的问题设计要有逻辑性，每一个问题的过渡有关联性。例如，先问客户对新功能的优先级别，接着问对网站的总体满意程度，逻辑上就颠倒了。

下面提供一个调查问卷设计的目录模板供大家参考。

1. 当前用户需求痛点目标、使用情况和行为，包括渠道使用情况。

2. 对企业门店、平台、产品的过往历史了解。

3. 现有产品功能和内容的使用情况或重要程度，现有门店的服务体验。

4. 对现有产品功能和内容的满意程度。

5. 对新概念的总体反应。

6. 对新功能或新产品的满意程度。

7. 体验感受方面的问题。

8. 人口统计方面的问题。

关于调查问卷实操，大家可以多使用一些竞品的问卷积攒经验。

第 11 章
社群形成在企业发展中的作用

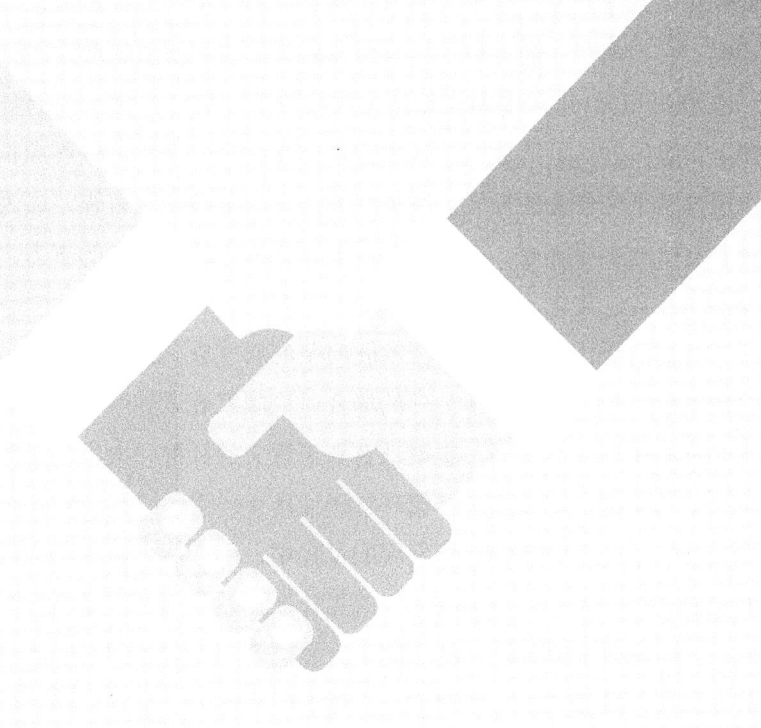

11.1　20世纪90年代信息传播特点和大众行为习惯

从20世纪90年代起，我国的媒体宣传事业发展走上了一条独立自主的道路。1980年以前媒体传播是自上向下的教育式传播，几乎没有反馈和互动。这种信息传播模式导致大众没有在公开场合发表自己意见的习惯和意愿，更多是学习和执行国家的方针政策。

在经济方面，由于社会生产百废待兴，经济上实行计划政策，将更多资源调配在关系国计民生的重大领域，所有的商品生产都由国家统一规划、生产和调配。直到现在，笔者对幼年时用各种票证购买粮油副食品还有深刻的记忆。

20世纪80年代中国在经济上实行改革开放，文化上提倡解放思想的大潮流下，媒体创作更接地气，各地方媒体在这个时期快速发展成长起来。市场经济也推动了广告业的发展。以央视为代表的各种传统官媒，成为这个历史阶段企业宣传的主要阵地。在这个时期地方媒体也成为创作的主力，内容也从时事政治向社会、文化、生活转变。

经济活跃让社会呈现一派欣欣向荣的新气象，人们思想更进一步解放，同时越来越多的人也乐于在公开的场合讨论国家政策和时下新闻热点。但是由于当时国内还没有互联网，也就没有真正意义的社群，大家的交流更多局限在厂矿企业、院校、家属院这样相对封闭且具有鲜明区域特点的社区环境中。

从计划经济向市场经济发展的过程中，生产能力进一步释放，商品呈现多样化的态势。大家从市场有什么就买什么，发展到对产品质量和外观有更高的追求。但是由于改革之初的逐利主义和监管不到位，国内商品呈现质次价廉的特点。这个时候"进口货"成为高质量的代名词，日本曾经一度在电视机、冰箱、彩电、洗衣机等家电领域把持着高端市场。

舆论场和新闻传播这时候还被国家管理和主导，不像现在自媒体遍地，什么垃圾内容都能在网上看到。人们对国家媒体、地方官媒有很高的信任度。这个时期有一位经营保健品的营销奇才精准地抓住这个点，造就了某大脑保健品的营销神话。

他精准抓住大众对官媒的信任，从 1998 年 4 月 5 日中央电视台新闻频道播放《人类有望活到 150 岁》详细介绍"某脑保健品"的科技成就开始，后续的《参考消息》等各路媒体纷纷跟进报道。该保健品企业频繁利用大众对官媒的信任，通过媒体宣传打造大众对"某脑保健品"这个概念的认知。抓住当时大众对"外国的就是好的、先进的"这种普遍观点，在软文中常常以美国某某科研机构研究成果为自己"某脑保健品"产品背书，夸张地描述日本、美国大众疯狂的购买场景，刺激大众购买欲望。

我们回忆下在 20 世纪 90 年代甚至到 2000 年的时候，有很多官方机构在媒体大行其道为各类产品背书。但在信息分众化和社群聚集的今天，设想一下如果你买一款化妆品，是相信社群朋友圈里的效果推荐，还是相信美容协会的推荐呢？结果不言而喻，在社交化媒体时代，大众对社群的认同感要远远大于所谓的官媒。

11.2　1998 年互联网进入大众生活

早在 1995 年 8 月，网名叫 ACE 的客户在自己实验室的 386 电脑上装了套中国台湾的 BBS 软件，著名的水木清华论坛诞生了，成为大陆第一个同时在线超过 100 人的"大型"平台。但这仅是一个极其小众的行为。

到 1998 年张朝阳的搜狐，以及四通利方和北美华人网合并后的新浪网相继成立，才正式将中国带入互联网时代。它巨大的历史作用是，大众第一次可以在一个因新的技术而产生的新媒介平台上浏览内容资讯。到这个阶段，信息流的创作和传递呈现出多样化的态势，包括央媒、地方媒体、门户平台，甚至聊天室，无论是内容形式还是传播路径都变得丰富起来。

11.2.1　中国论坛发展简史

论坛简称 BBS，英文全称 Bulletin Board System，中文意思是电子公告牌

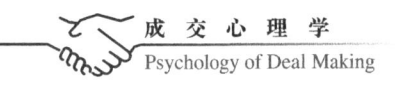

系统。

中国第一代BBS起始于1997年，标志是《大连金州没有眼泪》。当时四通利方体育沙龙聚集了一批体育迷活跃在论坛上。同样是在1997年，以NESO和RED两人成立的NEED工作室创建了嘉星论坛，他们召集了一批优秀的版主，迅速在1998年成为了国内仅次于新浪论坛的著名论坛。此时另一个以北京、上海、广州、深圳的网友和北美学子组成的以女性为主的"星伴"个人论坛也迅速崛起。

但是短暂繁荣后，1999年嘉星和星伴就像流星一样，昙花一现就迅速消亡，标志着理想主义终究是少数人的追求。网络终究要根植于柴米油盐酱醋茶的烟火世俗气息中才能茁壮发展成长，后续看论坛也是朝着这个方向发展。

第一代BBS处于无序发展状态，是一种混乱、青涩、理想主义的野蛮状态。

随着经济、文化及互联网技术的迅猛发展，网民对于资讯的获取选择逐渐向更垂直的方向变化，到1999年垂直社区"西陆"网站、"汽车之家"、古都南京的"西祠胡同"，纷纷以有特色的社区服务圈拥有客户。第二代带有商业背景的社区网站，与第一代的网络论坛的创立者所追求的理想和人文色彩不同，它们一开始以规范的商业运作吸引客户加入，又利用庞大的网民资源开展商业活动。稳定的收入正是这些论坛得以长期平稳发展的保证。

论坛从第二代开始，可以说是中国互联网发展的新阶段，将无数陌生人用论坛的形式联系起来。

20世纪90年代末ChinaRen推出的校友录，则几乎是中国互联网连接熟人关系的起点了，是中国SNS社交网络服务的先锋。

2003年百度贴吧开启服务，一年后贴吧就成为全球最大的中文网络社区。2005年受现象级综艺节目的影响，其相关的内容贴使流量陡增，推动百度总体流量超过新浪网，成为全球流量最大的中文网站。

百度贴吧创新性结合了百度搜索与论坛社区的特性。当用户检索想要了解的关键词时，就自动创建或进入了相应的论坛，简单的流程让用户进入论坛的步骤大大缩减，不必付出多余的操作成本。简便的操作逻辑加上自主意识更强的"85后"，将自己梦想或意识以投票的方式去间接实现，对现实的一种叛逆和主动影响促成了这种夸张的流量涌入。由于极低的操作时间成本，贴吧可以借助关键词渗透生活的方方面面，任何一个关键词都可以成为聚集感兴趣的人的阵地，学生用它建立校园论坛，追星族用它来讨论偶像的一切，甚至明星本人也会出没在以自己名字命名的贴吧中，吸引大量粉丝前来跟贴。还有病友分享、职场讨论……

11.2.2　博客掀起了场自下而上的内容变革

网络社区在经历早期聊天室及论坛形式的野蛮生长后，内容创作者逐渐对论坛传播的形式、用户阅读和评论方式，以及文章的沉淀和自我品牌塑造有了更高要求。例如，在论坛上，创作型用户所发的贴子有时效性，贴子会随着时间推移下沉，如果作者想让更多的人看到就要不断去顶贴，有的论坛到一定时间就拒绝"挖坟"，造成 UGC 类用户创作出来的内容彻底没有读者。另外，论坛版块之间垂直度形成的障碍，也一定程度阻断了不同用户群体间的交叉流动。例如，经常在职业论坛创作发文的用户，他的文章内容很多也会适合创业版块的用户去阅读，但是版块壁垒会造成用户和创作者之间交流的隔阂。

各种弊端和限制，使论坛越来越不适应创作型用户的需求。

当创作型用户逐渐增多并积累形成一个新群体，其诉求也从标题传播向个人品牌进行演化。博客的出现恰如其分，承载了这类客户群体的需求。它就像个人在网络上的小门户，用户可以在上面发表文章、照片、上传视频，也可以通过超链接到其他互联网站点，读者还可以在博客下评论，与作者沟通。

2005 年 4 月新浪正式推出 BLOG1.0 版本，采用"明星政策"，定位于名人的内容创作平台，使得新浪博客在很短的时间内以名人效应掀起了博客网站的高潮。与此同时，国内博客网站发展方兴未艾，除了关注明星动态，人们还用博客记录自己生活的点滴，通过互动功能结识网友。

由于展现形式非常适合沉淀长篇内容，博客甚至还承担了一部分出版业的功用，许多作家、学者也利用博客发表见解、监督时事。当 2009 年 11 月韩寒以中国青年作家身份入选美国《时代》周刊候选人名单，并以 100 万的票数超过了时任总统奥巴马，排在 100 位全球最具影响力人物的第二位，足以证明互联网所蕴含的巨大能量，已经对传统中国社会掀起了场自下而上的巨大变革。

韩寒的兴起代表的是以博客这种新媒体平台形式，结合 UGC 类用户对传统媒体形式的巨大冲击和变革力，在当时是绝对的新媒体、新势力。

往前推几年，在还没有博客的年代，大众通过电视媒体《对话》节目认识了一个叛逆、狂妄、严重偏文科的"80后"年轻人。由于与传统认知的对立，他还常被写作界前辈冠以制造噱头、内容低俗这样的评价和批评。

但是在 2005 年 10 月新浪开博客后，他有了一个自己可以控制的平台去传播自己的观点。从此在公众视野中的形象开始了重新解构，逐渐被赋予了新意义。在博客里传达他眼中的公共热点事件，如华南虎事件、三聚氰胺事件。以这样一种打破传统话语权分配方式的形式，清晰、直观并且高频去传达带有鲜明"80后"时代特点的价值观，这种颠覆传统的传播格局，堪称震撼人心的"百年未有之大变局"。很快这个变局也转化成了真金白银的数据，2009 年韩寒登上《时代》周刊，他的个人博客已经积累了超过 4 亿的点击率。

而后新浪博客也不断涌出名人名文，如笔名"当年明月"的博客连载《明朝那些事儿》等。不难发现自 1998 年中国互联网产业诞生以来，中国网民经历了第一次"以互联网之名"的狂欢。个人价值观的表达不再有区域限制，网络全域无疆的链接，以及博客这种类似个人站的特点，让每个人都可以在新的平台传播自己的价值、积累自己的粉丝。

互联网也从一个技术名词演化成平台名词，这个转变说明一个新世界的诞生。

11.2.3 微博推动社群快速形成

博客过于偏重内容的模式，给多数用户设立了过高的使用门槛。

更多大众对简单型内容的需求，推动着网络社区的形态向更为轻便的产品演变。2007 年中国第一家带有微博色彩的饭否网开张，到 2009 年微博这个全新的名词以摧枯拉朽的姿态扫荡世界，打败奥巴马、甲流等名词成为全世界最流行的词汇。

新浪微博于 2009 年 8 月 14 日开始内测。9 月 25 日新浪微博正式添加"@"功能及私信功能，此外还提供"评论"和"转发"，供用户之间交流。由于新浪博客的用户池基础，2010年1月，短短三个月微博注册用户超过7500万，成为当时最具社交属性的内容产品。

短尾文字模式带来了内容创作效率的成倍提高，同时"@"、私信、评论和转发等交互功能完善，彻底打通了信息跨平台流动，将更大范围的用户通过信息流关联起来。开启了用户依照自己喜好意愿，沿着信息流所承载的内容和传递的文化价值观进行沉淀，形成一个个相对垂直的聚集群体，至此互联网背景下的社群概念、结构和形式开始逐步完善。用户在聊天室、论坛的交流还处在一个相对局限的空间，而评论和转发的加入，这种以个人意志的信息筛选与传播行为则彻底打破了信息流扩散的桎梏，推动以价值观、内容及兴趣进行交流互动的社群属性的发展，实现了用户从单一信息接收者到接收、筛选、传播的革命性跨越。社群的信息汇聚、创造，再次分发，形成了巨大的意见场，左右着社会的发展，也影响着企业从商业模式设计到产品规划的方方面面。

这种以个人观点为主的信息流推送转发，加上智能手机的普及和微信成熟的社交架构及月活11亿的规模，推动用户可以随时随地将自己感兴趣的内容传播分享出去。也推动大众在互联网世界中，更纯粹地将兴趣和价值观聚集在一起。因此推动了互联网向社群化和分众化进化，并创造出无限的商机和价值。

11.2.4　智能手机和经济发展推动社群大众化

智能手机的普及应用推动用户移动化和碎片化的使用习惯，智能硬件的深入发展打通各种需求场景的节点连接。当下越来越多的企业开始注重利用在线平台去做用户触达和基于场景的精准营销。

当下网络中传播的信息流包含了官媒、UGC、PGC、精英及大众素人。各种信息流在舆论场的碰撞中，官媒、公知，相对于上亿的素人用户，显得越来越势单力薄。大众形成的意见场已经发展到了影响官媒态度走向的程度。这个时候内容的创作方向及好坏标准，不再由某个精英或某家机构主导，而是由社群喜好和价值认同去决定，由传播广度和深度作为评价内容信息流影响力的标准。

监管将更加规范，创作者切勿走捷径和旁门左道。在互联网发展早期，很多管理制度还在探索，对内容的监管力度很弱，造成很多传播范围广、影响深的垃圾内容大行其道。他们没有是非曲直，甚至搅乱是非曲直，去发表很多三观不正、挑动阴暗情绪的文章，给涉世未深的用户灌输毒鸡汤，来达到传播最大化，为自己营利。最终倒霉的是广大吃瓜群众，不明真相被舆论裹挟随波逐流。

作为企业或在运营推广岗位工作的人一定要谨记，在监管越来越规范化的今天，切勿为了一时效果而走邪路。你可能会得到一时利益，但是长期看一定会被封号。如果造成重大社会影响，甚至会触犯刑法，责任主体也要付出沉重的代价。

11.3 技术推动媒体和用户行为习惯不断进化

新媒体的"新"字，放在不同历史时期有不同含义。在2006年博客显然就是新媒体，但是在今天，博客已然归类为互联网传统媒体。企业需要时刻跟踪学习新技术推动下媒体形式的进化演变所带来新的运营推广方法，也要不断跟踪用户行为习惯的变化。永远让企业站在最前沿才是正确提高推广效率的方法。

下面我们看在移动互联时代用户行为的特征。

第一，4G普及及移动互联时代的节点连接，基于场景产生更多需求，并创造更多商业价值。智能手机普及推动互联网移动时代，连同一系列新的芯片技术变革，打破了PC时代流量为王的商业模式。传统流量思维早已退出历史舞台，取而代之的是经过演化的互联网2.0后时代以垂直、精准、社群聚集这样具有更强原动力的心智思维。移动互联时代将生活各个方面做了节点连接。在节点连接与场景打通中，更加有利于客户需求的释放，创造更多商业价值。

如图11-1所示，"中关村交友群"到中午的时候，用户开始在群里讨论午饭去哪里吃，这时一定会有一些用户推荐自己去过的饭店，这些积极的用户会在群里分享H5页面，大家会通过页面引导进入商家的电商平台点餐。然后商家通过物流平台送单，最后群成员收到美食，完成了一次午餐需求。这一切交互，除了骑手，都是在手机上完成。

在这个例子中，对接了用户讨论场景、点餐场景、交易场景和物流场景。可以归纳为碎片化使用、平台间跳转和价值转化及骑手配送，整个过程具有鲜明的物联网特性。

如果没有智能手机和移动互联去做场景连接，需求就不可能产生，也就不可能产生商业价值。

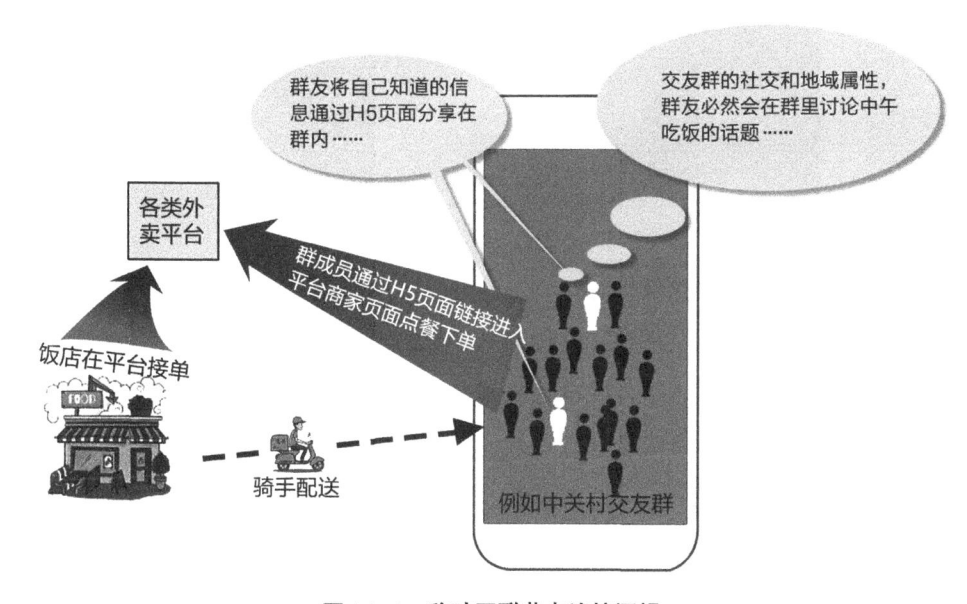

图 11-1 移动互联节点连接逻辑

第二，使用时间碎片化。使用时间碎片化导致用户不会像 PC 时代那样坐在电脑前，长时间踏踏实实阅读一篇长尾文字。因此推动内容创作者需要将内容做到短小精悍，让用户可以在上下班途中或吃饭时间，甚至某个小间隙能快速阅读相对完整的一小块内容。

基于这个要求，内容形式也变得多样化，如用图文对话的形式刺激用户沉浸式阅读感受，如图 11-2 所示知乎平台推出的朗读文章和生成视频，都是一种阅读体验的升级。

图 11-2　基于用户使用习惯和场景设计产品功能

第三，社交关系链呈现"一对一""一对多""多对一""多对多"的特点，企业如何最大限度利用新媒体？

传统社交关系圈层是基于物理空间或职业经历的硬性连接，如亲属、厂矿、同窗好友。这个圈层的交流处在一种有目的的选择性状态。而互联网社交圈层突破传统的物理概念，在一个全域无疆的空间里，基于信息流承载的兴趣爱好、垂直度和价值观形成的吸引力去汇聚成社群圈层。

在互联网平台形成的社群圈层，几乎都遵循由兴趣吸引开始，由价值观认同维系黏性的逻辑。例如，在酒吧喜欢足球的人既会因为爱好推杯换盏，也会因为支持不同的球队而互相拍砖。因此在做社群规划建设的过程中，除了利用兴趣做拉新，更重要的工作是打造社群内的价值认同和归属感。

在社群建设中，交互可以是"一对一"交流，如企业利用社交应用和客户进行点对点沟通。也可以是"一对多"，如微信公众号就是典型的"一对多"交流。在"一对多"的传播中也包括朋友圈，它是一个表达与展示自我、塑造自我的平台，会触发用户主动发表对某种事物的观点，塑造自我形象并希望得到大家认可，最终获得被他人承认的满足。也可以是"多对一"，如论坛贴子被大家评论跟贴。最后一种是"多对多"的交流，类似于 QQ 群中的一种交流方式。京东平台它利用了几种交互方式。①客服是典型的"一对一"的交流形式。②商品展示评价则是"多对一"的形式，很多人写评价给某个用户观看。③促销管理平台发布活动或促销信息，则是"一对多"的形式。④众筹拼购则是"多对多"的形式。

在实践中要根据企业规模和产品的特点去设计交互形式。注意并非越多越好，假如企业规模和资金不足以支撑维护用户关系的某个岗位，就要将其砍掉。因为效率是信息流交互的关键。如果你在平台设置一个"在线问答"的功能，但是没有人员盯着去维护，那用户一定会因为问了问题但得不到响应而流失掉。

11.3.1 用户社群间迁移原因

因为互联网用户社群圈层的形成是从兴趣吸引开始的，所以社群圈层内的用户会因兴趣沉淀在不同群层中，这就决定了社群之间的穿透性。

这个穿透性如果被营销运营加以利用的话，会产生"1+1 > 2"的效果，但是群层穿透有一定要求和限制。例如，某篮球明星的粉丝群体穿透圈层关注 NBA（见图 11-3）。

图 11-3 某篮球明星粉丝的社群迁移

关注某个在 NBA 打球的中国球星的粉丝群中，很多人本身就对篮球运动有爱好，只是在关注该球星后附加了更多的民族情感进去，才会进一步去了解美国 NBA 进而关注他的赛事，从而形成用户迁移。因此社群间用户迁移包含兴趣和价值观，缺少这两个很难形成迁移。

11.3.2 智能手机推动商业互联时代到来

在 PC 时代，搜索、电商和门户是主流模式，辅以杀毒、办公、社交、游戏软件共同组成传统互联网上半场产品业态。下半场则是由智能手机引领打开了传统互联网的移动化时代。

智能手机无论从功能还是体验都好像缩小了没有键盘的个人电脑。随着技术的进步，传感器、CPU 等硬件技术不断提高，使手机越来越智能和便捷，特别是在各种生活硬件智能化后，在出行、购物、社交、问答等各种场景中，智能手机实现用户随时随地交流获取信息，以及完成某种物理使用场景，如共享单车、自动驾驶、无人移动购物车。

可以说技术进步刺激培养了用户新的行为习惯，反过来用户新的行为习惯又推动着技术的更新迭代。没有智能手机、没有智能硬件、没有基于 LBS 的定位和各种传感器，就没有现在的移动化使用和场景链接。

个人电脑时代的门户巨头新浪、搜狐、腾讯、百度、阿里等，也积极在智能手机领域布局，但是不同于 PC 时代，这些传统巨头并没有在移动时代更进一步巩固自己的地位。无论国内还是国外，智能手机的物理特点造就了使用场景移动化和使用行为碎片化，使长尾文字和逻辑思维在使用场景中被边缘化，反而是社交、游戏、图片、短尾文字为产品特点的 App 呈现火热的趋势。抖音、快手、今日头条等成为大的流量入口。

智能手机开启了传统互联网的移动时代，并因为本身物理属性和技术特点成就了社交类为主、电商次之的产品格局，这个时代门户被边缘化。同时大量链接线下场景的功能应用类 App 如饮食类的美团、出行类的滴滴、旅游类的去哪儿、社交类的探探等，都在一个垂直细分领域占据了自己的位置。

到此为止，传统互联网的中心化、中介化、功能化才正式形成完整的全产业、全链条覆盖。移动化和智能硬件打通了物理壁垒，实现了全场景连接。

11.4 互联网 2.0 后时代的消费行为

互联网 1.0 时代，广大客户仅仅是单纯的信息接收者。门户特点是大而全的综合类平台。这个阶段信息传播的特点是中心化、中介化。互联网 2.0 时代，特别是 2009 年 8 月以微博为代表的博客形式，添加了转发、点赞、私信、"@"等交互功能，培养用户基于个人爱好筛选信息的习惯，再后来又加上微信成熟的社交架构，使得用户由单纯的信息接受者演变为接受者、筛选者和分发者，用户顺着信息流承载的文化价值观进行聚集沉淀，由此形成了社群概念。

自媒体、UGC 类用户的崛起，广大素人成为信息的生产者、传播者，以及社交媒体多元化使得官媒权重下降，社群汇集形成的影响力，已经能左右社会价值观和意识形态发展，形成了互联网后 2.0 时代的去中心化、去中介化、社群聚集和分众化的四个特点。

11.4.1　互联网 2.0 后时代的社群演化

智能手机推动传统互联网发展到移动时代，格局基本上是以社交为主，游戏、电商紧随其后，门户和搜索被弱化。同时也出现了大量连接各类生活场景的 App，如"美团""去哪儿""滴滴"等。还有很多 App 虽不出名，但都有其自己的垂直用户群体。用户多层汇聚，在商业逻辑中形成主导力量。

传统的互联网移动时代，最重要的影响是重新塑造了互联网用户的行为习惯。在移动互联场景下，社交网络把秉持相同价值观点的用户个体在网络中汇聚成群，"社群为核心"的信息聚合与分发方式赋予了社群前所未有的影响力，使原本在商业交互中处于优势地位的企业成为相对弱势一方。

以个人电脑连接为基础的传统互联网和以智能手机推动的移动互联网，其网络结构都具有很强的"中心"性质。人们通过门户网站，获取经过编辑归类的新闻、资讯。人们通过电商构建的虚拟商城，让众多商家和上亿用户在网络上实现商品交易。

就像个人电脑时代的京东到移动时代还是京东，只是购物场景从电脑转移到了地铁、公交，但传统互联网商业模式并没有发生本质改变。

智能手机普及，其物理特性使网络接口从物理端口走向虚拟，从单一走向多元。在重塑了用户使用行为习惯的同时，在移动社交网络情境下，使信息聚合变得无处不在。碎片化使用成为用户最主要的行为特性。

碎片化的使用行为，各类垂直应用场景的衔接，信息多层、多维度聚合，推动了用户行为习惯、价值观点和思维决策方式形成新模式。即不再被所谓的权威影响，更多思考和决策是基于素人所形成社会圈层里的垂直观点。同时这种观点也非固定，它不断地被社群圈层里其他素人打磨丰富和完善，最终呈现出动态变化的特性。同时社群意见场的形成，也推动了去中心化和去中介化。因此互联网 2.0 后时代另一个重要特点就是，垂直用户圈层里价值观点的动态重塑。这些特点决定其商业模式、产品属性，需要更加契合所面对的细分用户群体的标签属性。即通过细分用户建模，定位出来的包括需求痛点、消费心理和行为、社交货币、价值观点等数据标签。

"价值观点的动态重塑"是互联网 2.0 后时代社群意见场的主要特点。

这个特点打破传统互联网产品规划设计是以用户需求痛点目标、行为为思考主轴。需要企业将用户纳入产品规划设计阶段，主动采集用户意见，并利用架构和流程去引导和培养用户社群的"价值观点动态重塑"。例如，"小米"构建了一个成功的米粉社群，它的产品开发更新迭代都和米粉紧紧地绑定在一起。小米不用去判断谁是我的潜在用户，不去针对"细分目标用户"群体展开相应渠道传播。它是通过和"米粉"互动，一起成长、共同塑造价值观点，在这个动态过程中挖掘出新的需求。换句话讲小米在动手生产产品之前就已经和用户达成共识，就知道要生产什么了。

互联网 2.0 后时代，产品除了功能使用价值外，对用户关系的构建将变得更加重要。

社群是需求产生和商业价值转化的源泉。大众化、无差别的产品越来越难以吸引用户，用户更希望通过产品来满足自己个性化的需求。互联网产品本身就具有连接的属性。在一个连接着整个产业生态圈的网络里，提供给用户的产品将是这个网络为纽带作用下的聚合产物。

因此在互联网 2.0 后时代，一个强大企业的另一种解释是，它在构建用户社群及在这个产业生态圈中的作用和地位。用户越来越在意这个产品所富含的价值观点的标签属性，在意这个网络中互相关联的接口是否畅通，产品除了功能外的性格属性是否能表达自己所属的社群属性。这种影响从心理学上是相互的，用户既想通过自己影响群体价值观点，同时又会受到群体的影响让自己的意志服从于这个群体共同的价值观点。

11.4.2 通过社群建设共创产品价值打造品牌认可

企业要通过社群内文化价值观建设去打造归属感，同时要利用用户群体去共创产品价值和企业品牌影响力。

兴趣爱好是引导用户聚集的先决条件，进而用户又会因不同的价值观而拆分重组，这个逻辑要清楚。兴趣和价值观并不等同。就像在互联网产品中喜欢发短视频的人可以聚集在某一个短视频平台，却可以因为支持的网红观点不一致而激烈争吵。

企业在规划商业模式、产品或服务体系的时候要清楚客户因为兴趣聚合在一起有时间阶段属性，它不能长久。但客户却可以因为价值观点长久聚合在一起，并且通过内在动力不断地丰富、完善改造这种价值观点，我们称为客户社群对"价值观动态重塑"。

企业在构建商业模式、沉淀用户过程中要融入客户生活场景的各个节点去打造企业形象，远比花钱在渠道中建立自己形象更为重要。企业和用户共同体验并打造专属社群网络关系，将使企业能发现和挖掘出更多适合自己的发展道路。网络世界会弱化社会地位、金钱、权势，使整个环境趋向于一种平等氛围。用户间交流，思想表达也更趋向于内心世界的真实流露。因此低姿态、有意思、语言幽默，会比只会摆谱的权威大佬更加具有亲和力，更加能聚合人气。被用户当成朋友是难能可贵的，所以在互联网2.0后时代，企业一定要放下身段，多思考用户场景，多以用户视角和沟通方式进行有效沟通。

例如，一家传统餐饮企业经营者需要通过社群建设和运营，参与其中去了解用户诉求，包括以下四点。

需求点，他们被哪些关键因素吸引选择你们的饭店。定位出这个点之后，要将其创作成图文、声音、视频等信息流，在企业的宣传渠道矩阵中做传播。

兴奋点，他们在饭店消费的整个过程中兴奋点在哪里。定位出这个点之后，要将其设计进自己的服务体系中加以放大，以保证所有用户都可以享受到极致的用餐体验。

失落点，他们在饭店消费的整个过程中失落点在哪里。例如，等餐时间太长、卫生间环境和大堂金碧辉煌的环境反差太大等。定位出用户的失落点之后，要迅速进行整改，并将整改方案在用户群体中加以公示。其目的是提高用户的满意度，进一步提高企业的黏性和品牌价值。

厌恶点，他们在饭店消费的整个过程中厌恶点在哪里。这个点是导致用户流失的关键因素。例如，厌恶上菜的时候手指碰到菜品，厌恶服务员在服务的时候漫不经心等。企业必须将这些厌恶点梳理出来，马上进行整改，并在社群中加以公示，以获得用户的信任。

11.4.3 当今商品价值由企业和社群共同决定

从用户场景开始。关于场景最早对其系统的阐述，来自《即将到来的场景时代》一书。这本书中，作者详细介绍了构成场景的五个关键部分，即移动设备、社交媒体、大数据、传感器和定位系统。

传感器的核心作用在于将物与物、物与人在网络中进行信息互联。再加上"定位系统"实时捕捉用户路径。物、人、地点的交互，不同维度汇集构成的立体场景，使得大数据分析和预判用户行为越来越精准。

当社交媒体和移动设备、传感器、定位系统及采集沉淀的大数据结合，可以产生极为丰富的个性化内容和用户行为数据。

这五部分是场景连接最底层的技术支持。目前做得最好的是微信，它本身即社交软件，同时也具备上亿的数据规模，再加上传感器和定位组合在一起。因此基于微信做任何有关场景的连接是一种成本最小且效果明显的方案。

虽然这些数据可以分析出用户喜欢某一个球员，知道用户支持哪个球队，但是数据分析不出这个球员具有何种价值观点去吸引一批特定球迷。数据也分析不出如果这个球员的价值观点产生什么变化，会导致多少球迷流失。所以不要陷入唯大数据论。

当今必须重视与用户群体之间的关系构建，这种关系更强调的是社群的承载与分析，企业参与用户价值观的共同塑造，用户的需求挖掘呈现多级、多层和多点的态势。从而使单一产品产生不同的价值，给经营者带来更多的利益空间。

传统商业逻辑是把相似的需求分档次，格局分为高、中、低，规模分为大、中、小。在互联网 2.0 后时代的商业逻辑是，相似购买力分场景，场景形成社群圈层，社群圈层必然形成一类价值认同。因此档次划分是基于商品价值的纵向划分，而场景划分是基于用户购买行为后面的使用场景层面的横向划分。前者以金钱和基本需求为思考维度，后者以社群价值认同和使用场景为思考维度，两者有本质区别。

以白酒行业为例。当茅台集团陶醉于涨价，而其他白酒厂开始抢占次高端时，不知道生产商有没有考虑喝白酒客户群体的纳新问题。针对20世纪60、70年代的消费价值观，强调历史、文化、年份、产地、限量、品位，这是各地白酒企业都具有的传统优势。在大家抢占除了茅台、五粮液后的次高端，那大量的"80后""90后"用户群体，经营者就这样放弃吗？想让用户跟着白酒企业的商业逻辑走肯定不可能，所以造成的后果就是大量"80后""90后"都转向喝啤酒去了。

某小酒品牌抓的点就在于此，它以一种新生代的生活境遇为突破点，把产品定位于新生代解决方案。例如，它的口号："你懂得越多，懂你的人越少。"极致简单的一句话，既点明了用户群体性格，又讲出了用户需求和产品价值。它对应的用户群体反映了职场白领的生存现状，懂得越多，朋友越少。一句话道尽了职场人事业和生活的些许无奈。刺激着白领，当所有人都不理解你的时候，还有"某小白"陪伴。好的定位，言简意赅，在企业产品宣传推广中，让细分用户群体不但能快速记忆，还起到刺激需求的作用，对企业或产品的成功起到巨大推动作用。

该品牌目前处在瓶颈期增长乏力，侧面说明善于营销固然重要，它决定多少人知道你，但是苦练产品硬功也很重要，它决定用户尝试之后会不会留下来。**能打破旧的行业利益格局，很多情况下并不是在某一行经营了很多年的从业者，而是那些真正了解消费者用户群体的人。** 当你发现自己不喜欢的东西有市场，不要怀疑市场错了，要怀疑自己的商业模式和与之对应的用户消费心理是不是出现了偏差。

11.4.4　社群认同是商品价值重要组成部分

现在的商品价值除了由本身所包含的劳动时间决定外，还要由社群认同决定。

用户觉得值，那么它就值这个价钱。用户觉得值得的评判标准就是商品的社群属性和使用场景。例如"球鞋控"会去买一双溢价超出本身十多倍的球鞋。玩"盲盒"的人乐此不疲地购买看不见内部商品样子的盲盒。在圈外人看来是不可思议的事情，但是这个群体里的每一个人却乐此不疲。

如今消费者在多元社交媒体的放大下，越来越跟随于自身所属的社群标签。

商品除了基本功能外，也成为自我表达的一种方式。用户去网红店消费、打卡，想要表达自己是精致的中产阶级。用户坚持跑步并将结果天天打卡晒在朋友圈，是为了表达对生活的一种态度，也是在宣示自己所属的社群圈层。

总之无论是消费任何属性的商品，都需要企业重视，在产品使用价值外去赋予更多标签属性，去对应用户自我价值的展现，以彰显消费者的个性和所属的社群属性。

在互联网 2.0 后时代，企业的商业逻辑如果还在强调功能，那么这件事情成功的概率多半不大。传统互联网的流量思维在现在已不合时宜。如果流量来了你用的是漏勺去接，再多的流量也是白费，同时也浪费了做渠道的人力和金钱成本。所以相对于流量更应该以用户思维在社群体系构建中、在与用户交流中去思考企业如何以用户为中心规划整个商业体系和产品核心价值。因为它可以留住沉淀用户，将其汇聚成河，同时还可以塑造价值观，可以多维度、多层级挖掘需求，转化成商业价值。

当企业以社群为基础、以场景为出发点、以价值观共同塑造为己任，这个企业的产品也就能脱离传统单一的品牌打造，使其产品具有社群属性和生命力，能紧紧跟随社群用户去升级迭代自己。做到这一步，正向发展逻辑才算建立完整。也只有这样，企业和用户的关系才能由品牌和用户单一对应关系，升级成多维度的企业和用户共同成长的共生关系，信任关系也就越联系越牢固。

11.5　详解降维打击

"降维打击"一词从科幻著作《三体》中来。

一个直观的例子是，具备"上下"维度的人类碾死一只不具备这一维度的蚂蚁是不会被注意的。如果要用一句话来解释商业战场上的"降维打击",就是"我毁灭了你,但与你无关!"降维打击往往是最强的不对等打击,因为对手不仅没有还手之力,甚至在攻击发生前一刻还不知道攻击者是谁。

因此,即使你已是某个领域的老大,也可能被对手用完全不同维度的方式干掉。

造成降维打击的原因包括以下几个方面。

1.科技的进步。除了推动商业社会采纳先进生产力、淘汰落后生产力,甚至颠覆性的科技进步,它还对传统行业有重新塑造行业规则、形态的能力。例如,数码相机对胶卷的颠覆,手机集成相机对数码相机的冲击。

2.降维打击的背后还在于模式的创新。软文广告就在一定程度上解决了受众群体对于传统广告日益反感的痛点。把广告内容植入软文内容中,穿插在社交媒体和浏览页面中,伪装成大众所阅读新闻资讯信息的一部分,从而提升后者对广告的容忍和接受程度。

根据互联网广告公司 Marin Software 提供的数据显示,移动端信息流广告的点击率要比 PC 端高出 187%,而点击成本却低了 22%。

电商行业对于实体店的降维打击同样离不开商业模式的创新。作为零售业的不同分支,电商行业消解了实体店在门店、装修等层面的维度,构建了一个成本更低的商业链条。

有必要指出的是,相较于科幻小说中高维文明对低维文明彻底消灭的描绘,"降维打击"在商业领域的表现有着局限性。

造成降维打击也有其局限性。不代表一个行业对另一个行业的完全灭绝,如摄影领域依然有着为数不少的玩家离不开单反相机这样的专业器械,智能手机满足的只是大众意义上的照相摄像需求。而传统相机公司也在积极进行业务转型,通过开展诸如机械、光学乃至摄影培训等多元化业务,开拓新的市场空间。

低维有时候也可以进行有效的反击。并非所有的互联网行业都会对相对应的传统行业造成降维打击。例如,外卖借助互联网打通了客户购买和吃的场景。但是无论外卖发展多大,也解决不了用户在餐厅吃饭的现场体验。因此当传统餐饮业遇到互联网外卖的降维打击时,如何发挥自己的优势进行差异化竞争,就考验经营者的智慧。

中国有句古话"善谋者谋势，不善谋者谋子"，这句话告诉我们，不要计较一分一厘的得失。**要善于站在更高的角度纵览全局，掌握各种因素相互作用后事物发展的走向和趋势**。只有掌握分析趋势的能力，才能进一步利用趋势为自己服务，否则就是永远被大趋势推着被动前进。

一个合格的企业家，能在错综复杂的环境中发现需求并抓住机会。

一个顶级的企业家，能从社会、经济、技术、文化的变化中，预判用户行为和需求变化的方向，做前瞻性的企业战略布局。

一个是善于发现已存在的；一个是善于观察、预测将要产生的，两者有本质区别。

柯达曾经是世界500强，在1991年的时候，它的技术领先世界同行10年，但是2012年1月被做数码的取代而破产了。因为数码技术重塑视觉记录规则，创造了影像记录新趋势，颠覆传统摄影行业的技术。同样当索尼还沉浸在数码领域领先的喜悦中时，突然发现原来全世界卖照相机卖得最好的不是它，而是做手机的诺基亚，因为每部手机都是一部照相机，于是索尼业绩大幅亏损。后来做电脑的苹果忽然杀出来了，推出了触屏智能手机，手机界的老大"诺基亚"几乎没有还手之力就被取代了。

这些案例都是某种新兴事物的崛起，从内到外地对原有行业进行彻底洗牌，形成全新的趋势。

因此要能从更高维度去分析，什么因素下会产生什么样的新趋势，并判断趋势的发展规律和方向，从中找到自己的机会。

只要社会在发展、技术在迭代，高维和低维的场景转换就永远不断地发生着，那么在下一次变革中，你能不能分辨高维，利用高维为自己创业谋利呢？

因此当企业遇到增长难题，你必须先冷静下来，思考为什么、哪些因素引起？因为反映在表面的问题都是外部环境引发的用户群体行为变化及竞品市场打压，共同影响下产生的结果。

这叫透过现象看本质，叫高维。从高往低来打击竞争对手的话，相对来讲成功的机会要高很多。

这里我们通过这个"某狗搜索引擎，攻击某度搜索引擎"案例讲解降维打击。

在 2012 年之前，某度搜索市场份额占到 80% 以上，是绝对的行业老大，但是到 2020 年 6 月下降到 66%。而某狗搜索从 2008 年的不到 1% 到 2020 年 6 月占到 22.06%。它是怎么从老大的嘴里撬走了这么多用户呢？怎么从绝对劣势境地敢于向行业老大发起攻击并成功呢？

某狗搜索最早出现在 2004 年，是偏向于搜狐门户内平台的内容搜索，同时期也做搜狗输入法，总共两个产品。一直到 2008 年某狗搜索的市场占有率很差，也就 1%，但是其搜狗输入法却因为不错的体验逐渐占据了输入法的主要市场份额。

在 2000 年年初时，用电脑打字是很烦琐的一件事情，20 世纪 80 年代出生的人，对智能 ABC、双拼等输入法糟糕的打字体验应该记忆犹新，甚至五笔输入还要专门学习。虽然后来各家输入法的打字体验都进行了优化，即便如此在电脑上打一句话至少还要操作三步：输入、空格、回车。而搜狗输入法用极致的两步俘获了用户的芳心，做到了几乎用户买完电脑就要安装搜狗输入法。2009 年搜狗输入法的使用率就占到 70%。但是相对于输入法的火热，其搜索引擎产品却一直在某度的围困下艰难生存，2009 年占比仅仅 1%。

详细分析双方的优势和劣势，发现某度虽然是行业老大，但其属于浏览器应用无须安装，拿来就用是某度最大优点，恰恰也是最大的弱点。因为"搜狗输入法"需要安装使用，因此也就占领了用户的电脑，在物理上缩短了和用户的距离。可以主动地做用户触达和需求刺激，而某度需要用户在浏览器输入网址后才能和用户建立交流，因此某度相对于某狗搜索引擎属于低维度。这就给某狗提供了以高打低的可乘之机。

因此某狗搜索想要突破搜索引擎的困局，就要借助自家输入法产品做偷袭。某度属于浏览器操作不用安装，并且一直在 2010 年 10 月之前都没有输入法。因此在主动触达用户方面，它就绝对被动，反而处在劣势的地位。

2009 年搜狗输入法产品的使用率占到 70%。在占领了足够多的用户电脑后，开始对某度进行降维打击。具体打法是，你本来是在某度搜索准备检索内容，但是你用的是搜狗入法，当你打完关键词按回车键后，结果跳转到某狗搜索去了。

这就是经典的高维打低维，控制用户硬件，拉近用户物理距离，在环节中撬走竞争对手的用户。它是一次巧妙的、某度毫无招架之力的降维偷袭。因为用户想要搜索就必须使用输入法，就势必要打开"某狗输入法"，这就给了某狗搜索撬走用户的机会。当用户打完关键词，按回车键就被输入法直接强行跳转到某狗搜索。

通过搜索引擎竞争的案例，各位要把自己企业增长瓶颈的本质问题由外到内搞清楚，要从更高维度去打击竞争对手，从而避免让自己陷入低级的恶性成本竞争。打个比方对手今年投了 100 万元广告费，你明年投入 150 万元广告费，这就叫陷入低级的恶性成本竞争。

一定要明白，没有技术含量的打法，谁都能想到的打法，一定是成本最高、效果最差的方法。

11.6　社群情绪营销法

当营销从 1.0 演变到 5.0，其策略也从杰罗姆·麦卡锡的 4P 到新媒体营销专家唐兴通先生的 4C 不断演化。信息技术发展既推动商业模式革新，也推动用户消费行为的快速演变，导致企业想要通过某个单一营销方法去开拓市场，获得利润和用户的持续增长越来越困难。

社群情绪营销方法，正是在企业竞争越来越激烈的商业环境下，笔者以心理学为基础，结合多年项目经验创造出来的一个全新的营销增长方法。

4P 是指产品、价格、渠道、促销四个要素构成的营销方法，与传统商业逻辑将相同的需求分档次，格局分高、中、低，规模分大、中、小，紧密联系在一起，在当时可谓是最有效的营销方法。

在互联网融入商业活动之前，大家争抢的是传统媒体曝光率，考核的是信息投递的面和广度。而到互联网逐步融入大众商业生活的 2000 年，以中心化、中介化、信息聚集为特点的 Web1.0 时代，企业在流量和入口进行激烈争夺。1992 年美国北卡罗来纳大学广告学教授罗伯特·劳特朋与美国西北大学教授唐·舒尔茨、斯坦李·田纳本合著了《整合营销传播》，标志着一种新营销理论成形，即消费者、成本、便利、沟通 4C 模型。这个理论不再以产品为中心，而是更注重于顾客和沟通。再往后到互联网 2.0 时代，各种企业又开始在垂直领域布局，以期在吃、穿、住、行、娱、购等某一领域迅速占有一席之地。特别是当互联网被智能手机推动进入移动时代，同时社交化媒体和社交平台的日益完善和成熟及上亿用户的日活，这些因素对用户消费行为进行了重塑，在信息的获取层面推动了信息分众化和社群聚集，在使用行为层面推动了碎片化。最明显的例子就是智能手机推动用户养成利用手机硬件和软件平台结合所打通的各种场景连接，去解决吃、穿、住、行、娱、购等需求的习惯，这些因素又催生了唐兴通先生提出的新 4C 营销理论，即场景、社群、内容、传播。

而笔者提出的社群情绪营销方法，是以社群情绪、用户需求及场景三个维度之间的逻辑关系为思考角度，并结合多年项目经验梳理创新的一种营销方法。整个逻辑起点通过从群体情绪预判到引导情绪释放过程中将企业产品信息流渗透其中，并刺激群体需求的产生，到需求释放的营销逻辑闭环。

社群情绪营销闭环五个要素：群体情绪场景 + 渠道矩阵 + 细分用户群体 + 故事性内容 + 小圈子破圈 = 社群情绪营销体系。下面用图 11-4 解释这个理论的闭环模型。

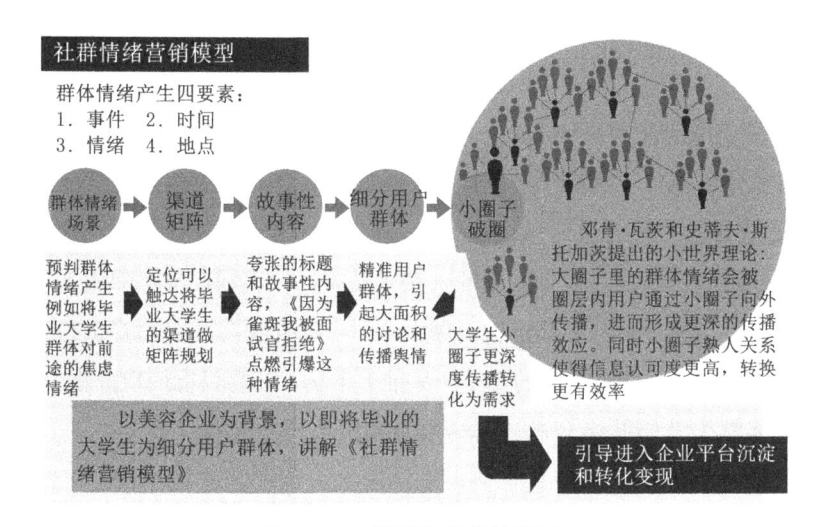

图 11-4 社群情绪营销模型

要素一，群体情绪场景。包含触发事件、时间、情绪、地点四要素。它们之间的逻辑关系是，"触发事件"即将要发生什么事，或者已经发生什么事→"时间"什么时间→"情绪"引发群体哪种情绪→"地点"情绪氛围聚集的空间。这里需要注意在"时效性"情绪中，事件在前，时间在后。即先有突发事件，后有时间节点引发某类用户群体的某种情绪，如三聚氰胺就是突发事件属性。在"社会性"情绪中，时间在前，事件在后，即某个可以预测发生的事件会随着时间节点的临近，让某类用户群体的某种情绪持续酝酿。例如，临近春节就是社会性情绪属性。

要素二，渠道矩阵。承载细分用户群体情绪蔓延的空间。

要素三，故事性内容。将要传达的信息包装进能引爆情绪的故事中，既增加可读性，又提高内容的记忆力，并达到快速传播效果。

要素四，细分用户群体。具有相似需求痛点和兴趣爱好的群体，他们的阅读和分享行为习惯也具有高度相似性。

要素五，小圈子突破。邓肯·瓦茨和史蒂夫·斯托加茨提出的小世界理论指出路径较短的圈层，即亲朋好友所组成的相对独立小圈子，具备传递性好的特点。根据这个理论，大圈层里的舆情会被圈层内的用户通过小圈子向外传播，从而突破圈层形成更深的传播效应。

11.6.1　用社群情绪营销法解读案例

2015年2月初社交媒体平台一篇题为《春运首日男子火车站用手铐铐住女儿》的文章开始疯传。随后2月6日在该新闻成为社会热点舆情的情况下，一篇《某某卫士致春运手铐爸爸的一封信》又成功吸引了大众关注的视线。这篇软文内容前半部分看似充满了对天下父母的人文主义关怀，实则在文章中嵌入了自己产品的宣传推广。通过对社会热点所引爆大众对于幼儿拐卖和路途安全的焦虑情绪精准把握，该企业成功将自己的安全产品推上市场，获得目标用户群体的认可。

下面将整个营销脉络套进社群情绪营销模型中去解构一下。

群体情绪场景：在春节这个节点上，回家过程的抢购火车票、可以预测的高速堵车、旅途安全等因素都在刺激着用户群体出行的焦虑情绪，这种情绪会离春节越近，情绪势能积蓄就越强。

渠道矩阵：四大门户和社交媒体平台成为这件事情迅速提高热度的推手，也承载了群体情绪的宣泄。

故事性内容：一篇有悖于常识性、颠覆传统认知，手铐铐住亲生女儿的标题，成为引爆势能的导火索。成功引起有孩子的父母用户群体的聚焦关注，同时新闻纪实叙事手法增加了可读性，也增加了用户的分享。

细分用户群体：对整个事件最为关心的用户群体就是家里有婴幼儿的父母，也是该品牌产品的最直接用户。

小圈子突破：带着文章引起的大范围焦虑和感同身受，并且软文中暗示用户群体企业的产品能精准解决用户的痛点，这篇文章被个体在小圈子不断转发，进而形成更为深远的传播效应。

11.6.2　社群情绪营销模型重要环节讲解

在社群情绪营销模型中，除了群体情绪场景外其他的四个环节，渠道矩阵、细分用户群体、故事性内容和小圈子破圈，在实际工作中操作起来相对容易。

唯有群体情绪场景比较复杂，它是决定情绪营销成败的关键。群体情绪场景又包含事件、时间、情绪、地点。

环节一：精准定位用户情绪。情绪营销成功的关键是能引爆积蓄在特定社群中的某种情绪。

换句话说先要判断用户情绪出现的时间节点。例如，即将毕业的大学生，对社会的恐慌、对职场的恐慌、对全新人际关系的恐慌、对未来生存的恐慌，种种不确定因素随着毕业时间越来越近，对未来的焦虑情绪越来越深刻地在这个群体内蔓延开来。

情绪定位的精准度直接影响裂变传播的通畅程度和传播速度。任何一类特定人群都会在某些环境刺激下产生某种特定情绪。

从社会性情绪层面讲，如互联网行业由于项目压力大，更倾向于招聘能吃苦、能加班，没有男女朋友，没有家庭、孩子的年轻人，那年龄在 38 岁以上就是一个门槛。因此到这个年龄阶段，就会引起这类群体普遍的生存焦虑情绪。又如市场环境不好导致经济下行和公司倒闭潮，各企业纷纷以裁员方式降低成本、提高企业生存概率，这时职场中的中级管理阶层会产生普遍的前途焦虑。因为这个阶层薪水高，但业务又并非不可替代，往往成为裁员的火力区。

从时效性情绪层面讲，暴雨天能刺激上班族产生回家的焦虑情绪，地铁线路故障能刺激上班族迟到的焦虑情绪，甚至中午饭点也能引起写字楼白领对点哪家外卖、去哪家吃饭的焦虑情绪。这个时候也是餐饮类企业最佳的推广时机。

某品牌快餐就很好地抓住这个焦虑情绪的节点做宣传推广。当几乎所有快餐企业都聚焦于为降低成本而使用简易包装，甚至使用被国家明令禁止对人体有害的泡沫包装时，该品牌却反其道而行。利用饭点的时间节点，目标群体普遍产生对吃饭的焦虑情绪下，反而更容易将注意力聚焦到食品类商品。它将快餐外包装设计得精美高档，以达到在快递送餐路途中被白领不断看见的机会，既提高曝光率，又提高记忆程度，达到了在精准目标用户群体中宣传自己快餐优秀品质的最大效果。

企业经营者必须掌握用户心理学，才能精准定位哪些因素刺激下用户群体可能产生哪种情绪。同时要明白不同情绪对用户群体也有不同的影响作用。例如，对生存、对未来的焦虑情绪能引起快速传播，对拥有的美好憧憬情绪则能起到快速引导用户下单成交的最佳效果。因此企业在运营中要基于不同情绪产生的不同作用做方案。

环节二：完善的渠道矩阵。当个体有压力的时候，可能会想在无人的地方吼一吼。

群体的焦虑情绪同样需要宣泄的出口。此时如果提供给群体一个宣泄的通道，那一定会达到最大的传播效果。作为企业主可以设想一下平时为了让用户分享转发企业信息，又是利益刺激又是活动刺激，效果也不一定很好。如果刚好遇到某种集体焦虑情绪，那还不赶紧利用起来就是在损失钱。但前提条件是，企业要有完善的信息发布渠道矩阵平台和投放机制。你不能想着等到群体情绪出现时，现场再去找哪些平台能做传播。等你找的时候，机会早已经被别的企业抓住利用了。

这里给企业提出三点要求。

1. 建设完善的渠道矩阵。

2. 建设有影响力、沉淀有上万粉丝的营销大号，如果企业没有，需要保持3个左右随时能合作发布信息的营销大号。

3. 通过社群建设保持自己用户群体的活跃性，做到能随时激发参与进来。

环节三：故事性内容是引爆群体情绪的导火索。企业要明白互联网2.0后时代信息流传播，考核的是在一个特定范围内做到最大范围的传播。具体打法先精准定位范围，然后在特定范围内大面积捕获。而传统商业包括在互联网1.0时代宣传推广考核的是覆盖面和广度。打法是不论鱼虾螃蟹，先大面积撒网搂一把，然后再去挑选有用的。两者之间有本质区别。

传统大撒网式推广方法会造成宣传推广成本上升和效率低下。但由于当时技术所限，无法做到精准锁定某一类用户群体，实属无奈之举。试想一下现在哪个企业在做推广时，不先梳理用户可能聚集的渠道做矩阵规划，在流量成本巨大的今天肯定被拖累死。

现在营销策略是不该看到的用户群体绝不骚扰，应该看到的群体最大范围让他们看到。这个变化使得企业信息流推广成功与否和建立的细分用户模型精准度关联在一起。其中包括对用户群体情绪的预判及关注的信息范围、分享的行为习惯和价值观等维度信息的掌握。

有了群体情绪的势能，就需要故事性内容去引爆它。作为企业家，如果明白目标用户群体情绪产生的内在心理原理，并依据产品的特点去设计导火索，即选题规划和内容创作，就一定能引爆这种情绪的宣泄，达到最佳宣传效果。

11.6.3　社群情绪营销投放策略

社群情绪营销体系第一步，定位群体情绪场景是成功的关键。

前期准备先基于外部环境预判用户群体内可能积蓄的情绪势能。

群体情绪分为"时效性"情绪。自然环境的风雨雷电，生活环境如饭点、假日节点，不可抗力因素如地铁故障等都能引起用户群体的情绪，这个情绪有快速酝酿并随着应激场景消失而快速消失的特点。而"社会性"情绪，如经济变化、技术变化或者子女教育等各种大环境引起的情绪，具有酝酿时间长、积蓄时间久，以及影响范围大和情绪消散慢的特点。例如，给孩子戴手铐引爆了对幼童安全的焦虑情绪。

情绪判断准确了才能精准做选题规划和内容创作。以上准备完善后就是投放策略的制定。

时效性情绪投放策略讲究三个迅速。

1. 迅速抓住。
2. 迅速创作图文结合的短尾信息流，方便用户群体的瞬间理解并感同身受,达到快速分享的目的。

3.迅速在投放渠道矩阵内投放,要求企业有完善的营销推广渠道。

社会性情绪投放策略讲究战略布局和逐级拱火,这里可参考下章对郑州"孟婆汤"营销推广策略的解读。

下面分析下美国"黑色星期五圣诞促销"利用的是哪种情绪?

美国商场每年举办的黑色星期五"圣诞促销",就是商家运作的一种。它能在短时间内引爆客户群体抢购的情绪。同时新年节日临近之际,也会在群体中酝酿一种要规划采购计划,欢度一年中最重要节日的情绪。所以这个案例是一种复合情绪的应用。

这个折扣营销活动运用的心理学包括以下五种。

1.从众效应。

2.应激认知反应,如贵的就是好的、商场打折季商品就是便宜的。

3.竞争引起"对失去的焦虑"情绪及对商品更高价值的认可。

4.低价策略引起的对其他商品价值错判,以为所有商品都是便宜的。

5.疯狂抢购场面,刺激感情脑和原始脑感性冲动,妨碍新脑的逻辑思维。

第12章
新媒体渠道规划和推广工作重点

12.1 渠道定位从用户建模开始

渠道规划有很多方法，但是大部分都是基于行业经验。本章所讲的规划方法是一种基于心理学和用户建模数据规划渠道矩阵的新方法。这种渠道规划方法第一步要做完整的细分用户建模。

图 12-1 所示为一家互联网职业培训教育机构的零基础用户模型。

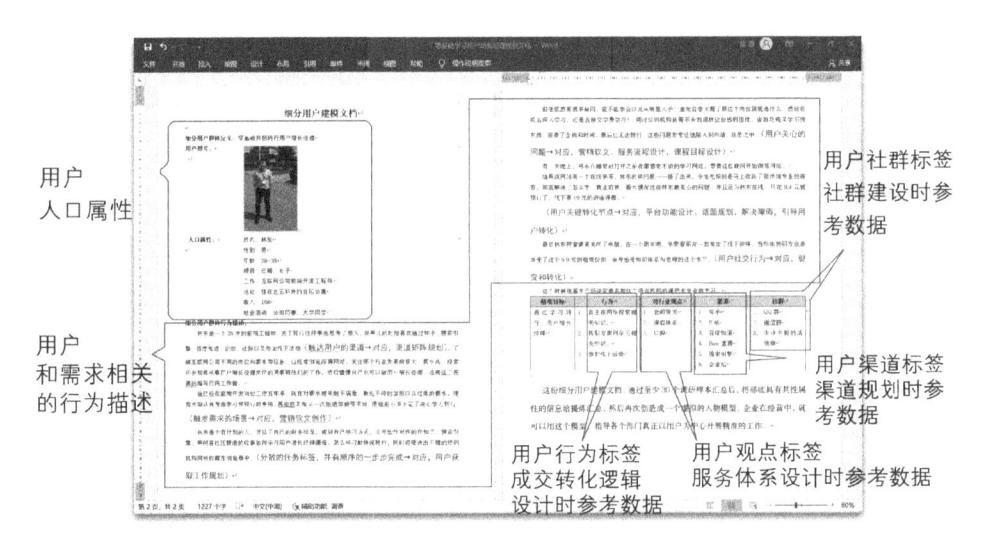

图 12-1　细分用户建模文档

通过阅读建模文档，企业知道用户的年龄范围在 28～35 岁，90% 的用户有互联网公司各个岗位从业经历。他们对现状不满，对用户增长经理岗位感兴趣且想通过专业学习转行做这方面工作。建模文档也揭示出用户和需求相关的心理活动，同时对用户需求痛点目标、消费行为、消费心理、渠道、社交话题、核心转化标签等一整套维度指标做了数据固定。这保证企业基于建模数据以用户为中心去做渠道矩阵的规划工作。矩阵是数学概念，这里可以理解为将一切可以触达用户的渠道节点组合在一起。

对企业运营与推广来讲，就是基于建模做出来的数据为指导，规划各个渠道组合，并依据建模的行为数据制订相应的推广方案和执行计划，最终做到宣传内容尽可能精准高效地投送到用户群体中间。

推广渠道根据触达用户距离，还可以拆分为基础渠道、直接触达渠道和间接触达渠道三种类型。

基础渠道是指，社交平台微信＋资讯平台今日头条或腾讯＋微信视频号所组成的推广渠道。基础渠道的特点是，几乎涵盖了所有的用户。

除了基础渠道外，直接和间接渠道的选择要严格按照用户建模做出来的数据，不要考虑平台权重。道理很简单，当你调研了100个用户，样本都选择A平台，就算这个平台的权重不是那么重要，但对企业来说，它就是最有效接触用户的渠道。只有在间接触达渠道推广规划中才去参考平台的权重。

首先，要基于企业自己的细分用户模型，去大概评估下某个间接平台的用户群体和企业自身的用户群体重合程度，重合度越高越好。哪怕A间接渠道平台不如B间接渠道的平台权重高，也应该首选A。

其次，相同权重下才通过"爱站网"等平台查看平台的权重排名，通过数据查看平台的客户量、黏性、频次，以此类推进行渠道筛选。

间接渠道筛选标准。

最高级，该渠道用户群体和企业用户模型高度重合，平台权重、用户量、频次、黏性等作为次要参考指标。

次高级，间接渠道平台和企业用户模型重合度一般，平台权重、客户量、频次、黏性等作为主要参考指标。

渠道选择参考维度还包括用户价值和第三方平台给的权限程度。

用户价值除了契合程度还包括交互的积极性。例如，微信平台获取的用户由于微信本身成熟的社交传播机制，它的互动性和传播性是最强的。而如新知等资讯平台只能发一发文章，在脉脉上可以发个人状态和专栏文章。因此这类平台，用户更多是通过内容了解企业品牌和产品价值，交互权重显然不及微信平台。在运营权限这里，第三方给的权限越高支持越大，运营的效果越好。例如，微信上可以开公众号，可以运营社群或者个人号，自由度是最高的。在资讯平台只能发文章，灵活度很差。

另外还有一些平台权限的高低不是固定的，根据内容贡献可以不断升级，如"知乎"。这就需要企业养号练级。

下面基于互联网职业教育案例，路演渠道规划设计思想。

先看用户，建模数据明确指出，他们会在知乎、百度知道、豆瓣、搜索引擎、垂直社群上获取信息，因此这几个渠道属于直接触达渠道。而今日头条、抖音、快手、B站、虎啸垂直资讯平台、微博、头部KOL、招聘平台属于间接渠道。微信、视频号、企业网站属于基础渠道。

这个渠道矩阵就由知乎、百度知道、豆瓣、百度、360、搜狗、垂直社群、今日头条、抖音、快手、B站、虎啸垂直资讯平台、微博、头部KOL、招聘平台、微信、视频号、企业网站共同组成。

矩阵中的知乎平台，企业要以专家角色和专题文章的形式吸引用户关注和兴趣，从而达到引流和转化的目的。搜索引擎可以点对点精准传递软文或广告内容。垂直社群可以利用从众心理和熟人效应打造品牌认知转化成交。这三类是直接渠道最核心的作用。

视频号是微信主推的全新自媒体视频平台，也属于一个小风口，目前有很多优惠政策，大家要抓住机会。

间接渠道作用是将覆盖用户的网络尽可能编织得紧密一些。百度知道采取问答的形式，宣传品牌口碑和产品价值，今日头条更多专题文章的形式做知识体系的宣传，包括和微博一起完成在自媒体端专题知识体系传播目的，在头部KOL投放目的是借助个人影响力做高价值课程的推广转化。

企业自建平台仅仅是宣传品牌和具体课程，不具备沉淀用户的功能，因此从这个渠道获取来的用户，要将其引导沉淀在微信内矩阵和个人微信号中。

这个渠道矩阵中，微信要单独作为内矩阵做体系运营。

微信内矩阵主要包含了视频号、订阅号、服务号、微信钱包入口。这几个账号各有侧重点。

以上描述是基于用户建模做出来的渠道数据为基础，做渠道整体规划如图12-2所示。

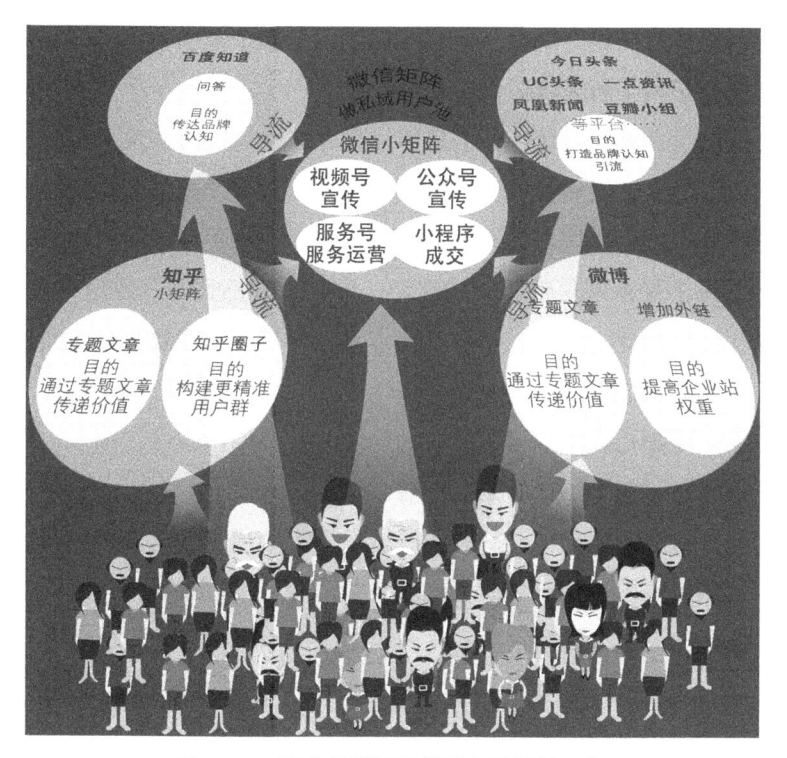

图 12-2　职业培训机构渠道矩阵设计思想

梳理到这个时候，就可以用思维导图工具将设计思想整理成渠道规划文档了。

12.2　从战略层面做内容规划提高工作效率

当下平台五花八门，内容形式涵盖了图文、音频、视频、游戏全场景。用户也分散在社交、新闻资讯、搜索引擎、论坛、游戏、娱乐等各个平台，这就提高了内容创作的复杂程度。如果内容创作没有战略规划，企业会疲于奔命为不同渠道创作内容相似的信息流，必然造成运营人员重复劳动，造成内容质量下降、推广效果差、用户获取乏力。

因此，这就决定企业营销推广工作必须从战略高度针对宣传矩阵中每个平台的节点特点和用户的阅读行为习惯做宣传统筹规划，做到一次生产的内容达到最大范围的推广覆盖。

由于新媒体社交媒介属性，使得推广呈现出四个鲜明的特点。要想做好内容规划工作，必须了解新媒体传播的不同特点。

1. 传播与再传播。传统媒体信息传播的方式是射线型并且不可选择。在特定的时间内由信息的发布者向大众发布信息，受众被动接受信息，缺少信息的反馈。这种静态的传播使得信息流动性弱、传播效果不佳。而新媒体传播方式是多向的，每个受众既是信息的接受者，也是信息筛选与分发者，互动性强、传播效果明显。因此为了诱导受众二次传播，内容创作就要摒弃新闻式的平铺直叙描写手法，要把宣传内容写成故事，有起因、有冲突、有经过、有思考、有解决方案。增加受众用户群体注意力的同时，要用内容黏住用户，还要将主题思想进行封装，便于用户的二次传播。

2. 接收方式从固定到移动。智能手机发展推动用户群体碎片化和移动化使用的特点，不再局限于固定场所。这就要求内容篇幅短小精悍，照顾到用户群体移动中阅读的习惯，同时也要强化内容中引导用户的路径清晰畅通。

3. 传播行为更加个性化。字节跳动的头条号、抖音短视频、微信视频号、喜马拉雅及新浪等都在做自媒体扶植。新的内容创作方式使企业甚至每一个有创作能力的人都可以成为信息的发布者，同时也推动塑造了垂直社群价值观认同的特点。因此企业在传播中必遵循某一垂直社群的价值认同属性去创作信息流。另外，每一个平台的规则要梳理清楚，如内容形式、内容规格等硬性条件必须清楚，以防止被限制流量。同时也要清楚扶植政策和规则，不放过每一个可以利用的点。

很多独立 IP 采用的是一次创作、多平台投递的策略。必须做好二次创作工作，否则被平台抓取到你在做简单的搬运工，被限制权重和流量就是早晚的事情。

4. 传播速度和内容。5G 的普及将继续深入推动信息流内容质量与用户交互的速度，也给创作者更多的创作想象空间，有实力和能力的创作者要善于利用音视频、游戏等各种手段提高内容传播的广度和强度。

12.2.1 从战略高度规划内容创作

从战略高度规划渠道内容创作工作流程，基于细分用户建模数据如图 12-3 所示。

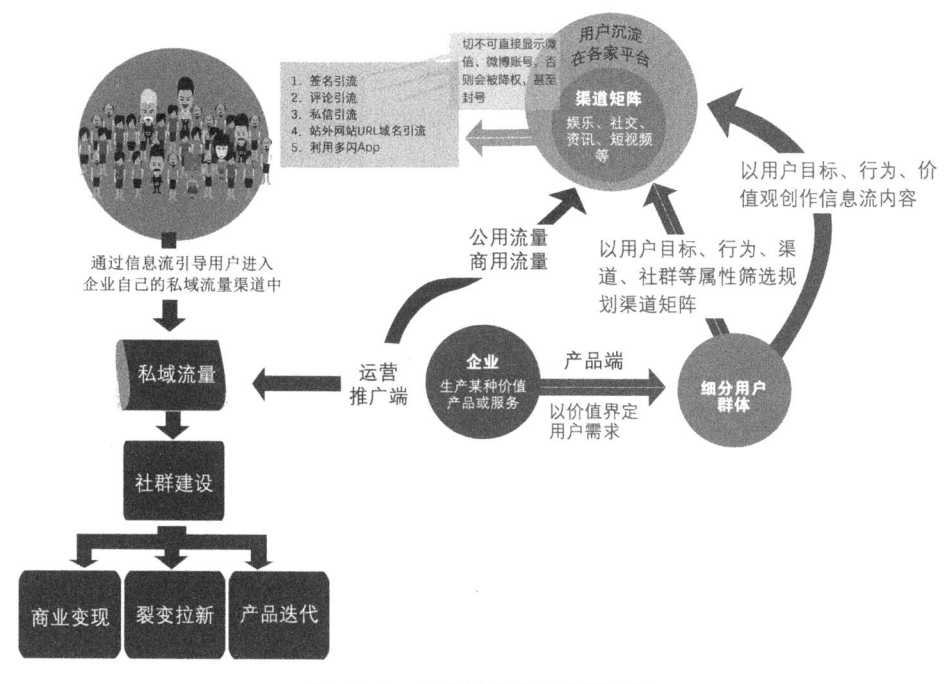

图 12-3　营销推广战略规划逻辑

1. 将渠道矩阵特点属性分门别类划重点。
2. 投放策略执行计划。
3. 选题规划并创作主文案。
4. 基于各渠道属性特点，进行主文案二次优化创作。
5. 设计用户获取转化。

包括单一平台内的渠道也要做推广规划和执行计划。

媒体矩阵的四点作用。

第一，最大范围利用平台覆盖和触达细分用户群体。当今马路上随便一个人手机里的应用程序，没有几十也有十几个，说明用户为了解决不同需求会下载不同 App。这个现状告诉企业，用户群体会分散在不同的渠道中。

例如，做互联网职业培训的企业，它将用户群体锁定在 24～35 岁、性别不限。这类用户群体除了会使用知乎这样的问答社区获取某方面的垂直知识外，还会使用今日头条看资讯、新浪微博看八卦、抖音刷短视频、滴滴打车、微信发朋友圈等。因此就需要根据用户的行为去布局渠道矩阵，最大限度地将企业或产品的宣传信息传递给用户,建立品牌认知并吸引沉淀他们。

第二,合理去做内容规划和创作,力争一次创作多层拆分、多层次布局投放,达到人工效率最大化,降低重复创作同类型内容的时间成本,提高内容质量。

内容信息流创作无非文章、图片、音视频甚至小游戏。任何内容形式的创作都需要从规划选题评审开始到行文创作。内容创作完成后,再依据不同的平台特点进行适应性优化。例如,一个职业培训机构企业做了一篇《用户增长经理面试指南》的软文。如果它的渠道矩阵有知乎、豆瓣、博客、公众号、网盟等,它除了将软文投放在知乎、豆瓣小组、博客、微信公众号,还要进一步拆分将文章录制成视频投放在 B 站、视频号、微博视频社区,将文章中的精华提炼成广告语配上图投放在网盟。

这样操作的好处就避免了因为要投放不同平台去做相似内容的重复创作,增加运营人员的重复工作量,还降低内容创作的质量。因此对渠道矩阵有清晰的规划和投放策略及执行计划,才能做到在内容创作中的高效率、高质量。

第三,利用渠道矩阵做到"1+1 > 2"的效果。利用不同渠道的叠加效应,实现传播的裂变拉新。

用户成交过程包含场景产生需求、内容引导成交两部分,而更大的潜在用户群体的心理过程分为引起注意、塑造认知、刺激欲望、转化变现这四个阶段。所以在达成交易前需要让用户对品牌和产品价值有深刻认知。就像 20 世纪 90 年代某脑保健品,在销售之前进行了大量的媒体软文铺垫,在广大用户脑海中,将普通"褪黑素"塑造成了具有神奇的改善睡眠、延缓衰老的功效,在大众形成认知后才进一步做具体的产品宣传。

在认知建立阶段如果渠道过于单一,除了很难在短时间内形成广泛群体认知,同时也不利于形成用户群体讨论和传播。要明白只有引起大范围的讨论,才能快速建立认知,而要形成大范围的讨论,必须将能触达用户的各种渠道节点做矩阵布局,设计投放策略及执行计划。

第四,降低过度依赖一两个渠道的风险。任何一种渠道都有被降权甚至封号的危险,因此在运营推广战略布局中不要把所有鸡蛋放在一个篮子里。避免某一平台如果出现违反规则的事情被降权甚至封号,给企业推广造成巨大压力。所以在推广运营之前必须做渠道的战略布局以分散风险。

12.2.2 微信生态圈规划与推广前准备工作

前面强调只有做了细分用户建模，并将用户可能涉及的渠道用数据固定下来去指导企业做渠道矩阵的战略规划，但是在"两微一端"（微博、微信，一端指今日头条或腾讯）的渠道规划中可以跳过这一步。我们看各端的数据，微信月活客户量 2020 年 6 月达到 11.33 亿，朋友圈发布视频数量增长 480%。微博月活跃客户 4.62 亿，微博垂直领域数量扩大至 60 个，月阅读量过百亿领域达 32 个。今日头条目前活跃客户超过 3 亿，平均访问时长超过 70 分钟。抖音客户日活跃用户数 2.5 亿、月活跃用户数 5 亿。这么大的流量平台，用户大多出生在 1995 年以后，从一、二线城市逐步下沉，月收入平均 7500 元。

通过数据知道，无论是用户覆盖量、频次、黏性，都表明这几个拥有上亿用户量的公域流量是企业推广的重要渠道。它们没有鲜明的垂直特点，企业需要做的就是如何在"两微一端"内部构建小矩阵，去推广企业品牌认知和产品价值（见表 12-1）。

表 12-1 四个重要流量渠道

微信	新浪	抖音	今日头条
订阅号	博客	短视频	头条号
服务号	微博	直播	火山小视频
企业号	新浪看点	多闪	悟空问答
小程序	微活动	商品橱窗	—
视频号	爱动小视频	—	—

12.3 公众号运营关键节点

微信公众号运营的四种基本技巧。

技巧一：内容为王，软文架构完整。企业做渠道的本质是内容能发得出，精准用户群体能看得到。就算是服务号，企业通常也是设置阅读原文方式去引导用户打开原文、参加活动或购买。所以内容承载着产品价值和品牌扩散功能，需要不断地被用户阅读和传播。

基于前面心理学章节中讲到的内容能引起用户的期待、提高用户体验和付款意愿，这就决定了企业内容创造的中心思想。

第一，从场景出发，诱导用户获得商品的期待。

第二，从需求和痛点出发，突出企业商品独特的特性，为用户大脑能展开更高级的逻辑联想提供场景片段。

第三，完整的引导结构，在刺激出用户的兴趣欲望后，能及时引导用户往下一个逻辑的转化沉淀。

内容创作方面还要注意一点，避免自作聪明、投机取巧。用户一直关注的根本原因99%是内容质量，只有1%是运营和标题上的技巧，后者属于锦上添花的工作。如果仅仅标题起得好，客户带着兴奋点击却吐槽着离开，要不了多久他们就会全部流失掉。

技巧二：巧借热点。要经常在微博热榜、知乎热搜、微信指数、百度指数等不同平台寻找能和企业品牌或产品关联的热点去创作。因为热点自带流量和传播属性，因此品牌以蹭热点的方式做选题，往往能带来更多关注度。

技巧三：尝试内容的不同表达形式。要不断调研用户的阅读习惯，并基于习惯去尝试音、视频、图、文甚至游戏等不同形式的组合。最终目的是充分调动用户多个感官，持续优化用户阅读体验，让内容更具辨识度。

技巧四：制造高参与度的粉丝活动。粉丝再多如果不做活动，最后沉淀的会员也会慢慢变成僵尸粉流失掉。做活动的目的除了涨粉，更重要的是将陌生人变成熟人关系，增加粉丝之间的黏性。同时利用用户成长路径去转化和回馈用户，并在用户成长路径与用户群体互动中筛选出忠实群体形成种子用户，只有沉淀而不做活动是绝对错误的。

企业运营公众号主要目的有沉淀用户、品牌宣传、交流互动三大类。它是一个专业性很强的工作，绝不是一个人可以完成的。很多二、三线城市中小企业只雇佣一个人负责公众号运营所有事情，甚至超出公众号跨越到短视频、论坛、QQ群，这怎么可能做得好？最终因为一个人的精力有限，什么都做但什么也没有做好。

另外，公众号运营的态度要像朋友、像知己、像多年好友，做账号拟人化建设。

国内很多美妆品牌的官微都采用拟人化运营。因为当用户和企业交流时，前者希望自己所面对的是一个有温度、能感觉心情、能明白诉求的人，而不是听着从另一头冰冷座机电话里传来提前录制好的语音，抑或是看着营销账号中没有生命情感的文字内容。

账号拟人化运用的心理学知识"细分用户建模的心理作用"在这里同样适用。

因此渠道账号的定位要以打造成为一个能精准解决用户群体问题的朋友为目标。从照片、昵称、交流的方式及价值观点等一系列拟人化维度去搭建账号，最终打造一个让用户有问题乐于找你倾诉交流、获得帮助的渠道营销账号体系。

公众号运营者要坚持固定的时间、频率推文，培养用户群体的阅读习惯。

把写文章当成一种与粉丝之间传达情感的桥梁，在留言区跟粉丝互动、交流，甚至成为知己。经过长时间培养与用户建立相互依存的情感关系，最终目的是将与用户的利益关系转化为朋友关系，用户分享的主动性一定会大幅提高。如果此时文章精彩内容有趣，那么稍加引导他们就会分享出去。

这里强调一下价值观，人可以因为兴趣相互结识，也可以因为价值观不同而分道扬镳。

因此在渠道推广内容时，除了用兴趣引导用户阅读，还要经常传播些对本行业价值观点的看法。例如，餐饮业可以在渠道发布一些用户群体所关心的餐饮卫生之类问题的看法，教育培训行业可以就行业内简历造假之类的问题谈谈看法，塑造企业正面的形象。

在内容传播时，企业要注意针对不同平台特点去设计账号的调性。

知乎平台的用户更多是搜索和阅读专业性文章或寻找一些专业性的答案，那企业就必须以垂直领域专家的角色去传播内容并与用户交流。

百度知道更多的是网友之间的问答形式，那么如果企业以 B 端身份回答，信任的权重就比较低。

微信号是企业官方的一种定位，必须做到在服务用户过程中的专业、专注、热情。

所以渠道平台的特点决定不能用一个面孔、一个声音说话。

这部分必须参考细分用户建模做出来的数据为对应基础，如图 12-4 左下

301

箭头所指处，针对用户不同目标规划不同阶段工作。

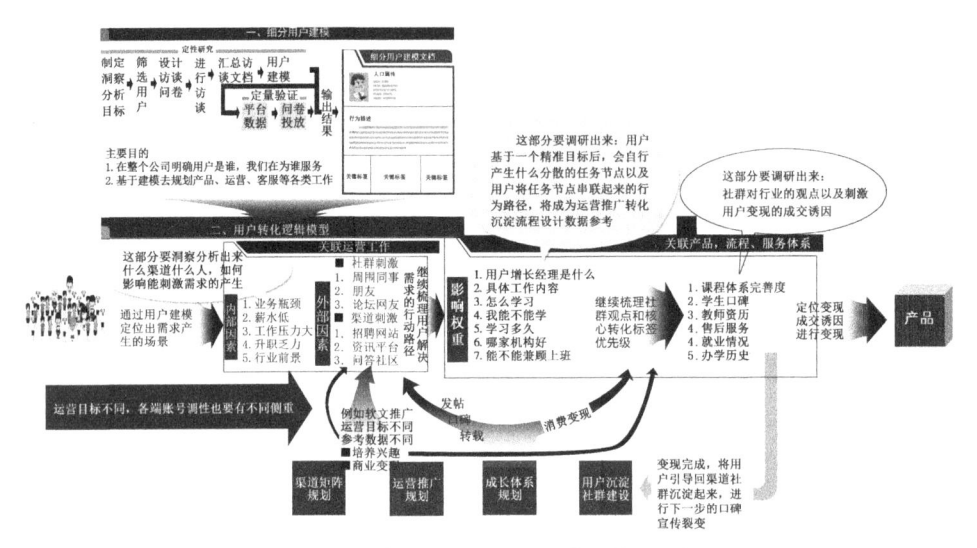

图12-4 细分用户建模应用场景运营目的不同侧重不同

企业渠道账号运营逻辑是从主号开始深耕，最终形成矩阵。

目前行业都遵循深耕一个主号，做到品牌价值塑造和种子用户群体沉淀，然后基于用户的行为数据做矩阵扩散。这种大号为主小号为辅、大号带动小号、小号又烘托大号的策略形成的矩阵，以扩展出相对垂直的版块，根据客户表现出来不同的行为习惯特点去做差异化内容创作，做到目标客户群体最大化覆盖并最终产生效益。

12.3.1 公众号起名和内容发布时机

公众号起名遵守三个标准就可以。

第一，最佳6字以内，最多不要超过8个字。因为6个字符是大脑瞬间记忆的极限。我们可以想象下平时验证码的场景，没有超过6个字符，甚至现在很多精简到4个字符。企业要充分考虑到用户瞬间记忆的脑力标准。

第二，不要用生僻字或词，避免用户手机敲半天也打不出来。

第三，要考虑公司的品牌、业务、产品功能、使用价值等属性，选择侧重去关联一个属性。

在准备发出第一条信息流之前，一定要掌握内容推送的时机。

一天有早、中、晚三个时间点，分别是早晨6：00—8：00，中午11：00—13：00，晚上8：00—10：00。

早晨6：00—9：00，大家经过一晚上睡眠起床后，心情处在放松状态。此时很多人会打开手机看看热点资讯或者比较轻松的文章内容，在上班途中的职场人喜欢看一些和自己行业相关的资讯。因此早晨适合推送励志类、行业类文章，让用户在上班途中进行碎片化知识补充。

而中午11：00—13：00正值大家午饭或午休，工作一上午后适合换一换脑子。因此泛娱乐类的资讯在中午推送最佳，可以让紧张一上午的脑子休息一下，还能增加同事之间茶余饭后的谈资。

晚上80：00—10：00是一天当中难得的私人休息时间。大家吃过晚饭后卸载了一天的疲惫，对于外部的信息接受程度高，安静的夜晚也助于思考，此时可以推送一些有深度的文章。

虽然每天固定的三个时间节点综合看是比较合适的推送时间段，但并不意味着不考虑用户群体的行为习惯。

在项目实操中，推送时间段的确立要参考竞品的推送时间。还可以根据"新榜"中名单寻找和自己行业同属性的竞品，分析数据做决策。正常的推送时间段确定后，还要做附加推送规划，包括国家节庆日、公司节庆日、社会热点、"双十一"等。要充分地将周边因素纳入企业的推送规划中。

当时间段确定之后，就要持之以恒地坚持，将用户的行为习惯培养出来。只有用户行为形成习惯，文章的打开、阅读转发率才会稳定和不断地提升。

12.3.2　不懂用户建模做推广就是浪费钱

渠道矩阵规划这里有一点要强调。企业所在地的本地门户、论坛也是不能忽视的一个重要宣传渠道。因为各地方论坛的特点是聚焦于本地的吃、穿、住、行、娱、购各个行业，地域和用户相对来说更加垂直精准。

因此作为地方企业，要善于利用本地的论坛做推广。包括当地的电台、户外广告、楼宇媒体等都是无法忽视触达本地用户群体的渠道。

这节我们通过解读二线城市洛阳本地论坛的一个软文推广案例（见图12-5），去理解企业如果不懂用户建模、不懂心理学，那推广的效果就无法保证，

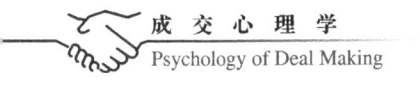

甚至会起到相反的作用。

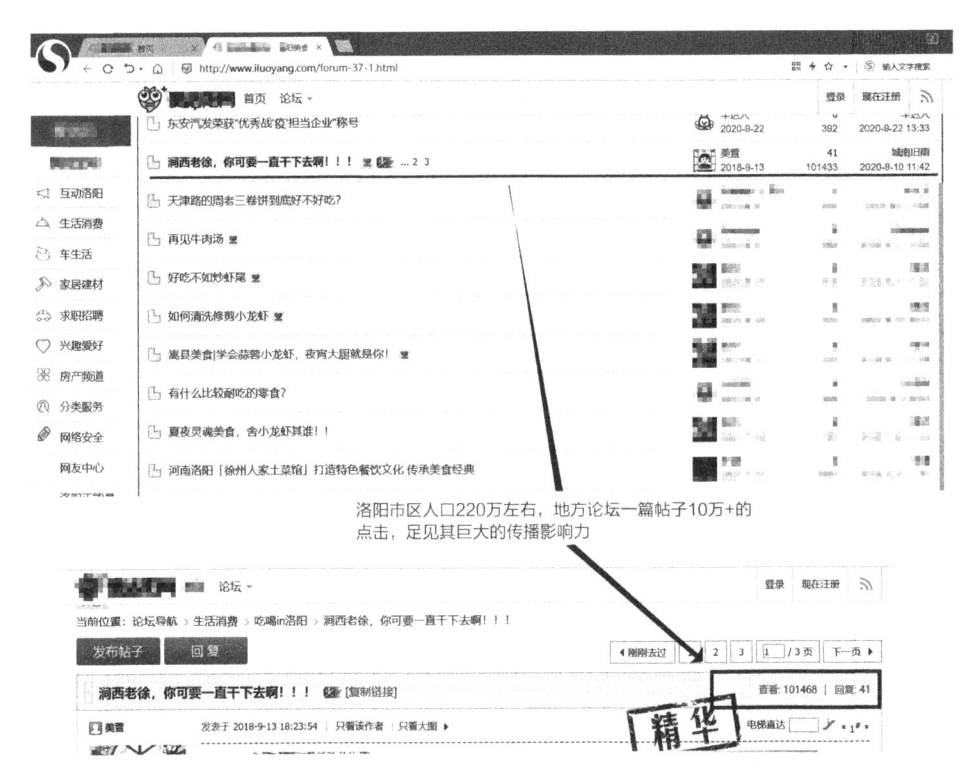

图 12-5　地方论坛截屏

这篇"10万+"阅读量文章，网友跟贴评价几乎都指向了口味一般、卫生环境差这类负面留言。软文引起这种结果，对于店家来说"10万+"阅读就是10万次的负面宣传。

笔者梳理一下原文评价，网友的回复几乎一边倒的差评。

从网友给的负面评价中可以看出，主要集中在四个方面：口味差、服务差、环境差、食品不安全。怀疑油不好，吃完后胃不舒服。从用户的评论中可看到，网友吐槽刚好契合做细分用户建模要定位的一个数据指标——"用户对餐饮业的价值观点"。

用户需求和痛点目标在本次案例中对应美味的产品，解决用户口腹之欲。

消费行为在本次案例中对应服务流程，解决用户吃的体验。

行业观点在本次案例中对应食品安全、环境卫生。这是广大食客对饮食类企业具有共性的价值观点。做食品的必须讲究环境卫生，食品安全要有保证。

经营者要彻底理解用户群体对餐饮业的价值观点，并在经营中将其贯彻执行起来，才会提高用户对企业的品牌认可。

另外，如果经营者懂得消费心理学中用户好感产生的原理，就会用和目标用户群体属性相似的照片去诱导潜在客户的期望值，刺激他们来消费，也可以用能打造老板行业权威的照片诱导潜在客户对品牌的认可度。

如果这家店在做宣传之前能通过细分用户建模将用户各种关键数据给固定下来，就会在经营中注重环境卫生，注重食品安全，服务中优化流程，口味上尽可能适应核心用户群体。

如果这家经营者有完善的社群建设和种子客户群体，就会在贴子推出后马上进行氛围的塑造。就算出现负面的评价，也可以利用种子用户群体以留言的方式进行洗白，将影响降至最低。

企业经营就是一场战争，商战中只有成败没有如果。成败的关键就在于动手之前就预判出可能的结果和相应的对策，对全局的把控是企业家必须有的能力。

第13章
推广文案的策划与撰写

13.1　软文对企业推广的重要作用

企业宣传和品牌塑造需要依靠内容在各渠道的传播。

一个好的文案可以精准传达企业品牌和产品所能提供给用户的核心价值，从而引导用户期待和自主搜索企业信息找到相应产品，满足自身需求的一系列动作。

在自媒体当道的今天，优秀转化文案已然成为企业营销推广、运营成败的关键因素。

前些年某企业"我为自己代言"的广告词，直戳当时社会年轻人的心扉。

"梦想注定是孤独的远行，面对着被人质疑或嘲笑的压力，但那又怎样，哪怕遍体鳞伤也要活得漂亮。"一度引起各家模仿。这就是好的文案，简洁精练、戳中要害，同时也宣誓了企业的一种奋斗精神。

新媒体发展、社群聚集及信息流分众化特点，促使企业对软文营销越来越重视。

按照类型可以拆分为宣传企业品牌的新闻类、垂直行业技术的知识类、使用体验为主的口碑类、认知培养的前期造势类，以及炒热点、搞笑段子等各类形式。

相对于硬广告，软文超强的阅读性让用户更容易接受。企业软文营销不像硬广告操作空间小。软文可以巧妙地捆绑权威，如某脑保健品软文就经常捆绑所谓国外权威研究机构的什么研究成果，去惊吓用户对身体健康的焦虑情绪。同时因为阅读性强，在造成用户某些方面的焦虑后，很容易引起用户传播。例如，我们经常看到身边朋友会在朋友圈传播什么"某某菜和水果搭配在一起是毒药"或者"巧用家具，在家也能完美健身"之类的软文。

综上所述，软文的营销目的包括：

1. 打造品牌认知、产品价值，增加企业曝光率。
2. 诱导期待，增加用户对产品的价值期待和体验。
3. 吸引外链，增加企业网站权重和排名。
4. 在细分用户群体中间引起共鸣并破圈传播。

达到以上效果需要四步：

1. 基于细分用户建模梳理出来的社交话题去做选题规划。
2. 根据不同运营目标如品牌推广、获取新用户、销售转化等去进行创作。
3. 要根据运营推广目标和细分用户群体确定渠道，包括利用第三方平台的发布策略。
4. 需要数据评估，如软文中嵌入的关键词搜索量有没有上升、外链有没有增加、用户量有没有变化等。

13.2　选题策划

首先，选题要以用户从兴趣需求产生到成交整个流程的不同阶段做精准对应。

其次，对应阶段后，还要与这个阶段内用户需求的心理诉求做对应。

例如，以成交为目标，它是处在用户全生命周期的第2个阶段。①用户获取；②用户成交；③用户沉淀；④裂变拉新复购。

在这个阶段行为上表现为更关注产品功能、使用体验、口碑的信息收集。因此软文要能基于用户所关心的点去做创作，去诱导用户期待，去刺激用户对拥有这件商品后美好的愉悦情绪。例如，汽车改装类用户，诱导他拥有了一个好的氮气减震，你就能攀爬更难的岩石、过更深的炮弹坑。要达到能刺激用户对拥有的渴望和使用过程的美好憧憬，就要在软文创作中将社群中的使用体验和口碑融入进去。

传播速度和广度与软文刺激焦虑情绪的深度有直接关系，也和内容与社会热点关联度有关系。例如，职业培训类的软文，如果能将美国制裁、中年焦虑等社会热点关联在一起创作，那这个软文的传播速度和范围就会很好，甚至有时候仅仅因为是热点就能主动引起社群传播。

软文成功的核心还是要看内容质量，要明白"高质量文章吸引用户，持续不断高质量文章留住客户"这个创作标准在任何时期都适用。

13.2.1 结合竞品和用户痛点做选题规划

标题的结构应该遵循核心业务词加刺激情绪词的结构。

例如，假设《毕业来美美，让你拥有迷人双眼皮，告别面试不自信》这个标题，一眼就看出是医美针对大学里即将毕业的女生做的宣传文案。实操中先基于企业产品特性去设计几个关键词，然后将这些词进行调研后做进一步梳理并最终确定。例如，企业培训公司的调研问题。

"选出你最关心的关键词。"

a.营销推广　b.市场开发　c.用户增长　d.股权激励　e.企业管理

情绪词的选择也是基于企业商品的特点规划一些词语，如职业培训类可以规划出失业、压力、被辞职、年龄、"85后"、中年危机等，然后做调研，在其中优化出客户最感兴趣的。

关键词的筛选可以定期在沉淀的用户群体中开展选题调研。

例如，"下一期，大家希望看到什么类型的专题文章？"这个问题是在内容创作还没有方向的情况下做大范围的调研。如果已有规划，可以做更精准的洞察分析，如"我们目前有a……b……c……三个选题，大家来投票"。

选题评审还可以从竞品分析，如查看行业内竞品、公众号文章涉猎范围、阅读点赞情况、评论留言、阅读量去判断企业的选题范围。

在公众号这个层面对竞品研究，要侧重在分析执行者本身内容创作、活动策划的业务能力，还要考验有没有成熟的用户成长体系及社群建设的完整程度，这些都决定用户池运营的好坏，它是一个综合性很强的工作。

当今用户获取通过活动刺激仍然是一个重要的方式。

13.2.2 以消费行为决策路径做选题规划

在细分用户建模章节，通过用户消费行为心理学解释了用户为什么会基于精准目标要去设定分散任务节点，并自行串联成行动路径。

心理学也告诉我们，具有相同目标的用户群体，行动路径具有高度的相似性。因此企业就可以根据用户群体行动路径的趋同性去规划选题。从精准目标开始到成交有如下四个逻辑步骤。

第一，用户精准需求产生阶段的选题规划应以种草为主。用户产生精准目标的场景，不同商业有不同区别。

在这个环节的选题规划，应以企业自身产品核心价值为出发点辅助以用户使用场景做内容创作。例如，玩改装车的用户群体一般会在论坛泡很久，看其他车友的改装案例，并了解改装配件的性能、价格及对应的越野场景。在浏览其他用户改装案例过程中，需求由模糊逐渐变得精准。可能最开始想加装一个绞盘去应对越野时陷车的困境，但在浏览其他用户贴子过程中才明白，绞盘也分拉力大小及牵引绳材质，而且钢索绞盘虽然拉力大，但如果断裂甩到人身上，会有重伤甚至致人死亡的缺点。

通过消费行为心理学对汽车后市场的用户洞察分析，可以知道这类用户会先有一个大概范围的需求，但此时需求的细节维度如品牌、价格、功能并不精准。种草就从这个大范围开始，然后逐渐清晰精准。

企业在需求刺激种草阶段的选题规划，应该以社群用户的使用为切入点，在用户阅读过程中引导和刺激用户需求逐渐清晰精准。

第二，在用户已经产生精准目标阶段，此时用户已经走在为实现精准的具体行动上，要基于用户分散任务节点和行动路径做选题规划。

例如，职业教育培训企业面对的细分用户群体。他们在这个阶段一定是在评估学校情况、查找行业知识、制订学习计划，以及寻找社群以便参与其中找到更加懂行的朋友咨询等。企业掌握了用户行为路径就可以依据路径精准地做选题规划。同时因为消费行为决策路径前后有逻辑关系，这就决定选题规划也要有递进关系，去一层一层引导黏住用户。

第三，转化成交阶段与企业商业目标直接挂钩，这个阶段的创作要基于用户核心转化标签，即成交诱因为基准规划选题。

在成交阶段要清楚用户一定会跟随内心最核心的理由达成交易。

例如，职业培训行业，可能这个关键核心标签是"保证就业"。虽然大部分都是骗人的，但是依然有效。又如，在艺术培训行业，很多用户因为老师是行业名人才会缴费报名。因此任何行业都要找到这个关键点，企业在用户建模时这个成交诱因是必须调研出来的数据。

因为具有相同目标的用户群体，成交诱因也有高度的趋同性。只要这个点抓得精准，那企业基于这个点创作的内容一定有很高的转化率。

看个案例，图 13-1 展示的是两个打车平台的广告。

左边所示案例"打车太久，试试某专车……"这句话并没有告诉用户具体的成功率。就好像有人跟你说，来参加我们学校的课程吧，就业成功率高，这话没有实际意义。而右边图中文案直接告诉你，附近有 80 辆车，通过数量刺激暗示用户马上就能叫到车。

如果这个群体成交诱因是打车速度，那么右边的文案转化率绝对会比左边高。因为它不但知道用户的痛点，还知道怎么呼应这个痛点。

图 13-1 两家打车文案对比

除以上所讲几点外，用户还普遍对社会热点、时事新闻感兴趣。

因此企业要保持对社会热点的及时跟进去创作文章。既可以利用搜索引擎指数、热搜等工具跟踪热点，还可以利用社群、朋友圈的舆情去跟踪热点。选题创作中心点要抓得准，与企业或者产品的匹配度要高。同时由于时效性，蹭热点讲究一个快字。热点传播有个曲线，过了峰值传播力度会锐减。

但是切记要坚守企业价值观，既要坚持用户群体的喜好属性，又要坚持传播正能量，还要坚持与产品价值的匹配度。

13.3 文案标题创作要点

通过图 13-2 展示数据，看一个好标题和差标题阅读人数之间的差异。

相同内容，不同标题的数据分析效果

■ 去旧迎新，抓住新机遇，鲤鱼跃龙门　　　　■ 抓住地摊经济新机遇，90%年轻人的创业新方向

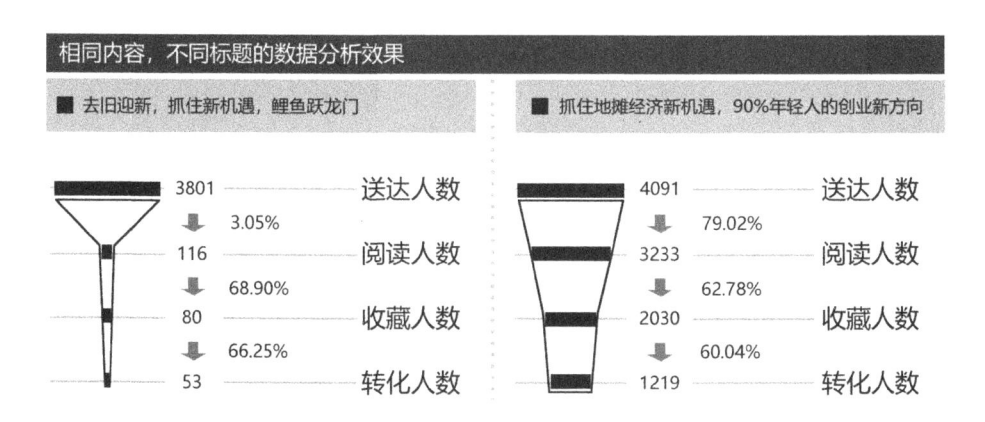

3801	送达人数	4091	送达人数
↓ 3.05%		↓ 79.02%	
116	阅读人数	3233	阅读人数
↓ 68.90%		↓ 62.78%	
80	收藏人数	2030	收藏人数
↓ 66.25%		↓ 60.04%	
53	转化人数	1219	转化人数

图 13-2　标题创作决定点击率高低

第一个标题"去旧迎新，抓住机遇，鲤鱼跃龙门"，没有能引起用户兴趣的关键词。新机遇是什么？这个新机遇与鲤鱼跃龙门的因果关系在哪里？标题中的关键因素都没有。虽然通过邮件渠道精准推送给 3801 名用户，但是点击进入阅读的人数少得可怜只有 3.05%。而后将标题进行重新优化"抓住地摊经济新机遇，90% 年轻人的创业新方向"。这里面关键词是"地摊经济"，因果关系是"创业"，同时又用 90% 去打造氛围刺激读者的从众心理。通过数据可以看到，在精准邮件推送了 4091 名用户后，点进去阅读的用户数占比在 79.02%。继续看下面的收藏和转化百分比，两边大致相同，说明文章的内容还是不错的，所以用户阅读完后会有很高比例的收藏。

文章标题至关重要。用户一眼扫过，也就给企业 5 秒的时间。如果在 5 秒内没有抓住用户眼球，那文章的点开率不会超过 10%。

13.3.1　从分析竞品数据做标题规划

我们以图 13-3 展示的新榜"某某美食记"为案例，抽取其排名前十的文章标题做一次分析。

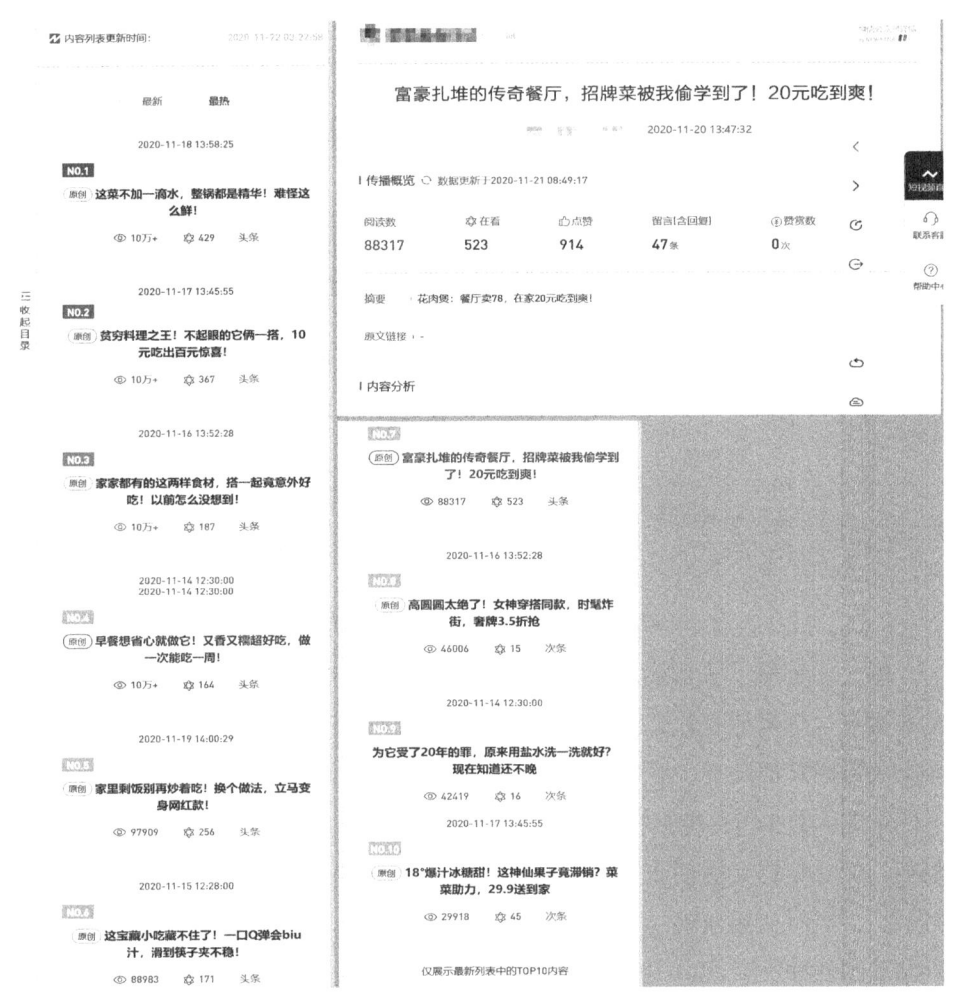

图 13-3 排名前十的文章标题分析

图片来源：新榜

　　分析这些阅读前十的标题，可以看到字数平均在 20 个以内。文章类型最多的是菜类，最少的减肥只有一篇。其他内容分布在厨房器具、食材中。假如你也是做美食项目，就可以通过竞品分析知道用户群体关注的内容比例及标题的字数范围。

　　从标题创作上分析，采用了包括能引起用户某种情绪的修辞及夸张的对比手法去刺激用户点击。例如，"富豪扎堆与 20 元"做颠覆认知对比，爆款和滞销对比等。同时还可以利用 NLPIR 汉语分词工具做更深入的分析，将采集到的竞品文章标题复制粘贴进 NLPIR 输入框，如图 13-4 所示。

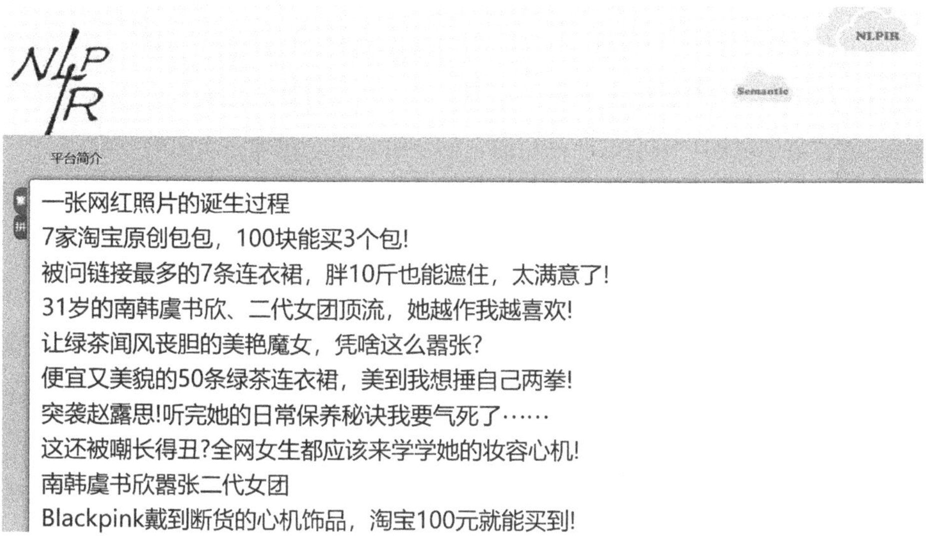

图 13-4　NLPIR，导入文章标题数据

图片来源：NLPIR 官网截屏

通过 NLPIR 分析我们知道，某"美妆号"在标题中名词常用"韩国"，动词常用"喜欢"，形容词常用"嚣张"。而在情感这里可以理解文章调性或者态度，正负情绪基本对半，负面情绪分别由怒、惧、哀、恶组成。

还有很多分析的维度可以试一试。

通过分析工具可以更加详细全面掌握竞品的文章内容侧重、标题创作方法及情绪的掌控等层面信息，并以此为参考运用到实际工作中。

13.3.2　标题创作七种方法

方法一：找准关键词。标题关键词的选择，可以在做用户建模时梳理出来。例如，调研人员可以设计这样几个问题"选出你最关心的关键词"，而后基于产品特性去设计几个关键词"越野、炮弹坑、绞盘、悬架质量"，让客户筛选。

又如，"下面哪种词语传递的情绪让你记忆深刻"。
a. 自由　b. 穿越　c. 解压　d. 放松　e. 漂泊

第一个问题调研用户对产品最关心的点在哪里。第二个问题调研在用户群体情绪中，哪一种最能引起记忆和传播。

同时还要根据用户转化四个逻辑去筛选关键词。以改装车为例，在需求培养的种草阶段，关键词应该集中在效果层面，如"升高之后我的牧马人更霸气了"，或者集中在用户关心的产品层面，如"给你扒一扒那些出名的绞盘"。

规划关键词的标准包括"诱导期待""突出产品特点""提高体验""诱导消费行为"和"逻辑沉淀"。

方法二：找准矛盾点。除了关键词，标题还要能通过矛盾点引起用户群体的兴趣。例如，"主管打死也不告诉你的软文撰写三点方法"。关键词"软文撰写"，矛盾点是利用职场社交，大家心存芥蒂，核心的业务知识和经验一般不会轻易告诉下属。这个标题有关键词、有矛盾、有结果。

矛盾点创作技巧，将利益与常识性认知巧妙结合，如"改装厂打死也不告诉你的费用清单"。有矛盾才引起兴趣和故事情节，兴趣决定标题引起注意力的效果，故事情节决定可读性和传播效果。

方法三：数字应用。人们对数字和图表有天生的敏感，因此在标题中要善于运用数字。

看下面一个标题对比：A"运营方法干货全解"，B"十种运营方法干货全解"。你会选哪个？

继续看，A"某某培训机构今年就业率创新高"，B"某某培训机构今年98%就业率"。你会选择哪个？

继续看，A"跟我学，管住嘴，迈开腿，一步一步去减肥"，B"跟我学，管住嘴，迈开腿，30天能减10斤肥"。你会选哪个？

最后这个应用的方法是数字的类比。30天就能减肥已经超出很多人的预期目标了，这里又更进一步刺激还能减掉10斤，无形中给读者更大的期待。

方法四：打破常识，营造不可思议的结果。打破常识营造不可思议的结果也是引起用户阅读兴趣的常用方法。

例如，笔者在知乎发布的视频课程《十年产品经验，也不一定懂得的客户画像业务知识》。用户读到这里，会想干了十年还不懂，这个违背常识啊，我得看看到底是什么样的业务知识干了十年还不明白。这就是利用常识认知落差勾起用户的兴趣。

继续看这个标题《月薪3000给月入3万的人打赏》，这是一篇讲怎么做直播运营的软文。大众会想月薪3万的人肯定比月薪3000的人有钱啊，他们脑子是不是有问题，通过反差引起用户的好奇心。

方法五：借助外力，拔高自己。借力俗称"蹭热度""抱大腿"，大家经常会看到各行业里"蹭热度"的营销方法。例如，《百度、腾讯都不一定懂的营销推广方式》或者《最会炒作的罗锤子，却不会这招》。第一个案例是借助百度、腾讯的知名度去拔高和引起用户兴趣，第二个例子是借力炒作名人罗某人营造认知落差，引起客户的阅读兴趣。

人们公开吹嘘将自己与其他成功者或者厉害的事物关联起来以显示自己的某种优越感，即便大多数时候他们根本不认识，那也无关紧要，因为关联原理同样让听众产生正面积极的反应。

因此企业在运营中一定要将产品或服务和积极正面的因素关联在一起，如某某大企业就用我们的产品、某某名人就用我们的服务等。同时企业也要避免与失败企业或者消极因素关联在一起。

方法六：主观引导。这类标题创作有个前提是主观方必须有一定的公信力或者口碑，如"今日头条内部推荐……"这个就是既借助外力，又有主观推荐。用这个方法要注意，前期已经建立起一定的口碑和公信力。

方法七：营造稀缺感，让用户产生兴趣。这个方法还要结合一些运营规则和技术手段，如《十招教会你运营，前500名免费阅读》（已经有359名阅读，仅剩141个名额）。

人们对稀缺的东西有一种天生的追逐感，总是觉得它们一定更有价值，人们更倾向于那些难以获得的东西。如果能成功地刺激用户让他们觉得这篇文章不是所有人都能看到的，或者这篇文章今天不看明天就没有了。同时需跨过一些门槛才能看到的文章，用户也会下意识地认为价值感更高。

同时在竞争场景下，个体的稀缺感会更深刻，也会刺激人更想要得到。美国著名心理学家杰克·布雷姆提出"保住既得利益，是心理逆反理论的核心"，以此来解释人类在丧失个人控制权时做出的反应。根据这个理论，**只要选择某件东西的自由受到威胁，保护自由的需求就会使我们想要它的愿望越发强烈。**

13.3.3 标题创作中合理刺激用户的"惊"

标题党在传统互联网时代流量为王的思维和利益刺激下产生并延续发展至今。他们奉行的是只要能引导用户点击行为，一切刺激因素都是其利用的手段。依赖点击量去实现网站或者广告的流量指标，不在乎用户是否点击进去又马上跳出。

在Web1.0流量为王的时代大背景下，运营人员为了追求点击率，故意夸大甚至捏造标题，他们认为标题越夸张越能刺激大众点击欲望和行为，最终达到高流量的目标。

但是恶意的标题党会让企业失去用户的信任，这种方式往往会对用户群体造成心理伤害，进而对企业品牌造成巨大的信任危机。

当今企业生存之道在于社群关系构建与交流沟通，在于品牌在社群中的价值动态塑造，在于用户口碑的沉淀与社群社会化传播的推动。个体对产品价值的感知因素和用户群体的认同有很大关系。这也是为什么当今各家企业都在着力优化产品价值和打造服务体系建设，以极致的产品和服务去黏住用户群体的原因。

信息分众化和社群聚集特性让用户群体具有更大的传播影响力。

企业沉淀的每一个用户都经历了从陌生开始接触到熟悉深入了解，到彻底被企业品牌、产品价值和服务征服的过程。在这个过程中每一次转化都耗费了企业的运营和宣传成本，在这个过程中最初的第一面又是重中之重。

第一面的心理效果包括最初印记和锚定效应，这些因素都决定着用户后面的消费意愿和行为。

因此企业必须在渠道宣传的时候避免恶意的标题党行为。但标题党也并非一无是处，企业要批判地继承学习，将有利的地方保留下来。

人类有喜、怒、哀、乐四种情感，又衍生出猎奇、惊悚、刺激、震撼、愤怒和恐惧等更细微的情感表现。无论哪种情感，如果能引起人的"惊"，就能激发人的本能点击阅读的欲望。这是标题党操作手法值得借鉴的地方。

猎奇的惊，在标题中使用能够强烈刺激受众好奇的文字。

刺激的惊，在标题中使用惊悚性文字，以制造极端刺激的惊悚效果。

震撼的惊，在标题中极尽夸张之能事，意图起到某种震撼人心的效果，如

《今天大雨，故宫又现 300 年前九龙吐水震撼场面》。

快乐的惊，《从不买彩票的他，第一张就中 500 万》。

害怕的惊，《天天吃这个，年纪轻轻结果癌症晚期》。

愤怒的惊，《这个幼儿园，这样体罚孩子》。

恐惧的惊，《快看你家，有没有这种深夜吃人电梯》。

为什么标题党痕迹明显的标题却能获得大众的传播成为爆款文章呢？因为用户点击后，里面都是真实的内容等着大家阅读。不仅不会引起用户的反感，反而当用户被文章内容吸引得感同身受后，又主动去传播它。

因此企业在内容运营中，既要合理运用大众情感去创作标题，又必须遵守内容为王的标准，只有这样才能做到点击量数据、传播范围及用户拉新三管齐下全面提高。

13.4 转化型文案撰写方法

企业软文的目标在于诱导期待、激起兴趣、突出独特的属性、引导转化。

神经心理学研究显示，"边缘系统"是大脑主导情绪的部分。美国南加州大学神经科学、心理学教授安东尼奥·达马西奥在研究中发现，大脑边缘系统有损害的患者无法做出任何决定，哪怕是选择哪种口味的冰激淋。因此，以达马西奥为代表的神经科学家认为，所有的决定都是由情绪驱动的。

因此当软文被投放到渠道中，企业最希望的是能刺激用户采取点赞、评论、转发、收藏、关注等行为。那么我们需要与读者建立情感，唤起读者的情绪反应。情绪越激烈，刺激用户某种行为的效果就越强。

图 13-5 展示的是转化型文案如何在用户群体中引起传播的逻辑。先由故事性引起用户群体的兴趣去阅读，而后将产品价值包裹进故事中潜移默化传递给用户，因此转化型文案内容结构包括用故事去诱导期待、突出产品独特的价值点和企业品牌、完整的转化逻辑（点赞、评论、转发、收藏、关注）三个部分硬性指标。

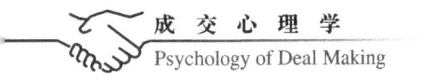

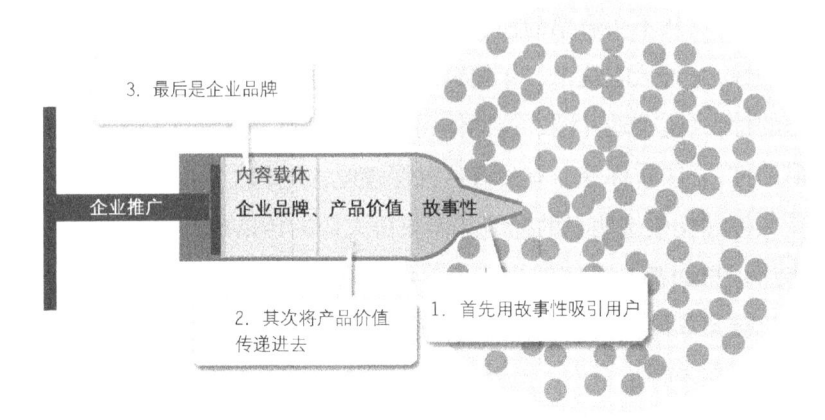

图 13-5　文案推广逻辑

创作转化型软文就像是在导演一部电影。有故事主题，从冲突开始吸引用户注意；有发展过程，引导用户思考并诱导期待；强调不同点，塑造价值认知；以完美结局给用户解决方案。遵循这个逻辑文案的创作分为四个递进台阶。

第一台阶：抓眼球，强化痛点，引起共情。主人公出场，背景和矛盾点描述，争取开篇就要抓住用户内心。如果能关联热点最好，没有热点就要扒一扒可以刺激用户焦虑情绪的点。同时以用户建模的核心痛点为基础撰写，要能让细分用户群体感同身受。一定是真实故事的创作升华，绝对不要胡编乱造，真实才能感人和信服。同时还要引出解决痛点的方法即产品。

第二台阶：诱导期待。在主人公解决痛点的描述中，诱导用户以自身视角去联想和思考，这将有助于诱导用户的期待。同时好的期待能引起用户愉悦的情绪，刺激用户行为。例如，你预定了两周后与女朋友共享电影和烛光晚餐，那么等待的这两周时间由于期待，即大脑一种高级逻辑联想与未来场景投射机制，会让你产生愉悦的情绪并规划其中的高潮片段。这些片段指导你在真正实施过程中，强化行为和对烛光晚宴的价值感知。因此软文能否成功诱导期待情绪，决定能否成功刺激用户相应的行为。

第三台阶：给出解决方案。描述产品背后的故事，告诉用户产品为什么能解决痛点。用户选择它的精准理由是什么，它的与众不同是不是真的能在用户心中制造一个空位。同时强化当下某些乱象，如市场无序、行业混乱、用户纠结和痛点等，在描述乱象的过程中，告诉用户为什么你行。

第四台阶：引导转化。将优势点、信任状、口碑展现出来，并用利益刺激引导用户转化。这里需要注意，跌宕起伏的故事情节场景一定要符合企业所面对的细分用户群体。例如，你所面对的用户群体是个人职业培训教育，那软文的描述场景要基于个人在职业中遇到的困难坎坷。如果企业卖保健品，若是通便茶就一定要基于用户便秘的痛点去描述这个场景。所以细分用户建模的内容要清晰地将某一类用户群体的痛点，特别是痛点产生的场景给描述清楚。

遇到挫折后的自我解决方案是什么？

用户在决定花钱解决自己的痛点之前，几乎所有人都会先通过自己努力去尝试解决遇到的问题。只有确定个人无法解决后才会决定花钱解决。例如，企业培训的用户一定是无法通过自学达到目标，最终不得不花钱找专业机构解决。又如，健身减肥的用户，在花钱到健身房之前肯定是先行尝试过节食或运动等各种方法。

因此在细分用户建模时，用户如何自我解决痛点也是要调查清楚的。

将这个点梳理清楚，运营人员就可以根据用户群体的行为去做运营的规划设计。例如，当减肥机构知道用户群体几乎都经历过自我节食过程和失败，那么在销售话术及文案撰写的时候，就可以刻意去强调一下，100个用户都尝试节食，但99%的都失败了。要以这个群体结果为背景，利用从众心理让用户明白，你的失败并非个案而是具有普遍共性，所以不要再去一个人尝试了，应该选择更好的方法，如健身房有专业的教练可以帮你达成减肥的目标。

有了前面的铺垫，最后就要详细描述如何解决用户的痛点。这里注意不要采用硬广告的方式，而是在描述解决用户需求的内容中穿插产品信息和品牌信息，而不是产品信息中穿插内容描述。这个撰写逻辑一定要牢记。

因此软文撰写，一定要有因果、有冲突、有故事性，要能抛出问题并给出解决方案。想要写好一篇转化型软文，绝不是一蹴而就的事情。从模仿优秀的软文开始吧，经过长时间练习，你一定能成为一名优秀的写手。

13.5 软文推广和投放策略

1997年某脑保健品的一系列文案堪称经典案例。当年那句"今年过节不收礼，收礼只收某某金"的广告语风靡大江南北，现在听来依然言犹在耳。通过复盘这个脑保健品营销的传奇案例，学习软文创作的投放策略。

第一阶段，利用当时大众对于官媒的信任及崇洋媚外的心理，广泛发布软文宣传大脑中的神秘物质。此时的目标是建立大众基础认知，这也是第一阶段文案的基调——教育大众概念认知阶段。

当时该品牌创始人史某负债2.5亿元，也没有资金在电视媒体进行覆盖式的狂轰滥炸。他选择一条相对低成本的策略，开始在各家媒体投放新闻式的软文。原因是：第一，当时的大众普遍有阅读期刊报纸的习惯，信息的传递形式也是从上而下的射线式传播；第二，当时报纸期刊几乎都属于国有事业单位，所以有很强的公信力。因此这个策略具备传播的广度、覆盖人群的精准度和传递内容的权威度三个优势。

如果他当时在负债的情况下投入资金做电视媒体覆盖，就会缺少公信力这一环。因为广告的公信力本身很差，没有长时间的推送传播，很难在大众中形成品牌认知。因此直接上电视媒体会拉长品牌认知和产品功能认可的时间，这反过来又会推高企业电视媒体广告的资金投入。因此综合分析，在当时条件下，报纸期刊在传播面（用户触达）、公信力（概念认知培养）、资金（广告成本）方面都是最佳的选择。

在标题创作上从大众普遍关注的健康、养生、长寿等方面设计话题，将严肃的学术科普与能引起大众焦虑情绪的悬念结合在一起，如《女人四十，是花还是豆腐渣》等，通过刺激大众恐慌情绪引起阅读者的关注和重视。

在内容上也是以用户对自身健康需求为突破点，软文以引起人们的焦虑为创作主轴，并辅以健康科普，最后自然而然地与产品保健功能结合，并且在专业度上用所谓权威机构或者专家的背书，进一步提高可信度。

在当时人们普遍崇洋媚外的社会风气下，认为国外都是先进的。这样的内容更加引起大众对自身健康的焦虑情绪。因此当看到"某某金体"是国外的研究成果，又对应解决软文所描述的睡眠、衰老、便秘等问题，其实这些几乎是把90%以上老百姓或多或少都遇到过的生活质量问题给夸张化了。可见该企业的雄心有多大，就是要做全国人的生意。看到文章的大众，便纷纷开始将自己的身体情况与文章做对应。

宣传到此时，大众认知便建立了起来。

在教育大众普遍的基础认知后，第二阶段"某某金"的软文方向开始出现了变化，推出了《宇航员如何睡觉》《一天不大便，等于抽三包烟》等一系列的健康科普类文章。这些文章的内容创作基调以专业的健康知识科普为主，阐述人们生活中常常遇到的睡眠和饮食问题，提供一些解决之道，并趁机插入该商品的功效，不断地突出它的益处和重要性。

该脑保健品软文在当时的时代背景下，首先利用了大众认为"国外就是好的"心理，其次以健康为切入点撰写文章引起人们的焦虑情绪，同时以国内外所谓研究机构和科学家去背书，一步一步将大众引入。

13.5.1 软文渠道和发布策略

软文发布有很多平台，大家可以自行在搜索引擎检索。这里强调6点软文投放的小技巧。①首选权重最大搜索引擎旗下的新闻源做投放，这样软文的权重会很高，被其他网站转发的概率也会很高，另外大型门户网站一定是首选，并且也容易被中小型门户网站采集和转发。②同等地位的门户网站首先要考核细分用户群体的覆盖情况，其次才是网站权重、流量排名、用户互动等情况。③价格相同的平台，要首选支持外链的平台。除了转化高，还能提升自己企业网站的权重。④如果需求量大，可以直接和新浪、搜狐的频道编辑联系，建立长期合作关系。⑤密切跟踪软文效果，如果确实是好文章，要马上跟进付费推荐头条广告宣传。⑥在问答社区、论坛等互动性平台投放软文后，需要有专人进行维护与网友互动。

13.5.2 郑州网红"孟婆汤"软文推广策略剖析

2020年6月5日，郑州"孟婆汤"在朋友圈和社交平台中迅速火了起来，现在给大家梳理一下背后的营销推广逻辑。

6月5日，郑州一女子（也有消息称为男子）穿着老太婆的衣服、戴着满脸皱纹的面具扮成孟婆的模样，不断地搅拌着一锅烟雾缭绕、如梦似幻的"孟婆汤"。摊位上还印着对该汤的介绍"八泪为引，一泪……"被围观群众挤得是水泄不通。

孟婆这个角色对大家可以说是耳熟能详的古代神话人物。

以媒体文章时间节点为线索梳理一下郑州"孟婆汤"的信息投放策略。

网络舆情是在6月5日和6日已开始做媒体宣传，但是郑州孟婆汤相关新闻此时并没有在网络中引发舆论风波，直到6月7日舆情才开始在网络中传播。第一波传播渠道包括"河南头条新闻""广东台触电新闻"及"@郑州印象""@文明郑州""@微看郑州"。这次可以理解为局部区域舆情预热。

"@河南头条新闻"发文《女子扮孟婆当街熬制孟婆汤，市民排队争相品尝》。6月5日郑州一女子扮成孟婆现场熬制"孟婆汤"，几名男子将熬制好的孟婆汤分发给前来围观的市民。据现场维持秩序的男子介绍，最近地摊经济火了，他们想给大家找点快乐。"孟婆汤"其实是苦丁茶，是免费送给大家喝的。

这里有两个关键点，首先是免费送，其次是地摊经济火，给大家找点乐。通过关键信息描述打消用户对广告的戒心，同时利用"孟婆"这一神话人物为导火索，点燃大众对生存、对情感的感悟，引起年轻人的共鸣和参与。

6月5日预热后，就紧跟着添油战术。

6月8日"@新浪河南""@河南日报""@河南交通广播""@西安晚报""@郑在发生""@河南全搜索"等渠道，在不同时间段接力发布关于郑州"孟婆"现场熬制"孟婆汤"，免费送给大家喝的相关信息，网友的好奇心被勾起，其中讨论最多的是孟婆汤的味道是什么样的？舆情热度进一步攀升。

6月9日"@潇湘晨报"发文《走红的郑州孟婆汤啥味道？市民：涩、苦、辣都有，像人的经历一样》。孟婆汤也在网上走红。视频中一口热气滚滚的汤锅前，站着一位化妆成"孟婆"的摊主，"孟婆"免费给前来的路人挨个盛汤。至于汤的味道，路人郭先生表示，有的人说是比较苦的，还有人说是辣的……

这篇软文对于情感描述和代入感更进一步，以目标受众自己的语言方式做拟人化描述，勾起大众对自己现状的思考，进而引起大众内心的共鸣。

各媒体开始接力传播。以接力添油的方式，让话题持续保持热度。

这里不是所有渠道一拥而上，那样虽然能短时间拉高关注，但是持续性很差。

6月10日@头条新闻 发文对孟婆汤的用料制作和现场情况做了进一步报道，《郑州街头孟婆送汤#走红网络 市民排队围观：喝了这碗汤 忘记那个人》：近日河南郑州二七区金街的孟婆汤在网上走红。视频中一口云雾缭绕的汤锅前，站着一位化妆成"孟婆"的摊主，"孟婆"免费给前来的路人挨个盛汤。据了解，孟婆汤共有酸甜苦辣四种味道，是由苦丁茶加中药熬制而成。现场市民表示"我忘不了那个人，所以要喝这碗汤"。

这篇软文提要，再次出现关键词"免费"，同时再次以目标用户自己的语言讲一段极具代入感的描述，引起更多用户的共鸣。

孟婆汤在网络上走红以后现场拍照、直播、录视频的人将"孟婆"团团围住。要想喝上一碗孟婆汤，得排半个小时的队。舆情热度到达巅峰，网友关于孟婆汤的讨论主要集中在社会思考、网红效应、地摊经济、策划创意等方面。

6月11日@中华网河南 发文称《孟婆熬汤走红每天数千人围观走后遍地狼藉 环卫工吐槽"都是神经病"》。6月9日河南郑州一名男子扮演孟婆熬汤走红，每天几千人从各地前来围观，晚上8点到10点街道被围堵得水泄不通。而10点散场后街道周围遍地垃圾，多名环卫工分班打扫，夜班要扫到夜里1点半。一名夜班女环卫吐槽，都是神经病，看到排队就往里挤啥也不顾了……

此时人们对于孟婆汤的好奇心开始下降，舆情热度也随之下降。

热闹后的冷静告诉我们，营销推广对于创业初期的企业有极其重要的作用。**但是好的推广必须有高质量的产品才能黏住用户，同时还要善于利用互联网平台做用户沉淀和社群建设。**优秀产品（基本功）+精准营销（渠道引流）+转化逻辑精准便捷的流程（转化方法）+完整的"用户池"沉淀，四者合力组成企业经营生态闭环，做到可持续发展。

孟婆汤为何会如此火爆，让众人纷纷前往打卡，原因无非三点。

一是利用神话的玄幻加现实情绪。以中国人最传统的民俗故事为药引子，以现代人生活现状，如离婚率走高、第三者插足等社会上已经积蓄在人们心中的焦虑情绪做文章，点燃情绪，引起大众共鸣。通过娱乐化形式释放现实生活中的各种压力和负面情绪。

二是关键渠道带路，以点带面推送扩散。以掌握有大量粉丝的关键渠道做推送，力争在短时间内在社会上形成事件效应，打造网红地点。

三是大众网民加入，社群推动形成全面扩散。近些年大众已经养成朋友圈、抖音、快手等新形式的社交行为。因此追逐那些网红地、网红事件，然后在自己社交账号传播以获得亲朋好友的点赞，进而获得某种成就感，是互联网"95后""00后"，甚至更年轻的用户群体的重要行为特征。

因此在官媒、自媒体、营销大号等核心渠道将这件事情炒热后，就引爆大众开始跟进打卡，最终形成社会广泛关注的传播效应。

13.6 利用心理学创作电商直播话术

电商主播每一次做直播，其销售效果好坏是由直播话术的创作质量决定的。本节从用户消费行为心理学角度给读者解构如何创作电商直播话术，以及在创作文案过程中要注意的关键节点有哪些。

一套完整的直播话术，它的结构分为以下四个部分。

1. 商品介绍话术。

2. 引导观众点击购物车话术。

3. 引导成交话术。

4. 催促付款话术。

下面逐一讲解。

13.6.1 商品介绍话术

直播本身就是一个快节奏的销售方式。在快节奏的交流互动中，让消费者完成一次购买决策行为，从而实现带货的企业运营目标。要实现快节奏卖货的目的，主播要在第一步商品介绍的话术当中不仅仅是介绍商品的基础信息，而要在介绍商品的同时，快速拉近与消费者距离，快速建立信任。

因此第一部分商品介绍类话术，它就有快速建立信任和卖货两个目标。

先看话术第一个目标，快速建立信任。你要谨记好感和信任是销售一切的基础。

那么基于心理学，好感产生的心理原理包含相似性原理、从众心理、错误归因、关联原理、故意示错等。在主播介绍商品这里，主要运用到从众心理和故意示错。

因为直播卖货是一种快节奏的方式，又因为人有快思维和慢思维两种思考和行为决策模式。

看直播购物的行为，利用的就是快思维模式。在快思维模式下，人为了避免自己买到不合适的商品，判定适不适合自己的唯一标准就是，有多少人购买、多少好评，这些是能刺激用户从众心理的元素。

因此从众心理因素包括销量、顾客好评、回购率、退单率等。

在实战中，要想提高成交率，这些能快速刺激用户从众心理的元素都要第一时间放在商品介绍话术中。这些点决定了消费者在关注产品之后，推动他最终付款的一个重要因素。

话术可以这样设计："宝宝们，你要关注了，这款商品截至今天已经销售多少多少万件，高达90%以上好评。如果你也遭遇某某问题，这款商品一定是最佳选择。这里大家特别注意下，我们的复购率超过70%。老客户反馈这款产品是同类产品性价比最高的一款。所以不要犹豫，看看我们的销售量和好评，你就明白，你和他们一样，也需要这样一款商品。"

当然作为主播，也不能只说好话。继续看暴露缺点的话术。

"这款商品确实有退货，但是退货率不到1%，很低，大家看一下，退货的理由没有因为商品质量的，更多是买错了或者不喜欢。那这里我们说实话，个人喜好是一个很主观的感觉。任何一个商家都做不到适应100%的客户。所以我们也不避讳这一点，可能我们的设计还有不尽如人意的地方。而另一个退货原因是买错了。所以大家一定要清楚，我们这款商品的特点是什么，精准解决什么需求痛点。一定要看清楚再下单购买。"

这段话术运用了抛出一个小错，塑造主播真实、值得信赖的形象。

在心理学上，当你刻意地说一些违背自己利益的话，会让人产生你是公平、值得信赖的感觉。那么利用试错的技巧，要注意，暴露的弱点一定要是不影响商品本身好坏的小错。例如，颈椎按摩仪，那设计的弱点就是无关紧要的缺点，对商品本身没有影响。

因此直播卖货这种快节奏的销售形式，对消费者从众心理的刺激是非常重要的。在快节奏的销售场景中，消费者没有时间仔细阅读、学习、了解，搞清楚商品的好坏。他判定商品好坏的唯一标准就是销量、好评、复购这些能刺激从众心理的因素。

在客户评价中，最好还要强调一下"发货速度"。因为当下客户消费行为普遍焦躁，恨不得今天下单明天商品就拿到手里，所以强调快速的物流也是刺激用户下单的一个因素。

综上所述，在整体设计话术的时候，就需要把这些关键的节点夹杂在对商品介绍的话术当中，使其更加丰富、更加完善。

商品介绍的第二个目标是，快速让消费者理解你的产品是解决他需求痛点的最佳方案。

这里创作的重点是避免陷入以自我为中心。笔者在很多内训课堂强调，客户根本不关心商品是什么，他们只关心商品怎么精准解决问题。所以在介绍商品的时候要避免自说自话、避免陷入以自我为中心。一定要把商品最核心的特点和它能解决客户最精准的需求痛点找出来，对应在一起设计话术。要做到在最短的时间内让消费者明白，这款产品是精准解决需求痛点的最佳方案。

小结一下商品介绍部分，要达到两个目标。

第一目标是快速建立好感和信任，这里运用到了心理学的"从众心理"和"故意示错"。第二目标是快速让消费者理解，直播的商品是解决他需求痛点的最佳方案。

13.6.2 引导观众点击购物车话术

购物车是电商直播最重要的功能。无论卖任何商品都要快速地通过话术刺激观众点击购物车的潜意识。实践中很多主播由于临场发挥经验不足，包括话术的问题，最多只是引起了观众对商品的兴趣，让观众觉得这个产品还不错。但也仅仅是觉得不错而已，根本没有点击购物车的意识。

你必须明白，只有观众点击购物车的行为，才正式跨入了消费购买的门槛。

那如何让观众有点击购物车这样一个行为的潜意识？这里利用的心理原

理就是"叠加强化暗示",也称为"戈培尔效应"。它是指以语言或非语言的方式,向他人重复地发出同样的信息,受众无意识地接受了这些信息,从而做出特定的心理或行为反应。

大家想象一下,无论是以前电视购物的主持人,还是现在的自媒体带货主播,他们直播场景中,经常会反反复复诱导观众"买买买"。

同时销售的前奏引导点击购物车部分呢?最常用的话术是"宝宝们点击购物车,本场直播所有的商品大家都能看到,不要错过你心仪的宝贝呦。进入直播间的宝宝们,点击关注,加到购物车里看一看,会有惊喜啊……"这些同样的信息在不断地重复。

心理学家研究得出的结论:第一,人们往往更愿意相信自己熟悉的人和事,而相同信息的反复重复会带来熟悉度与安全感,增加信任度。第二,人一般只会记得自己听过某件事情,却不太容易记得是从哪里听来的。因此当一个信息被不断重复,人们会产生"信息源记忆错误",误以为此次信息是从多方面获得,这就引发了从众心理,从而导致观众会更深地认为这些信息是可信的。

因此当你不断地重复"点击购物车"这个信息,那么效果叠加在一起,就会引起观众的无意识应激反应的点击行为。

这里对戈培尔效应的描述有一句很著名的话"重复是一种力量,能让听众相信并为之行动"。

因此主播销售的前奏引导技巧就是不断地重复同一个信息"点击购物车"。这个动作可能在还没有开始介绍爆款商品前,主播就已经开始不断地加强,告诉他购物车、购物车、购物车,你要看到,你要去点击。同时这个强化如果附带利益的刺激,引导用户的行为将会更有效。

例如,"宝宝们现在几号链接,本场的福利折扣是多少多少。那我们倒计时开始5、4、3、2、1,开始了,大家赶快点击购物车,先把你喜欢的宝贝下单。"

这个"5、4、3、2、1"语言的技巧要有力、有节奏,由慢到快地说出来,制造一种紧张的氛围。这些技巧都是在引导观众点击购物车,包括引导完还可以跟这样一句话术"抢到优惠券的宝宝们,马上去点击某一款链接,现在就可以购买了"。

所有的这些动作都是在介绍产品的同时,把引导点击购物车这个行为加到话术里,快速刺激观众点击购物车的潜意识行为。

13.6.3 引导成交话术

用户对购买商品可能遭受的风险担忧是阻止他们下单的一个重要因素。

因此主播在引导观众购买的时候,话术中要有能打消客户顾虑的元素。例如,所有的商品都是七天无理由退换货,大家不要担心,去打消用户对购买的疑虑。七天无理由这样的点,大众心里已经有这个潜意识也都相信,所以最容易快速打消疑虑,能够让用户不会去担忧买错商品所遭受的风险。除了强调七天无理由退货,售后服务可以很好地帮你规避可能遭受的风险。

另一个技巧就是转移观众的注意力。例如,话术这样说:"你现在要做的是赶紧抢下它,这个折扣只派发多少多少份。不要犹豫,反正七天无理由退货,就算买错还可以退货,但是宝宝们,你今天错过了,就没有后悔药了。"

这些话术都是在塑造一种紧张的气氛去刺激观众,实现快速点击购买的行为。当现场的情绪被带动起来就可以进行下一步的促单话术了。

话术一定是连贯的,能引导用户一连串的行为,而不是只停留在某一个环节,如加入购物车。到了进行拍单类的话术,关键点就是调动用户抢这样的一个状态。一定要让他觉得这个商品确实是有价值的,值得购买。在这么短的时间内,如何让观众觉得有价值,就要利用心理学中的"稀缺原理"和"竞争原理"。

人对稀缺的东西,不仅觉得它价值更大,还会有天生的追逐欲望。同时如果这种稀缺感是在众多人追逐争抢的场景中,那么这种稀缺感和价值感更大。

因此基于心理学原理,直播话术一定要有这些元素,去制造稀缺感,去带动观众互动起来,去营造竞争的场景。同时直播间最好还有倒计时表去制造紧迫感。

话术可以这样讲:"今天只有多少份,卖光就没有了哦,宝宝们先别干别的,加油快速去抢。我们今天是限时限量的产品,只卖10分钟,只卖10分钟,大家看我的倒计时表,已经过了1分钟了,这个福利产品,倒计时已经开始了,剩下9分钟了,宝宝们不要犹豫,先抢到你的手里,拿到手里才是你的。错过了今天就没有了。"

这些话术都是调动客户去抢的这样一个动作。通过稀缺感原理的话术，以及倒计时制造的紧张气氛，就会刺激现场的用户心态发生变化，让他们不再关注这个产品是不是真的需要，而是关注这个产品能不能抢到、会不会手慢而错过。

13.6.4 催促付款话术

观众无论是拍下单，还是点击了购物车，都不是主播的目标，只有付款才达到最终目的。

在整个直播的过程中，会经常遇到拍单不付款的观众。他会直接影响本场直播的付款率、成交转化率。另外，既然已经拍单了，就代表他比其他刚进来的观众更有购买需求，这一点必须肯定。只是话术还没有打消他某些犹豫的点。例如，观众会因为能否精准解决需求纠结、会害怕买贵了纠结、害怕买多余了纠结、害怕质量原因纠结等。因此观众纠结的点，可以归纳为三类。

1. 价格。
2. 质量。
3. 是否真需要。

话术当然要基于这些点，做一次深入推动，打消疑虑。

在场景氛围塑造上，要制造现场紧张的气氛，不让他有多余的时间思考杂七杂八的事情。例如，话术"拍下这个产品要马上付款啊，宝宝们机会难得，稍纵即逝啊。如果你手慢，马上就会有新人去抢这个名额了，所以今天最后就是这几款，拼团的宝宝别错过，现在马上赶快去付款"。这个话术就是刺激紧张情绪，抓紧去付款，如果不付款，就可能错失机会。

还有"已经买到的宝宝，尽快在公屏上回复，已经付款，请快递小哥赶紧发货。我们物流小哥哥，将马上为你安排发货"。这个话术利用了客户焦虑、想要快点拿到货的心态。物流虽然是统一发货，但是只要你这样说，作为消费者在想要快点拿到货这样一种焦虑心态的作用下，他会选择相信并和你互动起来。只要互动多了，就让已经购买的人形成带动作用。有这么多人都买了，你再不买，犹犹豫豫，就真的会失去购买的机会。

互动氛围还会刺激人的从众心理，引导没有付款的观众完成付款行为，从而提升整个付款环节的速度。

这里强调下，在直播间当中需要重视的就是时间。通过时间制造紧张氛围，提高用户从点击购物车到付款的转化效率，从而提升商品的销售转化率。

因此这个紧迫感，包含时间紧迫感和抢购紧迫感两个方面的塑造。你会发现这四小节的话术，其实都在围绕能够让消费者快速了解产品，并快速进入下单付款的环节。

同时在介绍产品的过程当中，款式的要求包括福利款和爆款。不同的款有不同的话术去跟进，但以上两款都是为了在现场让直播去提升互动、提升人气的这个点来去进行一些话术引导，最后也不排除针对一些爆款还要设计更加严谨的话术。

话术本身是需要提前设计好的，否则主播一定会乱讲，也就没有逻辑和关联性。结果观众听的时候，一会儿跳进一会儿跳出，完全不在状态。

所以要提前设计好一套有逻辑关联性的话术，它能带领观众自始至终在销售直播场景中互动起来不走神。

总结下营销话术创作的四点。

1. 让观众更快速地了解产品，是解决他需求痛点的最佳方案。

2. 刺激观众马上获得的需求欲望。要利用心理学技巧刺激用户的焦虑情绪，才能刺激观众获得商品的需求欲望。

3. 整个话术要有逻辑递进关系，让观众始终处在紧张氛围中，直至付款。

4. 营销话术避免以自我为中心。直播过程中，所有的话必须是让消费者能够听得懂的。如果直播中说的是一些自以为很高大上的话，不仅无法快速拉近与观众之间的距离，甚至因为听不懂你在说什么而跳出。

想要创作高质量的话术，必须学习用户消费行为和心理学，这样才能做到知己知彼，才能做到说最精准的话、讲最感动的故事，才能做到最高效的销售转化。

第14章
私域增长

14.1 利用社群打造用户归属感

读者先要明白社群与用户群体之间的区别。

用户群体是指具有相同需求痛点、行为心理、兴趣爱好、文化甚至观点的一群人，被企业投放在渠道矩阵的信息流所承载的内容吸引而沉淀入某个具体平台。而社群是企业用户群体的更高一级状态，可以理解为具有社会性质的群体组织，因此社会性特点也表明社群必须包含三个要素，即阶级、利益、文化。

1. "阶级"的现实表现，对应到"用户成长体系"。
2. "利益"的现实表现，对应到"积分优惠体系"。
3. "文化"的现实表现，对应到"交流交互文化"。

这三个要素还需要"内容运营""游戏化营销"等方式去促进群体内交流并逐渐形成圈层内特有的文化，这种文化会随着圈层交流的加深进一步演化出圈层内特有的价值观点，最终依靠圈层内的价值观，企业才能打造用户的归属感。

当今企业都在讲要打造归属，那归属感从哪里来？从群体所持有的具有相同的价值观来。换句话说基于兴趣爱好吸引来的用户群体，如果不能进一步形成相同的价值观，这个群体的黏性和时间都不会很好。

因此明白了社群的特点，那社群建设就是指"通过将细分用户群体沉淀到自己的私域流量池中，并通过各种运营手段刺激用户群体升级为社群"。用户刚沉淀进来的时候仅是企业的潜在客户。企业要做的就是引导客户群体之间的交流，以及企业与客户群体之间的交流，在交流中形成圈层内独有的文化和价值观；有了文化价值观的基础，进而才能形成圈层内更高级的社会形态，有了社会形态才会进一步在群体内产生归属感。

这就是社群与用户群体的区别，也是企业做社群建设的目的——打造归属感。

催生社群建设和运营这一方法的背景是互联网 2.0 后时代分众化和社群聚

集形态下，推动用户全新的消费理念和行为。

1. 选择商品时，更多考虑其附加的社群属性标签。

2. 社群意见场，对个体下单的关键影响力。

3. 社群对商品规划设计的巨大影响力。

4. 社群对商品价值的巨大影响力。

5. 社群对用户的吸引力和归属感。

以上五点足以说明企业必须通过社群建设打造用户群体与众不同的品牌认知和归属感。

对于"社群黏性和归属感"的理解，可以从身边找案例。

我们经常会听到周围朋友感慨，终于加入组织了。深入一问原来是加入了某个兴趣爱好社团，如越野圈子、飞盘圈子等。社群的黏性在于价值观塑造，价值观最直观的体现就是用户能否脱口而出企业文化或"口号"。如果能，说明企业的社群建设是成功的。

企业主一定要明白"打造归属感"不是空洞的理念，它是真实存在，也是可衡量的，甚至可以将归属感和价值观画上等号，即价值观＝归属感。企业沉淀的用户群体，通过构建关系、刺激交流、产生企业圈层文化，最终形成具有共性的圈层价值观，这个价值观越明显、越垂直，黏性就越大。

这里用图14-1去解释在互联网2.0后时代，企业为什么必须做社群建设才能保持持续增长。

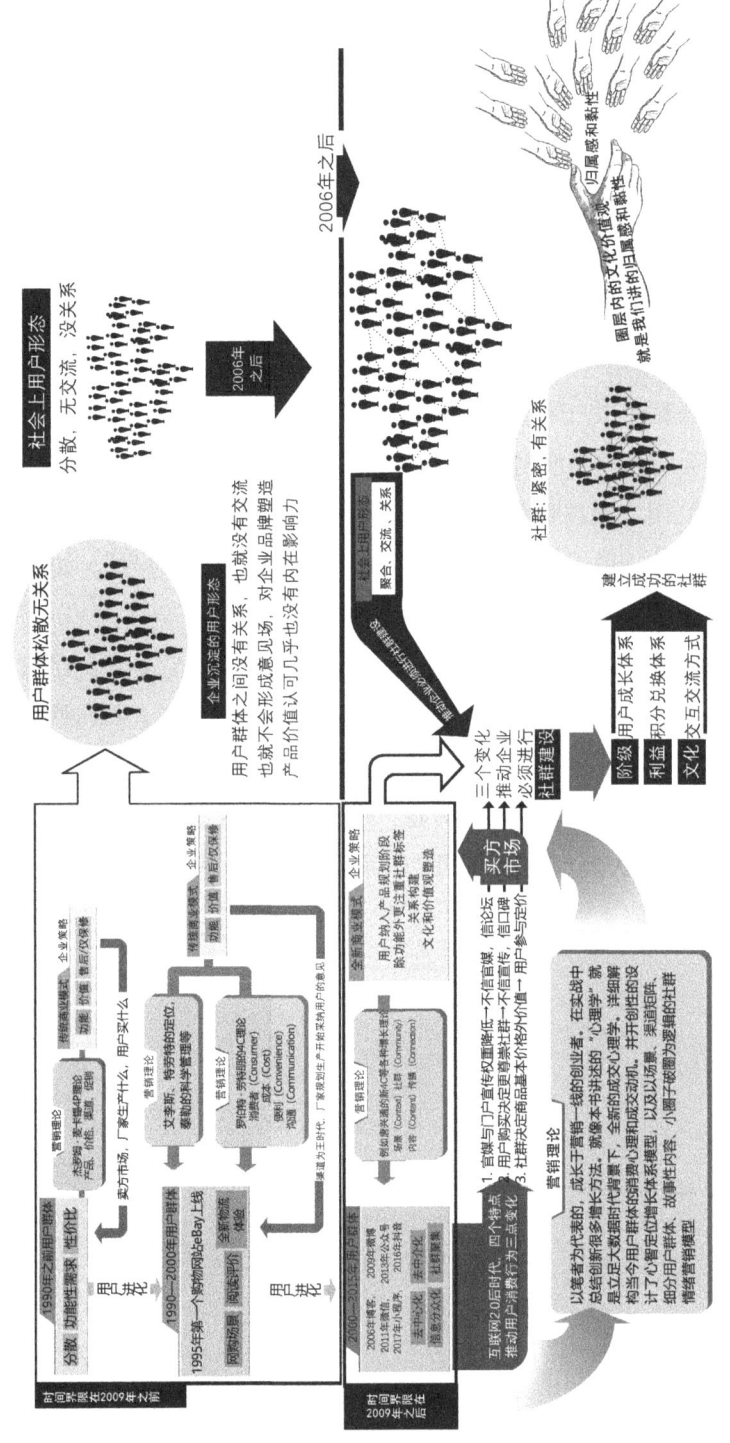

图 14-1 用户由松散无关联演变为有关联社群

社群建设的目标是打造归属感。

社群构建过程中，企业提供沉淀用户的平台要保证用户间顺畅交流，包括图、文、音、视频各类信息流的流畅交互。企业在用户交流场景中必须引导交流是有利于企业文化价值观塑造的方向。只有做到文化形成和圈层认同，才有利于后续形成专属于一个社群圈层的标签，也才能将这个标签附加在产品中。

产品有了社群属性标签，其价值就脱离了劳动力＝价值的传统范畴，拥有更多升值的空间，这就是社群认可给企业带来最直接的好处之一。

同时有了社群属性标签作为承载归属感的载体，这个载体也便于社群圈层由内向外破圈传播。社群意见场越强大，黏性附着力就越强大，对圈外潜在用户群体的吸引力就越大。企业一旦建成高归属感的社群圈层文化，就会大大减少投入渠道做宣传拉新的成本。

14.2 社群活动策划

对于经营者来说，通过用户建模分析预测用户社交行为越精准，利润转化就越高效。

2017年诞生于中国杭州的某彩妆品牌是用户社群共创的典型代表，如图14-2所示。

图14-2 某彩妆品牌截图

用一种与用户紧密关联的方式去开发产品，构建品牌认知。

购买过该品牌彩妆产品的用户都会收到一封邀请参与彩妆体验的信。在每一款产品的开发阶段，该品牌会先做到60%左右的程度，然后通过小程序"体验官"从种子用户群体中筛选招募多位体验官，免费寄送样品让他们使用和体验，然后跟进用户的使用反馈，并根据反馈进行后续产品开发。

小程序界面还会展示已经被采纳的用户意见，这种信息展示会让用户有很深的参与感，增加他们的积极性。这种以用户为中心的优化产品方式，不但能做到投入进市场的产品更贴合用户群体需求，并且用户深度参与创造过程中，由单纯产品使用者变成了共同创造者。用户身份的改变使他们由局外人变成了局内人。这种把用户变成主角的方式，真正做到了价值共创。用户不但能获得极致体验，也更容易打造爆款，并且更容易将更多以群体的文化价值认同为属性标签附加到产品上。

社群类型还可以根据企业特点定位出媒体型、销售等不同类型。但是无论哪种定位，一定要记住社群用户在某些层面具有高度的一致性，这也是为什么企业需要做细分用户建模的主要原因。

社群建设中对用户的把握核心有三点。

第一，通过建模数据清楚定位用户群体的需求痛点、行为心理、社交货币等维度信息。

第二，依据用户这些具有相同维度属性的数据去设计相应活动策略，刺激用户间的交流。

第三，用户运营的核心是刺激群体交流，利用交流促进文化价值观的动态重塑，利用文化价值观认同打造群体的社会性进而产生归属感，利用社群归属打造企业品牌价值和超强的用户黏性。

14.3 用心理学构建高价值社群

运营一个高价值的社群，必须懂得用户消费行为心理学。

不要为了数据好看完成工作任务，什么人都往群里添加。随着杂七杂八的人进来，要么不说话，要么说着乱七八糟社群成员不关心甚至讨厌的话，结果慢慢那些说话的人也因为群里过于混乱而流失掉。

所以用户群体人数并非越多越好，用户获取必须以建模中的目标、行为、兴趣爱好、社交货币、价值观点等维度数据为基准进群标准。

高质量的社群建设需要掌握四个关键点。

第一，要具有相同的需求痛点和目标，大家在讨论时才能做到话题集中度高、吸引力强，即能吸引更多人参与进来一起讨论。话题多为使用感受、售后问题及市面上其他竞品，这些话题又能更进一步促使用户深度了解企业产品，并且在讨论过程中企业也可以跟踪收集意见，为企业服务体系建设和产品迭代做准备。

具有相同目标的人群在交流时，即便瞎聊天也不太会跳出界线，这样就做到了社群活跃度和效果有机关联。所以社群并非人越多越好，也并非活跃度越高转化率就越高。你可以亲身参与一些同城交友的社群，会发现大家聚在一起胡聊海侃，但是并没有多大转化。因为这里面有男的、女的、年轻的、年老的，各自的需求和目标都不一样。可能聚在同城交友群里，仅仅因为打发时间解决孤独感而已。因此他们之间胡聊海侃虽然有了高活跃度，但是肯定没有高转化率。

高转化率来源有四个指标。

1. 社群必须是细分用户建模界定的群体。

2. 有针对性地围绕着某个精准目标展开的使用、售后、竞品等一系列有广度又相对集中的讨论。因此在QQ或者微信群里，必须有管理员和马甲队员做气氛活跃和话题的引导。

3. 成员之间要有活动去加强彼此之间的熟悉程度，从而产生信任。就如前面改装车的案例，笔者提议他们每个月至少办一场线下的越野体验聚会活动。

4. 一个社群内要有话题、有引导，需要有管理员和穿马甲的工作人员。要举办活动，要有活动策划人员。要增加一定量的信息流投放，就要有内容创作人员。因此社群建设绝非一人所能完成。社群建设要纳入企业整个运营体系中去运转，要与企业阶段增长目标做关联。

第二，社群成员具有相同的行为属性，企业以此为据设计引导用户交互交流分享逻辑。企业在社群建设中会有转化变现、品牌宣传、传递产品价值、增长裂变等不同的目标规划。要完成这些目标，就要做到知己知彼。知己，要对产品功能、价值特点及优势有全面的了解；知彼，要通过定性调研分析，精准掌握用户交流兴趣点和分享行为习惯，并以此为设计刺激用户交流分享的基础。

第三，对用户群体相同兴趣爱好的掌握，便于企业创作内容的精准性，以提高对外拉新、对内刺激活跃度的效果。当一次活动被从各个渠道扩散出去时，就会吸引那些具有相同兴趣爱好的圈外新用户加入进来。因此兴趣是用户拉新的第一要素。

第四，相同价值观的塑造相对于兴趣爱好更高一个层级。同时它是社群黏性的一个重要指标。社群黏性指标既要有参与说话的人数、交流时长这些看得见的指标，还要有价值观塑造这种看不见的指标。

将种子用户群体纳入产品规划和开发中，除了需求可以保证更加精准，更重要的是将更多社群属性标签赋予产品以提高其价值认可。商品除了基本功能外，也成为自我表达的一种方式。就像用户坚持跑步并将结果天天打卡晒在社交圈塑造自己的健康生活形象，也是为了表达对生活的一种态度。

总之无论是消费任何属性的商品都需要企业去重视，在产品使用价值外去赋予更多标签属性，对应用户自我价值的展现，以彰显消费者的个性和所属的社群属性。

企业在社群建设中第一步，要将用户群体按照不同维度拆分成不同的类型，然后做精准运营和转化。例如，按照行为拆分，可以将用户群体划分为主动创作型、积极参与型、围观型、定向分享型、沉寂型、破坏者这六种类型。

主动创作型和积极参与型是社群活跃度的保证，也是用户中产生关于产品使用类有价值信息流的主要群体，同时也是企业社群破圈的中坚力量。企业在社群建设中要将这部分用户打上标签独立出来，做包括刺激创作引导参与各类活动的精准运营，以提高整个社群活动的质量。

围观型用户群体，行为上表现更多是阅读社群中投放的信息流，去丰富自己的知识。他们有时候还会将自己的目标定位于产品使用行家。例如，曾经运营的汽车改装社群，就有一类用户通过查看学习各种用户发布的改装贴子达到专家级的水平。他们对于避震改装类产品从品牌到功能如数家珍，但是在交流行为上仅限于自娱自乐或线下小圈子的交流。

定向分享型用户群体在行为上表现出，在企业投放于社群的信息流中挑选出对自己有用的部分并分享出去。这两类用户贡献的是阅读点击量，也会贡献一定量的分享传播，并且这两类用户在线下也是口碑传播的基础。因为他们可能懒于在线上码字，但是当被有针对性地咨询时，这类用户群体也会积极传播自己的使用体验和感受。

沉寂型用户群体的表现是几乎不登录，处于僵尸状态，他们是流失的主要群体。这类用户的流失有很多种原因。如果是因为年龄等硬件条件超出边界，如打游戏的用户群体会随着年龄慢慢增加就出圈了，这种情况企业不必在意。如果沉寂型用户是大面积行为，企业就要从自身找原因，他们为什么不说话也不参与互动，甚至连阅读的兴趣都没有了。

破坏者这类用户行为是吐槽一切他能吐槽的东西，这类人会对社群内其他用户的积极性造成致命伤害，一旦发现恶意诽谤中伤必须马上清除掉。但实际操作中要分清是带着情绪的真提意见者，还是恶意中伤者，不要误伤了有价值的客户，因为对意见的倾听和采纳是将用户转化为种子客户的有效手段。

14.4 打造社群信任关系

社群建设中要不断提供有价值的内容建立信任，逐渐做到成为用户解决某一类问题的首选，在解决问题的过程中，传播企业产品价值，达成销售营利的目的才是正确方法。

例如，某厨房品牌成立了线下营销团队，计划打造用户群销售模式，将营销场景做线上、线下全渠道覆盖，成为新增长点。

第一步，细分用户群体的界定。这里线下营销团队借助总部做的细分用户模型，将用户锁定在购买房子还没有装修的用户群身上。

第二步，企业营销团队进行渠道梳理，做渠道矩阵规划。团队要借助总公司做细分用户建模时梳理出来的渠道数据做矩阵规划。

第三步，各地方营销团队依据当地客户特点做渠道定性洞察分析，规划适合当地用户的渠道。

第四步，各地方销售团队要定期在全市筛选分析即将开盘的楼盘。以自家产品功能和价值为基准点,也就是你们家装修建材商品锁定在哪个档位,是高档、大众或其他?分析这些即将开盘楼盘的购房用户群体,哪些是精准用户。

第五步,地方销售不但要自己组建装修群将用户纳入进来,还要深入当地其他用户 QQ 群中,以积极回应和解决群友聊天中涉及装修的问题,逐步获得大家的信任。与群主及群内意见领袖保持良好的合作关系,同时与群中活跃分子保持良好互动。笔者曾给某地方装修建材公司针对 QQ 建设做了针对性策划,包括装修专题知识文案创作、活动策划、平时沟通话术、成交沟通话术等。该公司仅通过组织群友团购,一个季度的销售额就可以做到百万元以上。

14.4.1 社群建设中的话题规划

社群建设归根到底是一种内容交流和关系构建。但很多企业由于各种原因并没有达到效果,他们常常抱怨,我们很重视社群建设也投入很多钱,为什么用户群体还是死气沉沉呢?遇到这样的问题,企业先要搞清楚社群中的用户群体当下的阅读行为习惯有哪些、兴趣点在哪里、能引起沟通的社交话题有哪些。另外,要明白社群运营绝不是简单做产品宣传,如有些企业将用户聚集起来,每天在群里狂轰滥炸企业产品广告,用户怎么可能有活力。

在做社群工作前,大家先设身处地想想自己的生活场景,如你在生活中遇到有心事烦恼的时候,为什么更愿意找朋友喝酒聊天。那是因为朋友熟悉你的语言、了解你的情绪,能快速从交谈信息中捕获要点并给予精准的回应和安慰。

因此企业社群建设的首要目的就是在群体中塑造企业一个知心和有专长的朋友角色,让用户群体有交流意愿和问题的时候主动去找你。要明白社群建设是一种关系的构建,促使用户在遇到特定问题更愿意在群体内与其他用户或者企业沟通。其次是刺激用户将圈层形成的内容分享出去。最后,沟通的结果一定是解决了用户某些方面的疑虑。

选题策划跟内容创作要能结合社会大环境,能预判用户群体焦虑情绪的范围和节点,在进行内容创作时要埋下引信能点燃这种情绪。这是保证投放在群体中的信息流能引起最大范围的传播。群体内投放的话题除了要能引起兴趣,还要能与产品属性、细分用户群体属性做衔接。

14.4.2 社群建设13条规则

1.加入社群的门槛设计,既保证进入群内用户的精准性,避免过多无效人员进入,导致用户群体目标性减弱,同时一定的门槛也能提高群的价值感。首先,以用户建模中的目标为标准筛选用户,不在范围内的坚决禁止加入。其次,进群要有付出,如贡献了产品使用上的内容分享给大家或者付费会员制度。总之要设置一些门槛刺激用户对于群的价值感和认可度,那些随便进随便出的社群,用户价值感几乎没有。门槛的设计要根据企业和产品的形式去设计,如贡献内容、花钱买会员,或已经购买产品的客户才有资格进群。同时门槛的设计不宜过高,要能屏蔽非目标用户,将精准用户吸引进来。

2.无规矩不成方圆,合适的社群规则是社群正向发展成长的保证。没有规则的群会因为杂七杂八的人发着杂七杂八的东西,这样没运营多长时间就死掉。要明白用户参与企业的群内互动交流,一定是带着某种具体的诉求。所以进群后这种诉求被回应得越多,社群对用户的价值感越大。群规设计要把握几个要点:营利类的广告禁止发、违法类的禁止发、求助的欢迎发、晒使用体验的欢迎发、促进交流的欢迎发、暗中拉人的马上踢、污言秽语骂人的马上踢、违法言论马上踢。以上是群规设置的几个基本点,其他规则企业可根据自身特点酌情设计。

3.以用户为中心,规划选题和内容形式。企业沉淀的用户群体,要么是潜在用户,要么是已经购买的用户,他们都有某种精准的诉求。潜在用户可能正在对产品进行深入了解,已经购买的用户可能想要对如何获得更多售后服务感兴趣。所以在与用户群体交流中,对诉求回应得越及时和精准,用户的价值感就会越大。

同时在社群运营工作中,要有选题评审制度,要有负责内容采编创作的人员,要有固定时间段在社群内做分享。总而言之除了用户自发的讨论外,还要有马甲引导用户谈论,还要有固定的精准内容投放策略。

要通过细分用户建模将用户群体的需求和关注话题及交互行为(阅读时间、分享方式)给定位出来,为下一步选题评审、信息流创作和话题引导做数据基础。并定期进行话题采集或问卷投票调查,及时校准内容的精准性。

4.配备马甲人员,既引导用户讨论又管理社群秩序。"托"这个职业从古就有,因为人们的从众心理行为,在相对封闭的环境,人们大多时候处在观望他人的状态,并以其他人的行为决定自己的行为。

这个心理原理也能对应到相对封闭的社群中,这就决定企业要有穿马甲的工作人员去引导大家互动。在后期还可以将积极主动型用户纳入到管理体系中去引导大家交流。同时这些人员还是群内容的监管者,可以及时发现违规内容并进行举报或者直接管理。

因为人的社会性属性,会让个体在一个人口属性、职业属性、文化价值属性相对封闭环境的群体中,倾向于通过表达自己观点获得社群其他成员的认可,从而获得被尊重、被认可的愉悦和成就感。笔者大学期间上教育心理学课时,老师讲到在教学实践中要善于观察和引导那些在班级中不主动发言的学生。用一些很简单保证不会出错的问题点名式地让这些性格内向的学生发言,然后老师要引导其他同学给予积极的鼓励。如此反复刺激几次,这种成就感就可以成功改变沉默学生回答问题的积极性。

5.合理的用户成长体系,并考虑是否与公司体系做解耦。社会的特点是阶级和利益。前面笔者讲到,社群建设的目标是将用户群体升级成社群。因此就需要设计合理的成长体系为群体成员赋予阶级地位,还要有可以感受的利益刺激,让个体在群体内的交流过程中获得利益和积极感受回馈。还要有展示方式,引起圈层内个体对于阶级地位的直观感受。因此用户成长体系从这个角度看是企业社群运营至关重要的一个环节,在实际操作中企业要考虑是否与公司体系绑定或者解耦。

6.基于数据将用户分群做精准运营。写到这里用户分群的方法至少讲了三个,有基于用户行为的分群,有基于经验做定性的用户分群。下面讲基于用户转化的不同阶段进行分群。

我们已经清楚知道,用户基于核心目标转化有四个节点,分别是精准目标、分散任务节点、执行路径,最后是达成目标并沉淀。因此企业可以按照用户不同的转化阶段,拆分为种草群体、变现群体、种子用户群体,从三个阶段去对应设计社群的不同运营目标。

对应种草群体运营目标,将一般需求转化为刚需。

对应变现群体运营目标，引导刚需下单支付。

对应种子用户群体运营目标，将积极用户做一个相对独立的群体去运营，为服务体系建设和产品迭代规划去采集意见。同时种子用户群体的活跃度也是促进整个用户群体活跃度的关键。

在做用户分群精准运营中，业务人员一定要基于自己行业的特点去拆分用户，绝不能一概而论。书中仅提供一个思考方向和操作方法。

7. 不放过任何一个节假日活跃社群的机会，并定期开展线下活动打造用户黏性。

8. 引入小姐姐作为社群活跃因子。

9. 定期做调研，考核企业社群对用户的黏性。定期做定量数据分析，考核社群的拉新能力。

10. 建立合理的意见收集、跟踪和回馈机制。对社群内的建议特别是意见进行快速处理。

11. 基于社群交互行为和习惯去规划设计开发沉淀用户群体的平台，如第三方的公众号或自建平台。

12. 将社群中的种子用户群体前置于产品规划开发阶段，以保证投放到市场的产品拿捏需求的精准度更高，也保证产品赋予更多社群属性标签，提高商品价值的社群认可度。

13. 绝不要考核运营岗位社群建设 ROI。很多企业对公司内部的微信、微博运营岗位考核 ROI 是错误的，这是对社群建设最大的误区。社群建设的目标前面已经讲得很清楚，就是通过关系的构建打造用户对企业品牌、产品价值的社群认可及归属感。因此，目标考核应该从数据上梳理考核维度，如文章的点击阅读数据，分享、点赞等交互数据，用户拉新数据，打开频率，留存，日活和月活及社群内信息流的贡献量等作为运营人员的考核标准才更合理。

14.5 私域流量和用户池

私域流量这个词是这两年互联网比较火的一个词。私域流量是指个人或企业可以反复多次利用,可以随时触达的免费流量。

如图 14-3 所示,假设我们把企业的用户比作"鱼",而企业是做鱼饲料生意。那企业就要建立一条与河流连接的水道,将鱼引入企业的鱼池。这个水道引导进来的鱼就是企业的私域流量,是免费的渠道,从这里吸引进来的鱼越多,企业的鱼饲料生意就会越好。而那些卖鱼的大型批发市场,对企业来说则是公域收费渠道,每一条鱼都需要花钱去买,有相应的成本。

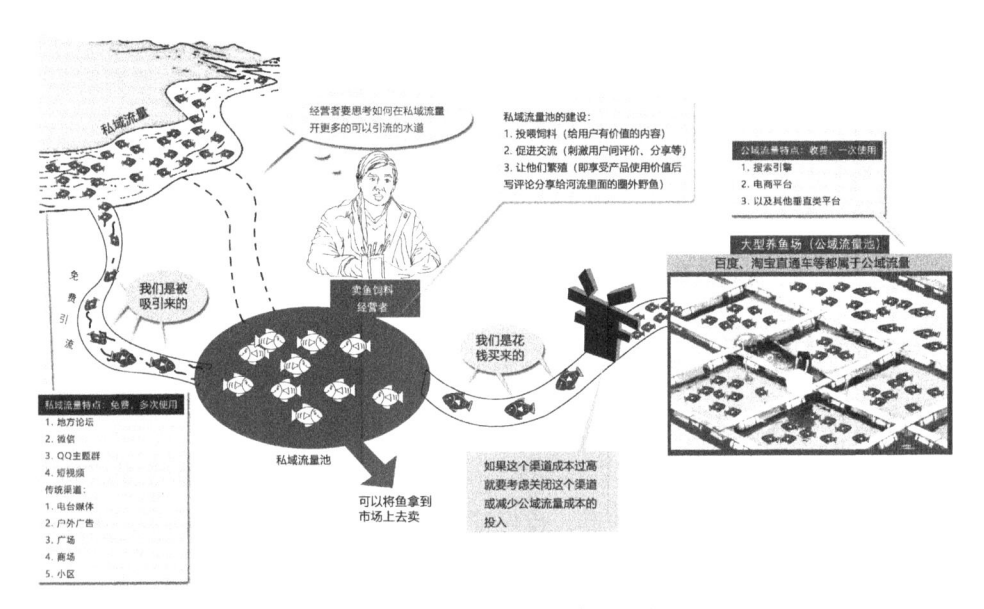

图 14-3 私域流量和用户池概念

现实中以微信朋友圈为例,将它与公域流量如搜索引擎进行比较。

假如企业做了一个网站,如果不告知用户域名,几乎永远不会有任何人知道。这个时候企业就要花钱在搜索引擎做关键词竞价排名,让潜在用户可以通过关键词搜索到你,这个排名曝光是花钱买的,用户点击一次企业就要被搜索引擎收一次钱。淘宝的直通车及京东这些都是公域收费电商流量。当然企业也可以做搜索引擎优化提高网站排名,它不需要花钱。因此公域流量又分为公域付费和公域免费两个概念。

而企业用微信或抖音短视频去传播,告诉用户自己做了一个网站,大家可以去浏览。那微信和抖音短视频获取来的用户,就是企业从自己的私域流量渠道获得的免费流量。这个渠道流量不需要花钱,还可以无限次随时触达客户。

当今网络用户增量乏力，各个行业陷入激烈的存量竞争。公域收费流量也水涨船高越来越贵。而私域流量价值高、成本低、反复使用的优势，吸引众多企业纷纷学习私域流量挖掘与运营方法，以达到企业降低获客成本、增长销量的目的。

14.5.1　私域流量挖掘的关键点在私域流量渠道定位

私域流量渠道更多表现出社交媒体平台的特点。因此在做渠道定位的时候，要研究细分用户建模的用户描述，将那些具有社交媒体特点的渠道给标注出来。例如，一家互联网职业培训机构的私域流量定位，通过建模中用户描述的梳理，可以定位出触达用户的私域渠道，包括知乎、知道、论坛、B站、线下活动。这些点就组成了私域流量的直接触达渠道。

直接触达渠道最显著的特点是，用户有问题后通过自己登录渠道平台，主动搜索获得相应的答案。基于这个特点企业在直接触达渠道工作的重点应该锁定精准信息流的投放。

现在用户除了工作外，生活中还有很大一部分时间是在豆瓣看影评、B站发弹幕、抖音刷视频。因此私域流量渠道矩阵还要包括间接触达渠道。

在社交化媒体蓬勃发展的今天，渠道呈现数量众多、形式多样的特点，就决定企业必须做定性调研，去搞清楚细分用户群体的兴趣爱好和沉淀的平台，通过问卷调查梳理出间接触达渠道。

通过四个维度设计调研问卷。

第一，能接触用户的渠道，问题设置如"空闲时间经常使用哪些社交娱乐平台"？

a. 抖音　b. B站　c. 豆瓣　d. 网易云音乐　e. 喜马拉雅

f. 其他（请客户填写）

"当你遇到压力的时候，马上会想到或者打开哪个平台？"

请客户填写_____

第二，调研用户使用的时间节点，问题设置如"每天大概使用时长"。

a. 一个小时内　b. 两个小时内　c. 三个小时内　d. 三个小时以上

"经常使用的时间段。"

请客户填写_____

第三，用户喜欢观看的内容和分享的内容类型，问题设置如"经常在看的内容"。

a. 娱乐　b. 搞笑　c. 生活小常识　d. 新闻　e. 其他（请客户填写）

"最常分享的内容。"

a. 娱乐　b. 搞笑　c. 生活小常识　d. 新闻　e. 其他（请客户填写）

第四，客户讨厌的内容类型。问题设置如"在社交媒体，哪种类型内容让你很讨厌"。

请客户填写_____

"如果在抖音平台刷到我们企业的内容，下面哪种情况会让你马上关闭。"

a. 一本正经宣传　b. 娱乐表演性质宣传

最后将梳理出来的渠道汇总，至此私域流量的渠道矩阵就规划好了（见表14-1）。

表 14-1　私域流量渠道矩阵规划

类型	渠道	渠道特点和工作重点
直接触达	知乎、知道、论坛、招聘网站、QQ群线下活动	渠道特点：用户产生问题后，为解决问题会主动打开的平台 工作重点：精准专业的信息流投放
间接触达	抖音、豆瓣、B站	渠道特点：用户休闲娱乐平台 工作重点：将产品信息包装进娱乐性内容内展现出来
其他	企业公众号、官网及企业员工自己的微信号	渠道特点：官媒特点 工作重点：正式的宣传内容

14.5.2　用户池建设

用户获取到后，还要有"池"的概念将用户沉淀下来并不断积蓄成群体心智势能，以保证在合适的节点能发挥出群体最大效能。

我们已经清楚社群运营主要集中在以优质内容投送去刺激用户间交流，

在交流中实现需求刺激和培养，并辅以各种活动提高黏性、频次和转化率。

因此这就决定选择沉淀用户的平台的时候，要有足够的宽容度，如对多媒体形式的支持。要有合理管理和运营功能，既能对群进行有效的管理，又能做分群和精准运营，还要有完整的社交架构，能做到社群内优质内容传得出去、新用户引得进来。

因此用户池是个广义概念，它不是单一QQ群或微信群就能承载的。

用户池需要一个矩阵对接不同场景。需要订阅号连接内容传播场景，需要服务号连接服务用户群体的场景，需要小程序满足商业变现的场景，需要微信群、QQ群做初级沉淀及种子用户沉淀交流的场景，还需要周边用户成长体系、售前售后服务体系去支撑整个社群建设的业务体系。用户池要满足用户群体能看、能咨询、能聊天社交、能买、能分享、能解决问题的不同需求。

14.6 国产美妆品牌，电商购物节打法分析

"某某日记"美妆品牌2019年11月在某传统电商平台商城唇釉单品销售370万件，不仅力压国货同行，甚至全面赶超百年国际大牌"某某雅"，后者在同期某传统电商平台商城销量仅有7.6万件。

该国产美妆品牌诞生于2017年8月，入驻电商开了旗舰店。

2018年在电商平台"双十一"首次参与该活动，第一天仅用90分钟销售额突破1亿元。

2019年1—4月，该国产品牌一直稳居电商美妆销量第一。

该国产品牌梦幻般的增长，基本策略是锁定主渠道小红书做信息流投放，并通过微信私域流量矩阵去构建用户关系做社群建设，利用技术将用户分群做精细化运营。具体打法逻辑如图14-4所示。

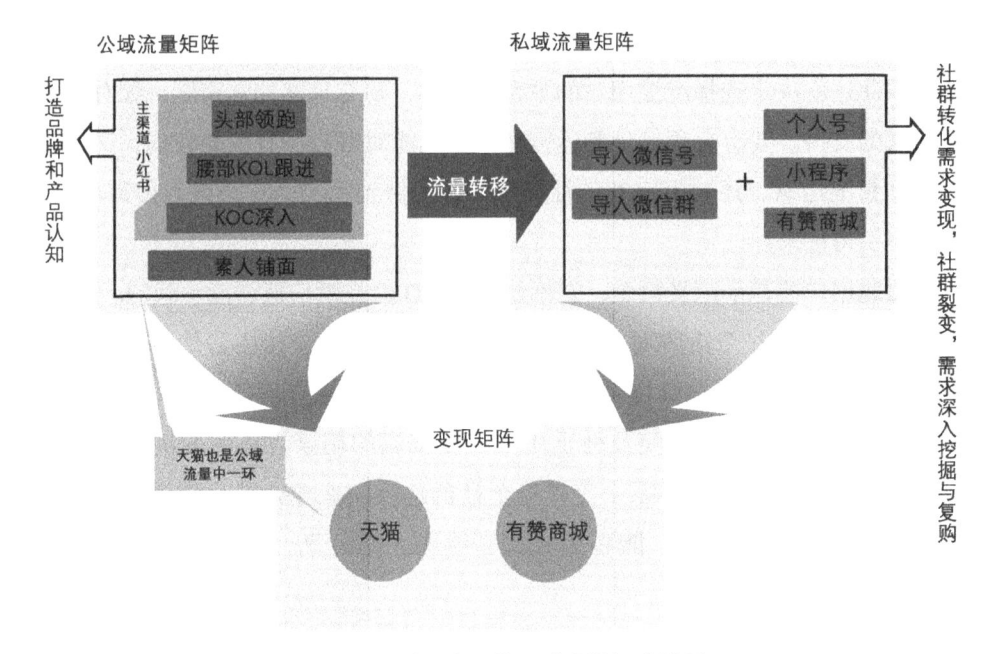

图14-4　某国产品牌私域流量打法模型

图 14-5 可以看到用户种草、沉淀和变现三层逻辑。

首先，在需求刺激层面，渠道锁定在小红书，以内容触达精准用户群体进行种草。其次，在用户沉淀层面，公域流量池以小红书、京东、天猫为主组成，私域流量池以微信小矩阵构建。最后，变现成交层面，众所周知的原因腾讯和阿里系之间交互是阻断的，因此它的成交矩阵由电商平台、有赞商城和小程序组成。

在以微信矩阵构建的私域流量池中推送的"购买链接"直接导入"该国产品牌旗舰店"，完成用户需求的商业变现。

该品牌对小红书渠道建设要求在于用户种草和需求刺激。

以明星或头部 KOL 塑造品牌调性和实力，以腰部 KOL 和 KOC 或初级达人创作能引起细分用户群体兴趣的内容不断种草，力争在短时间内打造出爆款产品。整个打法是典型的围点打援添油战术。这个战术常常会在"618"和"双十一"购物节前提前半个月开始。首先以明星或头部 KOL 炒作迅速热场，其次用腰部 KOL 和 KOC 或初级达人以添油战术持续保持产品热度，并以商品热度高位杀入购物节进行最后的收割。

在微信私域矩阵层面，聚焦于用户关系的构建，去提高用户留存、黏性、活跃度乃至复购率，同时在交流中形成圈层所特有的文化和认同打造归属感。该品牌线下有超过 100 个门店，每个进入实体店的消费者无论是否购物，都会被店员以送红包形式作为触发物，刺激引导客户进入微信。

客户在实体店购买完商品后，还通过商品中提供的卡片红包为触发物，引导客户添加微信个人号，并通过个人号一对一触达方式进一步导流入微信群、小程序。

通过社交媒体渠道、公域流量、私域流量结合打法，做到从用户覆盖到商业变现，再到用户池微信矩阵沉淀和变现的全部过程。在用户运营中借助人工 + 自动化的方式，做用户全生命周期精准运营，达到用户需求的深入挖掘和价值阶梯式提升。

14.6.1　通过数据分析制定投放策略

该品牌的美妆属性因与小红书平台及平台内 KOL 属性高度契合，对于用户需求刺激产生最直观效果，这决定了创业初期必须聚焦于小红书渠道做攻坚战。

尤其当今用户购买消费行为更多跟随于社群圈层内的意见场，所以这种爆款产品的打造，小红书内各级别 KOL/KOC 起到关键作用。这个案例告诉企业主，初创阶段渠道的精准度及 KOL 的精准选择，对于品牌认知、产品影响力及用户需求的刺激都有巨大的推动作用。

企业运营的终点不是将用户沉淀私域流量池，也不是成交，而成交恰恰是运营的起点。

企业想要获得持续增长，核心是用户全生命周期的维护和持续不断的挖掘需求，要迭代自己产品不断满足用户消费升级带来新的利润增长点。因此企业要注重拉新获客，更要注重通过社群建设打造品牌认知和产品价值的社群认可。利用用户成长体系打造用户的黏性、频次、活跃度和下单转化率。

通过该国产美妆品牌销量、信息流投放规律及产品上新时间节点之间逻辑关系去解构打法策略。对比该国产美妆品牌和"某某雅""某某羚"两个品牌在小红书的数据可知，该国产美妆品牌官方号已拥有 193 万粉丝，全平台笔记数 120000+ 条，总曝光量上亿，力压其他两个品牌。在小红书平台百万账号的数据中，与该品牌强相关账号更是超过 1000，笔记内容 45000+。

该国产美妆品牌从 2017 年 9 月电商平台上线到 12 月间销量平平，和其他美妆品牌并无多少差别。从 2018 年 1 月起品牌开始将小红书作为重点渠道运营，加大投放力度，到 2 月就推高了销量。此时没抖音账号，微博也没维护，B 站也并未进行运营。

由此可见创业企业主渠道的选择对于促进商品销售的关键作用，主渠道的选择必须结合细分用户建模去做，才能精准定位。

图 14-5 中 A 线是舆情声量曲线，即信息流的留言 + 点赞 + 收藏量。B 线是相关笔记数，柱状图是产品上新。

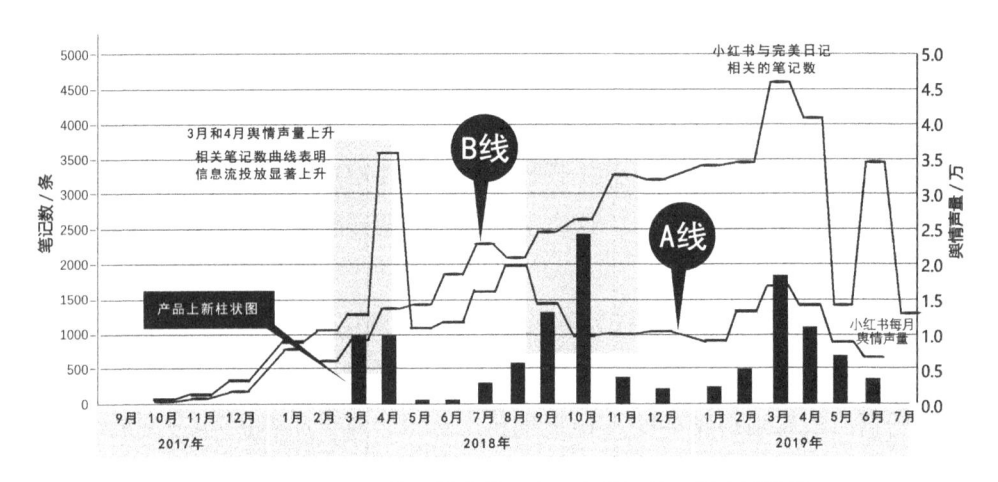

图 14-5 完美日记的舆情声量、小红书笔记数、新产品投放

数据来源：天猫、天灏资本

通过不同时期舆情声量的曲线变化可知企业信息流投放规律锁定在电商购物节前。结合投放笔记及产品上新柱状图数据，显示该国产品牌在每年 3—4 月、8—9 月的舆情声量有明显的增长，同时从在小红书全平台的笔记总数来看，与它相关的笔记数量和声量增长也有明显的阶梯式逻辑关系，证明这个时期存在密集的 KOL 投放行为。

这个投放行为完全基于电商创造的购物节，已经养成了中国大众在"双十一"和"618"抢购打折商品的行为习惯。所以它的产品上新规划就会锁定在购物节之前的 4 月、5 月和 9 月、10 月。

基于大众被购物节养成全民购物狂欢的情绪基础，将产品发售和大促预热集中在这个节点前去做规划再适合不过。精准的情绪时间节点，精准的细分用户群体沉淀的渠道，在 4 月或 5 月间开始明星或头部 KOL 发文引起关注，然后腰部 KOL 添油战术，力争短时间内在上新产品中打造出爆款，在产品热度最高的节点杀进购物节，通过后续大促快速冲刺销量获得以点带面的效果。从成交金额（GMV）数据上也可以看到，产品上新的时间周期内销量就有一定提升，但真正爆发增长还是集中在后续的"618"和"双十一"的促销，如图 14-6 所示。

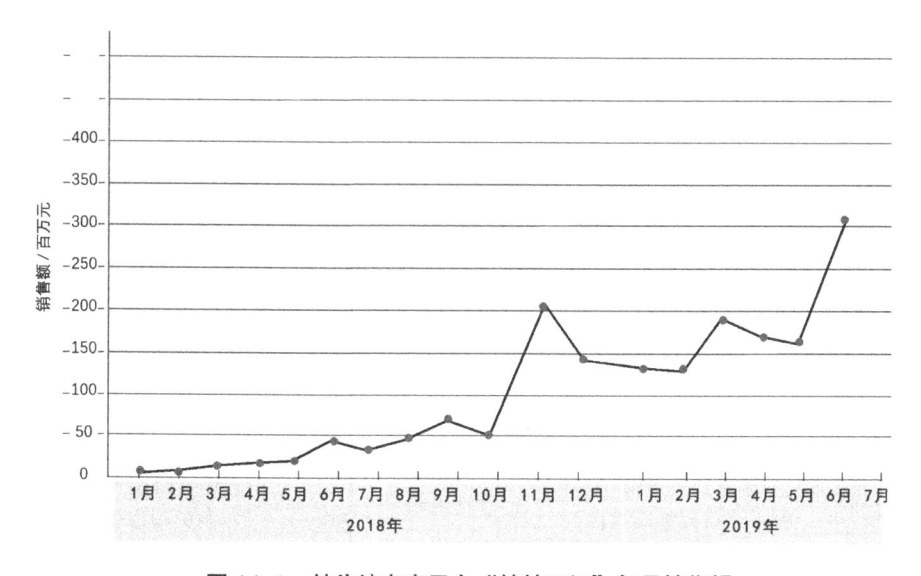

图 14-6　某传统电商平台"某某日记"每月销售额

数据来源：天猫、天灏资本

14.6.2　打造爆款商品方法

通过数据知道该国产美妆品牌新品投放频率和时间节点。

该品牌商品种类众多，是一股脑全部做信息流触达，还是有侧重去打造爆品呢？我们通过一个图去梳理一下投放产品和小红书信息流触达之间的逻辑关系。

表14-2所示挑选了部分上线第一个月销量可观的产品，并与小红书相关笔记数在当月总笔记的比值，可以看到超过一半产品与对应的当月笔记占比也是排名第一。由此可见该品牌商品在小红书信息流投放策略是，时间区间内以两款产品为主打爆款目标，形成大众簇拥商品脱销的氛围，带动整个产品线的销量大幅拉升。

通过表14-2展示产品和笔记数比对数据，可以看到依靠小红书的笔记投放打造爆款的战术很成功，销售业绩证明大部分爆款都带来可观的销量。

表14-2 上线第一个月销量过万、后续强劲的产品列表

月份	产品	备注	当月该笔记占比/%	当月小红书笔记最多的两款产品
2018年3月	某某持久睫毛膏防水卷翘浓密不晕染加密加长细刷头	"618""双十一"销量猛增	20.9（第一）	某某持久睫毛膏/眼线液笔
2018年4月	某某时光唇釉持久保湿滋润不易脱色防水染唇油蜜唇彩		15.9（第一）	某某时光唇釉/纤长持久睫毛膏
2018年7月	某某星河九色眼影盘C位大地色哑光珠光初学者少女系		20.8（第一）	某某星河液体眼影/光影星和九色眼影盘
2018年8月	某某腮红保湿提亮肤色裸妆胭脂粉晒红防水女网红同款正品	第二个月销量猛增	1.5	某某星河液体眼影/光影星和九色眼影盘
2018年9月	某某唇釉雾面染唇液不易掉色唇蜜彩口红某明星同款	上线第一月销量超18万	27（第一）	某某唇釉雾面染唇液/小黑钻保湿滋润唇膏
2018年9月	某某保湿滋润口红唇膏女不易脱色某某钻正品某明星同款		11.5（第一）	某某钻保湿滋润唇膏/光影星河液体眼影
2018年9月	某某高光粉饼提亮立体珠光亚光某某兽修容粉		1.6	某某钻保湿滋润唇膏/光影星河液体眼影
2018年10月	某某博物馆十六色眼影盘女哑光珠宝抖音神仙土豆泥质地		4.9	某某钻保湿滋润唇膏/光影星河液体眼影
2018年10月	某某轻慕唇釉		2.2	某某唇釉雾面染唇液/小黑钻保湿滋润唇膏

续表 14-2

月份	产品	备注	当月该笔记占比 /%	当月小红书笔记最多的两款产品
2019 年 3 月	某某家十二色动物眼影老虎盘小猪盘	上线第一月销量超 22 万	14.3（第一）	某某唇釉雾面染唇液 / 某某某十二色动物眼影
2019 年 3 月	某某肌气垫 BB 霜女持久保湿遮瑕控油正品某明星同款	上线第一月销量接近 10 万	3.6	某某唇釉雾面染唇液 / 某某钻保湿滋润唇膏

数据来源：小红书、千瓜数据

通过产品销量和笔记数可以知道渠道笔记对打造爆款的重要作用。下面通过 2019 年 3 月爆款 "某某十二色动物眼影" 为例，梳理单一产品的渠道投放策略。

3 月 5 日，多位百万级头部 KOL 进场竖旗。

3 月 13 日，微博进场。

3 月 15 日，小红书和品牌官方正式宣传。

4 月 1—15 日，腰部 KOL 和 KOC/ 初级达人，以化妆教程为主开始，持续添油。

具体操作参考图 14-7 "某某家十二色眼影" 爆款打法。

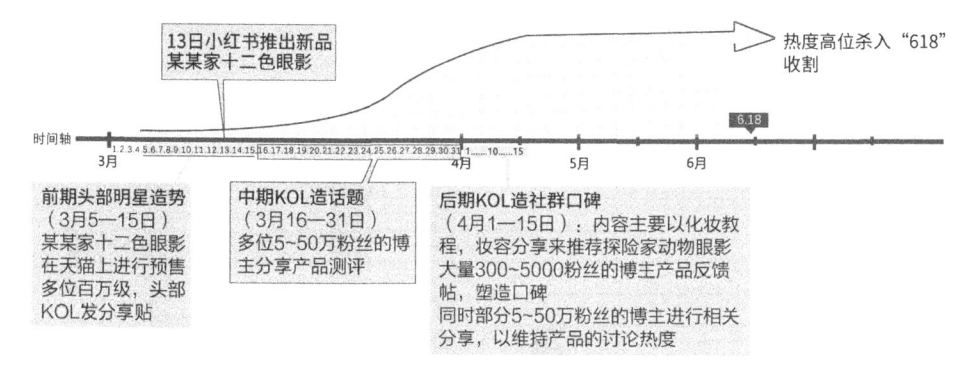

图 14-7 "某某家十二色眼影" 爆款打法

从时间轴可以看到，爆款区间在两个多月内，依靠明星 / 头部 KOL、官媒、腰部 KOL 和 KOC/ 初级达人，以及小红书、微博、微信、抖音组成的社交媒体平台矩阵，迅速打造 1~2 个爆款产品。在这个爆款产品的两个多月生命周期内，又分为前期社交媒体平台造势，中期以教学内容为主，刺激用户需求、保持用户群体的热度并通过电商平台实现高变现率，热度下降进入后期维护运阶段。

另外大家也要注意一点，该品牌和很多靠炒作突击拉高卖货后又断崖式下跌甚至退货的商家不同，在销量上去之后，销量和退货控制在合理的水平，甚至总体销量控制在阶梯式上升势头，都说明产品质量和用户需求把控上也具有明显优势。

因此，一款质量靠得住、需求拿捏精准的爆款，将是企业一棵极具价值的摇钱树，它对企业的意义已经超出一款产品的范畴。利用一个点，带动了一个面，盘活整个场。

14.6.3　KOL 的投放权重和效果

目前市面上"流量主"分为七个级别，按照粉丝数由高到低分别是：明星、知名 KOL（加 V 认证）、头部达人（粉丝数 > 50 万）、腰部达人（5 万 < 粉丝数 < 50 万）、初级达人（0.5 万 < 粉丝数 < 5 万）、素人（300 < 粉丝数 < 0.5 万）、路人（粉丝小于 300）七个级别。

图 14-8 投放占比横线柱状图显示该国产美妆品牌各个段位 KOL 投放比例约为：1∶1∶3∶46∶100∶150，到"路人"这一层就属于用户自发传播。

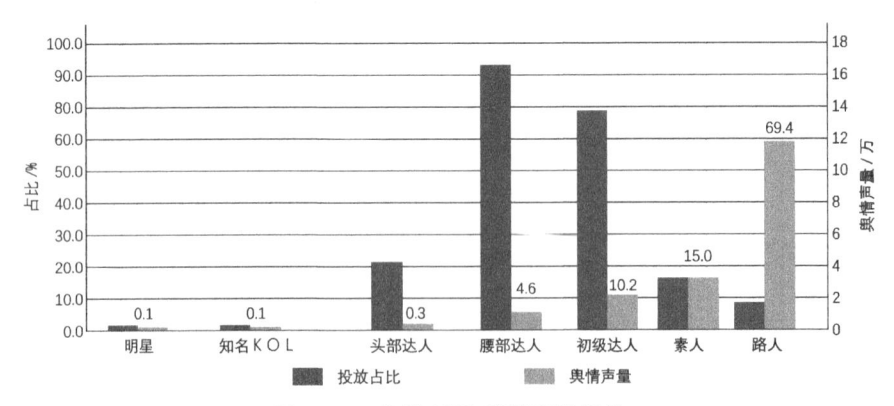

图 14-8　各类 KOL 舆情声量贡献

数据来源：小红书、千瓜数据

从舆情声量的组成来看，声量主要提供者是腰部达人和初级达人。

同时从单一品牌动物眼影，图14-8左边细柱状图所示数据声量看，同样符合舆情声量的分布趋势。从整体数据上分析，有两个特点需要注意。

1. 路人粉丝的数量虽然最大，但声量的贡献远不及腰部达人和初级达人，侧面也说明腰部和初级达人营造的氛围是最广大的用户群体购买行为的重要影响因素。

2. 明星和知名KOL带来的舆情声量微乎其微。从用户心理学原理看，该国产美妆品牌利用这类极少数名人是一种抱大腿战略，主要是利用名人效应提升自己品牌档次和价值。

这种投放策略汇总为三步：①明星权威效应，塑造品牌形象和产品价值，给自己塑造主角光环。②腰部达人和初级达人就会跟风，与他们的合作就容易很多了。腰部和初级达人的主要作用是制造氛围、引起从众效应。③最后吸引普通大众进场商业变现。

该品牌私域流量池建设，目前看是用个人号、微信群、公众号、小程序构建私域流量矩阵。

在互联网2.0后时代，企业建设用户池要完成两个目标。

首先，留住用户做全生命周期维护获得持续增长，这里又包含了留存、复购及裂变等一系列更具体的运营工作。

其次，为了构建企业和用户、用户和用户之间的关系。通过关系构建增加用户之间的交流，在这个过程中产生黏性和圈层内文化，进而产生圈内特有的价值观点，形成圈层内归属感。这个逻辑要搞清楚，要明白微信矩阵构建不是为了拉新或发朋友圈。

目前商家线下导流到线上逻辑有五个步骤。

1. 购买产品后随包裹附送一张"红包卡"，刮开涂层可获得特殊口令。

2. 扫码关注公众号。

3. 公众号立刻推送一个页面，包含个人号二维码。

4. 添加个人号后收到一个小程序二维码。

5. 扫码并输入口令，即可领1~2元红包。

企业仅需花费1~2元成本就可以获得一个公众号粉丝、一个个人号好友、一个群成员，与当下动辄获取一个客户成本要几十元、上百元相比性价比实在是高。通过实体店导流的方式截至2019年该品牌线下100家左右门店，保守估计向私域客户池导流超过500万用户。

按照2019年中国化妆品人均516.81元/年的消费水平来估算，这个私域流量池具有每年超2亿元的消费潜力。

第15章

掌握数据分析精准做增长

15.1　数据采集与分析是精准增长的基础

企业只有做到随时随地掌握并分析用户群体的消费行为习惯，包括在企业平台上的行为习惯，以及在传统商业交流中表现出的行为特点，才能在市场扩展、渠道运营、产品优化迭代及用户获取等不同层面工作中做到目标明确、方法精准。

数据分析包括定性研究与定量分析。它是以用户为中心去工作，驱动项目向正确方向发展的基本保证。

无论是互联网平台项目还是传统商业项目，在规划之初数据分析就要介入其中，利用调研分析的结果研判企业产品能否满足用户最迫切的需求，同时在调研中要搞清楚，应该以何种最短路径引导用户去满足他们要达到的目的，路径越短用户体验越佳。切不要等新产品上市了，再去定性调研与用户需求的匹配程度。经验告诉我们，在揣测中开发出来的产品，投入市场后几乎与用户需求都有很大出入。这里可以参考国内某彩妆品牌，它通过将用户前置于产品规划阶段以保证推向市场的产品精准契合用户需求。

当下各行业竞争激烈，企业开发的产品如果仅满足细分用户群体最迫切的需求，并不能保证项目能成功，还要加上极致的使用体验和完善的售后服务，结合在一起才是成功的前提。因此产品的形态、流程的优劣、服务质量的完善等，都需要通过精细化数据分析去掌握。

数据获取最佳的方式是在内网部署搭建可视化数据分析平台。只有做完整的用户行为数据采集和分析，才能做到用户行为被量化、被分析。

如果没有实力在内网部署搭建可视化数据分析平台，那也必须掌握数据分析的业务技巧，利用第三方提供的数据做分析，保证企业理性经营，而不是任何事情都是拍脑袋感性决定。

15.1.1 数据采集和可视化对企业增长的重要作用

企业如果有实力，最好自建可视化数据分析平台做数据采集、沉淀、整合、结构化抽离和精细化分析。做到既能看到每个用户在平台的活动路径，也要能看到聚类用户的行为逻辑。通过数据分析全面了解用户使用产品或服务时出现的各种问题，这将使企业能针对性提出方案，有效进行精细化运营，达到增长目的。

在数据分析层面，也要避免唯数据论。因为数据仅呈现用户表面使用行为的情况，不会告诉你他们为什么这样做。例如，婚恋社交类用户大量流失。通过数据分析及增长团队亲自跑流程搞测试都不能有效发现问题，甚至自己会觉得使用体验也很不错，为什么用户会跳出呢？这时单纯数据分析的局限性就显现出来，需要企业做一次小范围定性研究，做一次用户访谈。结果得知因为平台混入很多"酒托"或推销业务员，不但造成了用户交流意愿下降，甚至危害用户的人身财产安全。这些混进来的垃圾用户是导致真实用户大量流失的主因。

所以单纯的数据并不能作为产品好坏的衡量标准。就像婚恋网站，单看注册量上来了，但如果来的都是推销人员，会对业务造成极大的破坏力，将真正的用户吓跑。

因此相关性并不意味着因果关系。实操中除了定量数据分析还需要结合定性调研，去寻找其中的逻辑因果关系，才能做到分析结果更加精准。

最后切记，在数据分析会议中不要给团队提供 Excel 表格，那种没经过处理的表格大家既看不懂也不愿意看。数据展示要将用户转化率、交易漏斗、最畅销的商品、最差的商品等信息进行再次加工才能呈现出来。所以一张表几乎不能发现任何问题。

15.1.2 如何将定量和定性结合起来分析

这里以北京某全渠道电商如何通过定量数据分析和定性调研分析，发现每月来商场两次以上这一阈值的用户会成为长期活跃客户。当时项目的背景是调研用户活跃度、购买率与到实体卖场的逻辑关系，并试图找出更优化的 App 拉新方案。

团队先要在可视化数据分析平台进行用户分群分析。将用户按照某种共同的特征进行不同的分组或按照用户加入渠道进行分组。线下拉新的方式有实体卖场放置易拉宝或导购主动推荐两种方式。也可以按照行为分组，如每天打开 App 次数、购买商品后分享的用户、三个月内购物三次左右的用户等。群组的划分可以有多种方式。

分群的目的是寻找卖场与线上拉新之间的关系、寻找新的用户增长方法，最终决定以渠道作为划分用户群体的依据。拆分卖场转化和微信分享转化两个用户群体，然后对比同一组用户第二个月打开 App 的次数与第一个月的次数，最终发现卖场转化用户打开 App 的频次更高、购买的商品更多。

继续进行数据下钻分析，发现最活跃的用户都是围绕在卖场周围的用户群体。将卖场转化的用户群体摘出来做定性访谈研究，如询问"什么原因促使你一周会打开两次以上 App？"得到的回答都指向因为家在卖场附近，周末空闲时间的时候会去吃吃饭，顺便溜达一下看看服装商品，回家后会打开看看 App 上有没有更好的折扣。

结论很明确地指导企业对拉新工作的重点放在了卖场转化上。除了易拉宝和导购的推荐，还可以进一步优化卖场商品和线上商品的价格差异化。

重点放在卖场，就意味着放弃或者失去 App 自身的拓展生存能力。因此要进一步做用户的分享拉新增长方案。通过定量分析知道，获得 13～20 次点赞数是用户兴奋的时刻，同时通过定量用户分群分析发现获得朋友赞扬后继续分享的动力女性远远大于男性，并且拉新能力女性也强于男性客户。因此后面线上推广拉新活动，主要针对女性客户开展。

这个案例说明数据的重要性，也说明企业增长不是一蹴而就的，它是一连串细节的积累和沉淀，是由量变到质变的过程。

来自贝恩公司和哈佛商学院的一群研究者发现，5% 的留存率提升会带来 25% 以上的利润增加，因此提高留存率就显得尤为重要。

15.2 用户数据分析应用场景

对企业来讲日积月累沉淀的数据才是真正的金矿。很多成功的案例都来自心智定位、产品规划、技术开发、数据分析、精准营销的有力结合，在数据层面需要关注四点问题。

1. 要深刻认识数据的巨大价值。
2. 要掌握数据驱动的体系和方法。
3. 要运用数据指导各个部门的工作。
4. 要善于利用第三方数据分析平台达到事半功倍的效果。

将数据采集和分析应用到企业增长中，当下能做到的企业少之又少。核心原因是对数据分析的价值认知不足、业务能力缺乏及工作流程混乱。

企业要想高效利用数据达到增长的目的，必须设立涵盖决策者、产品、运营、市场、客服、技术的跨职能增长团队，以打破内部结构性壁垒，让数据分析的结果能快速传递到各个业务部门。

企业数据沉淀包括定量数据，还包括随机获得的定性数据。

定量数据沉淀需要企业设立数据分析师岗位以达到从专业的角度，基于产品架构做数据结构化归类与抽象化剥离、抽取采集及沉淀分析工作。

定性调研分析，更多指通过调研问卷的访谈洞察分析。

例如，问卷中有这样一个问题，"如果你马上不能使用我们的某某产品，会有何感受，有没有替代办法？"

a. 非常失望　b. 一般吧　c. 无所谓　d. 已经不怎么用　e. 我会用某产品替代。

问用户的满意度有时并不能提供有意义的信息，而失望度能更好衡量用户对产品或服务的忠诚。针对这个问题，如果用户群体有 40% 以上选择 a，说明企业增长潜力很大。并且这个数据的指标意义告诉企业，不用再花钱做付费广告了。用户自身的黏性、频次足以满足以老拉新增长的基础，企业只需要深耕社群建设，用群体的内驱力达到增长即可。一个企业新用户通过老用户介绍的比例占 1/3，也说明口碑效应已十分强劲，即企业塑造了令用户喜爱的产品或服务。

定性调研可以让你知道 40% 以上的用户选择 a，如果再结合定量用户行为分析，就可以让企业知道多少用户会推荐产品给他的亲戚朋友，可以让企业知道用户用什么渠道、什么形式分享拉新等。

因此数据应用就包括对企业的现状分析与用户种种行为的跟踪、分析和精细化运营。

例如，逻辑漏斗分析用来梳理业务流程，考核每个环节的转化，让问题更加直观地呈现出来。电商平台的用户筛选商品和购物流程，通过漏斗可以聚焦最有效的转化路径，定位出可以优化的短板，提升用户体验，降低流失。还可以分析不同属性用户群体的漏斗比较，从差异角度优化思路，寻找最佳方案。

如图 15-1 所示电商案例。根据用户消费能力将其分为普通会员、活跃金牌会员、钻石会员等不同级别。为了优化对用户的转化引导，达到增长的目的，需要对不同的群体采用不同的增长方案。我们就普通会员和活跃金牌会员两个群体做横向对比。

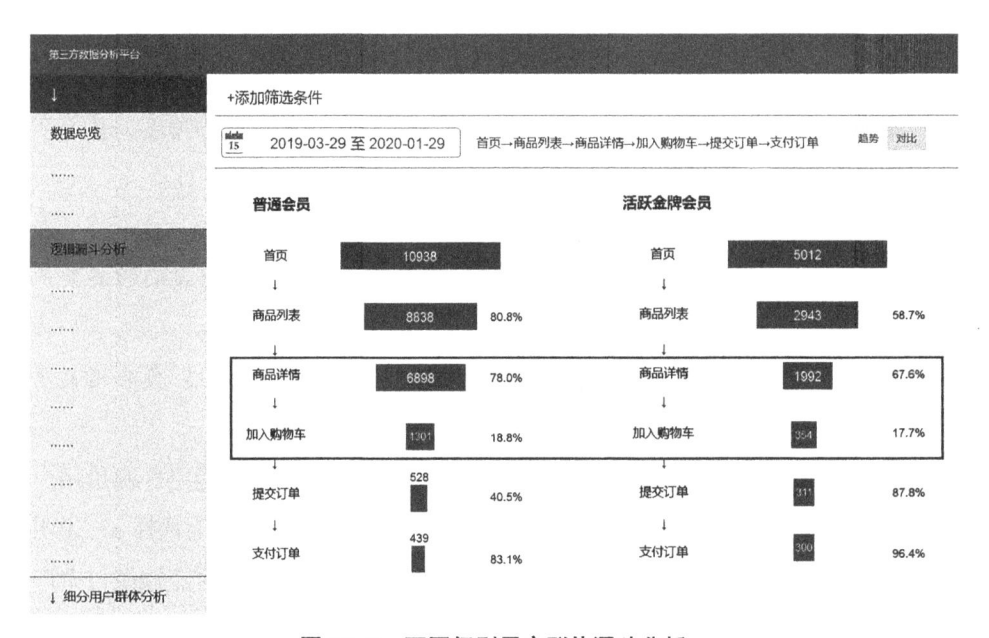

图 15-1 不同级别用户群体漏斗分析

通过对比发现，无论是普通会员还是活跃金牌会员，从商品详情到加入购物车这个环节明显遇到了障碍，他们的转化率在这里都骤降到仅有百分之十几。数据模型定位出问题，下一步就要寻找症结所在。这个时候我们可以继续从普通用户和活跃金牌用户群体中，导出用户表并选择用户进行访谈。

筛选出普通用户，并将问卷发送到用户邮箱中进行问卷调查，询问用户为什么看到在商品详情页的商品后没有兴趣添加到购物车。最终通过反馈回来的调研结果企业可以知道，因为商品详情页展示的照片拍摄质量太差，商品显得很旧。另外很多掉漆残缺的模特架都被照片展示出来，影响购物心情，即便对服装有兴趣，但看到破破烂烂的模特架也没有了购买的欲望。

通过漏斗分析，就能快速找到问题所在，并精准提出优化方案。因此数据的采集沉淀和分析是很重要的基础工作，对企业的增长至关重要。

15.3 数据分析指标体系

数据驱动不是一句口号，它是体系化的思维和工作方法。如图 15-2 所示的数据驱动思维体系和工作方法。

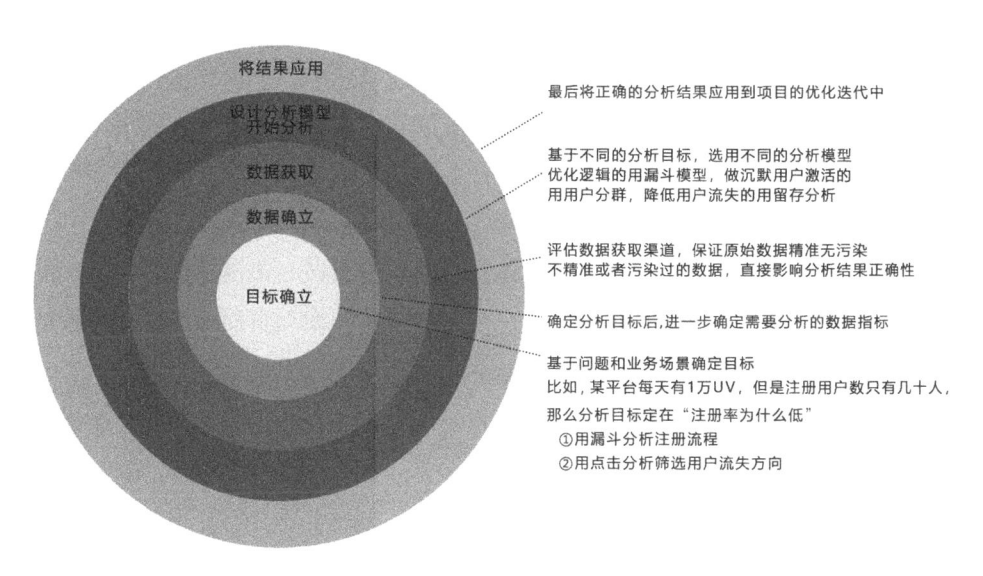

图 15-2 数据驱动思维体系和工作方法

数据驱动增长和运营全生命周期管理，贯穿于业务需求梳理、业务目标制定、市场调研分析、用户调研分析、结果验证、方案制订等不同阶段的工作中。

在数据指标体系中，最关键的是第一指标的确立，也称业务核心指标。它需要业务人员从产品目标出发，寻找可以验证检验产品达到用户需求的一个或者一组核心关键指标。这组指标既可以量化产品的核心运营情况，又可以指导产品从流程到功能的优化迭代工作。根据项目不同，核心关键指标也不同。

企业该如何确定核心关键指标？

首先，从项目特点上确立业务核心指标。例如，电商性质的平台，交易量决定了公司的利润，提高交易量的关键指标即用户量，其次是购买率，再往后是购买频次。顺着这个逻辑企业就能确定出电商的核心关键指标即用户量、下单量、购买频次、客单价等。又如，论坛性质的平台，优质内容决定了平台的黏性和吸引力。所以积极主动创造型用户量决定了优质内容的数量和质量，和它们同样重要的是访问用户量，因为这个指标决定创作者的热情。按照这个逻辑梳理，论坛或知识问答性质的平台，它们的核心关键指标是访问量、积极创造性用户量、优质内容量、互动比例。

其次，通过产品的发展阶段去确定核心关键指标。例如，新产品的核心关键指标肯定是新访客数量和注册量，这个指标的高低可以证明产品抓用户需求的精准程度。而成熟期产品，它的核心关键指标应该定位在留存。留存差说明产品黏性不够，就需要通过其他分析方式定位为什么用户黏性差。如果产品功能或服务没有问题，但数据呈现用户留存差，就要重视在刺激用户频次和打通社交场景方面做功课。

除了关键指标外，还有日常指标体系。当确定出核心关键指标后再从产品结构、市场垂直程度、用户角色、用户使用场景、频率和页面、细分用户群体行为六个方面继续拆分，就形成了范围更广的日常指标体系。

项目团队可以从多方面了解产品运营的情况，并以此为据进行优化改进或迭代。

15.4　数据分析核心八大模型

在讲数据分析模型之前，需要强调下数据分析不是全部。要避免让自己误入唯数据论，所有工作极端地"以数据为中心"是错误的。

例如，从国外传进来一本讲用户增长的书，这样写道："90天内购物一次客户，在接下来12个月内消费金额达到500美元以上的比例是55%，但是90天内购物两次客户，这个比例是95%。因此设计一些方法鼓励购物一次客户达到两次，就可以提高消费金额……"

这个论据就是典型的以数据为中心。仅看到数据外在表现，就想当然开始工作去刺激购买一次的用户让他们购买两次，以期达到 12 个月消费金额在 500 美元以上，这是错误的做法。

正确的做法应该先弄清楚什么原因使他们 90 天内只有一次购物行为。

可能因为用户资金能力或家庭人口因素，也可能是商家的商品种类等原因，都可能是用户 90 天购买一次的原因。因此仅以数据指导工作和预测结果，想当然以为数据告诉你刺激用户购买两次，而后 12 个月消费的金额就会加大，这不是很可笑吗？就算你用狠折扣刺激了用户购买了两次，但是用户收入没变化或者商品种类依然如故，并没有增加用户需要，那利益刺激结束后，用户仍然不会继续消费。

企业的数据分析领域经过从业者多年实践与总结，归纳沉淀出八种基础常用模型，下面我们一一去做具体讲解。

15.4.1　用户行为事件分析

行为事件分析包括用户操作、数据维度指标、结果三个层面。

例如，电商新注册用户在一周内的搜索浏览商品即行为，以及这种行为的数据维度，包括搜索人口属性、时间段、关键词、浏览商品习惯等，目的是为探寻与后续购买转化率之间的关系。行为事件表现分析还需要结合定性调研，去研究用户行为背后的心理因素，去梳理之间的逻辑关系。

传统商业也需要用户行为分析。例如，幼儿培训教育用户从进门店咨询到购买课程这中间发生的种种行为，美容店从用户进店咨询到购买商品这中间发生的种种行为。传统商业的用户行为分析，就不能利用平台采集的数据做量化分析，更多是通过定性调研去做。

在项目实操中，产品、运营或增长团队，需要根据产品不同阶段情况关注不同的行为事件指标。例如，在做了一次活动推广后，最近一周哪个渠道的"用户注册量最高"、变化趋势如何。又如，在线教育可以关注各时段用户在线学习时间。

在行为事件分析中要关注用户行为、数据维度和指标之间的逻辑关系，根据实际情况，灵活自定义并做各维度之间的对比分析。对数据的要求是实时采集并实时分析。为了可以将用户属性作为分组或筛选的条件，User 实体的属性需要通过 User ID 贯穿到 Event 实体中。

行为事件分析的特点与价值，如图 15-3 所示一个事件的描述维度。

图 15-3　一个事件描述的维度

图 15-3 展示的例子事件主体是新注册用户，登录用户要使用后台配置的实际用户 ID。但是另一种需要分析未登录用户的情况，用户可以用 Cookie_ID、设备 ID 等。在时间节点中，定义在一周内，这个精度也可以精确到秒。发生的地点可以 IP 解析地点，也可以 GPS 定位方式获取用户地点。事件载体即用户从事这个事件使用的设备、浏览器、App 版本、渠道等。例如，"搜索"则可能记录的字段有商品名称、类型、配送、物流方式等，如果是购买则要商品名称、类型，还需要购买数量、金额及付款方式等维度数据指标。

筛选、分组、聚合能力是行为事件分析的特点。

各公司广泛使用它去分析用户群体行为数据及隐藏在背后的逻辑关系。行为事件数据分析工作流程包括事件定义、用户选择、逻辑下钻、初步结论，并结合定性分析去解释数据结论背后的原因。因此行为事件分析的效果，考验基于现实场景下的条件匹配去追踪事件和属性且能深入下钻分析。

名词解释：下钻分析指按照某个特定层次结构或者条件，进行数据细分呈现，让用户关注的数据范围从一个比较大的层面逐步深入并聚集到一个细节或点上。例如，浏览事件，它的属性包含 PV 量、触发 UV、地域、渠道等，通过不同细分维度对比分析不同的问题。

最后要对数据进行研判，判定结果与预期的结果是否相符。特别是差异比较大的时候，还需要进行定性研究，去探究差异化背后用户行为事件隐含的心理深层次原因。

图 15-4 所示线上线下全渠道电商案例中，某产品为期一个月的促销拉新活动后，产品或运营人员想要知道新注册会员一周的搜索浏览数据。

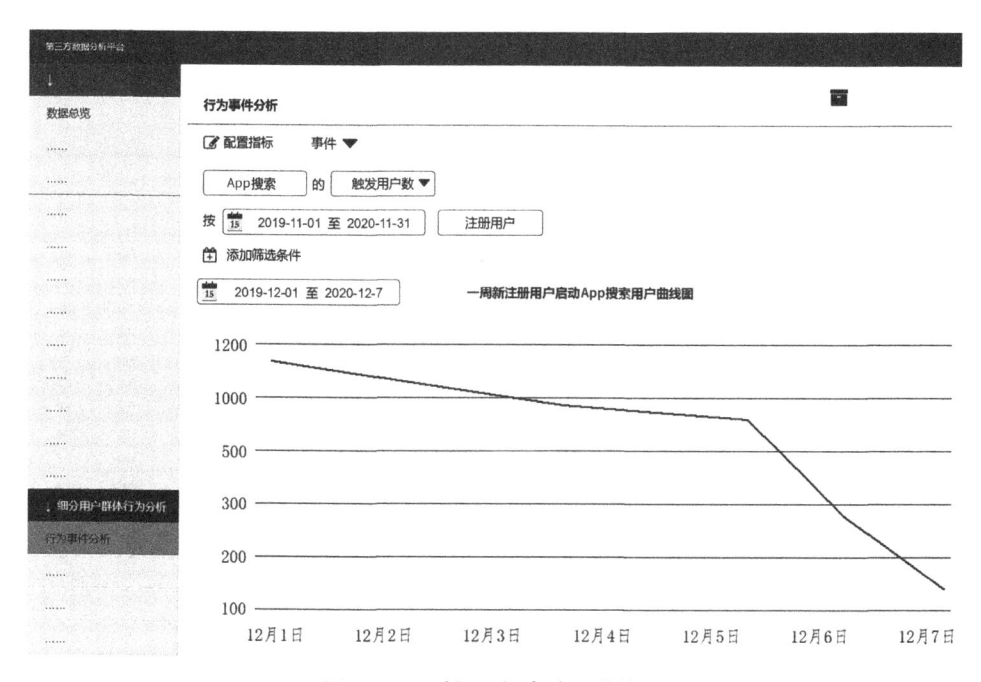

图 15-4　时间区间内注册曲线图

通过数据我们看到新注册客户在第 5 天后，搜索行为大幅下降。这个时候我们可以继续深入分析下滑的原因和购物之间有没有关联。

有关联，说明搜索下滑所对应的购物转化率之间的流程是畅通的。没关联，用户搜索完后没有购物行为并且以后也不再搜索，就要深入探究为什么？是因为搜索的精准度不高，用户很难看到自己想要的商品，还是商品展示页面有问题，用户在浏览了商品页后失去了购物的兴趣？

这个时候可以结合漏斗分析，看看新注册用户从搜索到添加购物车到支付订单整个漏斗中每个环节的转化率。同时通过最终成交数据，考核第 6 天、第 7 天后新注册客户搜索行为下降的原因。

15.4.2　流程逻辑漏斗分析

漏斗分析是关于捕捉逻辑流程中阻碍点的分析方法，通过每一步转化数据，定位流程逻辑节点的瓶颈（见图15-5）。

图 15-5　流程逻辑漏斗分析

图15-5数据中看到新用户从搜索到详情页的转化还是相当高的，说明搜索关键词的商品匹配精准度还不错，但是从商品详情页到加入购物车这里就明显收窄。因此可以判断商品详情页出了问题，可能是展示的图片，也可能是描述的文案出了问题，也可能推荐的其他商品或其他用户的评价干扰了用户的购买欲望。另外，我们看新注册用户最后只有99个成功支付客户，这个转化率只有7.03%。后续还要继续监控，通过留存数据看其他的用户是否彻底流失掉。面对这种情况要有警觉。

因此漏斗分析能够清楚反映整条逻辑线条上各个节点的用户流失情况。产品应用漏斗分析更多的是对应流程逻辑的优化设计，运营层面的分析更多的是渠道来源分析、激活转化等业务场景。

我们跟踪整个漏斗转化的过程，是以区间时间段内细分用户群体为单位将步骤串联起来。

漏斗分析的价值在于：首先，企业可以监控用户在各个层面的转化情况，探寻阻碍用户消费行为的摩擦点和瓶颈，为优化指明方向，通过优化完成提升转化率、降低流失率等重要目标；其次，可以通过不同用户分群之间进行漏斗模型对比分析，从差异角度进行对比并优化产品或运营思路。

在漏斗分析中科学归因，属性关联最为重要。

归因设置每一次转化节点应根据事件对转化的功劳去定义大小。例如，电商平台致力于最佳购买路径并将资源高效集中于此。现实中很多时候不是理想状态，例如，外场的地推活动、渠道运营、电话营销、社群运营都可能触发用户购买行为。

进一步看属性关联。在进行漏斗分析时尤其是电商类产品中，运营人员在定义"转化"时，会要求漏斗转化的前后步骤有相同的属性值。例如，同一ID，包括品类 ID、商品 ID 作为转化条件，浏览大疆无人机并购买同一款，才能被定义为一次转化。因此在做漏斗分析的时候属性关联因素也是漏斗分析成功的关键要素。

15.4.3 用户点击分析

类似于热力图，用一种高亮的颜色形式去显示页面用户点击情况，点击的越多颜色越鲜艳，如图 15-6 所示。

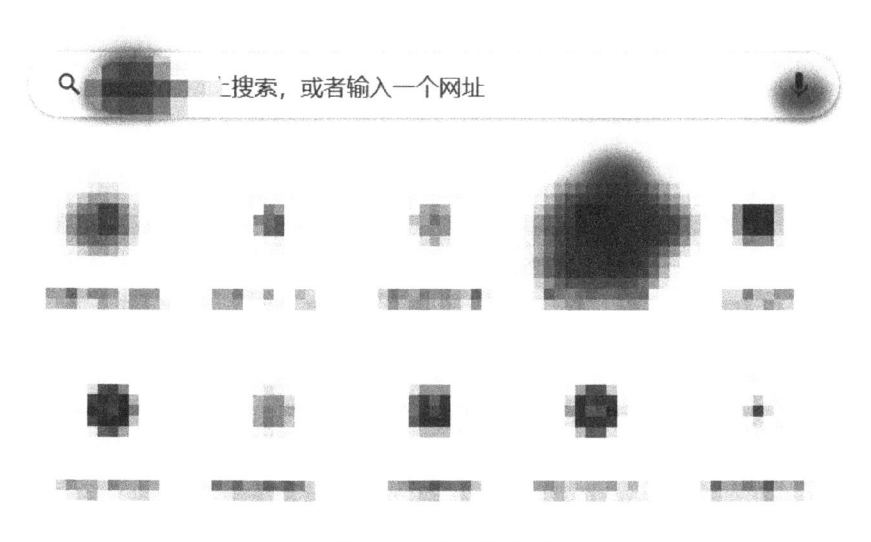

图 15-6 点击热力图

用户点击分析不仅可以显示用户群体在一个页面上某个区域的点击频次，还包括元素被点击的次数、占比、发生点击的用户列表等因素，而且可以下钻显示整个"页面组"的点击情况，呈现用户喜爱或者关注模块聚焦的内容。热力图和点击分析具有可视化直观展示的特点，让企业产品或运营等人员马上依据访客热衷的区域密度，帮助产品、运营等业务人员科学评估页面版式和功能按钮的排布。

用户点击分析可以让企业通过用户点击的频次密度分析出用户真正关心的内容与功能，从而校验定位用户需求和产品架构规划的精准性，以及所设计的功能流程易用性等。点击分析优于热力图的另一个特点是更深层次的点击分析可以支持事件、元素属性、用户属性等任意维度筛选下钻分析。运营人员可以按照事件属性和用户属性进行筛选，对特定环境下特定用户群体的特定元素的点击事件进行精细化分析，还可以通过查看页面元素点击背后的用户列表，满足企业网站的精细化分析要求。

实现追踪页面内跳转点击的逻辑，逐层剥离完成基于初始网页的深入下钻逻辑点击分析。在查看页面点击图时，分析者能够像访问者那样点击页面元素跳转至新的页面。新的页面自动延续上一个页面的筛选条件。通过一个个聚类点击一层层进行下钻分析。

当"点击分析"与其他分析模块结合交叉使用时，能将数据和分析结果以多种形式可视化展现，可以使产品或运营人员深度感知用户体验。例如，改版前、改版后变化，评估改版后的新版本对用户体验的影响。某一处的修改是否影响其他元素的点击等。

图15-7电商App点击图显示，商品图片被用户点击率最高，而后是商品详情。但是立即购买按钮点击量很少，不到10%，加入购物车就更少了。上一节通过漏斗模型数据可知用户目标非常聚焦，并且平台搜索功能也很好地引导用户到详情页。但是在详情页用户的购买意愿变得相当低，只有7.42%的用户点击立即购买，更多的用户止步于图片展示。

图 15-7　电商 App 点击图

为了弄清什么原因阻碍用户的购买意愿，还需要继续做一次定性研究。问题设计不需要复杂，问题量也不要超过 5 个，围绕找出商品详情页的阻碍点为目标去设计。

问题 1，"商品详情页你还想看到什么内容？"

问题 2，"你对商品详情页图片展示有什么建议？"

问题 3，"导致你放弃购买的原因。"

问题 4，"说出你认为最应该在详情页展示的内容。"

通过定性调研我们得知，最不能让用户接受的首先是详情页没有用户评价，其次是没有客服咨询，最后是商品图片质量太差，这三点是对用户购买意愿的最大阻碍点。

15.4.4 用户留存分析

通过设置初始行为，分析同期用户后续行为和参与度的一种分析方法，以此来衡量产品对用户的价值。例如，电商新注册用户中，后续有多少进行了搜索，多少购买了商品，又有多少用户完成了分享。

在留存分析中要按初始行为时间分组，才能消除用户增长对用户参与数据的污染。例如，分析购买率，1个月前平台1万人现在可能2万人，没有初始时间限制区间，这个基数就是变化的，得出来的结果也一定是变化的，让你无法预知购买率是否真的增加。

企业在经营中常常需要对同期进入平台或店铺，同期使用了如"某个功能的用户"或"品尝试吃产品的用户"或"上了免费体验课程的用户"，他们后续行为表现进行评估和迭代分析。下面我们通过某北京全渠道电商做留存分析演示操作。

项目中我们将完成了"注册"行为的用户视为平台的新客，将打开"App"的行为视为用户留存。设计好起始点和定义留存的维度后，在可视化数据分析平台留存分析栏应该这么设置：将用户的初始行为设定为"注册"，后续行为设定为打开"App"，然后点击确定获得同期群用户的留存数据。

我们根据用户注册的时间，按日或按月进行分组得到同期群，观察该群体用户打开App的留存/流失情况。通过比较不同时期用户群的留存表现，可以推断初始行为发生时段内的产品、运营、渠道动作是否对用户留存表现产生了影响，操作如图15-8所示。

用户初始行为	注册	定义留存行为	打开App	并且用户符合条件
+添加筛选条件		+添加筛选条件		+添加筛选条件

2019-9-9 至2019-9-16　　　　　　　　　　　　　　　　　　7天留存 ▼

用户先进行注册，有进行打开App的7天留存分析

初始行为时间	总人数	第一天	第二天	第三天	第四天	第五天	第六天	第七天
2019-9-9	503 人	480 95.42%	260 51.68%	232 45.84%	187 36.95%	109 21.66%	84 16.66%	78 15.41%
2019-9-10	463 人	413 89.2%	221 47.73%	185 39.954%	100 21.59%	88 19.0%	71 15.43%	59 12.47%
2019-9-11	350 人							
2019-9-12	490 人							
2019-9-13	404 人							

图 15-8　用户留存分析

某 K12 英语在线教育大班课的 50 元入门班，一个获客成本是 500～600 元，行业平均转化率大概率会落在 25%。这意味着一个正价课学生，获客成本是 2000～3000 元。

在电商领域，新用户的获取成本是维护老客户的 3～10 倍。如果企业用巨大成本获取来的用户仅仅打开一次 App 或者完成一次交易就白白流失掉，那损失将是巨大的。随着市场竞争的日益激烈，绝大多数企业面临增加用户黏性、留存，延长用户生命周期的迫切目标。

因此留存分析模型就是针对此类问题最佳的分析模型。

留存分析过程中，科学配置条件很重要。根据具体筛选初始行为或后续行为等细分维度，针对不同用户属性筛选合适的分析对象，从不同角度研判留存率。留存率反映的是一种转化率，展示用户从游客转化为注册用户，继续转化为活跃和黏性很高的稳定用户、忠实用户的过程。随着对比不同维度显示出的数据变化，企业可看到不同时期用户的变化情况，从而判断出产品对用户的吸引力。通过留存分析，还可以查看新功能上线后对不同群体的留存带来的不同效果，从而判断新功能优劣。

在电商项目中，增长团队可以通过整体查看用户留存情况，考察产品对用户的价值；可以根据新用户启动 App 的时间，按照日、月进行分组，观察同期群体用户发生某些行为的 7 日留存、14 日留存或 30 日留存等；也可以点击

曲线标识按钮，就可以看到每天留存率的变化趋势。

对于 7 日仍然留下来搜索的用户，频次、黏性显然更高。以 2019 年年底某一天新注册用户为例，共有 1403 个新用户。当鼠标移动到第七天的曲线上，可以看到有 107 名用户留存继续搜索，继续点击 107 这个数字，可以进入用户列表页面。

这里可以看到留存下来用户的详细基础信息，如人口属性、年龄，还可以看到添加购物车、收藏商品等操作行为信息。通过浏览商品的频次、商品类型及收藏的行为对用户进行购买意愿评估。因此，支持用户群体明细查看是数据分析重要的组成部分，因为可以继续深挖留存用户的共性特征和具体操作流程。除了作为后续产品优化与改进借鉴，还可以利用用户分群功能，命名为"12 月 1—7 日留存收藏慢跑鞋用户"，做精准推送刺激消费。

15.4.5 用户分布分析

分析不同区域、时间段所使用的功能或购买的商品、不同类型的产品数量、购买频次、金额等维度的归类展现。

通过细分用户建模将用户群体归类并通过定量分布分析对归类进行佐证，是企业服务好用户群体的保证。对特定用户群体的相同维度进行统计分析寻找其中的访问规律，并结合运营层面将分布分析与电话回访、定性访谈结合在一起，从不同角度判断产品对用户的价值和黏性。

图 15-9 数据展示的是某区域全渠道电商以三个月为区间，用户进行支付订单的次数。数据可以看到 90% 的用户三个月购物频次在 2 次以内，5~9 次的用户比例不到 1%，但 3~4 次的数据有些跳跃。是因为这家卖场会在 5 月劳动节和 10 月国庆做两次促销活动，因此数据会表现出用户购买频次在这个区间的跳跃。

图 15-9　三个月内支付订单次数

这家区域特征全渠道商家，在市区不同区域有卖场，因此基于不同区域的卖场分析和支付频次的差异，对后续的运营方案具有很强的指导意义。图15-10 可以看到不同区域用户三个月内支付订单的频次有差异，侧面反映了不同区域用户的消费行为和能力的差异。

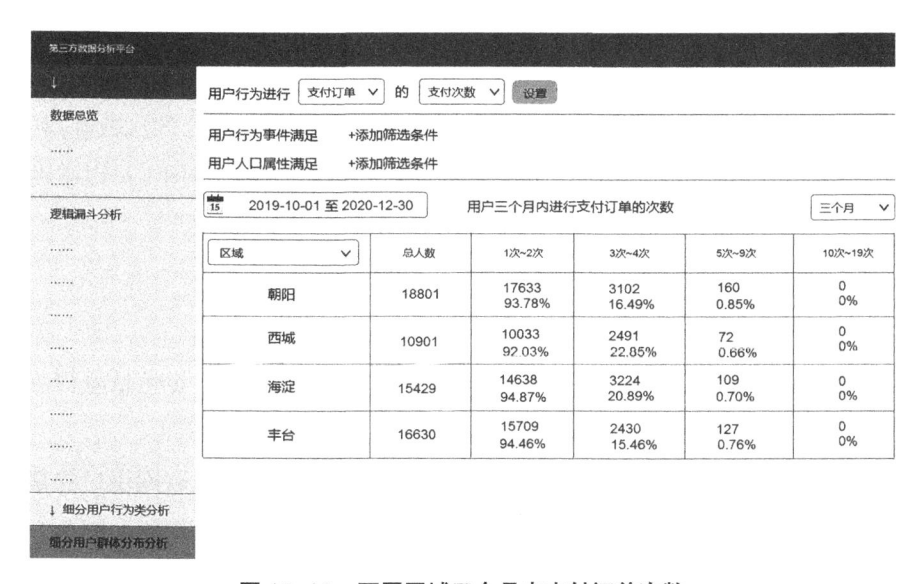

图 15-10　不同区域三个月内支付订单次数

还可以基于用户性别去看三个月区间支付订单的差异，如图 15-11 所示。

图 15-11　以性别拆分三个月内支付订单次数

用户分布分析通过不同指标下的频次、总额等归类对比分析，可以展现出用户对产品的依赖程度，分析用户在不同地域、不同时间段、不同性别所购买不同类型的产品数量、购物频次，以及统计用户在一天一周一月一季中，有多少个自然时间段（小时或天）进行了某项操作，以及某项操作的次数等指标。将这些指标进行解读对产品迭代和运营规划都有很强的指导作用，可以帮助产品或运营人员深入了解当前用户状态。

15.4.6　用户路径分析

分析企业为引导用户快速达到目标而设计的版式、色彩，也包括流程逻辑的合理性。

用户访问企业各种平台，几乎都是带着具体目标。当下互联网用户的整体心态是焦躁。平台设计者往往以为用户会留意为其设计的界面搭配的颜色，其实不然，大部分用户都是急匆匆地来，完成需求后又急匆匆地走。

因此企业要理解当下用户急躁的心理诉求，要明白短小精悍才是流程逻辑设计的最佳标准。

考核流程逻辑优劣，就需要用户路径去做分析。用户使用产品满足需求、达到目的、完成转化所经过的流程就像现实中用户要去某个地方，可能有多条路线选择，虽然都能到达目的地，但这个过程因为体验不同，有的人高兴，有的人郁闷。糟糕的体验会影响他们是否还会再走这条路，甚至是否还会再次来该地。因此通过查看节点事件名、分组属性值、后续事件流失等相关信息，有助于企业全面了解用户群体真实的行为路径，观察用户群体是否选择了最佳路径去操作，以及判断影响转化的主因和发现路径中的阻碍点，是路径分析的主要价值。

对于金融类平台、电商类平台、O2O类平台、游戏类平台、社交网络会员卡、购买道具等以完成支付转化为目的平台会有多个入口，方便引导用户转化为付费客户，这些入口会首选设置在用户的常用路径。这类产品需要深入研究用户行为路径，找到高频路径为用户转化添加入口，并不断优化每个入口的支付流程体验。

做用户路径分析，还需要注意与漏斗分析区别。

漏斗是产品预设的路径，希望用户按照产品设计的路径来满足需求。然而有时候用户会玩出新的路径，通过用户路径分析可以发现这样的路径。

例如，企业想让客户通过首页→列表页→详情页来完成核心内容阅读，但发现用户的习惯是首页→搜索→搜索结果页→详情页来完成阅读，这背后反映了什么问题，产品流程应该如何优化才能创造更多的转化机会？

漏斗分析是一种衡量产品逻辑垂直转化的方式，用户路径分析则是发现用户使用规律的分析模型。路径分析比漏斗分析更严谨，反映问题更贴近真实情况。因为按预设关键节点的漏斗分析统计会有盲区，可能存在你不知道的用户行为路径。用户路径分析是统计出用户的每一条路径来分析用户使用产品的行为习惯。

路径分析除了上述所讲优化路径、找到运营着力点外，还可结合其他用户特征综合分析，如结合生命周期观察成长期用户的路径特征。首先，找到刺激用户转化为成长期用户的页面，观察新增用户进入后的路径特征。其次，找到可以刺激新增留存的关键功能或页面，甚至可以直接使用路径对用户进行归类等。

15.4.7　用户分群分析

通过用户行为路径、行为特征、喜好、社群等属性归类客户，进行后分析或推广。

具有相同行为路径、行为特征、偏好等属性的用户群体可以划归一类。进一步查看该类用户群体在使用某功能上具有共性的操作行为，这就是用户分群。它能帮助企业对差异较大群体分别进行持续深入的用户行为洞察。帮助平台充分认知群体用户差异化特征，为后续如召回流失用户、刺激用户复购等营销目标，实现精准高效的运营工作，这就是用户分群的价值所在。

用户分群可通过四个维度进行，分别是人口属性分群、用户行为分群、细分用户群体模型分群、行为聚类分群。其中人口属性分群、用户行为分群归纳为普通分群，而细分用户群体模型分群、行为聚类分群归纳为预测分群。除了定性或定量的建模分群，行为聚类是根据用户以往的行为属性特征，运用机器学习算法来预测他们将来发生某些事件的概率。还可以基于项目需求自主归类分群，例如，UGC类产品的用户按照创作属性可以分为主动创造型、积极围观型、冷漠旁观型。培训教育类平台根据客户目标属性可以分为迫切型、了解对比型、储备知识型。企业可以依据属性和行为将满足条件的用户群体提取出来，然后分析某一类细分用户群体与转化相关联的特殊行为，进行包括促活、推送、优化的一系列后续工作。

以职业在线教育平台为例，如图15-12所示，产品或运营人员可以筛选出30天内有搜索课程、咨询问题的用户行为，并且将咨询次数超过3次的用户视为高价值付费用户。

图 15-12　用户分群分析

企业还可以通过行为事件分析来观察这部分用户群体近期在平台的行为表现。如图 15-13 所示，查看该用户群体的人均观看免费课程与其他用户群体的差别。

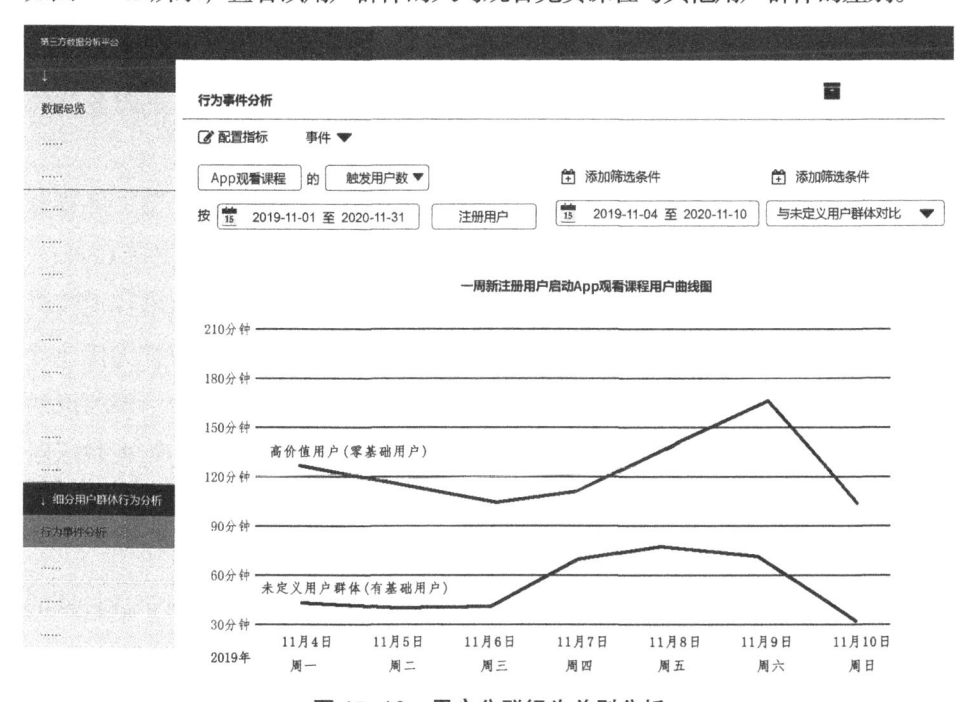

图 15-13　用户分群行为差别分析

381

最后，调出高价值用户群体明细列表，并进行精准的信息流推送。

15.4.8 用户属性分析

用户属性分析和细分用户建模有密切的关系。在企业经营中需要建立有效的用户模型，去指代一类细分用户群体的需求痛点目标、消费行为、社交货币、渠道等维度属性，并且所有的工作都要围绕这个模型展开，保证企业以用户为中心工作。而这个模型的颗粒度则是由用户属性决定。细分用户建模中工作包含问卷设计、用户访谈、数据采集、归纳总结和最终画像模型文档五个步骤。在第五步骤的模型建立阶段，需要将用户属性进行汇总并应用于模型的描绘中。因此属性分析的重要价值在于丰富用户模型维度，让企业对用户行为洞察颗粒度更细致。

在可视化数据分析平台，进行用户属性分析的时候可归为四类属性。

第一，地域属性。将区域内客户群体的商品、资讯、行为、喜好等共性特征进行归纳总结分析，从中找寻更有针对性的产品迭代优化或运营打法。在地域属性中按区域归类，还可以按软件网络归类，这会对定向用户群体分析有很大作用，也为从技术上提高用户体验提供了依据，如某地网通的用户访问量大，那么在这个地域就要加大通过网通提供资讯服务的投入力度。

第二，系统环境属性。百度统计细分为浏览器、网络设备类型、屏幕分辨率、屏幕颜色、Flash 版本、是否支持 Java、语言环境、是否支持 Cookie、网络提供商等。浏览器又细分为移动端及 PC 端浏览器，并标示出各主流浏览器占比，这些数据包括网络设备类型和屏幕分辨率等。这些数据为优化代码或者在做网站前后端开发的时候提供更为利于用户体验及搜索引擎抓取的依据。这里值得一提的是浏览器、网络设备类型。在当前移动端越来越活跃的情况下，企业要将更多力量投放在移动端，提供更适合移动端浏览的结构和内容。

第三，注册时间属性。新访客衡量的是企业拉新工作成效，对于成长期的网站来说，主要考核直接访问还是通过搜索引擎访问，或者外部链接访问。老访客衡量的是留存工作成效，对于长期经营的网站来说，依靠自身不断扩张能力非常重要，否则可能因为外部环境变动（如搜索引擎算法调整、外部链接大面积死亡导致流量锐减）会对网站的经营带来严重影响。

第四，人口属性分类。涉及用户信息有姓名、年龄、家庭、婚姻、性别、教育程度等。也有产品相关属性，如用户等级、访问渠道等。

用户属性分析适用业务场景，按区域查看用户数如图 15-14 所示。企业可以直观看到用户在不同区域的分布情况，以帮助运营市场人员快速了解用户群体分布，进行针对性的增长工作。

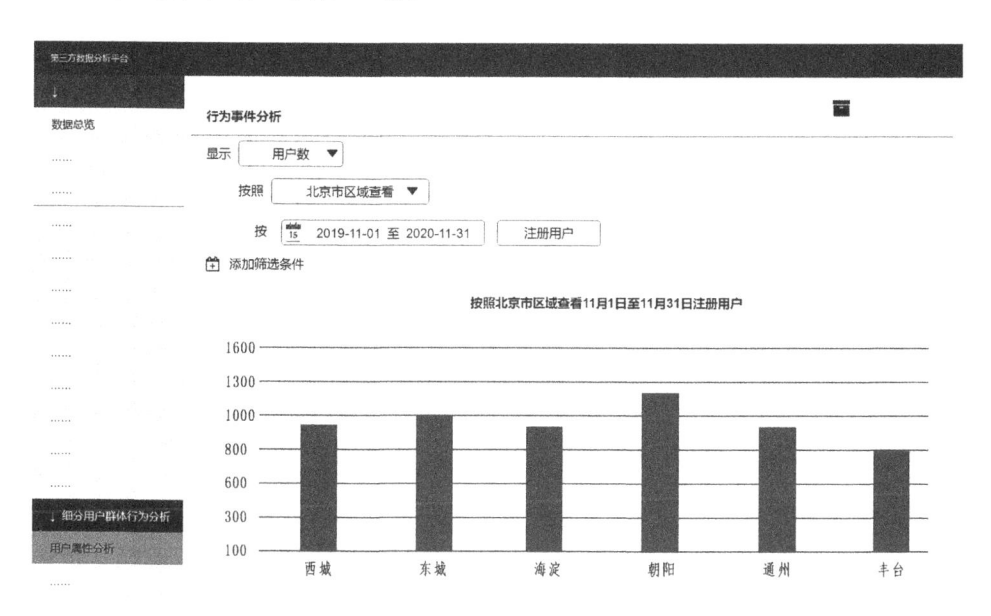

图 15-14　客户属性分析

图 15-15 查看了三个月未发生购买行为的客户，预警客户流失。

图 15-15　用户三个月未发生购买行为预警

图 15-15 显示有将近一半的用户注册后三个月未有购买行为。未发生购买的原因很多，此时就需要业务人员进行重点跟踪，继续深入客户行为事件分析，找到用户未下单的原因。

数据分析是以目标为基准点，利用各种分析模型综合分析研判的一个过程。它们之间互有逻辑关系，应该基于目标做科学合理的搭配去伪存真，并且必须结合定性研究，在千万条数据里探究用户呈现在表面问题下的真实心理原因。这套模型是大家公认能比较客观对用户群体做全面分析的方法。希望学习过程中，不但要理解表面的分析方法，还要理解模型设计的深层次原理，做到举一反三。

附　录

本书中各种技巧已被很多企业应用在用户和销售增长项目实践中。笔者汇集不同企业、不同行业的优秀实战案例，对一些实战技巧进行了深入完善，以附录的形式更新给读者。

附图1展示：利用心理学锚定效应，设计新商品价格的实战流程。

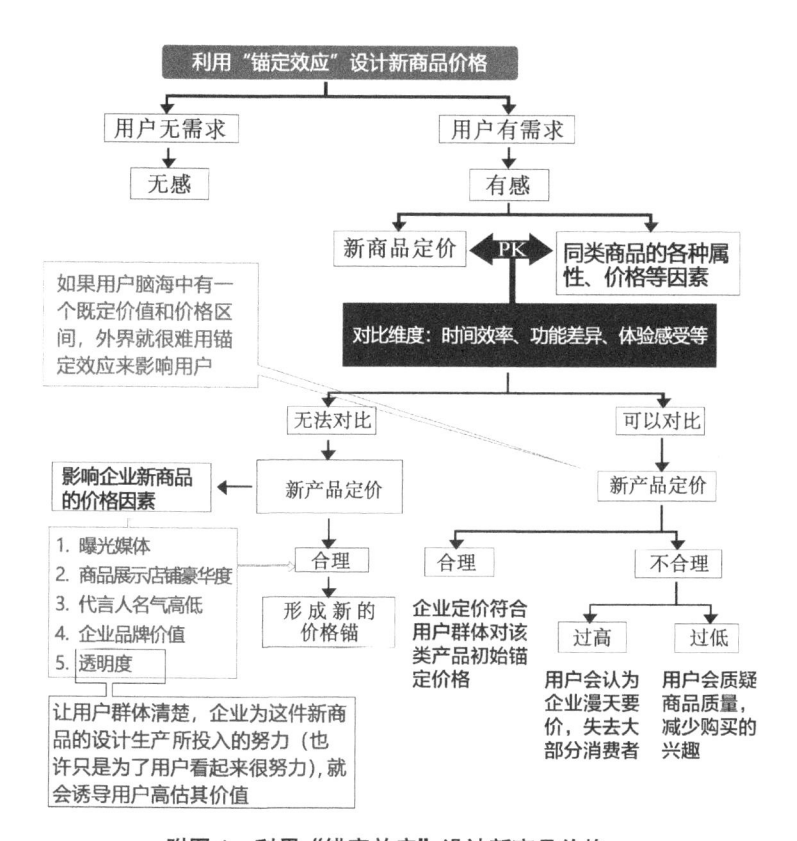

附图1　利用"锚定效应"设计新商品价格

附图 2 展示：企业间竞争的本质是找"心智空位"做差异化竞争，详细展示了心智替换的逻辑和实战过程。

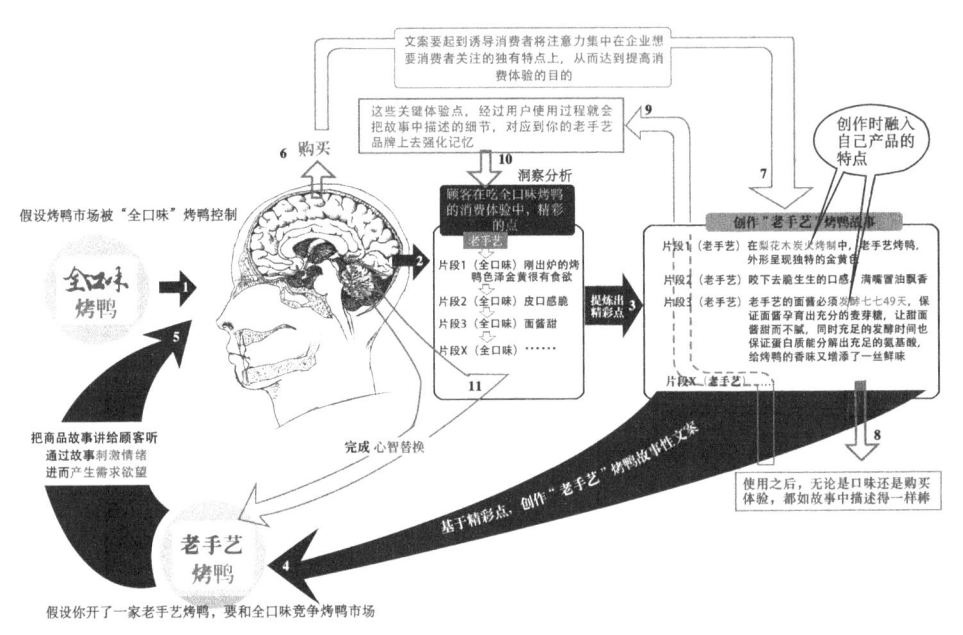

附图 2　心智替换逻辑和实战

附图 3 展示：刺激用户痛点产生"预期效应"的心理原理，心理预期越强，用户购买动力越强。

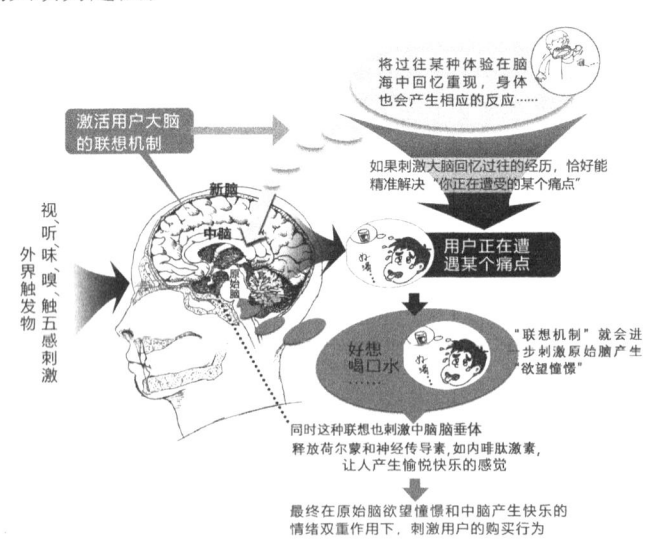

附图 3　痛点刺激"预期效应"产生的逻辑

附图4展示：通过故事性文案，刺激用户产生"预期效应"的心理原理，心理预期越强，用户购买动力越强。

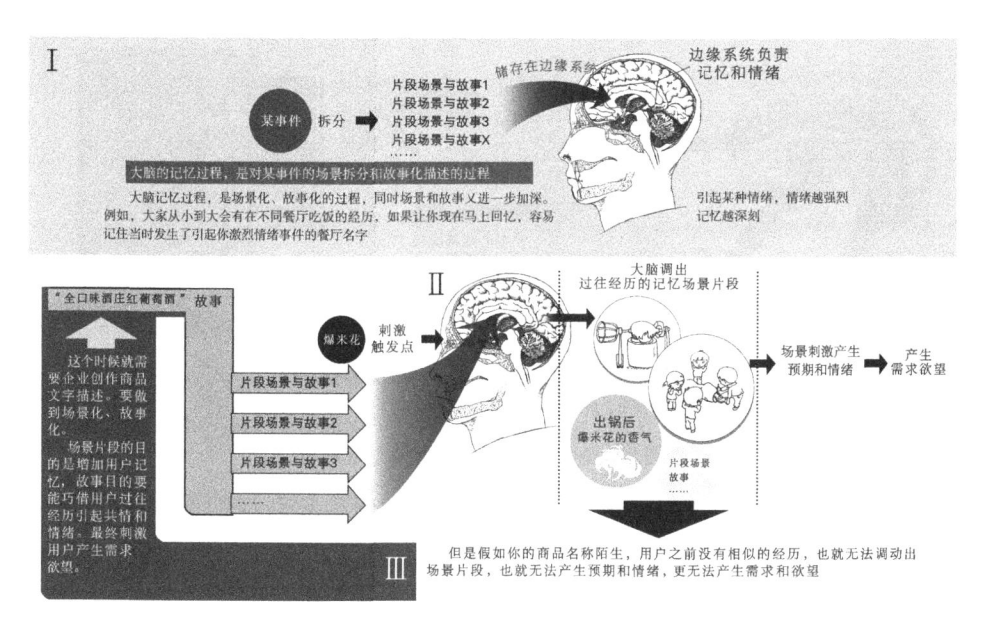

附图4　故事性文案刺激"预期效应"实践过程

附图5展示：当顾客面对不同数量商品时，人性三大心理弱点之一"恐惧失去"会导致消费者产生不同的心理和行为。

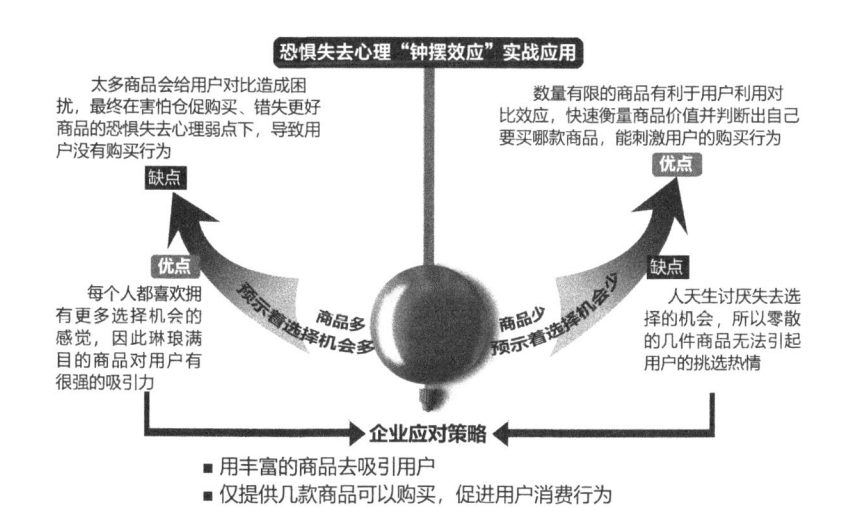

附图5　恐惧失去心理"钟摆效应"实战应用

附图6展示：免费策略有效刺激用户购买行为的核心心理原因。

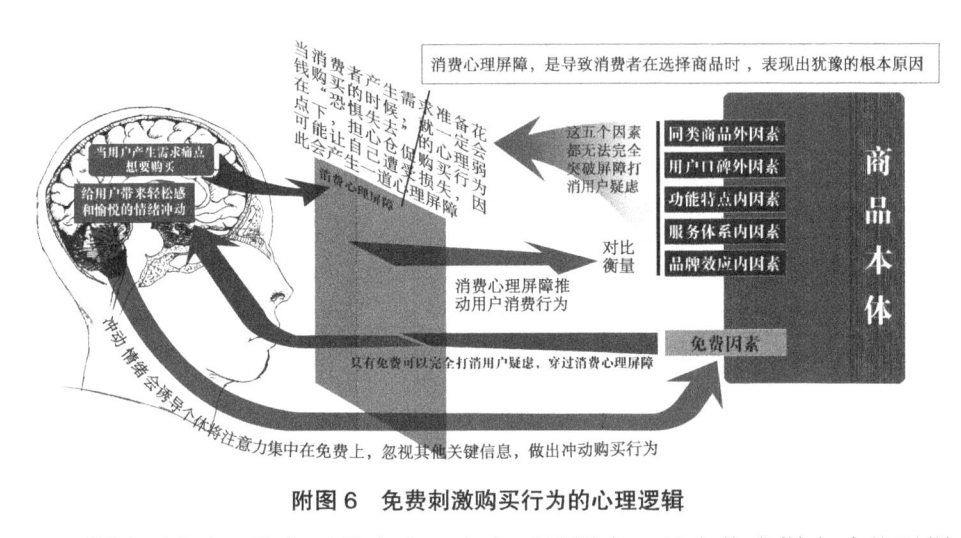

附图6　免费刺激购买行为的心理逻辑

附图7展示：需求不是痛点，卖点不是爆点，只有找准爆点才能引爆市场。

附图7　需求不是痛点，卖点不是爆点

附图8展示：大脑眶额叶对商品价值评估计算的逻辑以及决策判断和经验直觉、行为形成的逻辑。

附　录

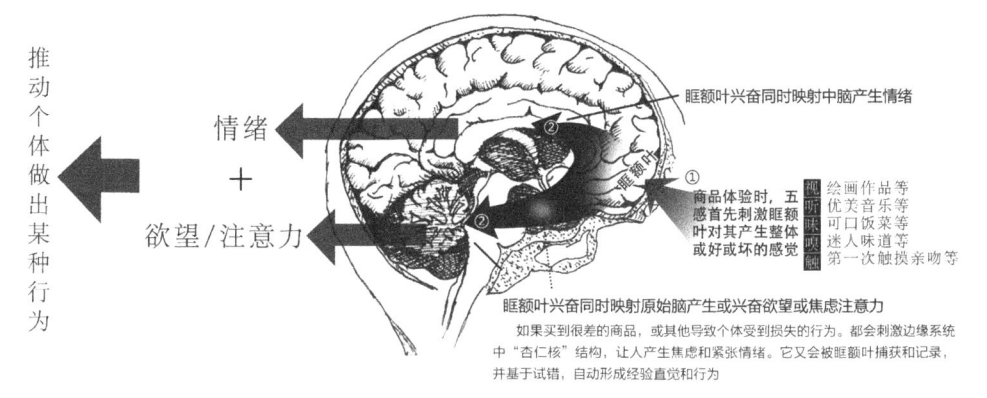

附图 8　眶额叶价值计算与决策判断、经验直觉和行为形成逻辑

附图 9 展示：眶额叶价值计算与决策判断及经验直觉行为形成的逻辑。还将眶额叶、中脑和原始脑的系统反应与消费行为动机与产品接受程度，做了逻辑对应。清晰告诉企业什么是爆品商品、什么是优秀商品、什么是大众商品、什么是无感商品、什么是危险商品等。

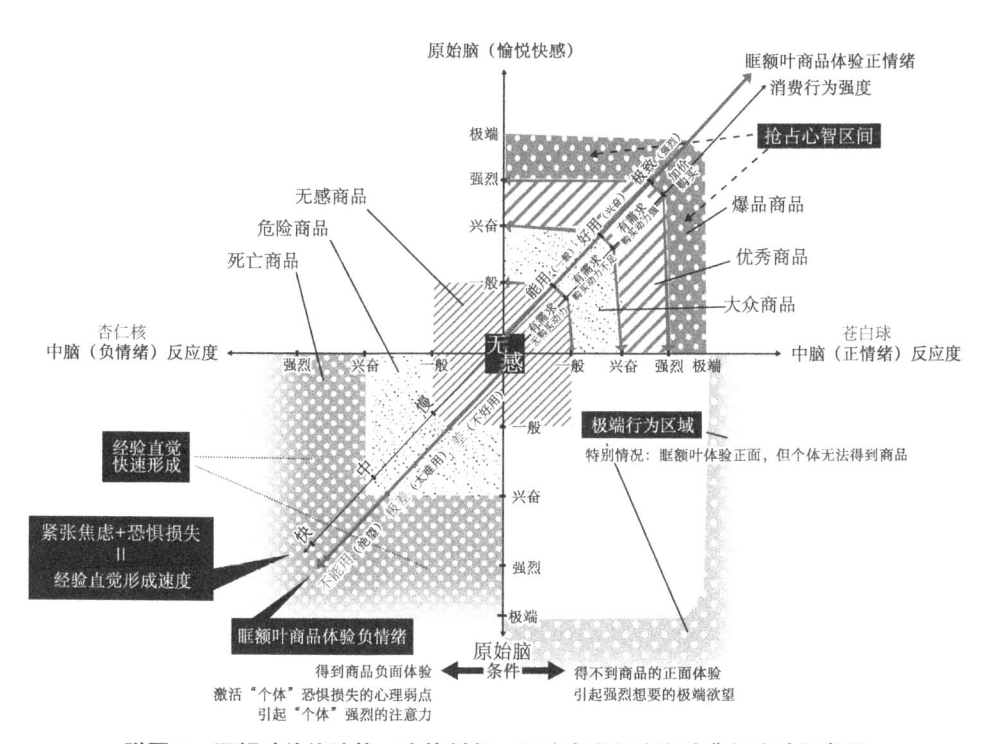

附图 9　眶额叶价值计算、决策判断、经验直觉行为和消费行为动机象限